Der Dienst der Evangelischen Kirche an der Hochschule

Eine Studie im Auftrag der Synode der EKD

Dr. Helmut Ruhwandl
Pfarrer am Hasenbergl, Prodekan
Stanigplatz 11c
8000 München 45

Gütersloher Verlagshaus Gerd Mohn

Im Auftrag der Synode der Evangelischen Kirche in Deutschland
herausgegeben vom Kirchenamt der EKD

CIP-Titelaufnahme der Deutschen Bibliothek

Der Dienst der Evangelischen Kirche an der Hochschule :
eine Studie im Auftrag der Synode der EKD /
[hrsg. vom Kirchenamt der EKD] –
Gütersloh : Gütersloher Verl.-Haus Mohn, 1991
　　ISBN 3-579-01960-0
NE: Evangelische Kirche in Deutschland / Kirchenamt

ISBN 3-579-01960-0
© Gütersloher Verlagshaus Gerd Mohn, Gütersloh 1991

Das Werk einschließlich aller seiner Teile ist urheberrechtlich geschützt. Jede Verwertung außerhalb der engen Grenzen des Urheberrechtsgesetzes ist ohne Zustimmung des Verlages unzulässig und strafbar. Das gilt insbesondere für Vervielfältigungen, Übersetzungen, Mikroverfilmungen und die Einspeicherung und Verarbeitung in elektronischen Systemen.

Gesamtherstellung: Weserdruckerei Rolf Oesselmann, Stolzenau
Umschlagentwurf: Paul Rybak, Gütersloh, unter Verwendung einer Grafik von Günter Eisenheim
Printed in Germany

Inhalt

Vorwort 13

Beschluß der Synode der Evangelischen Kirche in Deutschland
zum Dienst der Evangelischen Kirche an der Hochschule 15

Der Dienst der Evangelischen Kirche an der Hochschule

Einleitung 21

1.	Auftrag	21
2.	Realisierung	22
3.	Methoden des Informations- und Datengewinns ...	24
3.1.	Sekundärauswertungen	24
3.2.	Mitarbeiterbefragung	25
3.3.	Empirische Untersuchungen	26
3.3.1.	Narrative Interviews	26
3.3.2.	Repräsentativbefragung	27
3.3.3.	Experteninterviews	28
3.4.	Die Frankfurter Konsultation	28
4.	Analyse und Engagement	29

A. Situation der Studierenden an den Hochschulen 31

1.	Hochschule	31
1.1.	Hochschule in Zahlen	31
1.2.	Hochschule im gesellschaftlichen Kontext	34

1.3.	Aktuelle Tendenzen in der Hochschulpolitik	37
1.4.	Situation der Lehrenden	39
1.5.	Kommunikationssituation	43
2.	Studierende, Studien- und Lebenssituation, Motivation, Perspektiven	48
2.1.	Studierende in Zahlen	48
2.1.1.	Hochschulstatistik	48
2.1.2.	Soziale Herkunft	50
2.1.3.	Bildungs- und Berufsvorerfahrungen	52
2.2.	Soziale Situation	53
2.2.1.	Materielle Lage	53
2.2.2.	Berufstätigkeit	54
2.2.3.	Wohnverhältnisse	54
2.2.4.	Personenstand	56
2.3.	Motive der Studienfachwahl	56
2.4.	Berufsperspektive	58
3.	Orientierung, Religion und Glaube, Kirche	60
3.1.	Methodische Aspekte	60
3.1.1.	Zum narrativen Interview	65
3.1.1.1.	Voraussetzungen des qualitativen Zugriffs	65
3.1.1.2.	Durchführung	69
3.1.2.	Repräsentativbefragung	75
3.1.2.1.	Die schriftliche Befragung	76
3.1.2.2.	Fragebogen	80
3.1.2.3.	Stichprobe	81
3.1.2.4.	Durchführung und Auswertung	83
3.2.	Lebenswelt, Religion und Glaube, Kirche	83
3.2.1.	Lebenswelt	84
3.2.1.1.	Allgemeine und politische Wertorientierungen	84
3.2.1.2.	Seins- und Lebensentwürfe. Studium als Lebensform?	91

3.2.2.	Religion und Glaube	105
3.2.2.1.	Zusammenhänge von Religion, Glaube und Lebenswelt	106
3.2.2.2.	Zur Unschärfe der Begriffe	114
3.2.2.3.	Religion und Glaube in der Darstellung der Studierenden	117
3.2.2.3.1.	Ein neuer Religionsbegriff?	117
3.2.2.3.2.	Vorbehalte gegen das Christentum	126
3.2.2.3.3.	Religiöse Sozialisation	127
3.2.2.4.	Zusammenfassung: Versuch einer Typologie	132
3.2.2.4.1.	Prononcierte Haltungen	132
3.2.2.4.2.	Weniger ausgeprägte Haltungen	136
3.2.3.	Kirche	140
3.2.3.1.	Kirchlichkeit	142
3.2.3.1.1.	Gottesdienstbesuch	142
3.2.3.1.2.	Inanspruchnahme von Amtshandlungen	143
3.2.3.2.	Verbundenheit und Austrittsneigung	145
3.2.3.2.1.	Gefühl der Verbundenheit	145
3.2.3.2.2.	Neigung zum Kirchenaustritt	148
3.2.3.3.	Das Bild der Kirche bei Studierenden	151
3.2.3.3.1.	Image	151
3.2.3.3.1.1.	Image als Institution	152
3.2.3.3.1.2.	Besondere Aspekte kirchlichen Images	155
3.2.3.3.2.	Image der Kirche im Gegenüber zur eigenen Orientierung	158
3.2.3.3.3.	Wandel der Einstellung zur Kirche	161
3.2.3.3.4.	Erfahrungen und Bewertung zu Arbeitsbereichen, Mitarbeitern und Mitarbeiterinnen der Kirche	165
3.2.3.3.4.1.	Pastoren und Pastorinnen, Mitarbeiter und Mitarbeiterinnen	165
3.2.3.3.4.2.	Gemeinde-/Jugendarbeit	167
3.2.3.3.4.3.	Gottesdienst	168
3.2.3.3.4.4.	Kirchentag	169
3.2.3.3.4.5.	Wehrdienst- und Zivildienstleistendenarbeit	170

3.2.3.3.4.6.	Teilnahmeverhalten	170
3.2.3.4.	Erwartungen an die Kirche	171
3.2.3.4.1.	Der Auftrag der Kirche	174
3.2.3.4.2.	Erwartungshorizonte	175
3.2.3.4.2.1.	Aus Funktionszuweisungen abgeleitete Erwartungen	175
3.2.3.4.2.2.	Erwartungen an die intellektuelle und geistliche Dialogbereitschaft der Kirche	176
3.2.3.4.2.3.	Erwartungen an die soziale und politische Verantwortung der Kirche	177

B. Christliche Studierendenarbeit 181

1.	Überblick	182
1.1.	Evangelische Studentengemeinde (ESG)	182
1.2.	Studentenmission Deutschland (SMD)	184
1.3.	Campus für Christus (CfC)	185
1.4.	Evangelisches Studienwerk Villigst	185
2.	Interesse und Beteiligung	186
3.	Evangelische Studentengemeinde (ESG)	190
3.1.	Die Arbeit der ESG	190
3.2.	Image der ESG	193
4.	Erwartungen und Vorschläge Studierender	194

C. Konsultationen 198

1.	Die Frankfurter Konsultation (1988)	198
1.1.	Konvergente Trends	201
1.2.	Nuancierungen und Divergenzen	205
1.3.	Entfremdung als Grunderfahrung an der Hochschule	209
1.4.	Dienst in aufzuklärender Unaufgeklärtheit?	215
2.	Auswertung der Experteninterviews	219

D. Theologische Grundsatzüberlegungen ... 236

1.	Einleitung ...	236
2.	Theologische Probleme im empirischen Befund ...	239
2.1.	»Kirche« als Reizphänomen ...	240
2.2.	Religiöse Sozialisation ...	245
2.3.	Glaube(n) ...	249
2.4.	Theologische Themen ...	253
2.5.	Implizite theologische Befunde ...	255
2.6.	Biblische Horizonte ...	258
2.7.	Die Hochschule als Glaubenshindernis? ...	259
2.8.	Folgerungen aus dem Theologischen im empirischen Befund ...	264
3.	Kommunikationsbedingungen ...	266
3.1.	Universität ...	266
3.1.1.	Die Universität als Spiegel gesellschaftlicher Entwicklungen ...	266
3.1.2.	Die Universität als staatliche Institution ...	266
3.1.3.	Die protestantische Legitimität der Autonomie der Wissenschaft ...	267
3.1.4.	Leitideal des Bürgertums: protestantischer Persönlichkeitsglauben ...	268
3.1.5.	Der Verlust der Prägekraft protestantischer Theologie ...	269
3.1.6.	Geist und Geld ...	271
3.1.7.	Kommunikation unter hierarchischem Vorzeichen ...	271
3.1.8.	Der Wandel der Professorenrolle ...	273
3.1.9.	Der Wandel im Kosmos des Wissens ...	273
3.2.	Identität ...	276
3.2.1.	Studienzeit als spezifische Phase der Biographie ..	276
3.2.2.	Gewinnung von Identität als Lebensaufgabe ...	276

3.2.3.	Der Übergang von der kollektiven zur monistischen Identität	277
3.2.4.	Das Zerbrechen der harmonistischen Persönlichkeitsstruktur	279
3.2.5.	Die unangemessene Erneuerung der monistischen Identität	280
3.2.6.	»Patchwork-Identität« als gestaltete Beziehungsstruktur	282
4.	Theologischer Bildungsbegriff	285
4.1.	Das christliche Interesse an humaner Bildung	285
4.1.1.	Die »Bildung zum Menschen«	285
4.1.2.	Bildung als lebenslanges »Lernen des Glaubens«	286
4.1.3.	Bildung von Traditionsfähigkeit	286
4.2.	Das gegenwärtige bildungstheoretische Defizit	287
4.2.1.	Restvorstellungen	287
4.2.2.	Trennung von Wissenschaft und Gesellschaft	288
4.2.3.	Theologisches Mißtrauen gegenüber Bildung	289
4.3.	Die Bildungsaufgabe der Hochschule	289
4.3.1.	Überwindung von Kommunikationsbarrieren	289
4.3.2.	Individuelle Orientierungsfähigkeit	290
4.3.3.	Bildung zu moralischer Kompetenz	291
4.4.	Der Zusammenhang von religiöser und allgemeiner Bildung	292
4.4.1.	Der humane Kontext religiöser Bildung	292
4.4.2.	Identität und Kommunikation	293
4.5.	Kirchliche Bildungsarbeit in den Hochschulen	294
4.5.1.	Möglichkeiten der Theologie	294
4.5.2.	Aufbau kommunikativer Räume	295
4.5.3.	Humane Bildung und spirituelle Praxis	295
5.	Der Dienst der Kirche an der Hochschule – Zusammenfassende theologische Grundsätze	296

5.1.	Kirche	296
5.1.1.	Kommunikation des Evangeliums und Anwaltschaft für das Humanum	296
5.1.2.	Zwischen Evangelium und Politik	297
5.1.3.	Notwendige Vielfalt der Angebote	297
5.1.4.	Gemeinsames Problem- und Aufgabenbewußtsein	298
5.1.5.	Innerkirchliche und zwischenkirchlich-ökumenische Gemeinschaft	298
5.1.6.	Die Wahrheitsfrage in einer ökumenischen und interreligiösen Dialogkultur	299
5.1.7.	Der einzelne als Subjekt vor Gott	300
5.1.8.	Kirchlicher Dienst in einer pluralen Gesellschaft	301
5.2	Glaube	301
5.2.1.	Zeugnis und Rechenschaftabgabe	301
5.2.2.	Erfahrungen von Person zu Person	302
5.2.3.	Glaube als öffentliches Thema und Gesprächskultur des Vertrauens	302
5.2.4.	Tradierungskrise und Krise des Tradierten	303
5.2.5.	Gottesfrage und theo-logische Konzentration	303
5.2.6.	Auslegung und Sprache	303
5.2.7.	Interdisziplinäres Gespräch und kulturelle Öffnung	304
5.2.8.	Orientierungswissen zwischen Laien- und Expertenwissen	304
5.3	Leben	305
5.3.1.	Ethische Glaubwürdigkeit – der empfindlichste Maßstab	305
5.3.2.	Anwaltschaft für das Leben	305
5.3.3.	Persönliche Beratung	306
5.3.4.	Einladung zu Einkehr und Stille	306
5.3.5.	Reflexion – Aktion – Meditation	306
5.3.6.	Partizipatorische Gemeinden und Gruppen	307

| 5.3.7. | Perspektivenwechsel | 307 |
| 5.3.8. | Erfahrungsfeld für die Kirche und wissenschaftliche Selbstaufklärung | 307 |

E. Empfehlungen ... 309

1.	Einleitung	309
1.1.	Unser Wahrnehmungsgewinn	309
1.1.1.	Differenzierung der Hochschullandschaft	309
1.1.2.	Differenzierung der Studierenden	310
1.1.3.	Differenzierung der theologischen Fakultäten	311
1.1.4.	Differenzierung der Studentengemeinden/ Studentenpfarrer und -pfarrerinnen	311
1.1.5.	Auswanderung kirchlicher Funktionen in andere gesellschaftliche Subsysteme	312
1.1.6.	Herausforderungen angesichts der erhobenen Wirklichkeit	313
1.2.	Die bisherige Praxis – die tatsächliche Präsenz der Kirche an der Hochschule und ihre Grenzen	315
1.2.1.	ESG	315
1.2.2.	Theologische Fakultäten	317
2.	Empfehlungen	318
2.1.	Kirche als wissenschaftsexterne Institution	318
2.2.	ESG und andere christliche Hochschulgruppen	320
2.3.	Theologische Fakultäten	322
2.4.	Entwicklung neuer Präsenzformen	323

Quellennachweis ... 324

Vorwort

Die Synode der Evangelischen Kirche in Deutschland hat sich in den vergangenen Jahren mehrfach intensiv mit der Frage befaßt, wie Menschen heute zum Glauben kommen, Christen werden und bleiben können. Dabei ist sichtbar geworden, daß die jüngere Generation und die höher Gebildeten besonderen Abstand von der Kirche und auch vom christlichen Glauben haben. Zwischen Wissenschaft und Glauben besteht eine auffällige Entfremdung. Deshalb hat die Synode sich in ihrer Tagung vom 4. bis 9. November 1990 dem Dienst der Evangelischen Kirche an der Hochschule zugewandt. Sie hatte dafür eine Studie in Auftrag gegeben, die unter Federführung von Oberkirchenrat Rüdiger Schloz von der Studien- und Planungsgruppe der EKD mit der Unterstützung weiterer Arbeitsgruppen erstellt worden ist. Die Synode hat das Arbeitsergebnis beifällig aufgenommen. Ihren Dank an die Beteiligten für die mühevolle und ertragreiche wissenschaftliche Arbeit wiederhole ich ausdrücklich.

Die Studie erschließt Neuland, indem sie Aufschluß gibt über das Verhältnis der Studierenden zu Religion, Glaube und Kirche. Ihre Ergebnisse sind bemerkenswert, zum Teil auch brisant. Sie lassen die Frage aufkommen, ob das Selbstverständnis und die Praxis der heutigen Hochschule nicht nur ein Glaubenshindernis, sondern – in der Selbstgenügsamkeit des jeweiligen Fachwissens – auch bereits ein Bildungshindernis sind. In ihrem Beschluß geht die Synode darauf mit der Betonung des christlichen Interesses an einer humanen Bildung ein. Diese soll verstärkt der Frage nach der das Leben bestimmenden Wahrheit nachgehen und damit dem einzelnen wie dem Gemeinwesen zugute kommen.

Die Hochschule ist gleichsam ein exemplarisches Feld für die Einschätzung der Schwierigkeiten und Chancen der christlichen, religiösen Kommunikation in einer modernen Gesellschaft. Die Studie und der Synodenbeschluß mit seinen Empfehlungen werden hiermit veröffentlicht. Mögen sie unserer Kirche dabei helfen, ihren Dienst an den Hochschulen neu auszurichten und wirkungsvoller zu gestalten.

Hannover, im Januar 1991
Dr. Jürgen Schmude
Präses der Synode
der Evangelischen Kirche
in Deutschland

Beschluß
der Synode der Evangelischen Kirche in Deutschland
zum Dienst der Evangelischen Kirche an der Hochschule
vom 9. November 1990

I.

Die Synode der EKD nimmt die Studie »Der Dienst der Evangelischen Kirche an der Hochschule« als eine wichtige Ausarbeitung zum Thema Kirche und Hochschule an und bittet das Kirchenamt, sie zu veröffentlichen.

Die Studie erschließt Neuland. Eine vergleichbare wissenschaftliche Untersuchung liegt nicht vor. Der Stand der Hochschulforschung sonst gibt nahezu keinen Aufschluß über das Verhältnis der Studierenden zu Religion, Glaube und Kirche.

Die beschriebenen wissenschaftlichen Wege sind vielfältig, und der behandelte Gegenstandsbereich ist breit. Er umfaßt die Analyse der Situation der Studierenden an den Hochschulen und die christliche Studierendenarbeit einschließlich theologischer Grundsatzüberlegungen.

Die Ergebnisse sind aufschlußreich und zum Teil brisant. Sie sollten von allen, die für den Dienst der Kirche an der Hochschule unmittelbar oder mittelbar verantwortlich sind, erörtert und in ihren Konsequenzen überdacht werden. Die Synode unterstreicht besonders die Bedeutung folgender Sachverhalte:

- Der Blick auf die einzelnen Studierenden und die Aufmerksamkeit auf die Hochschule als Institution gehören zusammen. Die Ausweitung der Fragestellung auf die Hochschule als Raum des Studiums ist zu begrüßen.
- Die Studie macht überzeugend deutlich, daß die Frage nach Möglichkeiten und Chancen einer von der Kirche getragenen Arbeit an den Hochschulen exemplarischen Charakter hat für eine Einschätzung von Schwierigkeiten und Chancen christlich-religiöser Kommunikation in einer modernen Gesellschaft überhaupt.
- Die Kirche muß sich einem Wissenschaftsverständnis und -be-

trieb mit einer hohen Ausdifferenzierung und Selbstgenügsamkeit des Wissens stellen. Die beklemmende Frage bricht auf, ob die Hochschule nicht nur ein Glaubenshindernis, sondern auch bereits ein Bildungshindernis ist. Deshalb ist das christliche Interesse an einer humanen Bildung zu betonen, die dem individuellen einzelnen wie dem Gemeinwesen zugute kommen soll mit der Frage nach der das Leben bestimmenden Wahrheit als Mitte.
- Zu beachten ist, daß die unbestimmte Religiosität der Studierenden ähnlich wie bei westdeutschen jungen Erwachsenen bei aller Kritik am »Reizphänomen« Kirche gegenüber Religion insgesamt eine Haltung zwischen Distanz und Erwartung ist. Die Einstellungen spiegeln nicht nur Traditionsabbruch und Religionsverlust, sondern auch Prozesse religiösen Wandels, auf die man sich einlassen muß, wenn der Gesprächspartner nicht von vornherein verfehlt werden soll.

II.
Die Synode der EKD beurteilt die in Teil E.2 der Studie ausgesprochenen Empfehlungen differenziert. Sie macht sich die folgenden Empfehlungen zu eigen und bittet, sie an die Gliedkirchen und an alle für den Dienst der Kirche an der Hochschule mitverantwortlichen Instanzen zur weiteren Erörterung und Prüfung weiterzuleiten und die in der Hand der EKD selbst liegenden Forderungen auf den Weg zu bringen.
1. Die Lebenslage der Studierenden (z.B. Wohnungsnot, mangelnde Versorgung mit Kindergartenplätzen) ist weithin deprimierend. Darum ist die diakonische Präsenz der Kirche besonders gefordert. Hierbei sollten auch kirchliche Wohnheime und Studienhäuser auf der Grundlage tragfähiger geistlicher Konzeptionen eingerichtet werden.
2. Die Studentenpfarrerschaft ist auf die ihr zufallenden Aufgaben nur unzureichend vorbereitet und in der Regel unzumutbar überfordert. Pastorinnen und Pastoren im Hochschulbereich brauchen eine Einarbeitungsphase und Vorausqualifikation (hospitierendes

Kennenlernen der Hochschule für ein Semester u.ä.), wie es bisher nur sehr selten üblich ist.
3. An der Vielfalt der von christlichen Gruppen (Evangelische Studentengemeinden u.a.) entwickelten Aktivitäten ist unbedingt festzuhalten, weil jede einseitige Verengung des vorhandenen Spektrums in eine Nische und damit zur strukturellen Selbstverhinderung des Auftrag führt, der sich in dialogischer und missionarischer Weite unterschiedslos an alle Studierenden zu richten hat.
4. Gleichwohl ist eine Intensivierung der Arbeit notwendig, sofern Studierende nicht nur eine persönliche, seelsorgerliche Lebensbegleitung während ihres Lebensabschnittes Studium brauchen, sondern auch verstärkt Orientierungshilfen in der Auseinandersetzung mit den Studieninhalten. Die Kirche muß noch ganz anders präsent sein, wenn es darum geht, die Fragestellungen und Denkformen der wissenschaftlichen Welt in den Horizont ihrer anthropologischen Implikationen, ethischen Folgen, gesellschaftspolitischen Verantwortung und vor allem der Frage nach der lebensführenden Wahrheit zu rücken.
In dieser Hinsicht fordert die Synode den Beitrag der Evangelisch-theologischen Fakultäten und anderer Hochschullehrer, die sich als Christen verstehen, heraus. Die hier gemeinte Zusammenarbeit mit den an der Hochschule tätigen christlichen Gruppen ist in gemeinsamen Vorhaben zu verwirklichen, wobei auch exemplarische Versuche mit evangelischen Hochschulakademien erwogen werden sollten. Nichts sollte unversucht bleiben, was dazu dienen könnte, daß die Kirche an den Hochschulen Stätten des klärenden, vertiefenden und im besten Sinne des Wortes bildenden Gesprächs schafft. Hierbei ist auch an die Evangelische Akademikerschaft als Partner zu denken. Der Synode ist bewußt, daß an jedem Hochschulort die jeweils besonderen Bedingungen zu beachten sind.
5. Das innere Leben an der Hochschule ist von äußeren Rahmenbedingungen abhängig. Darum sind die übergreifenden Kontakte der Kirche zu Rektorenkonferenz, Wissenschaftsrat, Kultusmi-

nisterkonferenz, Bundesministerium für Bildung und Wissenschaft etc. auszubauen. Ebenfalls ist zu prüfen, wie die Verbindungen zwischen den Hochschulen und den Bildungs- und Forschungseinrichtungen verbessert werden können, die die Kirche selbst unterhält. Benachteiligte und vernachlässigte Bereiche (z.B. Frauenforschung, Ausländerarbeit) sind besonders zu berücksichtigen.

6. Die Rahmenbedingungen an den Hochschulen in den neuen Bundesländern werden noch eine gewisse Zeit Besonderheiten aufweisen. Es erscheint deshalb wünschenswert, die in der Studierendenarbeit im Bereich des Bundes der Evangelischen Kirchen gesammelte Kompetenz zu sichern, und die vorhandenen Einrichtungen für eine Übergangszeit selbständig funktionsfähig zu erhalten. Eine wichtige Hilfe wird es sein, wenn die vorhandenen Mitarbeiter eine Berufsperspektive erhalten, die eine Weiterarbeit im Arbeitsfeld erlaubt.

7. Insgesamt hält die Synode die Weiterarbeit am Thema »Hochschule und Wissenschaft« für unverzichtbar. Hierfür sollte ein hochschulpolitisches Gremium auf EKD-Ebene beauftragt oder eingerichtet werden, das in geeigneter Weise kirchliche Stellungnahmen zur Hochschulpolitik erarbeitet.

An eine entsprechende Denkschrift zu diesem Thema braucht vorerst noch nicht gedacht zu werden, weil die vorgelegte Studie zum Dienst der evangelischen Kirche an der Hochschule in Analyse und Interpretation eine zunächst äquivalente Funktion wie eine Denkschrift ausüben kann, vorausgesetzt, sie wird breit beachtet und von allen Betroffenen an den Hochschulen und darüber hinaus in den zuständigen kirchlichen Gremien gründlich durchgearbeitet und in ihren Folgerungen bedacht.

8. Für die Reformation nahm die Reform der Hohen Schulen eine Schlüsselstellung von bleibender Bedeutung ein. Demgegenüber haben die Kirchen heute die Hochschulen vernachlässigt, und zwar ausgerechnet in einer Zeit, in der sich die Kommunikationsdifferenz zwischen der Kirche mit ihrer Glaubensbotschaft und

der Lebenswelt der künftigen wissenschaftlichen Intelligenz im ganzen vertieft. Gleichzeitig wird im Hochschulbereich Interesse nach interdisziplinärer Zusammenschau und ethisch-philosophisch-religiöser Vertiefung der eigenen Arbeit wach.

Unübersehbar bleibt jedoch die Tatsache der historischen Entfremdung zwischen Wissenschaft und christlichem Glauben. Die Situation wirft die langfristige Frage nach der Gestalt der Kirche, ihrer Reformierbarkeit und den Formen ihrer Verkündigung gerade in einer wissenschaftlich-technologisch geprägten Gesellschaft auf. Während die EKD-Synode von Bad Wildungen über »Glauben heute« unter Aufnahme der Diskussion über den Gemeindeaufbau mehr die binnenkirchlichen Aspekte des Glaubensthemas angesprochen hat, macht die vorgelegte Studie deutlich, daß es keine vergleichbare kirchliche Diskussion über Glauben heute unter Berücksichtigung der Bedingungen des sozialen, wissenschaftlich-technologischen und religiösen Wandels gibt.

Über die in der Studie gemachten Empfehlungen hinaus schlägt daher die Synode vor, in der neuen Sitzungsperiode eine Synodaltagung zum Thema: »Religion und Glaube in einer wissenschaftlich-technologisch geprägten Gesellschaft« zu planen. Die Vorbereitung dieser Tagung würde nicht nur der Weiterarbeit an der Thematik der Studie besonders zugute kommen, sondern auch der ebenfalls überaus dringlichen Weiterarbeit an der Thematik Glauben heute«.

Der Dienst der Evangelischen Kirche an der Hochschule

Einleitung

1. Auftrag

Die 7. Synode der Evangelischen Kirche in Deutschland hat auf ihrer 3. Tagung im November 1986 in Bad Salzuflen die Kammer der EKD für Bildung und Erziehung gebeten, eine »Vorläufige Studie über den Dienst der Evangelischen Kirche an den Studierenden der Hochschulen« zu erstellen. Die Entwicklung der Konzeption und die Durchführung der Studie erfolgte in engem Zusammenwirken mit der Kammer durch die Studien- und Planungsgruppe der EKD.
Ausgehend von der Situation der Studierenden an den Hochschulen und theologischen Grundsatzüberlegungen sollen Arbeitsfelder beschrieben und Empfehlungen erarbeitet werden, die sich an die Evangelischen Studentengemeinden und andere evangelische Gruppen an den Hochschulen, die Evangelischen Studentenpfarrer, die EKD und ihre Organe und die Landeskirchen im Bereich der EKD sowie die Evangelisch-theologischen Fakultäten und Fachbereiche richten.
Im Verlauf der Ausarbeitung, insbesondere durch deutliche und überzeugende Anstöße einer Konsultation mit Studentenpfarrern und Vertretern von Studentengemeinden und anderen christlichen Hochschulgruppen schärfte sich der Blick dafür, daß die Situation der Studierenden wesentlich durch den Kontext der Hochschule und die Bildungssituation im ganzen geprägt ist, so daß sich der Dienst der Kirche notwendig auch auf dieses Umfeld erstrecken muß. Dem wurde durch die Ausweitung der Thematik der Studie auf den »Dienst an der Hochschule« Rechnung getragen. Deshalb wurden auch Experteninterviews mit Professoren durchgeführt, die als Rektoren und Präsidenten von Hochschulen einen besonderen Überblick über die Situation der Studierenden und an den Hochschulen gewonnen haben.

2. Realisierung

Die Ausarbeitung erfolgte in mehreren Schritten. Eine »Vorstudie« wurde im Januar 1988 vorgelegt. In ihrem ersten Teil wurde der gegenwärtige Stand der Hochschulforschung hinsichtlich der Situation der Studierenden an den Hochschulen ausgewertet. Die Ergebnisse dieser Untersuchung sind in erweiterter und weiterentwickelter Form in den Kapiteln 1 und 2 des Teils A der vorliegenden Studie dargestellt. Im zweiten Teil dieser Vorstudie wurden theologische Grundsatzüberlegungen angestellt, die den Diskussionsprozeß anregen und Ausgangspunkte für den zweiten Hauptteil (D) der vorliegenden Studie erbringen sollten.

Durch eine schriftliche Befragung der Studentengemeinden und Studentenpfarrer und -pfarrerinnen (Rücklauf ca. 40) sowie eine zweitägige Konsultation mit rund 40 Vertretern von Studentengemeinden und anderen christlichen Hochschulgruppen sowie Studentenpfarrern und -pfarrerinnen im Mai 1988 in Frankfurt sollte deren Erfahrungswissen, Selbstverständnis, Problemsicht und die Reaktion auf die Vorstudie eingeholt werden. Die Ergebnisse dieser Frankfurter Konsultation wurden in einer umfangreichen Dokumentation niedergelegt; sie werden im Kapitel 1 des Teils C der vorliegenden Studie zusammengefaßt und ausgewertet als Informationsmaterial von Beteiligten und Experten der christlichen Studentenarbeit. Des weiteren wurden Experteninterviews zur Situation der Studierenden und zu den gegebenen Rahmenbedingungen der Hochschulen auf dem Hintergrund des Auftrags der Studie geführt. Ihre Ergebnisse werden in Kapitel 2 dieses Teils dargestellt.

Die Auswertung der Hochschulforschung ergab nahezu keinen Aufschluß über das Verhältnis der Studierenden zu Religion, Glaube und Kirche. Deshalb wurde eine empirische Untersuchung auf einem doppelten methodischen Weg in Angriff genommen. Eine qualitative Untersuchung mit narrativen, biographischen Interviews sollte Aufschluß geben über Einstellungen und Sichtweisen von Studierenden. Eine Repräsentativuntersuchung sollte Daten über die quantitative

Verteilung solcher Haltungen und Einstellungen ergeben. Die Ergebnisse wurden in weiteren gelenkten Interviews mit Studierenden vertieft. (Teil A, Kapitel 3).

Alle diese Arbeiten sowie die Vorbereitung und Auswertung der empirischen Untersuchungen, die Durchführung der narrativen und Experteninterviews, schließlich die Erstellung des vorliegenden Textes wurden von der Studien- und Planungsgruppe (OKR Rüdiger Schloz, Volker Steckhan, Annegrethe Stoltenberg und Petra-Angela Ahrens) mit Unterstützung durch eine Honorarkraft, den wissenschaftlichen Mitarbeiter Manfred Wulf, durchgeführt. Einzelne Textteile wurden von Mitgliedern der theologischen Arbeitsgruppe beigetragen. Die Repräsentativbefragung erfolgte durch das ENIGMA-Institut in Wiesbaden.

Zur Begleitung dieser Arbeiten wurde von der Bildungskammer eine Arbeitsgruppe mit kompetenten Fachleuten berufen (Studentenpfarrer Hans-Joachim Barkenings, Duisburg; Prof. Dr. Peter Dienel, Wuppertal; Prof. Paul Gerhard Jahn, Hannover; Prof. Dr. Dr. Dr. Klaus Kürzdörfer, Kiel; Dr. Ingrid Lukatis, Hannover; Prof. Dr. Michael Schibilsky, Bochum; Studentenpastor Manfred Horch, Hannover). Eine zweite Arbeitsgruppe wurde berufen, um die theologischen Grundsatzüberlegungen weiterzuführen (Prof. Dr. Peter Bloth, Berlin; Prof. Dr. Hans-Jürgen Fraas, München; Prof. Dr. Dr. Dr. Klaus Kürzdörfer, Kiel; Studentenpfarrer Dr. Dieter Manecke, Köln; Prof. Dr. Karl Ernst Nipkow, Tübingen; Prof. Dr. Walter Sparn, Bayreuth; Prof. Dr. Dieter Stoodt, Frankfurt; Dr. Klaus Tanner, München).

Beide Arbeitsgruppen haben nach einer zweiten Konsultation mit Studentenpfarrern und -pfarrerinnen, Vertretern von Studentengemeinden und anderen christlichen Hochschulgruppen, die im Mai 1990 in Hannover auf der Grundlage des Entwurfs der Teile A, B und D der vorliegenden Studie stattfand, in einer gemeinsamen Sitzung Vorschläge an die Kammer für die Empfehlungen (Teil E) erarbeitet.

3. Methoden des Informations- und Datengewinns

3.1. Sekundärauswertungen

– Literaturstudium

Die Literatur über Hochschule und Studierende ist schier unübersehbar: Etwa 2.000 Titel haben Schöfthaler und Gorzka in einer Bibliographie zur Hochschulforschung[1] zusammengestellt. In einem ersten Arbeitsschritt wurde versucht, die Titel zu sichten, die sich mit der »Situation der Studierenden« beschäftigen. Dabei waren die Ergebnisse von Repräsentativbefragungen für eine erste Übersicht am ergiebigsten.

– Auswertung von Repräsentativbefragungen in der Hochschul- und Studierendenforschung

Insbesondere die Ergebnisse der alle zwei Jahre durchgeführten schriftlichen Befragungen der HIS (Hochschul-Informations-System GmbH) Hannover für die »Sozialberichte des deutschen Studentenwerks«[2], andere HIS-Untersuchungen und die ebenfalls schriftlich durchgeführten Wellenbefragungen des Sonderforschungsbereichs der Universität Konstanz »Studiensituation und studentische Orientierungen« aus den WS 1982/83 und WS 1983/84[3] bildeten die Grundlage für Informationen über die soziale Situation Studierender und ihre Einstellungen zu Studium, Hochschule, Rollenverständnis, allgemeine persönliche und gesellschaftliche Orientierungen. Zur politisch-gesellschaftlichen Orientierung liegen diverse Studien vor. Hier wurde vornehmlich eine – auch theoretisch – sehr aufwendige Studie herangezogen, die im Auftrag der Friedrich-Ebert-Stiftung erstellt wurde[4]. Die Durchsicht der Literatur und der o.g. Repräsentativuntersuchung ergab, daß Orientierungen Studierender hinsichtlich

---

1) Schöfthaler/Gorzka (1984).
2) Letzte Erhebung Sommersemester 1988: Schnitzer u.a. (1989).
3) Peisert u.a. (1988).
4) Krause/Lehnert/Scherer (1981).

Religion, Glaube und Kirche völlig vernachlässigt werden, ja sogar darauf verzichtet wird, überhaupt nach der Konfession zu fragen.

– Auswertung von religions- und kirchensoziologischen Repräsentativstudien

In diesen Studien wird der Querschnitt der Kirchenmitglieder (so z.B. die Kirchenmitgliedschaftsstudien der EKD[5]) oder es werden einzelne Gruppen (z.B. die Teilnehmer des Kirchentags bei Feige/Lukatis[6]) befragt. Darunter befinden sich auch Studierende; doch sind die Befragungen nicht auf die Erfassung der Haltung Studierender gerichtet, so daß daraus lediglich »zufällig passende« Ergebnisse entnommen werden konnten.

– Hochschulstatistik

Die Hochschulstatistik des Statistischen Bundesamtes liefert zahlenmäßige Überblicke über die Struktur der Studierenden: Geschlecht, Alter, Semester, Studienfach- und ort, Nationalität. Diese Angaben waren zur Festlegung der Stichprobe für die Repräsentativbefragung notwendig. Allerdings wird das interessierende statistische Merkmal »Religionszugehörigkeit« auch dort nicht erhoben.

3.2. Mitarbeiterbefragung

In einer schriftlichen Befragung von Studentengemeinden, Studierendengruppen, Studentenpfarrern und -pfarrerinnen und in einer Konsultation im Mai 1988 wurde versucht, die aus der Sekundärauswertung der Literatur gewonnenen Ergebnisse zur Diskussion zu stellen und weitere Erkenntnisse für den Bereich Religion, Glaube, Kirche zu erlangen. Diese Arten der »Expertenbefragung« sind im Wissenschaftsbetrieb und in der Politik üblich und dienen der Informations-

---

5) Hild (1974); Hanselmann/Hild/Lohse (1985).
6) Feige/Lukatis/Lukatis (1987).

gewinnung, Meinungsbildung, Gewinnung von Anregungen für weitere Arbeitsschritte.

Es zeigte sich, daß vornehmlich Einschätzungen zur sozialen Situation Studierender und zur Arbeit der evangelischen Studierendenarbeit abgegeben wurden, weniger aber für den in diesem Arbeitsschritt hauptsächlich interessierenden Bereich. Wichtig war allerdings die Erkenntnis, daß die Situation Studierender nicht ohne die strukturelle und politische Erfassung der Hochschule insgesamt gesehen werden kann.

3.3. Empirische Untersuchungen

In der Hochschul- und Studierendenforschung werden verschiedene Methoden der empirischen Sozialforschung eingesetzt. Schneider[7] weist bis 1983 129 empirische Untersuchungen nach, die einem von ihm festgelegten »Qualitätsstandard« hinsichtlich Repräsentativität, Empirie, Zielgruppe, Methode, Quantität und Thematik genügen. Darüber hinaus hat er weitere 147 Untersuchungen erfaßt, die dem nicht genügen oder keine Auswertungen des Urdatenmaterials darstellen. Die gebräuchlichste Form ist die des standardisierten Einzelinterviews, sei es »face-to-face« geführt oder als schriftliche Befragung. Nicht standardisierte Formen von Interviews und entsprechende Methoden sind in der Sozialforschung erst in den siebziger Jahren als Kritik einer allzu positivistischen »Datenhuberei« entwickelt worden. In der Studierendenforschung haben sie aber noch keine große Verbreitung gefunden. Schneider gibt hierzu einen Anteil von 2 % der von ihm gesichteten Primärdatenerhebungen an.

3.3.1. Narrative Interviews

Die Erkenntnislage zu dem Bereich Studierende und Religion, Glaube, Kirche war nach den oben skizzierten Vorarbeiten weder hinrei-

---

7) Schneider (1985).

chend, um auftragsgemäß eine Grundlage für eine theologische Reflexion und Empfehlungen zur Studierendenarbeit abgeben zu können, noch war sie hinreichend, um eine Hypothesenbildung für eine standardisierte Repräsentativbefragung vornehmen zu können. Daher wurden im März/April 1989 13 narrative Interviews mit einer Dauer von 45 Minuten bis zu 1,5 Stunden mit Studierenden verschiedener Studienfächer in Hamburg, Hannover und Bielefeld geführt. Die interviewten Studierenden waren den Interviewern nicht bekannt, sie wurden »zufällig« über »Dritte« (Bekannte der Interviewer) angefragt. Dieses Verfahren wurde notwendig, da eine Bereitschaft zum Interview mit Tonbandmitschnitt bei einer derartig persönlichen Thematik anders nicht hätte hergestellt werden können.

Im November/Dezember 1989 wurden elf weitere Interviews in Berlin, Dortmund, Duisburg, Siegen, Gießen, Freiburg, Stuttgart geführt, wobei für einen Teil von ihnen zur Überprüfung der Ergebnisse der zwischenzeitlich durchgeführten Repräsentativuntersuchung eine strukturierte Version des Interviews Anwendung fand.

3.3.2. Repräsentativbefragung

Narrative Interviews haben bei bisher nicht erforschten Themen den Vorteil, daß sie qualitative Aussagen hervorbringen, die in der Auswertung zur Strukturierung eines interessierenden Bereichs und weitergehend auch zur Hypothesenbildung beitragen können. Sie haben allerdings den Nachteil, daß sie selektiv personengebundene Einzelaspekte beleuchten und gegebenenfalls die Interviewer interessierende Fragen nicht ansprechen. Darüber hinaus bleibt die Relevanz der thematisierten Aspekte bezüglich der Grundgesamtheit der Studierenden offen.

Von der Studien- und Planungsgruppe wurde daher eine Kombination von narrativen Interviews und Repräsentativbefragung vorgeschlagen: Auf dem Hintergrund der Vorarbeiten und der ersten Welle narrativer Interviews wurde im Juni/Juli 1989 eine schriftliche

Befragung vom Meinungsbefragungsinstitut ENIGMA mit einem von der Studien- und Planungsgruppe konzipierten Fragebogen nach von ihr festgelegten Kriterien für die Repräsentativität der Stichprobe durchgeführt. In der empirischen Sozialforschung gültige Standards wurden eingehalten (vgl. Teil A., Kapitel 3.1.2.). 1.338 Fragebogen wurden Studierenden im Alter von 18 bis 29 Jahren ausgehändigt, die von sich sagten, sie seien evangelisch. 703 Fragebogen (Rücklaufquote 53 %) konnten ausgewertet werden. Die im Text wiedergegebenen Zahlen entstammen dieser Befragung. Zu offenen Fragen im Fragebogen konnten Studierende durch eigene Statements ihre Meinung unabhängig von den sonstigen Vorgaben kundtun. Sie sind im Text, gekennzeichnet mit F16.3, F17.3 und F23, zum Teil wiedergegeben.

3.3.3. Experteninterviews

Im Verlaufe der Arbeiten an der vorläufigen Studie wurde deutlich, daß die Hochschule als institutionelle Rahmenbedingung in die Überlegungen einzubeziehen ist. Auch zu diesem Bereich lag zwar insgesamt viel Material vor, jedoch nicht im Hinblick auf die interessierende Fragestellung. Um auch hier eine bessere Ausgangsbasis zu bekommen, wurden im Januar/Februar 1990 fünf Experteninterviews mit »Lehrenden« in Siegen, Hannover, Hamburg, Oldenburg und Erlangen geführt.

3.4. Die Frankfurter Konsultation

Auch die Frankfurter Konsultation ist in gewissem Sinn als Befragung von Experten, nämlich der in christlicher Hochschularbeit Engagierten, zu verstehen. Sie bildet dabei eine Informationsquelle besonderer Art, da sie sowohl zu der allgemeinen Studentenbefragung als auch zu der Bestandsaufnahme bisheriger christlicher Hochschularbeit in Beziehung steht. Selbst- und Fremdwahrnehmungen zu christlicher Hochschularbeit wurden deshalb in einem gesonderten Teil (B) zusammengestellt.

4. Analyse und Engagement

Im Laufe der Ausarbeitung dieser Studie hat sich ein Problem immer gewichtiger bemerkbar gemacht, das auf den ersten Blick bloß ein methodisches scheint, das tatsächlich aber auch die Solidarität aller am kirchlichen Dienst an der Hochschule Beteiligten betrifft.
Die Studie erhebt in ihren analytischen Teilen (A 1-3) die tatsächlichen religiösen Einstellungen, Verhaltensweisen und Selbstbilder von Studierenden an Hochschulen. Selbstverständlich wird damit nicht behauptet, dies sei die objektive Wiedergabe der Realität; es handelt sich um ein sozialwissenschaftliches Konstrukt. Sein Vorzug ist, daß es einen sehr weiten Begriff von Religiosität in heuristischer Absicht benutzen kann: Auch solche Phänomene von Religion können noch wahrgenommen werden, die am Maß eines theologisch bestimmten Religionsbegriffes, d.h. des christlichen Glaubens, aus dem Blickfeld ausgeschieden blieben. Ein solch weiter, möglichst beschreibender Religionsbegriff verhindert also vorschnelle oder auch fragwürdige normative Grenzziehungen. Der Nachteil dieser analytischen Weite ist ihre methodische Distanz zur bewußt christlichen Religiosität. Diese Distanz erweckt, für sich genommen, in mehrfacher Hinsicht einen mißlichen Eindruck. Sie scheint zu vergessen, daß zwischen der festgestellten »Irgendwie«-Religiosität und dem christlichen Glauben eine klar benennbare Differenz besteht, nämlich die der Bestimmtheit durch die biblische Botschaft, die kirchliche Gemeinschaft, das göttliche Gebot. Diese Bestimmtheit charakterisiert nun aber alle Mitarbeiter der Kirche an den Hochschulen, die haupt- und die ehrenamtlichen, denn erst der christliche Glaube bewegt und verpflichtet zu einem solchen Engagement. Diese engagierten Christen können sich durch analytische Distanznahme desavouiert fühlen,

zumal im Blick darauf, daß eine solche Distanz auch ihre Schutzbefohlenen nicht als unverwechselbare Menschenseelen, sondern, grob gesagt, als Merkmalsträger behandelt.

Die Autoren dieser Studie haben nicht die Absicht, sich aus der Solidarität aller am kirchlichen Dienst an der Hochschule beteiligten Christen zu verabschieden (die Universitätstheologen unter ihnen müssen die Differenz von Glaube und Religion bzw. von Theologie und Wissenschaft im eigenen Beruf zu überbrücken versuchen). Nicht zuletzt aus Gründen dieser Solidarität enthält die Studie nicht nur eine wissenschaftliche Analyse (A), sondern ebenso eine Selbstinterpretation der christlichen Arbeit mit Studierenden (B) und die Ergebnisse gemeinsamer Konsultationen der Autoren und der praktisch Tätigen (und Leidenden) (C). Vor allem aber bringen die Theologischen Grundsatzüberlegungen (D) dann einen normativen, d.h. christlichen Begriff von Religion zur Geltung, von dem aus die konkret gegebene Religiosität oder Irreligiosität als Feld und Gegenstand kirchlicher Arbeit begreifbar wird. Sie unterstellen daher, wie die Empfehlungen (E) schließlich ausweisen, das kritische, Ja und Nein einschließende Vermögen des christlichen Glaubens als die Grundvoraussetzung des kirchlichen Dienstes an der Hochschule. Für das christliche Engagement will die religiöse Analyse ein Instrument sein, mittels dessen es sich in der konkreten Situation orientieren und umso wirksamer seine kirchliche Aufgabe an der Hochschule erfüllen kann.

A. Situation der Studierenden an den Hochschulen

1. Hochschule

1.1. Hochschule in Zahlen

Seit Anfang der 70er Jahre ist das Hochschulwesen in der Bundesrepublik massiv ausgebaut worden. Insbesondere hat die Anzahl der Fachhochschulen zugenommen, die allerdings oft in Vorformen (z.B. Ingenieurschulen) bereits existierten, ehe sie zu Fachhochschulen erweitert wurden[8].

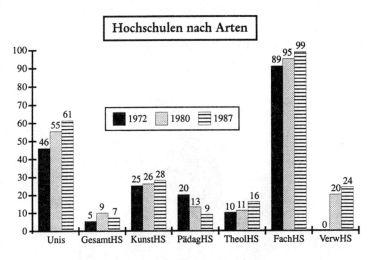

Der leichte Rückgang bei den Gesamthochschulen und den Pädagogischen Hochschulen ist Folge ihrer teilweisen Auflösung oder Überführung in andere Hochschularten.

---

8) Die folgenden Daten aus: Wirtschaft und Statistik: Bildung und Kultur, 12/80; Personal an Hochschulen 1972 bis 1980, 4/82; Personal an Hochschulen 1980 bis 1987, 10/89; Statistisches Bundesamt, Studierende an Hochschulen WS 1987/88, 1989; eigene Berechnungen.

Die Größe der Hochschulen – die Anzahl der Studierenden zugrundegelegt – schwankt erheblich: Die größte bundesrepublikanische Universität ist die in München mit 61.743 Studierenden, gefolgt von der FU Berlin (56.258 Studierende) und der Universität Köln (47.176 Studierende). Mittlere Universitäten haben z.B. Bonn (38.864 Studierende), Hannover (25.908 Studierende) und Tübingen (23.164 Studierende). Kleine Universitäten befinden sich z.B. in Bamberg (5.424 Studierende) und Hildesheim (2.177 Studierende). Ähnlich groß ist die Bandbreite bei den Fachhochschulen – allerdings bei insgesamt geringeren Studentenzahlen: z.B. FH Köln (15.608 Studierende), FH München (15.131 Studierende), FH Dortmund (7.990 Studierende), FH Fulda (2.457 Studierende), FH Schwäbisch Gmünd (288 Studierende). Die größte Universitätsstadt ist München (104.930 Studierende), gefolgt von Berlin mit insgesamt 102.608 Studierenden.

Die Zahl der Beschäftigten im Hochschulbereich ist kontinuierlich angewachsen:

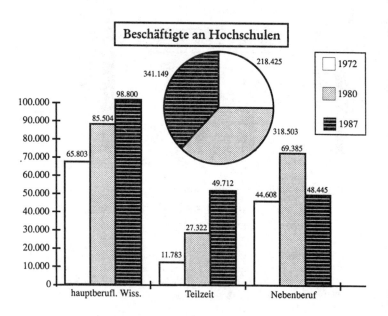

Die Zahl aller Beschäftigten im Hochschulbereich stieg zwischen 1972 und 1987 um 56%, die des hauptberuflichen wissenschaftlichen Personals um 50%. Die Zahl der Teilzeitbeschäftigten wuchs um mehr als das Vierfache. Die Angaben zu den nebenberuflich Beschäftigten für 1987 scheinen dieser Entwicklung zunächst zu widersprechen. Es ist allerdings zu berücksichtigen, daß der Anteil dieser Beschäftigtengruppe zwischen 1981 und 1983 um mehr als die Hälfte reduziert wurde und erst danach wieder anstieg. Dies ist teils dadurch bedingt, daß beim nichtwissenschaftlichen Personal kaum mehr nebenberufliche Beschäftigungen erfolgen, teils aber auch dadurch, daß die studentischen Hilfskräfte gar nicht mehr statistisch erfaßt werden. Aus den Personalentwicklungen insgesamt wird aber deutlich, daß sich die Hochschulen insbesondere beim wissenschaftlichen Personal immer mehr auf Teilbeschäftigte und nebenberuflich Beschäftigte stützen, in der Regel also auf Universitätsabsolventen, die meist eingeschränkte und befristete Arbeitsverträge erhalten (vgl. auch Kapitel 1.4.).

Vergleicht man die Beschäftigtenzahlen mit den Studierendenzahlen, so wird die vielbeklagte Verschlechterung der Studiensituation an den Hochschulen deutlich: Die Studierendenzahlen haben sich von 1972 bis 1987 etwas mehr als verdoppelt. Kamen 1972 auf einen Hochschulbeschäftigten (hauptberuflichen Wissenschaftler) 3 (10) Studierende, so waren es 1987 4,1 (14,3) Studierende. Dabei ist zu bedenken, daß es sich hier um Durchschnittszahlen pro Kopf handelt, die z.B. folgendes nicht berücksichtigen: Stundendeputate der Beschäftigten, Beauftragung z.B. ausschließlich für die Forschung, Unterschiede zwischen den Fachbereichen. Auf einen Professor kamen durchschnittlich 1980 36,7 und 1987 46 Studierende. Auf einen Universitätsprofessor kamen 1987 53,7, auf einen Fachhochschulprofessor 34 Studierende.

1987 gab es 30.610 Professoren und Professorinnen. Davon waren 20.262 an Universitäten tätig und 9.016 an Fachhochschulen. Der Anteil der Professorinnen (1.566) ist zwischen 1980 und 1987 mit rund 5 % nahezu konstant geblieben. Bei den wissenschaftlichen

Mitarbeitern und Mitarbeiterinnen ist der Frauenanteil von 15,7% (1980) auf 19,7% (1987) gestiegen.

1.2. Hochschule im gesellschaftlichen Kontext

Für das Verständnis der Anlage dieser Untersuchung und der daraus zu entwickelnden Vorschläge ist eine Explikation unserer Annahmen über mögliche gesellschaftliche Entstehungs- und Entwicklungszusammenhänge gegenwärtiger Studienbedingungen insofern notwendig, als wir mit der Entscheidung für die Durchführung narrativer Interviews den gesellschaftlichen Zusammenhang nur insoweit erfaßt haben, als er von den Interviewpartnern und -partnerinnen selbst thematisiert wurde.

Die Rahmenbedingungen der gegenwärtigen Studiensituation werden wesentlich durch Funktion und Lage der Hochschule in unserer Gesellschaft bestimmt. Hier ist zwischen den aktuellen Entwicklungen nach der starken Expansion des Hochschulbereichs seit den 60er Jahren einerseits und langfristigeren Funktionsveränderungen der Hochschule in der Industriegesellschaft andererseits zu unterscheiden. Allerdings haben beide Entwicklungen Studium und Hochschule grundlegend gewandelt.

Die in den 60er Jahren vielfach konstatierte »Bildungskatastrophe« als generelle Unterversorgung der Bevölkerung vor allem mit weiterführender Bildung ist historisch eng an die Frage nach der sozialen Ungleichheit im Bildungswesen geknüpft. Hieraus resultierte das bildungsreformerische Bemühen, unter dem Stichwort: »Chancengleichheit« die konfessionellen, geschlechtsspezifischen, regionalen und nicht zuletzt schichtspezifischen Benachteiligungen zunächst im Bereich der Schule[9] abzubauen und seit Beginn der 70er Jahre auch die Hochschule für Studierende aus sogenannten »bildungsfernen« Schichten zu öffnen.

---

9) Was in der Figur der Benachteiligung des »katholischen Arbeitermädchens vom Lande« (z.B. Dahrendorf, 1965) seinen bildhaften Ausdruck fand.

Wenn auch innerhalb der bildungspolitischen Aufbruchstimmung der 60er Jahre streckenweise emanzipatorische Interessen wie »Chancengleichheit« eine Rolle spielten, ist doch frühzeitig aus einer Haltung ökonomischer Sorge heraus auf den Zusammenhang zwischen (Aus-) Bildung und ökonomischer Verwertung im Arbeitsprozeß (»manpower-Ansatz« in der Bildungsökonomie) aufmerksam gemacht worden. Dies geschah mit den gleichen (zweckrationalen) Argumenten, wie sie heute unter Anrufung des internationalen Vergleichs mit den kürzeren Studiengängen anderer Industrienationen gegen die zu langen Studienzeiten hierzulande verwendet werden[10].

Auch die langfristigeren Veränderungen der Universität in der Industriegesellschaft sind nicht unabhängig vom Druck gesellschaftlicher Verhältnisse zu sehen, was insbesondere an den beiden Wirtschaftskrisen Mitte der 60er und Anfang der 70er Jahre deutlich wird. Im Zuge dieser Entwicklung wuchs die Kritik am elitären Charakter und scheinbar zweckfreien, zumindest nicht genügend am Qualifikationsbedarf der hochindustrialisierten Bundesrepublik Deutschland orientierten Ausbildungsangebot der Hochschule. Für eine aus diesem funktionalistischen Verständnis heraus betriebene Studienreform hat der Praxisbezug im Sinne von Berufsbezug[11], die inhaltliche Straffung sowie die sequentielle Gliederung der Lernprozesse bei gleichzeitig steigender Stoffülle zunehmend an Bedeutung gewonnen. Diese curriculare Umsetzung der Neubestimmung des Verhältnisses von Hochschule, Studium und Beruf ist auch für die Wissenschaft nicht ohne Auswirkungen geblieben: Die Veränderungen der Wissenschaft lassen sich – schlagwortartig – kennzeichnen durch die zunehmende ökonomisch-technologische Verwertung wissenschaftlicher Erkenntnisse, Informationsexplosion, zunehmende faktische Fremdbestimmtheit und zunehmende – sich dem Primat der wirtschaftlichen Nütz-

---

10) Vgl. z.B. Heckhausen (1987).
11) Die bisherige Forschung zum Qualifikationsbedarf hat gezeigt, daß die zu einem Zeitpunkt verfügbaren Informationen über Technologie und Arbeitsteilung keine brauchbaren Prognosen über den zukünftigen Bedarf an Arbeitskräften erlauben (vgl. Offe, 1975).

lichkeit verpflichtet fühlende – Problemorientierung statt Orientierung an der »Wahrheit«.

Die Konzepte und Modelle engagierter Vertreter der Studienreform sind immer auch als Chance verstanden worden, den Blick auf den Sinn des Lernens frei zu machen und den Umgang mit Wissenschaft für die Praxis einzuüben. So problematisch es ist, wenn Wissenschaft unter dem Anspruch von Zweckfreiheit ihre Legitimation ausschließlich aus einen immanenten Wahrheitsanspruch ableitet, ohne Rücksicht auf Praxisfolgen, Anwendbarkeit und Verwertungszusammenhang, so problematisch ist es umgekehrt, wenn Wissenschaft nahezu ausschließlich in den Dienst von Verwertungsinteressen genommen wird. So ist der zweckrationale Erklärungsansatz, dem sich die ökonomisch orientierte Bildungsforschung seit dem »Bildungsnotstand« verpflichtet hat, sehr zweifelhaft geworden.

Für eine am praktischen Nutzen orientierte Wissenschaftsorganisation ergeben sich zwei Dilemmata: zum einen werden Praxisnähe, Interdisziplinarität und Kooperation unter Berücksichtigung der Konsequenzen wissenschaftlichen Handelns erforderlich. Damit müßte aber auch der Notwendigkeit einer demokratischen Organisation von Lehre und Forschung und den Fragen der technologischen Verwertbarkeit von Wissenschaft als Gegenstand öffentlich zu diskutierender Interessen besondere Bedeutung zukommen. Auf seiten der Studierenden jedoch wird, zum Teil auch gezwungenermaßen, von den ehemals errungenen Mitbestimmungsrechten und Mitwirkungsmöglichkeiten in Hochschulselbstverwaltung und Lehrveranstaltungen zu wenig Gebrauch gemacht, als daß die sich aus dieser Entwicklung ergebenden Fragen innerhalb der Hochschule diskutiert werden könnten. Zum anderen wird durch die Begrenzung des Reflexionsanspruches auf die Geistes- und Sozialwissenschaften sowie deren konsequenter Abbau zugunsten von naturwissenschaftlichen und technologischen Disziplinen die »Eigenfunktion des Hochschulsystems«, die in der Wissenschaftsdeterminiertheit der Hochschule liegt, systematisch entwertet. »Rationalitätsstandards, Regeln des wissenschaftlichen Diskurses und theoretische Traditionen machen es möglich, Hochschulprobleme reflexiv zu bearbeiten und die inneren Aufgaben nicht durch äußere Problemvorgaben völlig determinieren zu lassen«[12]. Eine hieraus ableitbare relative Autonomie des Bildungssystems erscheint angesichts des Entwicklungsstandes von Hochtechnologien wie z.B. Atomkraft oder Gentechnologie besonders notwendig. Denn bei aller berechtigten Betonung des Praxisbezugs bedeutet ein ausschließliches Interesse an Verwertung, das sich eben auch in der o.g. Favorisierung von Disziplinen ausdrückt, zum ersten so etwas wie »Sinnverlust« des Studiums: es trägt seinen Sinn kaum noch in sich selbst. Zum zweiten ist hiermit aber eine noch grundsätzlichere Problematik verbunden. Pointiert formuliert: Die mit einer naturwissenschaftlichen Methodologie, in der der Satz »Einmal ist keinmal« gilt, auch geschaffenen technischen Bedingungen für eine Auslöschung allen Lebens stellen den über das individuelle Leben hinausweisenden Sinn von Praxis in Frage. Eine Wissenschaft, die mit Wahrscheinlichkeiten bei großen Zahlen arbeitet, kann den Einzelfall nicht prognostizieren – ein Fehler in Technologien wie Atomkraft oder Gentechnologie ist aufgrund der in ihnen enthaltenen Gefährdungspotentiale jedoch zuviel.

Die mit dem Sinnverlust des Studiums einhergehende inhaltliche Entwertung von Studium und Wissenschaft betrachten wir als konstitutives Moment der gegenwärtigen, sowohl von Teilen der Studentenschaft[13] als auch von einem Teil der Lehrenden[14] als krisenhaft erfahrenen Situation des Studiums an den Hochschulen in der Bundesrepublik Deutschland.

1.3. Aktuelle Tendenzen in der Hochschulpolitik

Die prekäre Lage des Hochschulstudiums wird über den doppelten Engpaß geprägt, daß die Zahl von Studienbewerbern sprunghaft angestiegen ist und die Absolventen mit der Sättigung des akademischen

---

12) Becker (1983), S. 55.
13) Krüger u.a. (1986).
14) Vgl. z.B. Schülein (1979).

Arbeitsmarktes nach 1973 nicht mehr ohne weiteres ihrer Ausbildung entsprechende Berufspositionen vorfanden[15]. Darüber hinaus hat sich diese Lage durch die Zunahme planender staatlicher Eingriffe im Zuge der Erweiterung des tertiären Bildungsbereichs und der Umstrukturierung zur Gruppenuniversität verschärft.

Insbesondere die wechselvolle Geschichte des Hochschulrahmengesetzes (HRG) und des Bundesausbildungsförderungsgesetzes, kurz BAföG, haben in den letzten Jahrzehnten als bildungspolitische Steuerungsinstrumente eine bedeutsame Rolle gespielt, sie standen jedoch, da sie politische Entscheidungen von beträchtlicher Tragweite berührten, mehr im Zentrum ideologischer denn wissenschaftlicher Kontroversen.

Der Einfluß staatlicher Planungen ist vor allem über die Wissenschaftsverwaltungen im Rahmen der Anpassungsgesetze an das 1976 in Kraft getretene HRG gestärkt worden, so daß sich die Veränderungen im tertiären Bildungsbereich unter diesem Aspekt schlagwortartig als Entwicklung von den Phasen »Bewältigung des nationalsozialistischen Erbes (1945-1949)«, »Demokratisierung von oben (1945-1955)«, »Stabilisierung und interne Differenzierung (1950-1965)« sowie »Politische Mobilisierung und Studentenrevolte (1965-1970)« zur Phase der »Bürokratisierung, Verrechtlichung und Repression (1970 bis dato)«[16] kennzeichnen lassen.

Die Öffnung der Hochschulen für private Drittmittelgeber durch die Novellierung des HRG von 1985, mit der die Genehmigungspflichtigkeit von Drittmitteln durch die Hochschulleitung aufgehoben worden ist, hat via inneruniversitärer Umschichtungen von Haushaltsmitteln die Prioritätensetzung bei technisch-naturwissenschaftlichen Fächern massiv gestützt. Die Liberalisierung der Drittmittelpra-

---

15) Hiervon sind mittlerweile selbst Studiengänge wie Medizin nicht verschont geblieben (vgl. Protokoll der EKD-Konsultation in Frankfurt 31. Mai/1. Juni 1988). Die angeblich überlangen Studienzeiten, die Zunahme von Zweit- und Aufbaustudien werden nicht selten damit in Zusammenhang gebracht (vgl. Huber, 1988, S. 116f.).
16) Prahl (1978), S. 332.

xis zugunsten privatwirtschaftlicher Verwertungsinteressen einerseits und die Bemühungen von Hochschulpolitikern, Bildungsparlamentariern und Hochschulrektoren andererseits, durch einschneidende Maßnahmen die Studierenden zu kürzeren Studienzeiten zu bringen (vgl. den Regelzeitparagraph § 17 Abs. 2-4 im HRG von 1976 mit seiner Exmatrikulationssanktion, das Regelstudium nach dem Modell »Vier Plus« des Wissenschaftsrates von 1986, das z.B. als Diskussionsvorlage bei der Bund-Länder-Kommission für Bildungsplanung und Forschungsförderung 1988 vorlag, aber auch die Umstrukturierung des BAföG mit seiner Schnelligkeitsgratifikation), sind im Zusammenhang mit einer im Rahmen der Öffnung des EG-Binnenmarktes zunehmenden Bedeutung von Gesetzmäßigkeiten und Bedingungen des internationalen Konkurrenzkampfes zu sehen.

Es gilt abschließend festzustellen, daß hinter all diesen Tendenzen Wertsetzungen deutlich werden, die das Funktionieren des Beschäftigungssystems als gegeben und als einen Grundzweck voraussetzen, der eine »Begabtenauslese« (vgl. die Regelungen des Zulassungswesens in den §§ 27-35 des HRG, die durch die Umstellung des BAföG 1983[17] auf Volldarlehen auch an die wirtschaftlichen Ressourcen der Herkunftsfamilie gebunden worden ist) ebenso fordert und legitimiert wie ein endlich rationalisiertes Curriculum und eine schulähnlich geregelte und kontrollierte Unterrichtsorganisation und -praxis.

1.4. Situation der Lehrenden

Professoren und Angehörige des sogenannten Mittelbaus standen, mit wenigen Ausnahmen[18], bislang weit weniger im Zentrum des Forschungsinteresses als z.B. Studierende. Aber auch Lehrende kriti-

---

17) Inwieweit durch die neuerliche Umstellung des BAföG in einen 50%igen Zuschuß ab 1990 allerdings dem Trend entgegengewirkt wird, daß gerade Studienberechtigte aus wirtschaftlich schwächeren Familien verstärkt auf die Studienaufnahme verzichten, bleibt abzuwarten.
18) Vgl. den zusammenfassenden Überblick bei Bochow/Joas (1984).

sieren in auffälliger Parallelität zu einem Teil der Studierenden die Interaktionsverdünnung zwischen sich und Lernenden. Nach Schülein kann die Stille zwischen Lehrenden und Lernenden »... den Hochschulen nicht gut bekommen«[19], die sowohl zu sektiererischen Aktivitäten von Minderheiten als auch zu einer formalen Anpassung sowie inneren Distanz bei der Mehrheit innerhalb beider Gruppen führen kann[20].

Die Datenlage zur Situation der Lehrenden ist aus vielfältigen Gründen sehr lückenhaft. Erschwerend kommt hinzu, daß seit dem von der Bundesassistentenkonferenz 1968 entwickelten Hochschulkonzept und der sich daran anschließenden Diskussion, die 1970 zum Vorhaben des Bundes geführt hat, ein Hochschulrahmengesetz – das dann 1976 realisiert wurde – zu erlassen, mit Ausnahme der 23 Thesen des Deutschen Gewerkschaftsbundes zur Hochschulreform von 1973, keine neuen Strukturkonzepte vorgelegt worden sind. Es ist zwar in den 70er Jahren noch versucht worden, durch Evaluationsforschung die Auswirkungen von Expansion und Umstrukturierung des Hochschulbereichs zumindest deskriptiv festzuhalten, aber mittlerweile ist nicht nur diese Art von Begleitforschung, sondern es sind auch die wissenschaftlich fundierten Bemühungen zur Verbesserung der Lehr-Lern-Situation in Form hochschuldidaktischer Zentren zunehmend eingestellt worden[21]. Besonders desolat ist gegenwärtig die Informationslage über Auswirkungen der Spar- und Kürzungsmaßnahmen, insoweit sie den Lehrkörper der Hochschulen betreffen. Mit Ausnahme einer Untersuchung von Hoffmann/Funke (1980) wird die sich seit Mitte der 70er Jahre wieder verschlechternde Relation zwischen Lehrenden und Lernenden nur selten in Zusammenhang mit der Stagnation der Einstellungsraten und der Personal-

---

19) Schülein (1989), S. 159.
20) Schülein (1979), S. 172ff.
21) Vgl. z.B. den Ansatz durch das Infratest-Institut 1974, in einem »Hochschulbarometer« die Wahrnehmung zentraler Hochschulfunktionen zu messen; die für einen strukturanalytischen Zugang zum Hochschulbereich notwendige Wiederholungserhebung ist jedoch nach 1977 unterblieben.

struktur gebracht. Nach dieser, wenn auch nicht repräsentativen Untersuchung (209 Lehrpersonen westdeutscher Universitäten wurden schriftlich befragt), wird die These eines Qualitätsverlustes von Lehre und Forschung als Folge der Überlastung in Lehre (erhöhte Prüfungs- und Beratungstätigkeit vor allem) und durch Verwaltungsarbeiten gestützt[22]. Die sich hier kumulierenden personal-strukturellen, fiskalischen und demographischen Probleme haben ebenso externe Auswirkungen, nämlich auf den Arbeitsmarkt für Wissenschaftler. Deren prekäre Lage wirkt insofern wiederum auf das Hochschulklima zurück, als gerade im Mittelbau Tätige an der für die eigene Karriere weit förderlicheren Forschung mehr interessiert sind als an der Lehre. Die in dieser für den wissenschaftlichen Nachwuchs kritischen Situation geforderten oder realisierten Hilfsprogramme (wie z.B. das Heisenberg-Programm) gehen fast alle in Richtung Zeitvertrags-Praxis. Den Ergebnissen einer exemplarisch durchgeführten Untersuchung zur Situation des wissenschaftlichen Nachwuchses (im Fall von 5 Hochschulen und 14 Fächern)[23] folgend, hat sich die Arbeitssituation zwar äußerlich konsolidiert: »Von den Ende 1983 an unseren Hochschulen beschäftigten Promovierten waren laut Aktenauswertung etwas weniger als die Hälfte wissenschaftliche Mitarbeiter und je etwa ein Viertel Hochschulassistenten und Räte bzw. Dozenten; Teilzeitarbeitsverhältnisse spielen hier nur eine geringe Rolle (5% oder weniger). Andererseits sind weiterhin 65% dieser Beschäftigungsverhältnisse nur befristet; in den durchschnittlich 6,7 Jahren Beschäftigungszeit bis zum Erhebungsdatum hatten die Beschäftigten wiederum durchschnittlich 2,7 Verträge innegehabt mit einer Laufzeit von durchschnittlich 2,5 Jahren (beides mit starken fachspezifischen Abweichungen). Für den gesamten Habilitationsabschnitt muß mit entsprechend höheren Zahlen gerechnet werden.«[24]

22) Die aktuellen Aussagen von Hochschullehrern, die wir im Rahmen von Experteninterviews befragt haben, decken sich mit dieser Einschätzung auch über die gravierenden Folgen dieser Entwicklung für das interne Funktionieren und interne Arbeits- und Lernklima an der Hochschule.
23) Holtkamp/Fischer-Bluhm (1986).
24) Ebd., und auch im folgenden vgl. S. 44.

Das Alter der Promovierten, die an einer Hochschule beschäftigt waren und sie verlassen haben, beträgt, den Ergebnissen dieser Untersuchung nach, bei Beendigung des Beschäftigungsverhältnisses 38 Jahre. Das durchschnittliche Alter bei der Habilitation beträgt etwas über 38 Jahre.

Nur gut ein Viertel derjenigen, die sich dann mit den Arbeitsmarktproblemen konfrontiert sehen, weiß sich vor Arbeitslosigkeit sicher; nur ein Fünftel schätzt eine Beschäftigung an der Hochschule für wahrscheinlich ein, der Rest, über die Hälfte, rechnet mit Arbeitslosigkeit.

Auswirkungen hat diese Situation nicht nur für die Betroffenen selbst, sondern auch für die Hochschule insofern, als unklar ist, ob das in diesen Personen gesammelte und repräsentierte Wissen der Hochschule und Forschung erhalten bleibt. Denn entgegen der hinter dem Rotationsprinzip stehenden Vorstellung, daß es für die Produktivität der Wissenschaft förderlich sei, der Wissenschaft immer wieder »frisches Blut« zuzuführen, daß es vor allem auf die – vorgeblich, wenn auch »ungeprüft« vorzugsweise im jugendlichen Alter vorhandene – Kreativität ankomme, ist die Hochschule längst zu einem wissenschaftlichen Großbetrieb geworden, in dem kooperativ organisiert und teilweise durchaus routinemäßig-alltäglich Forschungsarbeit durchgeführt wird und neben Kreativität eben auch Erfahrung, Sorgfalt, Kommunikations- und Kooperationsfähigkeit unverzichtbar sind.

Abschließend ist festzuhalten, daß die Situation der Lehrenden im Hinblick auf ihre Beziehung zu den Studierenden vor dem Hintergrund der gezeichneten Komplexität zu sehen ist. Damit erweisen sich die Basisbedingungen von Kommunikation in der Hochschule, wie sie noch von Parsons[25] als Modell der asymmetrischen, der Vater-Sohn-Analogie folgenden Beziehungen angenommen werden, als nicht mehr angemessen. Vielmehr geht es um die Entwicklung einer »ökologischen Umweltrekonstruktion«[26] des Lebens- und Arbeitsbereiches Hochschule.

25) Vgl. Parsons/Platt (1973), S. 163ff.
26) Vgl. z.B. Bronfenbrenner (1981).

1.5. Kommunikationssituation

Daß so etwas wie eine »kommunikative Verödung« der Hochschulen[27], insbesondere zwischen Studierenden und Hochschullehrenden, stattfindet, wird von beiden Gruppen, soweit man sich zu diesem Thema äußert, nicht bestritten. Große Unterschiede zeigen sich nicht nur im Ausmaß, mit dem diese Situation als defizitär beschrieben und zum Teil auch »erlitten« wird, sondern auch bei den Wegen der Suche nach Ursachen und Gegenkonzepten. Beides macht es notwendig, den folgenden Aussagen zu diesem Thema den übergreifenderen Problem- und Fragezusammenhang voranzustellen.

Betrachtet man die langfristigeren Entwicklungen der Universität, so ist festzustellen, daß sie insofern immer schon eine elitäre Institution war, als in ihr die verschiedenen auf die Studenten bezogenen integrativen, qualifikatorischen, sozialisatorischen und legitimatorischen Leistungen gegenüber anderen Subsystemen der Gesellschaft betont werden. Wie aber die Studierenden im Studium für gesellschaftliches Handeln in den bestehenden Strukturen kompetent, aber auch zu Emanzipation und veränderndem Handeln den Strukturen gegenüber fähig werden, und wie dadurch die Gesellschaft sowohl sich reproduziert als auch zur Innovation fähig bleibt, ist in der Forschung eine noch offene Frage. Innerhalb dieses interaktiven oder auch dialektisch zu nennenden gesellschaftlichen Prozesses lassen sich jedoch, ohne hier Ursache und Wirkung analytisch voneinander trennen zu können, näherungsweise allgemeine Rahmenbedingungen kennzeichnen, die für die Kommunikationssituation an der Hochschule u.E. besondere Relevanz besitzen.

Mit Blick auf die Heterogenität innerhalb der Studentenschaft und darauf, daß damit sehr unterschiedliche Berufs- und Lebenserfahrungen in Form stark unterschiedlicher zeitlicher und inhaltlicher Gewichtungen der Lernarbeit und Studienorganisation in das Studium eingehen, sind u.E. folgende Aspekte hervorzuheben:

---

27) Schülein (1989).

(1) Im Zuge der Ausweitung des Hochschulwesens ist die Zahl der Kinder aus allen sozialen Schichten, wenn auch nicht proportional zu ihrem absoluten Anteil an der Gesamtbevölkerung, beträchtlich gestiegen (vgl. Kapitel 2.1.2.). Studierende machen heute einen größeren Teil eines Jahrganges aus als jemals vor 1975 in der Bundesrepublik: eine Entwicklung, an der Frauen einen größeren Anteil hatten als die männlichen Studienberechtigten.

(2) Für die überwältigende Mehrheit der Studierenden sind über Zeiten und Orte der Untersuchungen hinweg bei der Studienfachwahl die eigenen Fähigkeiten für eine bestimmte Disziplin, Sache oder Tätigkeit und das Interesse daran wichtiger als spätere Arbeitsmarktchancen, hohes Einkommen und höheren sozialen Status[28]. Im Studium selbst werden Defizite der Universität in der Vermittlung praktischer und sozialer Fähigkeiten moniert und bessere Informationen bei Studienanfang ebenso gewünscht wie eine intensivere Betreuung durch Lehrende, wobei sich die Selbstinformationstätigkeit auf die wesentlichsten Informationen und die leichtest erreichbaren Quellen beschränkt[29].

(3) Die Einsicht in die kompensatorische Funktion, die außeruniversitäre Bezugsgruppen, (Wohn-)Räume und politische sowie kulturelle Aktivitäten für Studierende haben, ist auch Teilergebnis der vorliegenden Untersuchung. Zudem hat ein intensiverer Kontakt der Studierenden zu den Lehrenden im Sinne einer Arbeitsbeziehung nicht den zentralen Stellenwert, wie ihn sich letztere wünschen würden: mit nahendem Studienende werden die ungewissen Berufsaussichten immer bedeutungsvoller[30], reale und antizipierte Arbeitgebererwartungen an das Anforderungsprofil des Absolventen bzw. der Absolventin finden bei einem Teil der Studierenden stärkere Berücksichtigung.

(4) Die umfassenden Veränderungen, die sich im Hochschulbereich

---

28) Vgl. Peisert u.a.(1984), S. 76ff.; ders. (1988), S. 105ff.
29) Peisert u.a. (1984), S. 102ff.; Teichler u.a. (1987), S. 157ff.
30) Immerhin fühlt sich ein Drittel aller Studierenden dadurch stark belastet: vgl. Krüger u.a. (1986), S. 68ff., S. 122ff., S. 157ff.

vollzogen haben (vgl. Kapitel 1.2.), schlagen zum einen unmittelbar auf die Studien- und Existenzsicherungsstrategien der Studierenden durch. Zum anderen dürften die Veränderungen in der Rekrutierung der Studierenden, nämlich der erweiterte Zugang für Kinder aus hochschulfernen Schichten und der erheblich größere Anteil von Frauen, eine maßgebliche Rolle spielen.

(4.1) Studierende universitätsferner Herkunft unterliegen einer schichtabhängigen Doppelbelastung, die sich tendenziell für die Persönlichkeitsentwicklung insofern erschwerend auswirken kann, als sie sich mit dem sozialen Status »Student bzw. Studentin« von ihrer Herkunftsfamilie entfernen und unter Umständen vertraute Wertorientierungen verändern oder ablegen müssen. Für diese Studierenden ist die Chance eines Studienabschlusses innerhalb einer bestimmten, befristeten Zeit etwas besser als für Studierende aus Akademikerfamilien; je niedriger der soziale Herkunftsstatus, desto wichtiger ist ein späterer sicherer Arbeitsplatz sowie eine kurze Ausbildung. Fachinteresse und Begabung treten demgegenüber zurück[31].

(4.2) Studentinnen sind erheblich ungleichmäßiger über die Fächer verteilt: Sie bevorzugen nach wie vor überproportional Sprach- und Literaturwissenschaften, haben z.T. deswegen schlechtere Berufsaussichten und verzichten aus diesem Grund wiederum leichter auf ein Studium oder brechen es leichter ab als Männer. Auffällig sind die geringe Repräsentanz von Arbeitertöchtern an der Hochschule[32] und die größeren Arbeits-, nicht unbedingt Kontaktschwierigkeiten von Studentinnen im Studium[33]. Zugleich erleben Frauen an der Hochschule das Klima ihnen gegenüber als härter[34] und haben – ähnlich wie die männlichen Fachgruppenwechsler, Langzeitstudenten und Abbrecher – Angst, ihr Wissen zu zeigen, und Zweifel, ob sie den Anforderungen des Faches genügen[35].

31) Vgl. Vogel (1986), S. 28.
32) Vgl. Bublitz (1980), Raehlmann (1988).
33) Vgl. Vogel (1986), S. 31.
34) Vgl. Peisert u.a. (1988), S. 150.
35) Vgl. Vogel (1986), S. 31.

Bezüglich der Anforderungen, die die Hochschule an die Studierenden, insbesondere an ihre Interaktionskompetenz stellt, gilt es u.E. folgendes hervorzuheben:

(1) »Was die Institution wirklich fordert, ist meist trotz aller Studienpläne ungewiß«[36], und es fehlen, was sich gerade zum Studienbeginn durch Formen der Desorientierung ausprägt, Informationen und Verhaltenspotentiale für das möglichst konfliktfreie Überleben in einer neuen Situation[37].

(2) Die tendenziell von den o.g. Gruppen von Studierenden als besonders belastend empfundene materielle und soziale Statusunsicherheit wird sowohl durch eine wachsende Anonymität im Verhältnis der Studierenden zueinander als auch durch den Umstand verstärkt, daß die Studierenden aufgrund der immer schwierigeren Arbeitsmarktlage immer schärferen Selektionsprozessen ausgesetzt sind, die sich von außen über Chancen nach dem Studium sowie Zugangs- und Examensregelungen bis in die Studiengänge hinein auswirken.

(3) Die Heterogenität gilt nicht nur für die Studierenden, sondern auch für Unterschiede nach den Studiengängen. Besonders hervorzuheben sind hier Unterschiede im Standardisierungsgrad der Fächer, definierbar als »Grad der Vorhersagbarkeit von Verhaltensweisen der Forschenden und Lehrenden aufgrund des Materials und der Kenntnis des Materials in dieser Disziplin«[38]. Eine Untersuchung der »Forschungsgruppe Hochschulkapazität« ergab folgende Reihenfolge zunehmender Standardisierung am Beispiel von elf Fächern: Politologie, Soziologie, Germanistik, Anglistik, Archäologie, Betriebswirtschaftslehre, Jura, Medizin, Mathematik, Chemie und Elektrotechnik[39]. Unter dem hier in den Vordergrund gestellten Aspekt »Kommunikationssituation« erscheint uns als wichtigstes Ergebnis der genannten Studie, daß in hochstandardisierten Fächern sich die Lehren-

---

36) Wagner (1977), S. 19.
37) Vgl. ebd.; Schülein (1977) und zur Aktualität dieser Einschätzung Teil C, Kapitel 2.
38) Portele (1975), S. 107.
39) Ebd.

den eher als Lehrer und die Studenten als Schüler, aber auch umgekehrt: die Studenten sich selbst eher als Schüler und die Lehrenden als Lehrer sehen[40].

(4) Es ist anzunehmen, daß damit gerade in gering standardisierten Fächern dem sogenannten »hidden curriculum« eine erhöhte Bedeutung zukommt. Damit ist zugleich darauf verwiesen, daß die sich aus den Untersuchungen zu den Folgen der Bildungsexpansion[41] schon andeutende These naheliegt, daß für das Überleben in der Hochschule in Abhängigkeit vom jeweiligen fachspezifischen Standardisierungsgrad immer mehr soziale und kommunikative Qualifikationen bestimmend werden. Qualifikationen also, die nicht aus systematischen Lernprozessen an der Hochschule hervorgehen – jedenfalls sind sie nicht Gegenstand des Lernprozesses nach dem spezifisch deutschen Verständnis von Hochschulbildung. Sie sind eher verbunden mit Sozialisationsprozessen aus der Zeit vor dem Studium.

(5) Gerade die Studierenden, denen durch die Öffnung der Hochschulen der Zugang ermöglicht wurde, dürften in den unstrukturierteren, tendenziell also den Geistes- und Sozialwissenschaften, insofern unterprivilegiert sein, als sie eher berufsorientiert sind, materiellen und beruflichen Aufstieg suchen, einen »Knick« in ihrer Biographie überwinden müssen und besonders auf Beratung im Studium angewiesen sind und von daher mehr, verglichen mit dem Durchschnitt, unter einzelnen Zügen der Hochschule wie abstrakte Sprache, Kommunikationslosigkeit und mangelndem Verwertungs- und Gesellschaftsbezug leiden.

---

40) Vgl. Portele, a.a.O., S. 108.
41) Z.B. Funke (Hg.) (1986).

2. Studierende, Studien- und Lebenssituation, Motivation, Perspektiven

2.1. Studierende in Zahlen

2.1.1. Hochschulstatistik

Im Wintersemester 1987/88 gab es in der Bundesrepublik Deutschland insgesamt 1.409.042 Studierende. Davon waren 1.081.667 an den Universitäten und 327.375 an den Fachhochschulen eingeschrieben. An den Universitäten betrug der Anteil der Frauen 41%, an den Fachhochschulen 29%, insgesamt 38% und ist damit im Vergleich zum Winstersemester 1977/78, in dem die Frauen insgesamt 35%, an den Universitäten 37% und an den Fachhochschulen 24% der Studierenden stellten, leicht gestiegen.[42] Dies läßt allerdings keine Rückschlüsse auf ihre verstärkte Studierneigung zu: der Frauenanteil an Studienberechtigten ist erheblich stärker angestiegen als die Zahl eingeschriebener Studentinnen. Hieraus ergibt sich eine eher sinkende Studierneigung bei Frauen.[43]

82% der Studierenden waren im Wintersemester 1987/88 im Alter zwischen 20 und 29 Jahren. Im längerfristigen Vergleich zeigt sich, daß der Anteil der älteren Studierenden zugenommen hat: Im Wintersemester 1979/80 waren 11% der Studierenden 30 Jahre und älter, 1987/88 waren es 16% (Statistisches Bundesamt 1979, 1989).

Die Zahl der Studierenden in der entsprechenden Altersgeneration der gesamten Wohnbevölkerung ist ständig gewachsen: Betrug ihr Anteil 1965 nur 3,1%[44] und 1975 10,1%, so gab es 1985 in diesen Altersgruppen 13,4% Studierende.

Die Verteilung der gewählten Studienrichtungen stellt sich folgendermaßen dar: die Fächer der Rechts-, Wirtschafts- und Sozialwissen-

---

42) Statistisches Bundesamt (1979; 1989).
43) Vgl. Schnitzer u.a. (1989), S. 84f.
44) Nach Statistischen Jahrbüchern für die Bundesrepublik Deutschland 1967, 1977, 1987.

schaften studierten 27,9%, Sprach- und Kulturwissenschaften 19,7%, Ingenieurwissenschaften 20,7%, Mathematik und Naturwissenschaften 15,7%, Human- und Veterinärmedizin 7,6%. Nur 8% der Studierenden strebten einen Abschluß für das Lehramt an.

Hierbei sind allerdings der Boom in den Wirtschaftswissenschaften bei gleichzeitigem Rückgang der Studentenzahlen in den Politik- und Sozialwissenschaften und die Ausgleichsfunktion der Sprach- und Kulturwissenschaften für ehemalige Lehramtskandidaten zu berücksichtigen.[45]

Die Fachstudiendauer betrug an wissenschaftlichen Hochschulen bei deutschen Absolventen und Absolventinnen im Studienjahr 1984 11,8 Fachsemester (1974 11,3 Fachsemester). An den Fachhochschulen lag die Fachstudiendauer 1984 bei 8,1 Fachsemestern. Im Gegensatz zur relativen Konstanz der Fachstudiendauer ist die Verweildauer – die Zeitspanne des Verbleibs an der Hochschule von der Erstimmatrikulation bis zur Exmatrikulation – in den letzten Jahren deutlich angestiegen. Betrug die Verweildauer 1974 noch 12,1 Hochschulsemester, so lag sie 1984 bereits bei 14,0 Hochschulsemestern an wissenschaftlichen Hochschulen. An den Fachhochschulen betrug sie im Studienjahr 1984 9,0 Hochschulsemester. Der Anstieg der Verweildauer steht in engem Zusammenhang mit der Arbeitsmarktentwicklung. Erstens wird verstärkt ein zweiter Hochschulabschluß angestrebt. So hatten 1984 15% der Absolventen und Absolventinnen wissenschaftlicher Hochschulen zum Zeitpunkt ihrer Exmatrikulation mehr als einen Hochschulabschluß erreicht. Zweitens bleiben etwa 20% nach ihrer Hochschulprüfung noch etwa zwei Semester pro forma als Studierende eingeschrieben. Dafür werden vor allem materielle Gründe genannt (z.B. Krankenkasse, Jobmöglichkeiten, Mensa usw.). Daneben spielt die »Beibehaltung des Studentenstatus« eine wichtige Rolle.[46]

17% der Absolventen und Absolventinnen wissenschaftlicher Hoch-

---

45) Statistisches Bundesamt (1989), vgl. Schnitzer u.a., a.a.O., S. 65f.
46) Reissert/Marciszewski (1987).

schulen des Studienjahres 1984 hatten im Laufe ihres Studiums ihr Studienfach einmal oder mehrmals gewechselt (Fachhochschule: 7%). Die Studienabbrecherquote der Exmatrikulierten im Studienjahr 1984 betrug 16% (Fachhochschule: 14%). Wesentlich höher war diese Quote bei Frauen (Hochschule: 25%) und hier besonders in den wirtschafts- und gesellschaftswissenschaftlichen Fächern (32%). Die Studienabbruchquote ist seit Beginn der 80er Jahre angestiegen (1974 an Hochschulen: 7%). Ein Studienfachwechsel wird von den Studierenden in der Regel in den ersten Semestern vorgenommen. Die »Fächerwanderungen« zeigen, daß die Studiengebiete Psychologie/Sozialwissenschaften typische »Zuwanderungsfächer« sind, während Mathematik-/Naturwissenschaften »Abgabefächer« darstellen.[47]

2.1.2. Soziale Herkunft

Die Kategorien zur sozialen Herkunft der Studierenden werden in den Studentenuntersuchungen üblicherweise nach Indikatoren entwickelt, die auf die Eltern der Studierenden bezogen sind (berufliche Stellung, höchster allgemeinbildender Schulabschluß, höchster berufsbildender Abschluß und Erwerbsstatus).
Die 11. Sozialerhebung des Deutschen Studentenwerks[48] ergibt für die berufliche Stellung der Eltern – hier des Vaters – und damit für die soziale Herkunft der Studierenden folgendes Bild: 17% der Studierenden sind demnach »Arbeiterkinder«, 38% stammen aus Angestelltenfamilien, 22% aus Beamtenfamilien und 20% aus Familien der Selbständigen. Verglichen mit allen Erwerbstätigen müßte die erste Gruppe mehr als doppelt so stark vertreten sein, die zweite entspricht ziemlich genau ihrem Anteil, während die letzten beiden Gruppen nur halb so stark repräsentiert sein dürften. Eine Einteilung der Studentenschaft in vier soziale Herkunftsgruppen im Zeitver-

---

47) Ebd.
48) Schnitzer, u.a. (1986).

gleich von 1982 und 1988[49] zeigt, daß der Anteil der Studierenden aus der »niedrigen« sozialen Herkunftsgruppe von 23% auf 18% abgenommen hat, während der Anteil der »hohen« Herkunftsgruppe von 18% auf 23% angestiegen ist. Die dazwischenliegenden Gruppen sind mit 32% (»mittel«) und 26% (»gehoben«) konstant geblieben.
Studierende stammen also tendenziell aus höheren sozialen Schichten. Ein Vergleich der Schulabschlüsse und beruflichen Ausbildungsabschlüsse der Eltern mit der Verbreitung der Bildungsabschlüsse in der Gesamtgesellschaft zeigt ergänzend, daß Studierende tendenziell aus Familien mit höherer formaler Bildung stammen.
Über längere Zeiträume gesehen ist der Anteil der Arbeiterkinder an den Studierenden seit den 50er Jahren, insbesondere aber ab 1967, angestiegen. Hierzu hat das überdurchschnittliche Wachstum der Fachhochschulen, an denen Studierende mit Eltern aus der Arbeiterschaft mit 23% stärker vertreten sind als an Universitäten (14%), beigetragen (1988). Soziale Unterschiede in der Entwicklung der Bildungsbeteiligung werden deutlich, wenn man die Anteile der Studienanfänger und -anfängerinnen 1988 (1985) nach Herkunftsfamilien ins Verhältnis zum Anteil aller 19-24jährigen an der Gesamtbevölkerung nach jeweiliger Herkunftsfamilie setzt: Von den Beamtenkindern nahmen 49% (42%) ein Studium auf, 36% (25%) der Selbständigenkinder, 32% (28%) der Angestelltenkinder und 8% (7%) der Arbeiterkinder (12. Sozialerhebung).
Frauen kommen im Vergleich zu Männern etwas seltener aus der unteren sozialen Herkunftsgruppe[50]. An der Bildungsmobilisierung waren alle sozialen Schichten ihrem Anteil entsprechend etwa gleichermaßen beteiligt; Frauen waren, über alle sozialen Schichten hinweg, an dieser Entwicklung stärker beteiligt als Männer. Obwohl Frauen ihre »Bildungsbenachteiligung« gegenüber den Männern also tendenziell abbauen konnten, bleibt doch festzuhalten, daß sie, gemessen an ihrem Anteil an den betreffenden Altersjahrgängen, noch immer im Hochschulbereich unterrepräsentiert sind.[51]

49) Schnitzer u.a. (1983; 1989).
50) Peisert u.a. (1988).
51) HIS (1987).

2.1.3. Bildungs- und Berufsvorerfahrungen

Ihre Studienberechtigung erwarben 92% (1988) der Universitätsstudierenden am Gymnasium einschließlich Gesamtschulen und Fachgymnasien. Für die Fachhochschulen zeichnet sich die Tendenz ihres verstärkten Besuchs mit einer an Gymnasien erworbenen Zugangsberechtigung ab. Noch 1982 hatte etwa die Hälfte der Studierenden die Fachoberschule besucht und nur 38% ein Gymnasium. 1988 überwogen bereits mit 49% die ehemaligen Gymnasiasten (12. Sozialerhebung). Diese Veränderungen beim Zugang zur Fachhochschule bringen Veränderungen der sozialen Zusammensetzung ihrer Studentenschaft zum Ausdruck: der traditionelle, auf den Beruf und die fachliche Bildung aufbauende Qualifizierungsweg, der zum Fachhochschulstudium führte, hat in der »akademischen Karriere« eine Konkurrenz erhalten.

Allerdings folgt dem Erwerb der Zugangsberechtigung zur Hochschule nicht mehr so eindeutig der direkte Weg zum Studium: Der Anteil der Studierenden mit abgeschlossener Berufsausbildung vor Studienbeginn ist in den letzten Jahren kontinuierlich angestiegen – auf 17% an Universitäten und 51% an Fachhochschulen. Besonders deutlich wird der Trend im Vergleich der Studienanfänger und -anfängerinnen 1988 zu allen Studierenden: Studienanfänger und -anfängerinnen an Universitäten hatten zu 22% und an Fachhochschulen zu 58% eine Berufsausbildung absolviert. Die 12. Sozialerhebung des Deutschen Studentenwerks[52] spricht von einem »neuen Studententypus«, der nach dem Erwerb der Hochschulreife eine Berufsausbildung absolviert und erst danach ein Studium aufnimmt.

---

52) Schnitzer u.a. (1989).

2.2. Soziale Situation

2.2.1. Materielle Lage

In der 12. Sozialerhebung werden folgende Gruppen von Studierenden differenziert, die unterschiedliche bare und unbare Einkommen und unterschiedliche Einkommensquellen haben:

- Normalstudent/Normalstudentin: ledig, nicht bei den Eltern wohnend, im Erststudium, 60% der Studierenden, durchschnittliche Gesamteinnahmen: 1.002 DM.
- Elternwohner/-wohnerin: ledig, bei den Eltern wohnend, im Erststudium, 28% der Studierenden, durchschnittliche Gesamteinnahmen: 867 DM.
- Verheiratete: verheiratet, nicht Elternwohner, Erststudium, 7% der Studierenden, durchschnittliche Gesamteinnahmen: 1.283 DM.
- Zweitstudium: ledig, nicht Elternwohner, abgeschlossenes Erststudium, 4% der Studierenden, durchschnittliche Gesamteinnahmen: 1.314 DM.

Innerhalb der Studierendengruppen gibt es eine erhebliche Bandbreite der Einkommen. Beispielsweise verfügen 15% der Normalstudenten und –studentinnen über Gesamteinkommen bis 700 DM, 47% verfügen über mehr als 700 DM bis 1.000 DM, und 38% haben ein Einkommen von mehr als 1.000 DM.

Im Sommersemester 1988 wurden 23% der Studierenden nach BAföG gefördert (1982: 37%). Während die Inanspruchnahme des BAföG-Darlehens deutlich zurückgegangen ist, hat die Selbstfinanzierung durch eigene Erwerbstätigkeit neben dem Studium erheblich an Bedeutung zugenommen: 62% aller Studierenden verfügten 1988 über einen eigenen Verdienst.

An Ausgaben hatten die »Normal-Studierenden« durchschnittlich 951 DM pro Monat. Dabei umfaßt die Miete mit 302 DM (32%) den größten Ausgabenposten. Studierende sind nicht nur deshalb besonders von steigenden Mieten betroffen: während der Preisindex für Wohnungsmieten von 1985 auf 1988 um 7% gestiegen ist, mußten Studierende 11% mehr für Mieten ausgeben.

2.2.2. Berufstätigkeit

Zur Finanzierung des Studiums trägt in zunehmendem Maße die Erwerbstätigkeit der Studierenden selbst bei. Der Anteil der in den Semesterferien arbeitenden Studierenden (1988: 55%) ist in den letzten Jahren leicht angestiegen (1982: 46%). Besonders stark hat die Erwerbsarbeit während des Semesters zugenommen: 1982 arbeiteten neben dem Studium 39%, 1988 waren es 54%. 1982 finanzierten 50% der Studierenden ihr Studium ganz oder teilweise durch Erwerbstätigkeit, 1988 gaben dies 62% an.

Die starke Zunahme der Erwerbstätigkeit als Finanzierungsquelle ist neben der Umstellung der BAföG-Förderung auf Kredit (was später wieder abgemildert wurde) auch bedingt durch den höheren Anteil älterer Studierender. Insbesondere nach Ablauf der BAföG-Förderung sind Studierende gezwungen, eine Erwerbstätigkeit aufzunehmen: 3/4 der ehemaligen BAföG-Empfänger sind auf einen Hinzuverdienst zur elterlichen Unterstützung angewiesen.

Der Umfang der Erwerbstätigkeit steigt mit dem Alter der Studierenden – allerdings auch begleitet von Steigerungen beim Konsumniveau – an: Der Beitrag der Erwerbsarbeit zum gesamten monatlichen Einkommen beträgt z.B. bei Studierenden im Alter von 22 und 23 Jahren nur 17%, bei den 30-jährigen und älteren steigt er auf 54%.

2.2.3. Wohnverhältnisse

Ledige Studierende wohnen zu 18% allein und zu 14% mit einem Partner bzw. einer Partnerin in einer eigenen Wohnung, zu 14% ohne Partner in einer Wohngemeinschaft (mit Partner: 2%), zu 11% im Wohnheim und zu 9% zur Untermiete. 31% wohnen bei ihren Eltern (26% der Studierenden an Universitäten, 37% der Studierenden an Fachhochschulen, Männer an Fachhochschulen zu 41%). Die eigene Wohnung wird in den Sozialerhebungen seit Anfang der 70er Jahre mit kontinuierlich zunehmender Tendenz als die von Studierenden gewünschte Wohnform angegeben (1973: 40%; 1985: 53%). Die Wohngemeinschaft scheint etwas an Attraktivität verloren zu haben (1979 und 1982: 30%; 1985: 26%), genießt aber nach der eigenen Wohnung die zweitgrößte Priorität. Dabei ist nach Nembach[53] in der eigenen, allein bewohnten Wohnung bzw. dem Appartement der »privat orientierte Typ« zu finden, der Wert auf Komfort und die eigene Naßzelle legt. In Gruppenwohnungen lebt der »kommunikative Typ«, der eine stärker positive Einstellung zu Wohngemeinschaften hat und größeres Interesse an Kontakten und Aktivitäten mit seinen Mitbewohnern zeigt.

Die Wohnung bzw. das Zimmer hat für Studierende unterschiedliche Funktionen: 73% der befragten Studierenden, die in Wohnheimen wohnen, gaben an, »meist im Zimmer« zu arbeiten, 19% arbeiten überwiegend in Instituten und Bibliotheken. Aus der Sicht der Studierenden rangiert der »Arbeitsplatzaspekt« in der subjektiven Einschätzung der Funktion ihrer Wohnung allerdings erst an dritter Stelle (12,1%). Die meisten Studierenden stellen die »Wohnlichkeit« (96,5%) und die »Rückzugsmöglichkeit« (83%) in den Vordergrund.

Ihre Hochschule bzw. den Hochschulort wählen Studierende der Tendenz nach in der Region, in der sie bereits vor Aufnahme des Studiums wohnten: im Durchschnitt trifft dies auf etwas mehr als die Hälfte der Studierenden zu. Bei neugegründeten Hochschulen ist der Anteil wesentlich höher. Im Ruhrgebiet liegt er z.B. bei ca. 80% bis 90%. In den Metropolen München, Frankfurt und Hamburg haben die Universitäten zu 70% Ortsansässige oder »Nahwanderer« unter ihren Studierenden. Auch unter den ortsansässigen Studierenden geht die Tendenz zur eigenen Wohnung, obwohl sie bei den Eltern wohnen können bzw. müssen. Sie suchen sich ihre Wohnung am Hochschulort oder in der Umgebung. Gerade in den Großstädten mit Job- und Beschäftigungsmöglichkeiten etablieren sie sich mit der Perspektive, auch nach dem Studium dort zu wohnen.[54]

---

53) Nembach (1986).
54) Framheim (1983).

2.2.4. Personenstand

Der Personenstand Studierender wird in der amtlichen Statistik nicht erfaßt, so daß man hier auf Extrapolationen angewiesen ist. Der 12. Sozialbericht gibt eine »realistische Verheiratetenquote« von ca. 11% der Studenten und von ca. 12% der Studentinnen für 1988 an. Von den ledigen Studenten leben 77% (Studentinnen 73%) »ohne stabile Partnerbeziehung«, 23% der Studenten (27% der Studentinnen) »mit stabiler Partnerbeziehung«.

Der Anteil der Studierenden mit Kindern ist zwischen 1982 und 1988 mit 6% stabil geblieben. Die Hälfte der verheirateten Studierenden haben Kinder, aber nur 2% der ledigen Studierenden. Ehe und Kinder erhalten in der Regel erst mit einem Lebensalter von 30 Jahren und mehr größere Bedeutung[55].

2.3. Motive der Studienfachwahl

Die Motive der Studienfachwahl geben Auskunft darüber, ob Studierende sich bei ihrer Entscheidung für ein Studium vorwiegend von ihren persönlichen Interessen und Begabungen, vom Interesse am Studienfach bzw. der betreffenden Wissenschaft oder von der späteren beruflichen Verwertbarkeit des erworbenen Wissens leiten lassen. Aus dem oberen Teil der Abbildung[56] auf der gegenüberliegenden Seite ist für die Studierenden an Universitäten und Fachhochschulen deutlich zu erkennen, daß das Fachinteresse und die eigenen Fähigkeiten an erster Stelle der Entscheidungskriterien stehen, während die späteren Berufsaussichten und materielle Gründe erst anschließend genannt werden – wobei letztere allerdings für Fachhochschulstudierende im Vergleich zu Universitätsstudierenden eine etwas größere Bedeutung haben.

Unterschiede treten allerdings zutage, wenn man die Motive der

---

55) Schnitzer u.a. (1989).
56) aus Peisert u.a. (1988), S. 107.

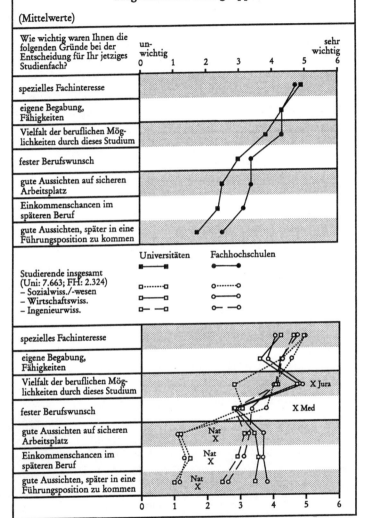

Studierenden verschiedener Fachrichtungen miteinander vergleicht, wie es aus der unteren Hälfte der Abbildung ersichtlich wird:
- In den Sozial-, Sprach- und Kulturwissenschaften spielen das Fachinteresse und eigene Begabungen eine herausgehobene Rolle, während die Berufsperspektiven (fast) keine Bedeutung haben.
- Genau entgegengesetzt sind die Motivationen für ein Studium der Rechts- bzw. Wirtschaftswissenschaften: gute Berufsaussichten, verbunden mit entsprechendem Einkommen, sind für Studierende genauso wichtig wie das Fachinteresse und ihre eigene Begabung. Auffällig ist die Einschätzung, später eine Vielfalt beruflicher Möglichkeiten zu haben und sich von daher nicht auf einen festen Berufswunsch festlegen zu müssen.
- Studierende der Ingenieur- und Naturwissenschaften liegen mit ihren Motiven zwischen den beiden o.g. Gruppen. Auch für sie ist das Fachinteresse am wichtigsten, wird aber durch Berufsperspektiven ergänzt, was in Anbetracht der derzeitig für ihre Qualifikation günstigen Arbeitsmarktlage kaum verwunderlich ist.

2.4. Berufsperspektive

Die ökonomische Entwicklung Mitte der 70er Jahre und insbesondere Anfang der 80er Jahre hatte neben der allgemeinen krisenhaften Situation auf dem Arbeitsmarkt auch die Akademikerarbeitslosigkeit zur Folge. Aufgrund der geringen Zahl (1975: 30.408 Arbeitslose mit Fachhochschul- und Hochschulausbildung) und der vergleichsweise geringen Arbeitslosenquote unter Akademikern und Akademikerinnen wurde sie zunächst als Randproblem betrachtet. 1987 gab es dagegen schon 125.618 Arbeitslose mit dieser Qualifikation (Arbeitslosenquote unter Akademikern 1987 6%). Die Zahl der Arbeitslosen mit Universitätsabschluß hat sich in diesem Zeitraum fast versechsfacht und die der Arbeitslosen mit Fachhochschulabschluß ist um das Zweieinhalbfache gestiegen. Besonders betroffen waren die arbeitslosen Lehrer und Lehrerinnen, deren Zahl sich im betreffenden Zeit-

raum verzehnfacht hat. Unter den arbeitslosen Akademikern und Akademikerinnen sind Berufsanfänger besonders betroffen: ihr Anteil unter den arbeitslosen Hochschulabsolventen und -absolventinnen betrug 1987 26%, unter den Fachhochschulabsolventen und -absolventinnen 23%. 61% der arbeitslosen Akademiker und Akademikerinnen waren 1987 jünger als 35 Jahre[57].
Die zunehmenden Arbeitslosenzahlen zeigen die Übergangsprobleme zwischen Ausbildungsabschluß und Berufseintritt. Der tatsächliche quantitative Umfang des Problems ist allerdings kaum zu erfassen: 1987 sind 139.400 bestandene Abschlußprüfungen von Studierenden gezählt worden.[58] Wieviele Absolventen anschließend eine weitere Ausbildung oder Weiterbildung (Zweitstudium, Promotion, Referendariat, Vikariat, Facharztausbildung usw.) begonnen haben, wieviele einen Arbeitsplatz – wobei hier noch nach der Qualität zu fragen wäre (Honorar-, Zeitvertrag, Dequalifizierung, Jobs zum Lebensunterhalt usw.) – gefunden haben, wieviele, aus welchen Gründen auch immer, keine Beschäftigung anstreben oder sich nicht arbeitslos melden, da sie keine sozialversicherungsrechtlichen Ansprüche haben, ist nicht bekannt. Bekannt ist lediglich, daß sich etwa 20.000 arbeitslose Berufsanfänger und -anfängerinnen mit Hochschulexamen spätestens sechs Monate nach Beendigung ihrer Ausbildung beim Arbeitsamt arbeitslos gemeldet haben. Nimmt man die Struktur der arbeitslosen Akademiker und Akademikerinnen hinzu, so wird deutlich, daß objektiv nicht jede(r) Studierende unter der Perspektive späterer Arbeitslosigkeit studiert – was allerdings »subjektiv« und im Einzelfall ganz anders aussieht und erfahren wird.

---

57) Bundesanstalt für Arbeit (1988).
58) BMBW (1989).

3. Orientierung, Religion und Glaube, Kirche

3.1. Methodische Aspekte

Auf seiten der Studentenschaft haben sich konkrete soziale Daten unzweifelhaft geändert, die zeigen, daß die Heterogenität hinsichtlich der Studienvorerfahrungen (schulische und berufliche Vorbildung), der sozialen Herkunft und aktuellen Lebenssituation (Alter, Studienfinanzierung, Erwerbstätigkeit, eigene familiäre Bindungen und, daraus folgend, das Ausmaß der in das Studium investierten Zeit) groß – und vermutlich auch: gestiegen – ist (vgl. Kapitel 2.).
Aber auch die gesellschaftlichen Rahmenbedingungen der Hochschule sind Wandlungsprozessen unterworfen (vgl. Kapitel 1.2.).
Auf dem Hintergrund dieser Entwicklungen, die zugleich auch den Kontext darstellen, vor dem Auftrag und Fragestellung dieser Untersuchung zu sehen sind, erscheint klärungsbedürftig, welchen Stellenwert das Studium als Entwicklungsphase zwischen primärer und sekundärer auf der einen, beruflicher und allgemeiner Erwachsenensozialisation auf der anderen Seite hat, welche Relevanz die Themen Kirche, Glaube und Religion in der sozialen Umwelt Hochschule einerseits und der weiteren sozialen Umwelt im Sinne einer »studentischen Lebenswelt« andererseits haben.
Diese Problemstrukturierung erfordert eine Erweiterung der theoretischen Perspektive über die herkömmlichen Grenzen der Hochschulforschung hinaus. In ihr wird die These von der abnehmenden Zentralität des Studiums im Leben der Studierenden[59] allein auf die oben referierten Daten oder auf Äußerungen von Hochschullehrern, -forschern und Soziologen von bzw. über die Studierenden gestützt. Die Erweiterung der theoretischen Perspektive sollte in der Hinsicht erfolgen, daß das Studium auch als Sozialisationsprozeß aufzufassen ist[60].

---

59) Vgl. Huber/Wulf (1989).
60) Vgl. Portele/Huber (1983).

Während die engeren methodischen Anbindungen an Konzepte der qualitativen Sozialforschung unter 3.1.1.1. beschrieben werden, gilt es im folgenden, die Begrifflichkeiten »Sozialisation«, »Identität« und »Lebenswelt« soweit zu klären, daß mit deren Hilfe das Thema der Untersuchung bearbeitet werden kann. Zwar kann von einem hinreichenden Konsens bezüglich des Sozialisationsbegriffs oder gar von einem allgemein akzeptierten Theoriegerüst zur Zeit noch nicht die Rede sein. Es läßt sich jedoch an eine Tendenz anknüpfen, das in regelmäßiger Wiederkehr beklagte theoretische Defizit der Hochschulforschung durch eine neue Verankerung des Sozialisationskonzepts im Rahmen der theoretischen Soziologie zu beheben[61].

Im Zuge dieser Blickausweitung scheint sich ein Verständnis von Sozialisation als Prozeß der Persönlichkeitsentwicklung in Abhängigkeit von einer historisch-gesellschaftlich vermittelten Umwelt[62] durchzusetzen.

Mit dem Aufkommen einer soziologischen Lebenslaufforschung[63] ist zugleich ein Verständnis von Sozialisation als lebenslanger Prozeß der Auseinandersetzung des Individuums mit der gesellschaftlichen Umwelt gefördert worden. Hintergrund dieser Entwicklung ist die Abgrenzung vom Modell des »fertig sozialisierten Erwachsenen« der frühen Sozialisationsforschung, die sich auf die Betrachtung von Entwicklungsprozessen bei Kindern und Jugendlichen konzentrierte. Innerhalb dieser Diskussion hat die Frage eine zentrale Rolle gespielt, ob – und wenn ja, auf welche Weise – die klassischen Entwicklungstheorien (wie die der kognitiven und moralischen Entwicklung von Piaget, Kohlberg und von anderen in dieser Tradition stehenden Autoren) zur Erklärung von Änderungsprozessen im Sinne eines lebenslangen Prozesses der Auseinandersetzung des Individuums mit der gesellschaftlichen Umwelt bzw. der Anpassung an sie herangezogen werden können[64].

61) Oevermann (1979), Berger/Luckmann (1970).
62) Geulen (1978), S. 146.
63) Vgl. Kohli/Robert (1984), S. 124-142.
64) In genereller Hinsicht vgl. Habermas (1976), S. 63-91, im Hinblick auf die »studentische Sozialisation« vgl. Sommerkorn (1981), S. 1f.

Hierbei weist die Hervorhebung des Anpassungsprozesses des Individuums an die Gesellschaft eine Affinität zu traditionellen strukturfunktionalen Ansätzen[65] auf, dagegen wird an der stärkeren Betonung des Auseinandersetzungsprozesses des Individuums mit der Gesellschaft eine Orientierung an neueren interaktionistischen sozialisationstheoretischen Ansätzen deutlich[66].

Unter der Voraussetzung, daß sich die mittlerweile kaum noch überschaubare Vielfalt sozialisationstheoretischer Ansätze in diese Spannungslage zwischen Vergesellschaftung des Subjekts und Individuierung einordnen läßt, sind folgende Aspekte der vorrangig von interaktionistischer Seite formulierten Kritik an strukturfunktionalen Ansätzen für die Begründung des eigenen Vorgehens von Bedeutung.

Hinsichtlich der »theoretischen Verklammerung« von Individuum und Gesellschaft ist durch die Kritik an den Prämissen der funktionalistischen Handlungstheorie die problematische normative Fixierung auf eine harmonistische Systemintegration herausgearbeitet worden[67]. Will man Erscheinungsformen und Wirkungen täglichen Handlungsdruckes, gesellschaftlicher und politischer Handlungszwänge in die Analyse einbauen, so kann eine Festlegung des Untersuchungsinteresses auf eine Kongruenz von Subjekt- und Systementwicklung nicht genügen. Erst die Annahme, daß nicht alles vorgeformt ist, läßt theoretisch die identifizierten Verhältnisse auch als begrenzt veränderbar erscheinen.

Die am Beispiel der »schichtspezifischen Sozialforschung« geführte Kritik hat deutlich gemacht, daß Sozialisationsprozesse nicht in einer Ansammlung eindimensionaler Wirkungszusammenhänge aufgehen[68], sondern vielmehr jede Sozialisationserfahrung als biographischer und reflexiver Prozeß verstanden werden muß.

65) Vgl. z.B. Brim/Wheeler (1974).
66) die ihren Niederschlag in einer verstärkten Orientierung am Konzept der Ich-Identität, Identitätsbalance und Identitätskrise (vgl. Krappmann, 1969) und in der Betonung der Individuierung bzw. Personalisation (vgl. Wurzbacher, 1974) fand.
67) Vgl. Dreitzel (1968) und Krappmann (1969).
68) Vgl. Steinkamp (1980).

Diesem Verständnis von lebenslang andauernder Wechselbezüglichkeit zwischen Individuum und Gesellschaft auf dem Hintergrund der Annahme, daß soziale Wirklichkeit in Prozessen sinnhaften Handelns konstituiert wird, kommt das »Modell des produktiv realitätsverarbeitenden Subjekts«[69] sehr nahe.

Dieses Modell ist u.a. durch die Vorstellung charakterisiert, die »Persönlichkeitsentwicklung geschehe im Prozeß einer Auseinandersetzung mit der ›inneren‹ und der ›äußeren‹ Realität, wobei jedes Individuum von Anfang an bestimmte Fähigkeiten der Realitätsverarbeitung, Problembewältigung und Realitätsveränderung besitze, einsetze und weiterentwickle«[70].

Allerdings ist dieses Subjekt-Modell recht vage formuliert, so daß beim praktischen Vorgehen Anbindungen an konkretere Forschungskonzepte bestimmt werden müssen.

Überträgt man die in diesem Modell formulierten Grundannahmen auf den momentanen Stand der Untersuchung, so ist die äußere Realität schon hinsichtlich einiger Aspekte angesprochen worden[71]. Um der Frage nachzugehen, ob und wie die Studierenden diese Situation verarbeiten bzw. welche Fähigkeiten der Realitätsverarbeitung, Problembewältigung und Realitätsveränderung sie besitzen, einsetzen und weiterentwickeln, wäre eine Klärung der subjektiven Voraussetzungen notwendig, mit denen die Studierenden ihr Studium beginnen. Ergebnis der oben skizzierten Diskussionsentwicklung ist zwar einerseits eine verstärkte Zuwendung zu den individuellen internen Strukturen des einzelnen und seiner Lebenswelt, andererseits hat aber die Diskussion um die Prinzipien »Teilnehmerorientierung« und »Lebensweltbezug« gezeigt, daß über die subjektiven Vorprägungen der Studierenden noch sehr wenig bekannt ist[72]. Zudem ist im Zuge eines wachsenden Problembewußtseins bezüglich der Komplexität von personalen und sozialen Entwicklungsprozessen in

---

69) Hurrelmann (1983).
70) Ebd, S. 92f.
71) Vgl. Kapitel 2.
72) Vgl. Arnold/Kaltschmid (1986).

Institutionen und dem doppelten Konstituierungszusammenhang von Subjekt und Umwelt deutlich geworden, daß man auf eine Dimension gestoßen ist, die forschungsmethodisch schwer zugänglich erscheint. Sie soll mit dem Begriff der Lebenswelt bewußt gemacht werden.

Die Schwierigkeit liegt darin, daß jede Verdinglichung der Lebenswelt (als falsch verstandener Versuch zur Objektivierung) von der Problematik ebenso wegführt wie eine Reduktion des Lebensweltbegriffs auf die tatsächlich vom Individuum (und damit subjektiv erfahrenen gesellschaftlichen Bedingungen)[73]. Ein Ausweg bietet sich über die als Deutungsmuster bezeichneten Sinninterpretationen[74] insofern, als sich subjektive Sinninterpretationen als Antworten auf objektive gesellschaftliche Problemlagen begreifen lassen. Eine Lebensweltanalyse, die den Strukturen dieser Deutungsmuster in einer Weise nachgehen will, mit der die Zusammenhänge von Entstehung, Erscheinungsformen, Funktion und Wirkung differenzierter erkannt werden können, muß gleichermaßen die »außerhalb der unmittelbaren interaktiven Prozesse von Verständigung, Identitätserhalt und Wirklichkeitskonstruktion«[75] bestimmbaren Strukturen objektiver gesellschaftlicher Realität erfassen.

In der Konsequenz kann dem für das methodische Vorgehen nur eine Analyse gerecht werden, »... die die Vermitteltheit der in der individuellen Lebenswelt erscheinenden gesellschaftlichen Bedingungen durch den Gesamtzusammenhang offenlegt und von daher die empirische Lebensweltanalyse quasi gegenläufig theoretisch begründet«[76].

Kenntnisse über gegebene Bedingungen und Strukturen, die für die Betroffenen handlungsleitend sind, können diesen Überlegungen folgend weniger über die Perfektion des empirischen Instrumentariums erreicht werden, sondern sind induktiv zu ermitteln, d.h. erst am

---

73) Vgl. hierzu z.B. die Kritik am Schütz'schen Lebensbegriff von Waldenfels (1979).
74) Arnold (1983).
75) Ebd, S. 902.
76) Heinze (1987), S. 23.

Ende eines dialogischen Prozesses[77] zu erreichen. Der Begriff der Lebenswelt faßt in dem hier verstandenen Sinne die Gesamtheit der für das Handeln eines Individuums tatsächlich bestimmenden objektiven Bedingungen, wobei die im Verlauf der biographischen Entwicklung herausgebildeten »Relevanzstrukturen« darüber entscheiden, ob Situationen überhaupt wahrgenommen und als wichtig interpretiert werden[78] und so die Art und Weise des Individuums, seine Handlungen mit den objektiven Bedingungen zu vermitteln, prägen.

Abschließend ist festzuhalten, daß es bei Lebensweltanalysen im hier skizzierten Verständnis »... um das möglichst weitgehende Hereinholen zu untersuchender Wirklichkeit in den Forschungprozeß bei gleichzeitiger Bewahrung des in ihr sinnhaft gegebenen Konstitutionszusammenhangs«[79] geht.

Bei der Darstellung der Untersuchungsergebnisse in Kapitel 3.2.ff. versuchen wir den methodischen Prioritätensetzungen im realen Untersuchungsablauf möglichst gerecht zu werden. Dabei haben wir uns bei der inhaltlichen Konzeption des Fragebogens u.a. auch an den – mittels einer Paraphrasierung herausgearbeiteten – Inhalten der narrativen Interviews orientiert.

3.1.1. Zum narrativen Interview

3.1.1.1. Voraussetzungen des qualitativen Zugriffs

Die eben dargelegten grundsätzlichen Gesichtspunkte für den angestrebten Versuch einer Rekonstruktion von thematisch relevanten Handlungsdispositionen und deren Genese sind dem Interaktionismus verpflichtet. Er erlaubt es, im Verbund mit einer biographischen Perspektive, die sich in anderen Forschungsfeldern großer Aktualität erfreut[80], Lebensgeschichten als subjektive Verarbeitung objektiver

---

77) Wobei die Grenzen zu einem therapeutischen Prozeß zu beachten sind.
78) Schütz/Luckmann (1979), S. 229 ff.
79) Heinze (1987), S. 28.
80) Vgl. Matthes u. a. (1981), Kohli/Robert (1984).

Gegebenheiten im Sinne einer lebenslang wirksamen Wechselwirkung zwischen Individuum und Umwelt zu sehen.

Diese Blickerweiterung erscheint uns als eine Konsequenz aus der Kritik am Konzept der »Einstellung« notwendig, mit dem bislang nicht nur in der Hochschulforschung, sondern auch in den einschlägigen Untersuchungen zu unserem Thema vorzugsweise gearbeitet worden ist[81].

Zentraler Kritikpunkt am Konzept der »Einstellung« ist, »... daß die Einstellungskonstrukte sich nur jeweils auf isolierte Aspekte der kognitiv-evaluativen Orientierung von bestimmten Objekten beziehen und nicht die ›strukturelle Textur‹ des Bewußtseins erfassen, aus der erst Handlungen und Handlungsdispositionen sich erklären ließen«[82].

Für die methodischen Konsequenzen dieser Problemsicht ist bedeutsam, daß unsere Suche nach geeigneten Interviewkonzeptionen darauf gerichtet war, eine möglichst auf den Geschichtenträger als Handelnden oder Erleidenden[83] bezogene Darstellung zu ermöglichen, die die Ereigniskette betont subjektiv an den Handelnden wie an einen Index gebunden (»explizit indexikal«[84]) wiedergibt.

Wir gehen somit davon aus, daß die Hintergründe (und damit auch die nicht bewußten Strukturen für gegenwärtige Handlungsdispositionen und Orientierungen) erst über die bewußten Aussagen der Individuen erschlossen werden können.

Dieser hauptsächlich auf der Ebene subjektiver Deutungsmuster ansetzende Zugriff auf das Thema der Untersuchung hat uns einerseits geholfen, die wichtigsten Informationen aus den Repräsentativuntersuchungen Studierender (vgl. Kapitel 2.) besser verstehen, interpretieren und als Ausgangspunkt für die Hypothesenbildung nutzen zu können[85] – gerade wenn die darin um statistischer Aussagemöglichkeiten willen konstruierten Merkmale des »Normalstudenten« durch

---

81) Vgl. Hanselmann u. a. (1985).
82) Portele/Huber (1983), S. 95.
83) Zum Konzept des »Erleidens« vgl. Schütze (1981).
84) Vgl. Wilson (1980), S. 54-80.
85) Vgl. Hoffmann-Riem (1980), S. 345.

die Aussagen konkreter Individuen konterkariert wurden. Andererseits konnten wir diesen Ansatz auch als Möglichkeit nutzen, unser eigenes theoretisches Vorverständnis zu kontrollieren: im Sinne einer Verdeutlichung von »Übertragung« aus dem eigenen Lebenskontext auf die Auswahl und Interpretation der einzelnen Interviewpassagen. Mit diesem Zugang lassen sich die soziologischen Aussagen über Studierende ergänzen oder auch vertiefen. Es bedarf jedoch – dem dargelegten Lebensweltbegriff folgend – der Einbeziehung auch der sozialstrukturellen Ebene (der sozialen Rahmenbedingungen), wenn die Berücksichtigung individueller Sichtweisen nicht zu einer idealistischen Verkürzung der Wirklichkeitskonstruktion führen soll.

Hierzu sind wir bei der Durchführung und Auswertung der Interviews von den Kontrollmöglichkeiten ausgegangen, die im Bereich kommunikativen Handelns oder auch des alltäglichen Verständigungshandelns vorfindbar sind: »... Es lassen sich drei Formen der Kontrolle des Verstehens in alltäglichen Verständigungsprozessen ausmachen: die Kontrolle durch Rückfragen, die Kontrolle durch Partizipation und die Kontrolle anhand antizipierter Handlungen und ihrer implikativen Folgen«[86]. Die erstgenannten Kontrollen basieren auf der Sicht, die Interviewsituation als soziale Interaktion zu betrachten, wobei die Kontrolle eng an deskriptive Verfahren der Hermeneutik gebunden ist. Dabei stellt eine solche Berücksichtigung des situativen Kontextes einen bedeutenden Faktor für den kommunikativen Datengewinn dar. Darüberhinaus beruht auch der »analogisierende« Verallgemeinerungsanspruch von Fallstudien auf der Annahme, daß »... soziale Wirklichkeiten im Unterschied zu naturwissenschaftlichen Empirizitäten niemals identisch reproduzierbar sind. Reproduzierbar werden vielmehr ›ähnliche Situationen‹, so daß so gesehen der Einzelfall bereits selbst allgemein ist, nämlich in dem Sinne, daß die ihn kennzeichnenden Strukturen und Zusammenhänge für analoge Fälle ebenfalls bestimmend sind.«[87]

---

86) Zedler (1983), S. 156.
87) Bonß (1982), S. 115.

Die Kontrolle mittels deskriptiver Hermeneutik wird durch den dritten Kontrolltypus korrigierend ergänzt. Mit ihm wird auf der Basis des erworbenen Wissens um Bedeutungsstrukturen von Verhaltensweisen die hypothetisch zugeschriebene Bedeutung am vorliegenden Fall überprüft[88]. Diese Kontrolle (anhand antizipierter Handlungen und ihrer implikativen Folgen) geht über die Erstgenannte insbesondere deshalb hinaus, weil sie auch die entsprechenden Zuordnungen Dritter erlaubt, die die Interviewsituation nicht aus eigener Erfahrung kennen.

Im Rahmen dieser Untersuchung soll die Realität von Handlungsmöglichkeiten nicht als zeitlos, sondern nur als historisch und insbesondere lebensgeschichtlich entstanden – und dabei als vorbewußt, jedoch begrenzt bewußt zu machen – angesehen werden[89].

Wir betrachten uns dabei als Forschergemeinschaft und – trotz unserer analytischen Position als Wissenschaftler – auch als Inhaber eines historisch relativen Standpunkts, den es zu explizieren gilt, da er auch die Bedeutung von subjektiven Handlungsmöglichkeiten, Handlungsintentionen und schließlich Handlungsdispositionen der untersuchten »Fälle« beeinflußt. Der mit einer extensiven Deutungsarbeit am Einzelfall einhergehende Verzicht auf Datenmaterial ist angesichts der aktuellen Datenlage unseres Erachtens nicht vertretbar, so daß wir hier von der Oevermann'schen Programmatik[90] zugunsten einer fallvergleichenden Analyse abgewichen sind.

Für den Zugang zum Feld ist unter methodischen Gesichtspunkten wichtig, daß wir die Studierenden nicht nur nach dem »Zufallsprinzip« angesprochen haben, sondern auch nach dem Ausmaß ihrer Kooperationsbereitschaft und so zum Beispiel einen Teil der Inter-

---

88) Vgl. Zedler, a.a.O., S. 159.
89) Anders als bei Oevermann u.a. (1979), die ihren Ansatz einer »Objektiven Hermeneutik« (S. 352-434) mit dem Anspruch vorstellen, ein »für die Soziologie allgmein geltendes forschungslogisches Programm« (S. 354) - in Eingrenzung zugleich des Gegenstandfeldes der Soziologie - zu bieten, und neben Regeln mit gattungsgeschichtlicher auch solche mit nur historischer Reichweite annehmen (Oevermann, 1979, S. 153).
90) Vgl. Oevermann u.a., a.a.O.

views bei den Studierenden zu Hause führen konnten. Hatten wir zwischen zwei potentiellen Interviewpartnern bzw. -partnerinnen zu entscheiden, wählten wir nach den für die Fragestellung als bedeutsam erachteten Kriterien (Alter, Geschlecht, Studienfach und Semesterzahl etc.).

Anstatt uns an Kriterien statistisch sicherbarer Reliabilität und Validität zu orientieren, die eine Rekrutierung der Interviewpartner und -partnerinnen zum Beispiel aus der Mensa oder auf dem Hochschulgelände erforderlich gemacht hätte, haben wir bewußt eine Vorauswahl in Richtung Gesprächsbereitschaft und wohl auch -fähigkeit in Kauf genommen. Entsprechend dieser Phase der Untersuchung, die eher auf das Exemplarische denn auf Repräsentativität gerichtet ist, aber auch angesichts der Sensibilität der Themen, über die in Interviews gesprochen wurde, erachten wir diesen Zugang als notwendig. Nicht zuletzt hoffen wir, auf diesem Wege »interne Validität« zu erreichen.

3.1.1.2. Durchführung

Innerhalb sog. offener, qualitativer Verfahren in der Sozialforschung (in der Literatur auch als »Intensivinterviews«, »Tiefeninterviews«, »unstrukturiertes«, »qualitatives«, »detailliertes« oder »zentriertes« Interview bezeichnet) hat seit Ende der 70er Jahre das »narrative Interview« in der Konzeption von Fritz Schütze[91] eine besondere Bedeutung erlangt[92]. Für Zweck und Ziel dieser ersten Interviewphase im Kontext der Gesamtstudie scheint sich das narrative Interview, so unser Eindruck nach Durchsicht der Methodenliteratur, gut zu eignen. Insbesondere entspricht es unserer Absicht, die Interviewpartner und -partnerinnen selbst möglichst weitgehend in den Untersuchungsprozeß strukturierend hineinwirken zu lassen.

Mit Schütze gehen wir von der These aus, daß der Rückschluß von

---

91) Schütze (1977).
92) Vgl. Heinze (1987), S. 8.

der sprachlichen Darstellung auf faktische Handlungsabläufe am ehesten über Erzählungen gesichert werden kann: »Erzählungen eigenerlebter Erfahrungen sind diejenigen vom thematisch interessierenden faktischen Handeln abgehobenen sprachlichen Texte, die diesem am nächsten stehen und die Orientierungsstrukturen des faktischen Handelns auch unter der Perspektive der Erfahrungsrekapitulation in beträchtlichem Maße rekonstruieren.«[93] Die Validität des Instrumentes stützt sich auf die inzwischen vielfach bestätigte Parallelität[94] in der Chronologie von faktischen und erzählten Handlungsabläufen. Die Erzählforschung konnte nachweisen, daß die Erzählung eigener Erlebnisse formal faßbare Strukturelemente aufweist, die den Unterschied zu »strategischen Darstellungen« erkennbar machen. So detailliert z.B. der Erzähler seine Darstellung, um die Verknüpfung von Ereignissen dem Interviewer plausibel zu machen (»Darstellungszwänge der Detaillierung«[95]); er kondensiert seine Darstellung, sofern er eine gemeinsame Verständigungsbasis mit dem Interviewer erkennbar unterstellen kann (»Zugzwang der Kondensierung als Ökonomieprinzip«[96]); der Erzähler schließt die Gestalt seiner Erzählung »... an denjenigen Stellen, an denen eine besondere kognitive Struktur im Erzählvorgang (z.B. eine Ereigniskette oder eine Interaktionssituation) begonnen, aber noch nicht abgeschlossen wurde.«[97]

Um die autonome Darstellung der Interviewpartner und -partnerinnen am roten Faden der eigenen Relevanzsetzungen zu ermöglichen, haben wir versucht, auf eine Interviewsteuerung zu verzichten. Da der Verzicht auf Interviewsteuerung nicht bedeuten kann, nicht zu kommunizieren, haben wir uns über den Umgang mit einigen typischen Problemen qualitativer Forschungsinterviews auf ein gemeinsames Grundvorgehen geeinigt, um daraus eventuelle Anhalts-

---

93) Schütze (1977), S. 1.
94) Vgl. Hoffmann-Riem (1984), S. 15.
95) Schütze, a.a.O., S. 1.
96) Ders., S. 1,15.
97) Ders., S. 1.

punkte für eine fallvergleichende Analyse erkennen zu können. Diese Aspekte sind:
- Verzicht auf »Warum?«-Fragen, um die Interviewpartner und -partnerinnen nicht zu veranlassen, ihre aktuelle Erzähllogik zugunsten der Legitimation ihrer Aussage aufzugeben; stattdessen sollten »Wie kam es?« und »Was geschah dann?«-Fragen gestellt werden;
- Registrierung nonverbaler Kommunikationsformen und deren Einbeziehung in die Klärung der Sachverhalte;
- Ausarbeitung thematischer Hintergrundthesen, um das Hintergrundwissen der Interviewer zu organisieren. Sie dienten mehr als Gedächtnisstütze für die Interviewer denn als Leitfaden für das Gespräch mit dem Ziel, zu einer thematischen Vergleichbarkeit der Interviews untereinander zu gelangen. Im Mittelpunkt des Interesses steht der »rote Faden« der Interviewpartner und -partnerinnen, die Hintergrundthesen stellen lediglich eine Art Folie dar, aus der die Interviewer sich ihre inhaltlichen Anregungen zum Nachfragen holen, die dann ad hoc entsprechend der Situation formuliert werden;
- Protokoll über das Interview, angefangen von der Kontaktaufnahme, über situative Auffälligkeiten im Interview selbst (inklusive darüber, wie der Interviewer bzw. die Interviewerin dasselbe wahrgenommen hat), bis zu den Inhalten der »inoffiziellen« Nachfragephase nach Abschalten des Tonbandgerätes.

In den Interviews ging es nicht um »objektive, harte« Daten[98], nach denen wir gefragt hatten und auf die es nur eine »richtige« Antwort gibt, und folglich ging es auch nicht um eine »Wahrheit«, die nur – mit entsprechend guter Gesprächstechnik – aus den Interviewpartnern herausgeholt werden muß. Vielmehr waren die vielen individuellen Perspektiven von Bedeutung, die wir näher kennenlernen wollten, eben auch, um Informationen aus anderen Studentenbefragungen besser verstehen und interpretieren zu können. Und es waren die

---

98) Die sozialstatistischen Daten wurden bewußt erst in der Nachfragephase »abgefragt«, um die »Definition der Situation« nicht zu präjudizieren.

Lebensgeschichten wichtig, in denen die subjektiven Erfahrungen mit Religion, Glaube und Kirche zu komplex waren, als daß sich eindeutige Gründe für ein bestimmtes Verhalten hätten herausschälen lassen – zum Teil war es selbst für die Person schwierig, die diese Erfahrungen gemacht hat.

Wenn wir als Interviewer unter Akzeptanz dieses Sachverhalts mit den Interviewpartnern und -partnerinnen sprachen, wenn es gelang, das »Forschungsobjekt« – häufig eben auch entgegen der Vorstellung der Befragten selbst, da kämen welche von der EKD und hätten Fragen vorbereitet, die es zu beantworten gelte – von unserem Interesse an in persönlichen Erfahrungen begründeten allgemeinen Erkenntnissen zu überzeugen und darüber in eine Subjekt-Subjekt-Beziehung zu gelangen, so waren die Interviewpartner und -partnerinnen bereit, in ihren Erzählungen über die zum Teil im Vorlauf zu den Interviews gedanklich vorbereiteten Statements hinaus (vorrangig als Institutionenkritik gegenüber der Kirche) tiefer in diese Themen einzusteigen.

Auch die im narrativen Interview außer Kraft gesetzte Tendenz zur egalitären Verteilung der Redebeiträge konnte unter diesen Umständen von den Interviewpartnern und -partnerinnen im Interesse der »Sache« akzeptiert werden, nämlich aufgrund des von uns angeführten Arguments, daß durch eigene inhaltliche Stellungnahmen der Erzählrahmen zu sehr vorzustrukturiert würde. Statt dessen wurde diesbezüglich Zeit und Gelegenheit nach dem Interview angeboten.

Unter dem (Auswertungs-) Gesichtspunkt, daß die Aussagen der Interviewten über ihre Selbstdeutungen und Handlungen mit davon beeinflußt werden, welche normativen Hintergrundkonstruktionen zum Thema der Untersuchung der jeweilige Interviewer selbst hat, zeigte sich hierzu bei der anhand von Tonbandaufnahmen durchgeführten Analyse:

- daß wir den Erzählungen der Studierenden nicht immer ohne jede normative Wertung zugehört hatten, wenn auch nicht – bis auf wenige Sequenzen – auf der sprachlichen Ebene, so doch durch unsere nonverbalen Reaktionen.

- daß, je mehr Akzeptanz von seiten der Interviewer und Interviewerin gegenüber den wertenden Äußerungen der Studierenden entgegengebracht werden konnte, desto höher auch deren Bereitschaft war, von ihren Erfahrungen zu erzählen – sich dabei auch auf die Gefahr einlassend, in Inkonsistenzen zu geraten. Dies gilt aber auch umgekehrt: je niedriger diese Bereitschaft, desto formeller und kontrollierter die »Statements« der Studierenden.
- daß die Interviewer und die Interviewerin beide Erfahrungen – wenn auch in unterschiedlichem Ausmaß – machten. So führten wir auch Interviews, in denen wir teilweise das Gefühl hatten, über die vordergründige Ebene von Einstellungen und Klischees nicht hinauskommen zu können und so – im Sinne der intendierten Interviewkonzeption – zum Teil »unbrauchbare« Interviews zu führen. An diesem Punkt der Analyse wurde die Funktion der Auswertungsgespräche der Interviewer und der Interviewerin – verstanden als Interpretations- und Kontrollgemeinschaft – besonders deutlich: Offenlegung und kritische Reflexion eigener (Vor-) Urteile und Erleichterung des intersubjektiven Nachvollzuges der Interpretationsschritte und inhaltlichen Ergebnisthesen. Dabei erwiesen sich die Unterschiede in den Ausbildungen des Teams als vorteilhaft für die Analyse.
- daß es den Interviewern und der Interviewerin nicht immer gelang, auf Wertungen (z.B. »Warum?«-Fragen) zu verzichten, deren Ausmaß als ein Indikator für den Einfluß auf die Interviewsituation betrachtet wurde. Allgemein fiel uns der Verzicht auf Fragen besonders dann schwer, wenn seitens der Interviewpartner und -partnerinnen – zum Teil auch explizit – Fragen erwartet wurden. Die in der Konzeptualisierung angestellte Überlegung, in diesen Situationen auf der meta-sprachlichen Ebene die Problematik von Frage- und Antwortstrukturen anzusprechen, konnte nicht immer angemessen umgesetzt werden. Bei der Analyse dieser Sequenzen wurde uns deutlich, daß die Mühe, die es kostet, die aus der Erzählung der Interviewpartner und -part-

nerinnen sich aufdrängenden Fragen zurückzustellen, sowohl die Interviewer als auch die Interviewten verunsicherte.

Insgesamt überwiegen jedoch die positiven Erfahrungen mit diesem Instrument der Datengewinnung, besonders unter dem Gesichtspunkt, daß gerade kommunikativer Datengewinn auch für beide Seiten ertragreich sein kann:

- Fast alle Interviewpartner und -partnerinnen empfanden die Interviews als eine hilfreiche Gelegenheit, ihre eigenen Positionen zur Thematik zu formulieren, und baten um eine Kopie des Interviewtranskriptes sowie um Informationen über den weiteren Verlauf und die Ergebnisse dieser Studie.
- Entgegen unserer Vermutung, durch zu frühes – und zum Teil eben auch wertendes – Nachfragen die Interviewpartner in einen »Legitimationsdruck« zu bringen, war es ihnen möglich, ihre Erfahrungen mit dieser Thematik und ihre Meinungen darüber als subjektive zu reflektieren. Dabei räumten sie Zweifel an der Universalität ihrer Einsichten als auch Informationsdefizite ein.
- Bei den Befragten, die der Kirche sehr ablehnend gegenüberstanden, trafen wir auf mehr Interviewbereitschaft, als wir erwartet hatten. Gerade diese Studierenden bewerteten das Interesse der Kirche an ihrer Meinung positiv und hofften, durch ihre Mitwirkung zu Veränderungen beitragen zu können. Als positiv empfanden sie es, daß es in den Interviews nicht um »Missionierung« ging – teilweise entgegen ihren Befürchtungen –, sondern um einen »Dialog«.
- Aber auch die vorab von den Interviewern gehegte Befürchtung, beim Nachfragen gewisse Grenzen nicht überschreiten zu dürfen, ohne ins »Leere« (z.B. wenig reflektierte Haltung, Grenzen sprachlichen Ausdrucksvermögens) zu geraten, hat sich als wenig begründet erwiesen.

Bei der Analyse der methodischen Grenzen und Chancen unseres Vorgehens setzten wir einen weiteren Schwerpunkt: Welche Teilnahmemotive hatten die Interviewpartner und -partnerinnen?

Generelle Aussagen fallen hier sehr schwer, die Motive reichen von:

der Bitte um ein Interview nicht widerstehen zu können, über: Soll die Studie repräsentativ sein, bin ich als Atheist der richtige Interviewpartner?, bis hin zu: Ich freue mich, endlich mal wieder über solche Themen sprechen zu können. Verallgemeinernde Aussagen, die dann auch im Rahmen der durchgeführten empirischen Untersuchung validiert werden könnten, lassen sich allenfalls auf der Ebene der Bedeutungen formulieren, die diese Themen in der »studentischen Lebenswelt« bei den Befragten haben und über die möglichen Ursachen dafür.[99]

3.1.2. Repräsentativbefragung

Das Instrument der Repräsentativbefragung ist in der empirischen Sozialforschung in einer Vielfalt methodischer Varianten entwickelt worden. Besonders umfangreich sind die statistischen Methoden zur Auswertung der gewonnenen Daten[100].
Für die repräsentative Datenerhebung zum Themenbereich Studierende und Religion, Glaube, Kirche wurde auf die schriftliche Befragung zurückgegriffen. Diese Variante von Befragungsinstrumenten ist sowohl in der kirchen- und religionssoziologischen Forschung[101] als auch in der Studierendenforschung[102] eine häufig verwendete.

---

99) Vgl. hierzu Kapitel 3.2.
100) Vgl. dazu allgemein: René König (1974). Aus der neueren Forschungspraxis erwachsen ist ein (relativ) allgemeinverständlicher Leitfaden zur Erhebung und Auswertung sozialwissenschaftlicher Umfragedaten. Am Beispiel der Allgemeinen Bevölkerungsumfrage der Sozialwissenschaften (ALLBUS) werden Verfahren, Möglichkeiten und Probleme der Durchführung standardisierter Umfragen und der Analyse ihrer Daten dargestellt: Porst (1985)
101) Vgl. dazu beispielsweise die erste und zweite Kirchenmitgliedschaftsuntersuchung: Hild (1974); Hanselmann u.a. (1985).
102) Vgl. dazu Peisert u. a. (1988); Schnitzer u.a. (1989).

3.1.2.1. Die schriftliche Befragung

Die vorliegende EKD-Untersuchung wurde technisch vom Meinungsbefragungsinstitut ENIGMA, Wiesbaden, als »self-administered-questionnaire« durchgeführt: Den nach dem Zufallsprinzip (in der Regel vor der Mensa) angesprochenen Studierenden wurden von Interviewern und Interviewerinnen Vorfragen vorgelegt nach: Hauptstudienfach, Semesterzahl, Alter (Geschlecht notiert nach Interviewerfeststellung) und Konfession. War letztere evangelisch, wurde weiter nach der Verbundenheit mit der evangelischen Kirche, waren die Befragten konfessionslos, wurde nach der vorherigen Konfession gefragt. Evangelischen Studierenden wurde der Fragebogen mit Anschreiben ausgehändigt (bei einer minimalen Annahmeverweigerung von 3%) und um Rücksendung an ENIGMA gebeten.

Schriftliche Befragungen haben Vorteile:
- Preisgünstigkeit
  Da Vollerhebungen – hierfür müßten alle Studierenden in der BRD erfaßt werden – aus Kostengründen sowieso ausscheiden, ist man bei Teilerhebungen auf eine regional repräsentative Streuung der Untersuchungsorte angewiesen.
  Mündliche Befragungen durch Interviewer mit dem gesamten Fragebogen hätten hohe Kosten für Fahrten, Spesen und Honorare verursacht, die sich bei der schriftlichen Befragung auf die Zeiten der Verteilung des Fragebogens reduzieren ließen.
- »bessere« und »ehrlichere« Antworten
  Die Befragten können die benötigte Zeit für die Beantwortung der Fragen weitgehend selbst bestimmen. Dies ist eine wichtige Voraussetzung für gut überlegte (Ankreuz-) Antworten und ausführliche schriftliche Stellungnahmen zu offenen Fragen. Die Anwesenheit eines Interviewers bzw. einer Interviewerin kann zu schnellen und damit unüberlegten und außerdem auch zu »unehrlichen« Antworten führen: Einflüsse, die durch die Person

des Interviewers und/oder durch die »soziale Situation« im Sinne einer »face-to-face«-Beziehung zwischen Interviewer oder Interviewerin und Interviewten bedingt sind, können auf die Befragten z.B. hemmend oder herausfordernd wirken, was sich in den Antworten niederschlägt. Die für die Befragten subjektiv größere Anonymität einer schriftlichen Befragung trägt u.U. ebenfalls zur »ehrlicheren« Beantwortung bei.
- schnellere Durchführung
  Für unsere Untersuchung konnten die Fragebogen innerhalb von drei Wochen – Ende Juni/Anfang Juli 1989 – placiert werden, so daß der Rücklauf relativ schnell einsetzte und eine Nachplacierung zur Erreichung des angestrebten Stichprobenumfangs erfolgen konnte. Im nachhinein erwies sich die Nachplacierung aufgrund des unerwartet hohen Rücklaufs als nicht notwendig, erhöhte aber den Umfang der Stichprobe.

Schriftliche Befragungen haben auch Nachteile:
- fehlende Situationskontrolle
  Ebenso wie die Anwesenheit eines Interviewers bzw. einer Interviewerin von Nachteil sein kann (s.o.), kann sie auch von Vorteil sein: es wird kontrolliert, daß der Fragebogen »sorgfältig« durchgegangen wird, der Interviewer bzw. die Interviewerin steht gegebenenfalls für Rückfragen bei mißverständlichen Fragen zur Verfügung, stellt fest, ob die Befragten selbst die Antworten geben und nicht jemand anderes, ob sie ihn zusammen mit Bekannten ausfüllen usw..
- thematische Einengungen
  Der standardisierte Fragebogen gibt feste Antwortvorgaben – gewonnen aus den Hypothesen derjenigen, die den Fragebogen konstruiert haben. Der Beantworter mag auf Interpretationsschwierigkeiten stoßen – »Was meinen ›die‹ mit ›Glaube‹, ›Religion‹?« – und auch den Eindruck haben, daß die Antwortvorgaben nicht das für ihn Relevante treffen.
  Für unsere Untersuchung zeigten die zahlreichen Äußerungen zu

einer abschließenden offenen Frage im Fragebogen[103], die zu ergänzenden Anmerkungen aufforderte, zweierlei: erstens gab es nur relativ wenige Äußerungen zum Fragebogen selbst, so daß angenommen werden kann, daß die Fragen »verständlich« waren. Die große Zahl der freien schriftlichen Äußerungen (34% der ausgewerteten Fragebogen enthalten ergänzende schriftliche Statements) zeigt neben dem starken Interesse an der Befragung bzw. am Thema, daß die Studierenden die ihnen wichtigen Punkte zum Ausdruck bringen konnten, und zwar in der ihnen eigenen persönlichen Ausdrucksweise, daß einer eventuellen »Einengung« auf diesem Wege ausgewichen wurde. Mit der Vielzahl der Antworten hat die abschließende offene Frage auch in der Auswertung als qualitatives Material einen höheren Stellenwert erhalten, als dieses vorher angenommen worden war.

- geringe Rücklaufquote
Bei schriftlichen Befragungen ist die a priori nicht genau zu bestimmende Rücklaufquote (Anteil der zurückgeschickten, auswertbaren Fragenbogen) ein besonderer Schwachpunkt. Unwägbarkeiten bestanden für uns in der Vorbereitung dahingehend, daß es sich erstens um ein »sensibles« Thema handelt, über das nicht gern Auskunft gegeben wird, und zweitens gerade Studierende aus subjektivem Zweifel an der Wahrung der Anonymität und des Datenschutzes – an Boykottaktionen anläßlich der Volkszählung 1987 ist zu erinnern – die Beteiligung verweigern könnten.

Die als Referenzuntersuchungen herangezogenen großen Befragungen des Deutschen Studentenwerks und die Studentensituationsuntersuchung[104] kommen auf Quoten von 39% und 45%. Die vorliegende EKD-Umfrage lag mit einem Rücklauf von 53% erheb-

---

103) »In einem solchen Fragebogen können nicht alle relevanten Themen behandelt werden, und nach vielem kann auch nicht differenziert genug gefragt werden. Sie haben auf dieser Seite die Möglichkeit, ergänzende Hinweise zu geben und zu sagen, was Ihnen persönlich wichtig erscheint.«
104) Schnitzer u.a. (1986) und Peisert u.a. (1988).

lich höher, was wiederum für ein starkes Interesse Studierender spricht.
- Verläßlichkeit der Daten
Bei schriftlichen Befragungen können sogenannte Bias eintreten. Dies sind systematische Fehler, die u.a. entstehen durch:
- die überproportional häufige Fragebogenbeantwortung derjenigen, die ein besonderes Interesse am Thema haben – ganz gleich in welche Richtung: positiv – negativ, fromm – atheistisch, rechts – links usw.;
- über- bzw. unterproportional häufige Rücksendung des Fragebogens einer bestimmten Position.

In – allerdings quantifizierbaren – Grenzen ist dieser Fehler auch bei der EKD-Befragung eingetreten: bei der Aushändigung der Fragebogen (s.o.) ist nicht nur nach sozialstatistischen, für die Repräsentativität der Stichprobe wichtigen Merkmalen gefragt

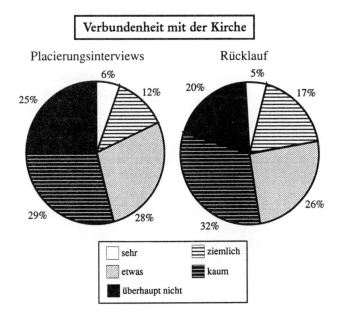

worden, sondern auch nach dem Grad der Verbundenheit mit der evangelischen Kirche. Im Fragebogen selbst ist diese – aus den Erfahrungen mit den Kirchenmitgliedschaftsstudien der EKD heraus – für vieles kennzeichnende Frage (vgl. dazu inhaltlich Kapitel 3.2.3.2.1.) nochmals gestellt worden. Aus Abweichungen zwischen der Verbundenheitsverteilung bei der Placierungsbefragung und der Verteilung in den ausgewerteten Fragebogen läßt sich ersehen, daß die tendenziell stärker mit der Kirche Verbundenen am Rücklauf stärker beteiligt waren als die weniger Verbundenen (s. Abbildung S. 79).

In der Auswertung ist dieser Fehler nicht durch rechnerische Gewichtung korrigiert worden, da nicht mit Sicherheit gesagt werden kann, auf welchen der oben angeführten Faktoren sie zurückgeht. Bei der Interpretation der Ergebnisse ist demnach eine Abweichung von ca. 5% zu berücksichtigen.

3.1.2.2. Fragebogen

Die Entwicklung der Hypothesen, die dem Fragebogen zugrunde liegen, erfolgte aufgrund der in Kapitel 3. der Einleitung skizzierten Vorarbeiten: Auswertung von Repräsentativstudien aus der Studierendenforschung, der religions- und kirchensoziologischen Forschung, der Jugendforschung, einer Mitarbeiterbefragung, der Frankfurter Konsultation und der Auswertung narrativer Interviews.

Es ergaben sich folgende Themenkomplexe, die durch die Repräsentativbefragung vertieft werden sollten:

- Relevanz von Lebensbereichen Studierender
- Studium und Hochschule
- allgemeine persönliche und gesellschaftliche Orientierung
- religiöse Sozialisation und Konsequenzen für heute
- religiöse Orientierung (Selbsteinschätzung, Gottesbild, Sinn des Lebens, Christentum und andere Religionen)
- Verhältnis zur Kirche (Image, Verbundenheit, Teilnahme)
- Studierendenarbeit (Image, Teilnahme, Vorschläge)

Der Fragebogen umfaßt – ohne Sozialstatistik – 23 Fragen mit insgesamt 184 Vorgaben (Items) und drei offene Fragen mit der Bitte um schriftliche Äußerungen. Zum überwiegenden Teil sind die Items mit 7-stufigen Antworten vorgegeben, d.h. es besteht die Möglichkeit, einen Wert in der Reihe von 1 bis 7 anzukreuzen. Die jeweilige Extremposition 1 bzw. 7 bedeutet dann völlige Zustimmung bzw. Ablehnung je nach Konstruktion der Aussage: Positivaussage oder Negativaussage. Ein kleiner Teil der Fragen ist in Anlehnung oder teilweiser Übernahme von Vorgaben aus der Repräsentativbefragung von Peisert u.a.[105] konstruiert worden, um eine Vergleichbarkeit herzustellen. Insgesamt stimmen die Ergebnisse überein, so daß die EKD-Befragung kompatibel mit den Ergebnissen dieser Studiensituationsstudie ist, aus der u.a. in Kapitel 2. zitiert wurde.

Der Fragebogen wurde von der Studien- und Planungsgruppe entworfen, dann von der Arbeitsgruppe, die die Untersuchung in empirischen Fragen begleitete, diskutiert und z.T. verändert. Vom Meinungsforschungsinstitut ENIGMA, Wiesbaden, wurde er in befragungstechnischer Hinsicht überarbeitet, einem Pretest unterworfen und schließlich endredigiert.

3.1.2.3. Stichprobe

Der Stichprobenumfang von 703 ausgewerteten Fragebogen erscheint im Vergleich zu anderen Befragungen ausreichend: von 95 Studierendenbefragungen, die Schneider[106] als Repräsentativerhebungen einstuft, arbeiteten 52% mit weniger als 500 Befragten, ein Drittel sogar mit weniger als 300. Die Größenordnung von mindestens 600 Befragten wurde angestrebt, um bei den für die Zusammensetzung der Stichprobe relevanten einzelnen Merkmalen keinesfalls unter $n = 30$ zu kommen. Durch den hohen Rücklauf konnte der geplante Stichprobenumfang also noch übertroffen werden.

---

105) Peisert u.a. (1988).
106) Schneider, a.a.O., S. 151.

Die Merkmale der Stichprobe wurden auf zweierlei Weise festgelegt:
Vorgaben durch die Hochschulstatistik des Statistischen Bundesamtes:
- Geschlechterverteilung
- Alter
- Fachrichtungen
- Anteile Studierender an unterschiedlichen Hochschultypen: Universität, Technische Universität, Gesamthochschule, Fachhochschule

Eigene Vorgaben:
- Hochschulstandorte: hier wurden – nach Beratungen durch die Hochschulinformations-System-GmbH (HIS) Hannover – »exemplarische« Hochschulstandorte ausgewählt unter den Gesichtspunkten: Groß-, Mittel-, Kleinstadt; Nord – Mitte – Süd; alte/neue, große/kleine Universitäten; besondere Prägungen durch Fächerstruktur, vermutete soziale Struktur der Studentenschaft; möglichst verschiedene Hochschulformen an einem Ort, um zu einer größeren Standortstichprobe zu kommen. Merkmale sollten nach Möglichkeit kumulieren. Befragungsorte waren: Hamburg, Lüneburg, Dortmund, Aachen, Kassel, Tübingen, München. Die Nachplacierung fand im Raum Frankfurt, Darmstadt, Mainz statt.
- Verbundenheit mit der Kirche (vgl. oben).

Beim Merkmal Alter stellte sich während der Befragung eine Schwierigkeit heraus: Studierende im Alter von 22 bis 25 Jahren waren unter denjenigen, denen der Fragebogen ausgehändigt wurde, überproportional beteiligt, während die Älteren weniger und die über 30jährigen überhaupt nicht anzutreffen waren. Es wurde entschieden, diese »Verzerrung« in Kauf zu nehmen, da ältere Studierende nur mit unverhältnismäßig hohem Aufwand zu erreichen gewesen wären. Der Grund dafür mag darin liegen, daß ältere Studierende weniger am regulären Uni-Betrieb teilnehmen als jüngere.

Bei den verschiedenen Hochschultypen sind die Universitätsstudierenden in der Stichprobe (78%) im Verhältnis zur Gesamtzahl der Studierenden (67%) überrepräsentiert, während die Fachhochschulstudierenden unterrepräsentiert sind (15%; 23%). Die übrigen Vorgaben für die Merkmale konnten sehr gut eingehalten werden. Hier gab es nur sehr geringe Abweichungen.

3.1.2.4. Durchführung und Auswertung

Die technische Durchführung lag bei ENIGMA. Beauftragt wurde dieses Institut, da aus der Zusammenarbeit bei den beiden Kirchenmitgliedschaftsuntersuchungen gute Erfahrungen vorlagen, die auch jetzt durch die Beratung, Einhaltung der Vorgaben, zuverlässige Durchführung und schnelle Auswertung bestätigt wurden. Die rechnerische Auswertung der von ENIGMA bereitgestellten Datenbänder nahm dankenswerterweise Dr. Wolfgang Lukatis, Pastoralsoziologisches Institut der Ev.-luth. Landeskirche Hannovers, Hannover, vor.

3.2. Lebenswelt, Religion, Glaube, Kirche

Die in Kapitel 2. referierten Daten zur Situation Studierender wurden aus repräsentativen Untersuchungen gewonnen, die einzelne Merkmale von vielen Studierenden er- und hervorheben, und damit, »von außen« auf die Studierenden blickend, von den sich selbst interpretierenden Subjekten abstrahieren. Diese Ergebnisse gilt es im folgenden aus der Perspektive einiger Betroffener und aus der durchgeführten Repräsentativbefragung heraus zu ergänzen.
Der in Kapitel 3.1. umrissene Lebensweltbegriff soll dabei helfen, dem Problem des »objektiven« und »subjektiven« Sinnverstehens nicht aus dem Weg zu gehen, sondern durch Transparenz an diesem Punkt Diskussion und Reflexion darüber offen zu halten. Eine Beschreibung der Lebenswelt impliziert natürlich nicht, daß dem Subjekt seine biographische Entwicklung und die Bedingungen seines aktuellen Sinn- und Handlungsfeldes stets voll bewußt sind. Gleich-

wohl muß, welche Form der Organisation des eigenen Lebens auch immer gewählt wird, diese als »sinnvoll« erlebt und in übergreifende Sinnzusammenhänge eingebettet werden können, die sich wiederum als Antworten auf objektive gesellschaftliche Situationen begreifen lassen.

3.2.1. Lebenswelt

3.2.1.1. Allgemeine und politische Wertorientierungen

Will man Näheres über die gegenwärtige Situation an den bundesrepublikanischen Hochschulen erfahren, so stößt man auf die Äußerungen nicht weniger Hochschullehrer, - forscher und Soziologen, die deutlich von einem Ausdruck der Enttäuschung und Besorgnis – und zum Teil Resignation – um das Leistungsniveau und die -bereitschaft der Studierenden geprägt sind: die Studierenden seien gleichgültig und passiv, sowohl gegenüber der Wissenschaft als auch gegenüber politischen Fragen – jedenfalls im Bereich der Hochschule. Sie erledigten zwar ihre Aufgaben schlecht oder recht, seien aber zu besonderem Engagement für eine Vertiefung in Probleme und die theoretischen Dispute der Wissenschaft über alles, was nicht unmittelbar und konkret als praktisch und »lustbringend« erfahren werden kann, nicht bereit[107]. Die psychische Konstitution der Studierenden scheint von Angst und Unsicherheit geprägt zu sein; sie werden als unselbständig, häufig – gerade gegenüber Studienreform, Mitbestimmungsrechten und Mitwirkungsmöglichkeiten in Hochschulselbstverwaltung und Lehrveranstaltungsplanung – als indifferent und vermeintlichen (Sach-) Zwängen gegenüber angepaßt beschrieben.

Diese Beschreibungen und Zuschreibungen entsprechen einem Persönlichkeitstyp, der in der Literatur über Studierende unter dem Stichwort »oral-narzißtisch«[108] oder »neuer Sozialisationstyp-Narziß«[109] diskutiert wird. Dieser Typisierung – hier nur in aller Kürze –

---

107) Vgl. exemplarisch Huber (1985), S.1.
108) Vgl. Schülein (1979), S. 165f.
109) Ziehe (1975).

folgend, fördern die frühkindlichen (Konsum-)Erfahrungen – durch eine Elterngeneration vermittelt, die selbst dem Konsumrausch verfallen und auf eine Art »sekundäre Oralität« fixiert war – eine »Versorgungsmentalität« und den Modus des (»oralen«) Konsumierens. Dies führt zu typischen Identitätsschwächen in Form einer »Entstrukturierung des Über-Ichs«[110], d.h. sehr anfälligen Beziehung zu sich selbst und zur Objektwelt, da es auch an Möglichkeiten der Abarbeitung und Entwicklung einer gefestigten Identität fehlt.

Entgegen diesen Zuschreibungen eines Mangels an Autonomiestreben und an aktivem Umgang mit Konflikten betonen die interviewten Studierenden durchgängig die »Verantwortung« als zentralen persönlichen und gesellschaftlichen Wert. Alle Interviewpartner und -partnerinnen stellen zum einen Selbstkongruenz bei der eigenen Lebensgestaltung und zum anderen Gerechtigkeit – gerade auch angesichts weltweiter sozialer Ungleichheitsstrukturen und unter Einbeziehung der Natur – als ihnen wichtige Maximen für die eigene Handlungsorientierung dar, wenn sie sich darüber äußern.

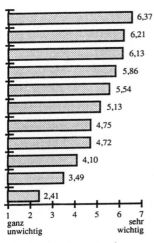

Orientierungen

- 6,37 Natürliche Lebensgrundlagen schonen
- 6,21 Fähigkeiten frei entfalten
- 6,13 Selbstverwirklichen ohne Bevormunden und Manipulation
- 5,86 auf Entscheidungen Einfluß nehmen
- 5,54 Solidarität mit Benachteiligten
- 5,13 Macht der Institutionen abbauen
- 4,75 Leben angenehm, Genuß
- 4,72 Leistungsbereitschaft soll sich materiell auszahlen
- 4,10 gesellschaftlicher Fortschritt durch Forschung
- 3,49 Moral- und Wertvorstellungen bewahren
- 2,41 Volk soll Identität wahren

1 ganz unwichtig — 7 sehr wichtig

110) Schülein (1979, S. 57).

Eine Faktorenanalyse zeigt, welche Orientierungen häufig zusammen genannt werden:
Merkmalsgruppe 1: Leistungsbereitschaft auszahlt, Fortschritt durch Forschung, Volk soll Identität wahren, Moral- und Wertvorstellung bewahren, Leben angenehm.
Merkmalsgruppe 2: auf wirtschaftliche Entscheidungen Einfluß nehmen, Lebensgrundlagen schonen, Solidarität mit Benachteiligten, Macht der Institutionen abbauen.
Merkmalsgruppe 3: Fähigkeiten frei entfalten, selbstverwirklichen.

Die Schonung der natürlichen Lebensgrundlagen hat bei den Studierenden höchste Wichtigkeit. Selbst unter Berücksichtigung der Differenzierung nach sozio-demographischen Merkmalen der Studierenden bleibt diese Orientierung bei allen Studierenden stark ausgeprägt. Es ist daher davon auszugehen, daß es sich hier um eine durchgängig vorhandene Grundeinstellung handelt.

Es besteht ein starker Zusammenhang zwischen den Orientierungen Selbstentfaltung und Selbstverwirklichung, die an zweiter und dritter Stelle in einer auf dem Vergleich der Mittelwerte basierenden Hierarchie der Orientierungen liegen. In der soziologischen Literatur werden diese beiden Orientierungen als typische »postmaterielle«[111] angesehen.

An vierter und sechster Stelle in der Hierarchie der Orientierungen liegen Aussagen, die als typisch politisch »links« gelten können: Einfluß auf Entscheidungen nehmen, Macht der Institutionen abbauen. Entsprechend zeigen beide Aussagen einen hohen gegenseitigen Zusammenhang in den Nennungen.

Die Solidarität mit den Benachteiligten steht in der Hierarchie an fünfter Stelle und wird, wie das Ergebnis der Faktorenanalyse zeigt, besonders häufig im Zusammenhang mit »Einfluß auf Entscheidungen«, »Macht der Institutionen«, »natürliche Lebensgrundlagen« genannt. Hieraus ergibt sich dann das Bild einer typisch politisch »linken« Orientierung.

Die Haltungen »Genuß«, »Leistungsbereitschaft«, »gesellschaftlicher

---

111) Vgl. Inglehart (1981).

Fortschritt« bilden in der Hierarchie einen zweiten Block. Dabei ist der materielle Aspekt relativ stark ausgeprägt, während der gesellschaftliche Fortschritt durch Forschung und Technologie etwas kritischer betrachtet wird. Hier scheint ein gewisses Pendant zu der starken Bewertung des ökologischen Aspektes zu bestehen.

Die Orientierung »bestehende Moral- und Wertvorstellungen bewahren« erfährt offensichtlich eine stärkere Ablehnung als Zustimmung. Es bestehen jedoch auch Zusammenhänge mit der Orientierung »Gesellschaftlicher Fortschritt«, die als typisch konservativ angesehen werden kann. Man kann vermuten, daß diejenigen mit konservativer Orientierung die Moral- und Wertvorstellungen bewahrt sehen wollen, also die entsprechenden Items in der Tendenz als wichtig benennen, während die Nennungen mit der Tendenz »unwichtig« wahrscheinlich von denjenigen kommen, die die Selbstentfaltungswerte in den Vordergrund stellen.

In der Tendenz haben Studierende vor »Überfremdung« keine Angst und lehnen eine auf die aktuelle politische Situation gemünzte Orien-

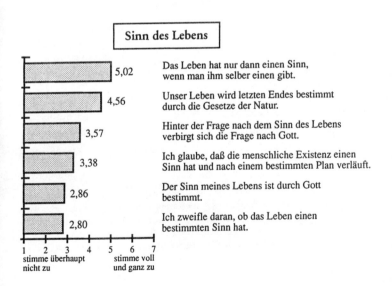

tierung ab. Diejenigen, denen die »Identitätswahrung« tendenziell wichtig ist, sind auch für den Erhalt bestehender Moral- und Wertvorstellungen – es handelt sich also um typisch konservative Orientierungen.

Das Bedürfnis nach Autonomie drückt sich auch durch hohe Zustimmung der Studierenden zur Aussage »Das Leben hat nur dann einen Sinn, wenn man ihm selber einen gibt« in der Frage nach dem Sinn des Lebens in der Repräsentativuntersuchung aus (s. Abbildung S. 87). Die Hierarchie zwischen den Mittelwerten zeigt, daß die Studierenden zwar mehrheitlich annehmen, daß das Leben einen bestimmten Sinn hat, als Sinngebungsquelle rangieren jedoch deutlich die eigene Person oder die »Gesetze der Natur« vor der »Frage nach« und/oder »die Bestimmung durch Gott«. Einen Hinweis, der die deutliche Ablehnung zur Aussage: »Der Sinn meines Lebens ist durch Gott bestimmt« erklärlich machen könnte, enthält ein Teil der Interviews insofern, als gerade das Thema Religion und Glaube von einigen Interviewpartnern und -partnerinnen dazu genutzt wurde, zu erläutern, was als nicht-verantwortliches Handeln gesehen wird:

»Weil das ist auch völlig verkehrt. Also wenn man die Menschen nicht selber dazu bringt, daß sie für das verantwortlich sind, dann nützt das auch nichts, wenn sich dann später jemand ans Kreuz nageln läßt.« (NI)[112] »Nicht nur den Institutionen, ›denen da oben‹, darf man die Schuld zuschieben.« (NI)

In den Äußerungen zum Thema werden Kirche und Glauben – zumeist ohne beides voneinander zu trennen – als Verhinderung eines sich autonom verstehenden Verantwortungsbewußtseins gesehen. Den aus Glauben handelnden Menschen werden Heteronomie, Schwäche und Intoleranz unterstellt.

»Und es wird zuviel, die einzelnen Menschen werden dadurch, werden sehr, können dadurch sehr leicht ihre Verantwortung abgeben. (Ja.) Ihre Verantwortung für ihr eigenes Leben, für ihre eigene Lebenseinstellung, für ihre eigene Gestaltung, wenn dann soviel vorgegeben wird.« (NI)
»Es kann nicht glücklich machen, an etwas Vorgefertigtes zu glauben«.(NI)

112) NI = Auszug aus narrativem Interview

Noch klarer wird diese Definition »ex-negativo«, wenn man das Image der Kirche mit den eigenen Orientierungen der Studierenden vergleicht (vgl. hierzu Kapitel 3.2.3.3.2.).

Gleichwohl wird in den Äußerungen auch die Übernahme christlicher Werte deutlich und – dort, wo zwischen Kirche und Religion explizit unterschieden wird – gegen die christliche Kirche formuliert: eine Studentin, die eindeutig kritisch-distanziert zum Christentum steht:

»(Was würdest Du denn sagen, wenn Dich Dein Kind fragt nach dem Sinn des Lebens?)
Zu lieben, Freunde zu haben und vielleicht die Welt ein bißchen verändern können.
(In welche Richtung, kannst Du das sagen?)
Na ja, wenn ich das jetzt so sage, das hört sich so platt an, so zu einer egalitären Gesellschaft eben, wo es keine Kriege mehr gibt und wo es keine zerstörerischen Naturwissenschaften mehr gibt.« (NI)
»Also ich denke mir, wenn man, weiß ich nicht, wenn man wirklich menschlich sein will und, muß man sich auf die Menschen auch beziehen. Man muß auch gucken, wie sie leben und muß eben, na ich meine, ich habe mich soweit mit der Kirche auch noch nicht auseinandergesetzt, aber so das Bild, was mir von der Kirche gegeben wurde, auch als Kind, war eben Gerechtigkeit. Und diese Gerechtigkeit, die würde ich dann auch einklagen. Und ich weiß eben, daß es nicht gerecht ist, wenn Menschen von anderen Menschen unterdrückt werden.« (NI)

So auch:

»Also Religion ist für mich irgendwo, das kommt mir grad so in den Kopf, also so ein ›Du sollst nicht ehebrechen‹. Das ist ja nun absolut unzeitgemäß. Nein, einfach deshalb, ich habe da eine Moralvorstellung und halte auch ziemlich viel von Treue, aber genauso gut ist für mich eine Beziehung vorstellbar ...« (NI)
»Also das ist gemein, daß die Kirche die Gebote für sich gepachtet hat.« (NI)

Der Begriff »christlich« wird als Wertvorstellung kaum mit der Kirche als Institution in Verbindung gebracht. Als Hintergrundfolie dient er jedoch häufig zur Charakterisierung »unchristlicher Merkmale« einer »kapitalistischen Wirtschaftsethik«:

»(Gib's da Ethik oder sowas?) – Was ist das? Ethik gibt es gar nicht mehr, wo man sich permanent mit Geld beschäftigt. Da gibt es keine Ethik mehr. Und wenn's Ethik gäbe, dürften wir keine Waffenverkäufe tätigen.« (NI)

»Die Gesellschaft, die Wirtschaft ist nicht christlich.« (NI)
»Nur der technische Bereich ist das, was die Frankfurter Allgemeine, die ich öfter lese, aber als Fortschritt bezeichnet. Es ist kein Fortschritt, wenn der Pawlow erfunden hat, daß die klassische Konditionierung des Hundes beim Klingeln mit der Assoziation ›Futter‹ in Zusammenhang gebracht wird. Das ist kein Fortschritt in dem Sinne ... Aber das ist das, was wir als Fortschritt sehen. Aber das Zuerkennen und Zugeständnis zur Menschlichkeit, zur Schwäche, steht bei Schmorl & Seefeld (Buchhandlung, d. A.) im Regal. Und das kotzt mich total an ...« (NI)

Wenn die Interviewpartner und -partnerinnen über Religion als Kontrast zur herrschenden Wirtschaftsordnung sprechen, dann im Sinne einer an der Frage nach Gerechtigkeit orientierten humanistisch-ethischen Grundhaltung. Diese Kritik an der Wirtschaftsordnung der Bundesrepublik Deutschland schildern die Studierenden durchgängig als vereinbar mit einer sozialstaatlich erwarteten Absicherung ihrer eigenen materiellen Grundbedürfnisse hinsichtlich der Gestaltung von konkreten Wohn- und Lebensformen. Die Kirche als Institution, so lassen sich die meisten Aussagen der Studierenden aus den Interviews und die Antworten der Studierenden auf die offene Frage der Repräsentativbefragung zusammenfassen, verhindere geradezu eine für sie glaubwürdige Umsetzung der christlichen Botschaft in das gegenwärtige gesellschaftliche Leben.

Im Zentrum der Kritik stehen nicht die christlichen Werte selbst, sondern eine als indoktrinierend erlebte Form der Vermittlung:

»Was ich ablehne, ist der Missionierungsanspruch der Kirche. ...« (F23)

Wenn auch diese fundamentale Absage nicht durchgängiger Tenor ist, so drückt sich unseres Erachtens darin doch ein Teil der Einstellung vieler Studierenden aus, die trotz ihrer Kritik bereit wären, in »friedlicher Koexistenz« mit der Kirche zu leben und/oder mit ihr Kooperationen dort einzugehen, wo gesellschaftliche und politische Zielvorstellungen übereinstimmen.

In diesem Zusammenhang ist auch festzuhalten, daß die beiläufige Äußerung einer Interviewpartnerin: »... Ich habe mich so weit mit der Kirche auch noch nicht auseinandergesetzt...«, mit Ausnahme der beiden oben erwähnten Gruppen von Studierenden, für alle anderen Interviewpartner und -partnerinnen auch zuzutreffen scheint: Diesbezügliche Informationsdefizite konnten desto eher zugestanden werden, je affirmativer der Gesprächskontext empfunden wurde, je tiefer sich die Interviewpartner und -partnerinnen »verstrickten« und/oder in der Nachfragephase des Interviews darauf angesprochen wurden. Dazu noch eine methodische Anmerkung: beim Vergleich beider qualitativen Datenquellen, den narrativen Interviews und den Antworten auf die offenen Fragen der Repräsentativuntersuchung, konnten wir uns des Eindrucks nicht erwehren, daß die schriftliche Antwortmöglichkeit gerade von den Kritikern – von welcher Seite auch immer – nicht nur häufiger als von anderen genutzt wurde, sondern auch, da keine face-to-face-Situation gegeben war, die Inhalte »rücksichtsloser«, d.h. prononcierter formuliert worden sind.

3.2.1.2. Seins- und Lebensentwürfe. Studium als Lebensform?

Nachdem die materiellen Voraussetzungen der studentischen Existenz hinsichtlich einiger wichtiger Momente angesprochen (vgl. Kapitel 2.2.) und allgemeine und politische Wertorientierungen skizziert worden sind, gilt es jetzt zu fragen, wie sich diese bislang genannten Aspekte in bezug auf das Thema der Untersuchung zu subjektiven Lebens- und Seinsentwürfen verdichten und welche Rolle das Studium als Lebensphase darin hat. Wie angedeutet, sind konsistente Lebensentwürfe weder unsererseits erwartet noch in der Regel seitens der Studierenden dargestellt worden. Ansatzpunkte in diese Richtung lassen sich allenfalls aus Aussagen eines Interviewpartners entnehmen, der die Autonomie für sich selbst und als allgemeinen Wert sehr betont. Als Alkoholiker und in seinem – inzwischen bewußt gewordenen – Bestreben, es »immer allen Leuten recht zu machen«, hat er in extremer Weise Fremdbestimmung erlebt. So sieht er heute etwas mitleidig und herablassend auf die anderen, in seinen Augen eher etwas armseligen Kreaturen, die solche Autonomie nicht »schaffen« und sich durch ihren Glauben nur nach einem fest vorgezeichneten Kodex verhalten. Über den in diesen Äußerungen enthaltenen Zynismus ist er selbst zum Teil unglücklich. Aber die »unsichtbaren« Bestimmungen einer scheinbar autonomen Haltung werden nicht gesehen.

Drogen oder Alkohol als Lösungsweg, um den Problemen der Kontingenzbewältigungen angesichts der Befristetheit des irdischen Daseins aus dem Wege zu gehen, nennt darüber hinaus nur noch ein Student:

»Das Leben bietet für einen Menschen, der nicht nur oberflächlich lebt, nur Enttäuschungen und Frustrationen. Es gibt zu viele unglückliche Menschen, die nicht verdient haben, unglücklich zu sein! Das Leben scheint mir zu brutal und zu rücksichtslos, um es meistern zu können. Die Kirche ist nur eine Krücke für den Lebensweg. Alkohol ist für mich ein besseres Schmerz- und Betäubungsmittel als die Kirche. Zu glauben ist auch nur eine Flucht, genau wie trinken! Trotzdem hoffe ich auf einen Gott, auf eine Erlösung, auf ein ewiges Leben (und zwar ein besseres)! Und solange ich nicht weiß, daß es Erlösung gibt, betrinke ich mich anstatt in die Kirche zu gehen!« (F23)

Die vergleichsweise hohe Rücklaufquote bei dem Fragebogen von 53% insgesamt, insbesondere aber angesichts des Umfangs des Fragebogens, der zum Teil hohe Anforderungen an die Aufmerksamkeit und Bereitschaft zum Ausfüllen stellte (laut Randbemerkungen einiger Studierender), gibt, wenn auch indirekt, Auskunft über das hohe grundsätzliche Interesse der Studierenden an den Themen Glaube und Religion. Diese Einschätzung wird dadurch gestützt, daß immerhin noch 34% der an der schriftlichen Erhebung teilnehmenden Studierenden eine abschließende offene Frage mit der Bitte um Ergänzungen und Kritik dazu nutzten, ihre Position zum Thema der Untersuchung in eigene Worte zu fassen. Die Aussagen unserer Interviewpartner und -partnerinnen über ihr Motiv zur Teilnahme an den Interviews hinterlegen dies: In für die lebensweltliche Relevanz dieser Themen bezeichnender Weise führten sie alle als Teilnahmegrund u.a. an, »mal wieder über diese Themen sprechen zu können«. Insbesondere Studierende, bei denen der christliche Glaube zu den lebens- und lerngeschichtlich erworbenen Wissensbeständen gehört, betonen die geringe thematische Relevanz[113] von Religion in der Umwelt »Hochschule«. Eine Studentin der Betriebswirtschaftslehre mußte beim Ansprechen von »Glaubensgefühlen« die Erfahrung machen, von ihren Kommilitonen und Kommilitoninnen als »noch nicht so weit entwickelt«, als »nicht erwachsen« betrachtet zu werden:

»Man weiß nicht so richtig, wie es weitergehen soll – daß ich mich da zum Teil mal wieder besonnen hab und hab so mich selbst nochmal so – versucht, das wieder aufleben zu lassen, was ich früher so hatte, daß ich so früher irgendwie gedacht hab: jetzt gehst'e mal ganz in Ruhe spazieren und besprichst das so mit Dir selbst. Und das hab ich 'ne Zeitlang einfach nicht mehr getan, weil ich irgendwie so viele andere Menschen hatte, mit denen ich darüber gesprochen hatte. Und jetzt hab ich gedacht, ist vielleicht mal ganz gut, du machst wieder das so für dich alleine aus. Und das ist eigentlich das, was ich immer so als – als – also da drinn drückte sich irgendwie so mein Glaube aus, daß ich irgendwie so das Gefühl hatte, das bin ich nicht alleine, wenn ich da jetzt so in mich gehe, sondern da spielt halt irgendwie noch so jemand anders mit 'rein.« (NI)

Es ist anzunehmen, daß die oben angedeuteten Zusammenhänge zwischen biographisch früh (in der primären und sekundären Sozialisationsphase) erworbenen Wissensbeständen und deren interpretatorische Relevanz für aktuelle Lebenslagen und Wertigkeiten bei der Planung genereller Lebensziele nicht unabhängig sind von sowohl geschlechts- als auch fachspezifischen Unterschieden. Entgegen der – sich primär auf das steigende Alter und die zunehmende familiäre Bindungsbereitschaft der Studierenden berufenden – Redewendung vom Studium als »post-adoleszente« Lebensphase, was zur Hintergrundthese für die Interviews verleitete, daß die religiöse (Nicht-) Sozialisation abgeschlossen ist, Einstellungen und Haltungen dazu ausgeprägt sind, lassen sich in den Interviews häufig Aussagen finden, in denen »objektiv« betrachtet gegensätzliche Quellen der Sinnorientierung unverbunden nebeneinander stehen:

---

113) Zu den Relevanzstrukturen des Wissens und zur Unterscheidung zwischen thematischer, interpretativer und motivationaler Relevanz vgl. Schütz/Luckmann (1979), S. 229ff.

»... Ach so, ja also ob Sie oder ich bin eine Frau, die so ein naturwissenschaftliches Weltbild hat? (Ja.) Würde ich schon sagen. Ja und das ist das, was wirklich ist und greifbar ist und mein Leben bestimmt oder ? Ja, eigentlich schon. (Und Gefühle, wo ordnen Sie die ein?) Ja, Gefühle sind nichts Greifbares, die sind einfach da. Ein Bekannter von mir, der sagt knallhart, die Gefühle sind chemische Reaktionen. Und das finde ich, find ich schwachsinnig, (Ja.) muß ich sagen. (Ja.) Also Gefühle sind für mich auch nicht greifbar und nicht erklärbar, sie sind einfach da. (Ja.) Und ja im Prinzip das Gegenteil zum Verstand irgendwie, weil oft geht das ja doch konträr, daß man anders fühlt als der Verstand sagt tue es oder tue es nicht. Und ... (Ja.) Und man entdeckt hinterher, wie stark man doch vom Gefühl statt vom Verstand geleitet war, wo man doch gedacht hatte, man hätte das so sauber entschieden.« (NI)

Inwiefern die These von der abnehmenden Zentralität des Studiums im Leben der Studierenden zutrifft und was hierzu an Hintergründen erkennbar ist, soll anhand des Datenmaterials geklärt werden. Schon beim ersten Lesedurchgang fiel auf, daß augenscheinlich nur wenige Interviewpartner und -partnerinnen die Studienphase als »psychosoziales Moratorium« für die Entwicklung und das Ausprobieren von Idealen und Utopien erleben:

»Ja, von Leistungsdruck ... das will ich nicht, dann fahr ich nach Afrika. Spar ein bißchen Geld und lebe davon zwei Jahre danach. Sammle Erfahrung und werde Mensch, denn da kann man wieder Mensch sein und werden – wie Goethe sagte.« (NI)
»(Über den Sinn des Lebens, d. A.) zu lieben, Freunde zu haben und vielleicht die Welt ein bißchen verändern zu können. (In welche Richtung, kannst Du das sagen?) – Na ja, wenn ich das jetzt so sage, das hört sich so platt, so zu einer egalitären Gesellschaft eben, wo es keine Kriege mehr gibt und wo es keine zerstörerischen Naturwissenschaften mehr gibt und ... (Das sind auch so Deine Lebensziele jetzt, nicht?) – Ja, aber ich weiß eben mittlerweile auch, oder ich muß eben aufpassen, daß ich nicht zu sehr in Utopien denke. Weil das ja doch ganz schön weit weg ist, also von sowas zu träumen.« (NI)
»Nicht umsonst passieren natürlich auch solche Bewegungen gerade am psychologischen Fachbereich, weil – das ist ja letzten Endes auch 'ne Suche – 'ne Suche nach – ja eine Erweiterung, denke ich, auch verbunden mit der Frage: Woher kommen wir, wohin gehen wir? « (NI)
»Also ich studiere seit '86, Oktober '86 an der nun ja auch Evangelischen Fachhochschule, studiere ich Sozialarbeit ... Das Studium ist was Wunderbares, irgendwie. Da hatte ich, ich hatte Lust, irgendwie, ich hatte Lust, mich mit Weltfragen, mit Lebensfragen, mit solchen Dingen alles auseinanderzusetzen. Und da war ich an dieser Hochschule genau richtig.« (NI)

Dennoch gibt es natürlich Studierende, die mit einem starken Interesse an ihrem Fach studieren:

»Ich fand Geschichte schon immer interessant und ich finde an vielen Punkten, wie das vermittelt wird halt, ziemlich eigenartig und schade irgendwie, daß das so gemacht wird. Also ich kann es nicht verstehen, wie das jemand nicht interessiert und wie das jemand langweilig findet, weil das war für mich noch nie so. Das war auch relativ lehrerunabhängig, ich hatte auch etliche Geschichtslehrer in der Schule, aber ... auch verschiedene Arten von Unterricht, aber ich fand es immer interessant.« (NI)

»Und dann in der Uni habe ich mich auf alles gestürzt, was da war, irgendwie, ja, alle Veranstaltungen, die ich nur irgendwie besuchen konnte, erstmal besucht und dann geguckt, und dann versucht auszuwählen, und dann, wie auswählen, irgendwie, weil es mich jetzt interessiert oder was ich machen kann. Und ich habe dann meinen Stundenplan einfach so nach praktischen Gesichtspunkten geordnet. So, was paßt mir am besten, oder was, ja, auch mit dem Gesichtspunkt, was interessant ist, aber was halt zusammenpaßt.« (NI)

Die Studienzeit wird vielfach als Lebensphase gesehen, in der neben dem Studium auch andere Lebensbereiche eine gleichrangige – zum Teil auch höhere – Relevanz besitzen und für die Organisation des eigenen Lebens von den Studierenden als »sinnvoll« erlebt werden:

»Denn mit der Uni bin ich nicht so verheiratet wie viele andere Leute.« (NI)
»Ich jobbe nicht regelmäßig, nein. Ich arbeite so als Hilfskraft hin und wieder, und in den Semesterferien habe ich jetzt ziemlich häufig so Praktika gemacht oder sowas. Und das Verhältnis ist eigentlich so, daß ich mich, wenn ich sowas gemacht, mich immer unheimlich gestärkt gefühlt habe, mich unheimlich wohl gefühlt habe. Das hat mir dann immer so Schwung gegeben, das nächste Semester zu überstehen, weil ich dann immer den nötigen Abstand hatte, die Sache wirklich dann nicht mehr so wichtig zu nehmen, wie ich sie sonst genommen hätte.(NI)
»Na ja. Studentenleben – nee, eigentlich nicht. Also mit diesem Begriff ›Studentenleben‹, da habe ich mir früher was anderes drunter vorgestellt. Damit würde ich mich überhaupt nicht identifizieren. Und ich glaub auch, daß das nicht nur mein individuelles Empfinden ist, daß nämlich ganz stark das Bedürfnis besteht, sich irgendwie von der Uni abzusetzen, also daß man irgendwie sich nicht als Student sieht, sondern daß man halt studiert, aber eigentlich ganz was anderes ist und macht und tut. Daß viele Leute sich sehr an Sachen orientieren, die sie nebenbei machen, also z.B. diese Jobberei, ist sicherlich nicht immer nur materiell bedingt, sondern bestimmt auch, damit man irgendwie so das Gefühl hat, man hat so ein Bein im wirklichen Leben – sage ich dann immer. Das Bedürfnis ist, glaube ich, breit und unheimlich stark vertreten, weil die Leute das Gefühl haben, die Universität ist irgendwie was Bedrohliches. Also sie ist eher geeignet, dich aus dem

Leben so rauszureißen, daß du nachher Orientierungsprobleme hast, als irgendwie dich aufzubauen und du nachher aus der Uni rauskommst und irgendwie sicherer bist und mehr bist.« (NI)

»Aber es ist halt einfach so: Ich hab mich eigentlich nie wirklich als Studentin gefühlt so – es ist echt wahr. (Als was denn?) – Ja, ich habe mich erstens als Hauspflegerin immer gefühlt ... Also hab ich, war also nur ein sehr kleiner Teil meines Herzens ist an der Uni. Und ich hab einfach viel außerhalb ja gemacht, einmal natürlich meine Therapie und so. Ja – Wochenenden, dann eben Gemeindearbeit, Gemeindegeschichten, was natürlich auch immer intensiver geworden ist und Büsum; und hier an der Evangelischen Akademie habe ich auch mal Sachen gemacht. Also so, nee? Also, wo ich also irgendwo mehr eigentlich so außerhalb von Uni immer so Punkte gesucht habe, die gerade auf meinem Weg dran waren – so. Und wo ich einfach sehr viel Erfahrung hab machen können. Und das ist aber alles etwas, was ich nie an der Uni gemacht hab.« (NI)

Aufgrund dieser Hinweise aus den Interviews und der Daten zur sozialen Situation der Studierenden, die das klassische Bild vom Studenten – jung, ledig, fern vom Elternhaus, zur Untermiete oder im Studentenwohnheim wohnend, sich ganz auf die Wissenschaft einlassend – deutlich korrigieren hinsichtlich Alter, Berufserfahrungen vor dem Studium, Studienfinanzierung und »Jobben«, Wohnform, feste Partnerbeziehung, wurde bei der Konzeption des Fragebogens von der Annahme einer potentiellen »Dreigeteiltheit der studentischen Welt«[114] ausgegangen. Drei Schwerpunkte wurden für die Relevanz von Lebensbereichen unterschieden:
- Studium: Inhalte und Studienbedingungen;
- »privater« Lebensbereich: Freizeit, Partnerschaft, Eltern, Freundeskreis;
- materielle Lebensbedingungen und Erwerbstätigkeit neben dem Studium.

Diese Annahme wurde durch die Repräsentativbefragung bestätigt:

---

114) Vgl. Kreutz (1979).

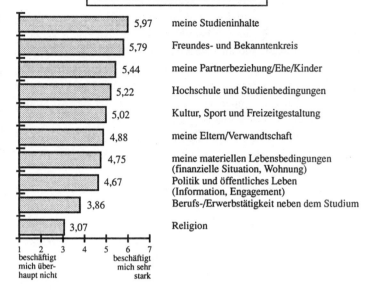

Eine Faktorenanalyse zeigt, welche Lebensbereiche Studierende als für sich selbst relevant zusammen benennen:
Merkmalsgruppe 1: Hochschule, Studieninhalte
Merkmalsgruppe 2: Freundes- und Bekanntenkreis, Freizeit, Eltern, Religion, Politik
Merkmalsgruppe 3: materielle Lebensbedingungen, Berufstätigkeit, Partnerbeziehung.

Wie nicht anders zu erwarten, hat der Bereich Studium eine hohe Relevanz für die Studierenden. Die einzelnen Aspekte des Studiums haben jedoch ganz unterschiedliche Gewichtungen. Die Studieninhalte haben gegenüber den Studienbedingungen eine wesentlich größere Relevanz. Die Beschäftigung mit den Studieninhalten in der Bewertung der Bedeutung einzelner Lebensbereiche korrespondiert mit der – in einer weiteren Frage an zweiter Stelle geäußerten –

Erwartung, wissenschaftliches Arbeiten einzuüben und tiefgehende Kenntnisse im Studienfach zu erhalten.

Der Komplex der familiären und sozialen Beziehungen (Freundes- und Bekanntenkreis, Partnerbeziehung, Eltern) hat bei den Studierenden neben dem Studium selbst eine relativ große Relevanz. Eine gesonderte Auswertung nach der religiösen Selbsteinschätzung zeigt, daß diejenigen, die dem Freundeskreis oder den Eltern stärkeres Gewicht beimessen, tendenziell religiöser orientiert sind als Studierende, die dem nur eine relativ geringere Bedeutung beimessen. Ein starker Partnerbezug hat eher den gegenteiligen Effekt: diejenigen, die mit einem Partner zusammenleben, geben sich in ihren Einstellungen tendenziell eher nicht religiös.

Die hohe Relevanz von Kultur, Sport und Freizeitgestaltung findet ihre Bestätigung in der Teilnahme an Sportgruppen und kulturellen Gruppen. Studierende, die sich religiös einschätzen, besuchen relativ häufiger kulturelle Gruppen als der Durchschnitt der Studierenden.

Die materiellen Lebensbedingungen beschäftigen die Studierenden als eigener Lebensbereich insgesamt gesehen nicht sehr stark. Sieht man dies im Zusammenhang mit den Problembereichen des Studiums – unzureichende finanzielle und soziale Förderung, fehlender Wohnraum –, klärt sich diese »Nivellierung« auf: während 40% (Finanzen) bzw. 49% (Wohnraum) davon wenig betroffen sind, sind 29% bzw. 28% davon stärker betroffen. Die Studentenschaft differenziert sich hier in diejenigen, die für ihre Verhältnisse materiell hinreichend gesichert sind und diejenigen, die damit größere Probleme haben.

Im Gesamtzusammenhang der Relevanz von Lebensbereichen nimmt die Berufstätigkeit in der Selbsteinschätzung der Studierenden eine relativ untergeordnete Stellung ein. Dies widerspricht auf den ersten Blick den »objektiven« Ergebnissen in der Sozialstatistik, nach der 30% im Studium regelmäßig erwerbstätig sind und 69% im Semester oder in den Semesterferien gejobbt haben. Eine Sonderauswertung zu den Berufstätigen zeigt, daß die ständig Erwerbstätigen relativ älter und in höheren Semestern anzutreffen sind. Studenten, die eine Berufsausbildung haben, sind ebenfalls stärker berufstätig.

In der Relevanz der Lebensbereiche steht die Religion mit Abstand an letzter Position (vgl. Kapitel 3.2.2.).

Das Ergebnis der Dreigeteiltheit der studentischen Welt wird durch die Aussagen der Studierenden in den Interviews gestützt, in denen den Hintergründen dieser Situation ausführlicher und detaillierter nachgegangen werden konnte: Deutlich wird darin erkennbar, daß es den Studierenden wichtig ist, sich auch mit ihrer persönlichen Entwicklung zu beschäftigen und diese in Gesprächen zu reflektieren, mit dem Wunsch, Probleme und Ängste zu artikulieren, persönliche Beziehungen und Abhängigkeiten zu klären. Zugleich wird aber auch ein starkes Element von »Nötigung«, von Druck der universitären Verhältnisse deutlich, weil diese Bedürfnisse nicht in der Hochschule, im Seminarbetrieb und dessen Verkehrsformen (»kommunikative Verödung«[115]) befriedigt werden können.

Nur wenigen Studierenden scheint es zu gelingen, gegen den scheinbar undurchdringlichen und Gefühle der Atomisierung und Anonymisierung erzeugenden Hochschul-Dschungel, in der Hochschule einen Ort gelingender Kommunikation:

»(Und so in den... also mit Kontakt- und Kommunikationsmöglichkeiten, wie erlebt Ihr das da an der Uni?) Kein Problem. Da ist eigentlich immer jeder ansprechbar oder so.« (NI)

oder sogar den eigentlichen Ort lebensgeschichtlicher Erfahrung zu sehen:

»Nicht umsonst passieren natürlich auch solche Bewegungen gerade am psychologischen Fachbereich, weil – das ist ja letzten Endes auch 'ne Suche – 'ne Suche nach – ja eine Erweiterung, denke ich, auch verbunden mit der Frage: Woher kommen wir, wohin gehen wir?« (NI)
»Also ich studiere seit '86, Oktober '86 an der nun ja auch Evangelischen Fachhochschule, studiere ich Sozialarbeit ... Das Studium ist was Wunderbares, irgendwie. Da hatte ich, ich hatte Lust, irgendwie, ich hatte Lust, mich mit Weltfragen, mit Lebensfragen, mit solchen Dingen alles auseinanderzusetzen. Und da war ich an dieser Hochschule genau richtig.« (NI)

115) Vgl. Schülein (1989), S. 159.

Dr. Helmut Ruhwandl
Pfarrer am Hasenbergl, Prodekan
Stanigplatz 11c
8000 München 45

»(Bist Du über Kunstinteresse eigentlich zur Architektur gekommen?) – Nein, ich hatte, na gut, ich hatte einen Kunstleistungskurs, in der Schule, und da war auch ein Fach Architektur, ein Semester. Und da ging es halt auch um Wohnwünsche oder also auch so ein bißchen, wie stelle ich mir Leben vor, nicht. Und eben auch so dieses Eingehen auf menschliche Bedürfnisse, also so in der Alltäglichkeit. Das stand also zu Anfang zumindest im Vordergrund.«

So funktional wie eine Studentin der Betriebswirtschaftslehre es formuliert:

»Und wer BWL studiert hat, irgendwie schon durch die Wahl seines Studienfachs signalisiert, daß er sich aus Wertefragen irgendwie raushalten will nach dem Motto: Wir sind ja nur Technokraten, und wir machen was und rechnen was aus, und was ihr nachher entscheidet, das ist eure Sache.« (NI)

sehen die meisten unserer Interviewpartner und -partnerinnen ihr Verhältnis zum Studium zwar nicht, wenn es auch so zu sein scheint, daß – einer klassischen Unterscheidung zwischen »brotgelehrtem« und »philosphischem Kropf« (Schiller) folgend – die prüfungs- und berufsorientierten Strategien Studierender sich eher an Fachhochschulen als an Hochschulen/Kunsthochschulen und quer zu beiden Arten, eher in stark standardisierten als in unstrukturierten Studiengängen finden lassen. Mit Studienstrategien können aber nicht feststehende Persönlichkeitseigenschaften gemeint sein. Sie können (werden) zudem bereichs- und phasenspezifisch (z.B. Studienbeginn, -mitte und Studienende) vom Individuum variiert (werden). Deshalb kann eine dichotomisierende Typologie dieser Interdependenz von sich gegenseitig beeinflussenden Faktoren kaum gerecht werden und hat daher hier nur einen heuristischen Wert.

Betrachtet man die Interviews unter dem Aspekt, mit welchem Engagement und welchem Zeitbudget sich die Studierenden in den jeweiligen Lebensbereichen aufhalten, wird die Kompensationsfunktion des »privaten« Lebensbereiches deutlich: nicht nur politische, kulturelle und andere Freizeitaktivitäten finden wenig in hochschulischen Einrichtungen und Zusammenhängen statt. Vielmehr erscheint der »private« Lebensbereich in den Aussagen der Studierenden wie ein Zufluchtsort, als Gegengewicht zu dem, was in der Hochschule

getrieben wird, als der Raum (und konkret auch der Wohnraum), in dessen Ausgestaltung die Studierenden sich selbst und ihre Werte ausdrücken (können).
Eindrücklich schildert ein Student seinen Alltag zwischen Hochschule, »Job« und Zuhause, für dessen Bewältigung er auf ein eigenes Kraftfahrzeug angewiesen ist:

»... Ja, alle drei liegen sternförmig vom Zentrum entfernt, die Verbindung mit den ›Öffentlichen‹ ist quer durch die Stadt so schlecht, daß ich täglich allein für die Fahrt zwei bis drei Stunden brauchen würde, mit dem Auto schaffe ich es ....« (NI)

Inwieweit wird Studium heutzutage als eine Management-Aufgabe betrachtet? haben wir uns gefragt und im Fragebogen nicht nur um die Angabe der gängigen Daten zum Studium gebeten, sondern auch zur Entfernung zwischen Studien- und Wohnort, Wohnsituation und Erwerbstätigkeit während des Studiums. Eine Gegenüberstellung dieser Angaben der Studierenden an sogenannten »neuen« Hochschulen und traditionellen am Beispiel von Dortmund und Tübingen im Vergleich aller Studenten und Studentinnen, die an der Erhebung teilgenommen haben, verdeutlicht Unterschiede (s. Abbildung S. 102).
Hinweise für eine Verdichtung in eine der anfangs umrissenen Erklärungsrichtungen lassen sich daraus allerdings nicht ziehen. Denn auch jene Studierende, die z.B. bis zu dreißig Stunden pro Woche durchschnittlich erwerbstätig sind, kritisieren an ihren Fachbereichen und Universitäten, daß ihnen immer nur immanentes Fachwissen abgefordert und dementsprechend aufgenötigt wird, was eine Identifikation mit dem angebotenen Stoff unmöglich mache. Ein Student der Informatik:

»Wobei ich sagen muß, daß mir das Studium da wenig gebracht hat, also ich hab mehr nebenher gelernt oder gelesen, was mich interessiert hat, und das Studium hat halt irgendwelche trockene Theorie dazu geliefert. ... Es gibt auch immer wieder Sachen, die schlecht dargeboten werden. Die einfachen Sachen wurden ziemlich breit ausgetreten und dann kamen die Dinge, die mich interessierten, und die wurden schnell übersprungen. Und dann hat man sich den schwierigen Themen gewidmet, ja, und die waren dann wieder zu hoch für mich. Gerade die Themen, die mich interessiert hätten, sind so unter den Tisch gefallen.« (NI)

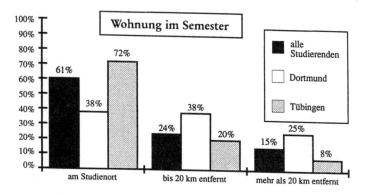

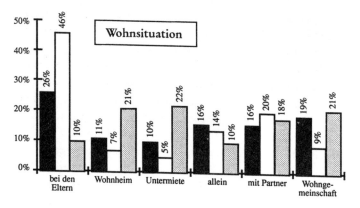

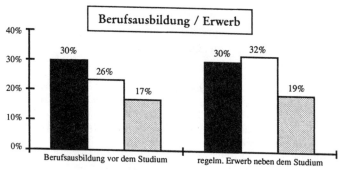

Von daher ist es kein großer Schritt, Leben und Verkehrsformen an der Hochschule und »eigentliches« Leben voneinander zu trennen und auch z.B. ethische Dimensionen des jeweilig studierten Faches »extramural«, im Freundes- und Bekanntenkreis zu diskutieren. »Parttime-Studium« bzw. Studium als Management-Aufgabe ist also nicht losgelöst vom Bedürfnis, die Organisation des eigenen Lebens in übergreifendere Sinnzusammenhänge einzubetten:

»... Es existiert darüber hinaus auch eine Wechselwirkung. Ich bin darüber hinaus auch kein Mensch, wenn die Firma, oder wenn ich den Hörsaal verlasse oder die Uni, dann ist auch mein Kopf nicht abgeschaltet, diese Sachen geistern also recht lange mir noch im Kopf herum, das gleiche gilt auch für die Arbeit. Bezogen auf den privaten Bereich, daß ich oftmals für Außenstehende, jedenfalls sagt meine Freundin das, geradezu abwesend bin, weil ich dann über Probleme nachdenke, die im Studium oder der Arbeit oder der Verquickung von beiden eine Rolle spielen. Die Ansprechpartner sind allerdings selten da, auch nicht im Privaten. Das ist wahrscheinlich der einzige Grund, oder fast nie da, warum es da keine Verquickung gibt. Mir ist allerdings im Bekanntenkreis auch das andere Extrem bekannt, einer, der es sehr gut versteht, zu trennen zwischen Studium, Arbeit, Privatleben.« (NI)

Mehrheitlich betonen die Studierenden in den Interviews – mit Ausnahme weniger, die zwischen Erwerbstätigkeit und Studium kongruente Anforderungen (u.a. die Medizinstudierenden) sehen – die Gegensätzlichkeit der Anforderungen vor allem zwischen Studentsein (Abhängigkeit, noch kein Erwachsenenstatus, Schülerrolle u.s.w.) und Erwerbstätigkeit im »richtigen« Leben (Erwachsenenstatus, »Ellenbogenmentalität«, schnelle soziale und entgeltmäßige Rückmeldung über Erfolg/Mißerfolg von Handlungen), die insgesamt als sinnvoll erlebt wird (werden kann): insbesondere von den berufsorientierten Studierenden, die darin im Hinblick auf ihre Chancen am Arbeitsmarkt eine »Zusatzqualifikation« erblicken, und weniger von den Studierenden, die allein »jobben«, um ihr Studium zu finanzieren. Weniger eindeutig formuliert eine andere Gruppe der Studierenden, welche Bedeutung das Jobben für sie hat:

»Ja, einmal Geld zu verdienen selber ist nicht schlecht, um mal ein bißchen aus dieser Abhängikeit 'raus zu kommen. Einerseits auch, um nicht ganz abzuheben, weil daß doch ein Zirkel ist hier unter Studenten, wo man im Grunde genommen doch – ich möchte nicht sagen allgemeine Masse, aber doch breite Bevölkerung – daß man da nichts mehr mitbekommt und daß man mit der Realität auch kaum noch konfrontiert wird, man schwebt hier in einer Atmosphäre. Zum Teil sind die Leute auch von daher ziemlich abgehoben und auch wie die Unterhaltungen laufen, daß man im Grunde noch Kontakt zu anderen Menschen hat, das finde ich eigentlich nicht schlecht. Das ist auch ganz sinnvoll, gerade in bezug auf Praktika, die wir in unserem Bereich ableisten müssen, daß man da noch einmal sieht, wie es in solchen Bereichen zugeht. Ich hab halt Praktika in der Krankenhausküche gemacht und dort auch Einblicke gewonnen. Von daher finde ich es auch nicht schlecht. Sicherlich nicht nur unter dem Aspekt, Geld zu verdienen, das ist noch ein ganz netter Nebeneffekt, aber auch hauptsächlich auch, um Einblick in irgendwelche Berufsbereiche zu bekommen.« (NI)

Dies ist zwar angesichts des Umstandes, daß die Gesamtheit einer erzählten Lebensgeschichte auch als eine Argumentation zu betrachten ist, die auf Plausibilität abstellt, sicher kein überraschender Befund. Dies, aber auch die geringe Einschlägigkeit der übrigen Befunde, verweisen dabei nicht nur auf ein empirisches Problem der Sozialisationsforschung, sondern auch auf ein konzeptionelles. In diesem Zusammenhang ist abschließend festzustellen, daß die Interviewtexte auch Dokumente einerseits für die erhöhten und z.T. widersprüchlichen sozialen (Rollen-)Anforderungen und andererseits für die hohen Synthetisierungsleistungen darstellen, die den Individuen diese Anforderungen für das Ziel abverlangen, sich selbst als identisch zu erleben und sich in soziale Interaktionen konsistent einbringen zu können. Dieser Anspruch kann dazu führen, daß die Studienzeit als Suchbewegung auch in verschiedene Fachrichtungen betrieben wird, ohne daß immer ein Abschluß angestrebt ist:

»Habe aber dann nach vier Semestern gemerkt, das ist eigentlich gar nicht das, was mir so vorschwebt, weder vom Arbeiten, aber auch hauptsächlich von den Studieninhalten, weil da unheimlich viele Sachen so gelehrt wurden, mit denen ich mich nicht identifizieren kann, mit denen ich eigentlich inhaltlich auch wirklich nichts anfangen kann... Das war in Düsseldorf. (In Düsseldorf, mh.) Und da war dann das Problem, daß ich da einfach 'ne ganze Menge Sachen nicht eingesehen hab', inhaltlicher Art, weil ich hab' mich in meinem Bekannten- und Freundeskreis mit Leuten unterhalten, die Psychologie studieren, und die also nicht in Düsseldorf..., die Düsseldorf nicht als Fakultät haben, sondern in Bochum oder in

Berlin, und die haben andere Studienschwerpunkte. In Düsseldorf ist es rein naturwissenschaftlich. Und dann werden dir Sachen als Pflichtveranstaltungen einfach auf den Tisch geknallt und die sind wirklich an den Haaren herbeigezogen. ... (In welchem Semester bist Du jetzt?) Ich bin jetzt, Moment, ich muß... (Also Fachsemester.) Also das wäre das siebte, in das ich jetzt komme, müßte eigentlich sein. Also für Politik ist es das siebte, für Pädagogik ist es das achte. Pädagogik hab' ich nach dem Hauptstudium nichts mehr getan, in Anführungstrichen. Ich hab' noch ein, zwei Seminare besucht, aber relativ wenig, weil mich schwerpunktmäßig... erstmal mich auf Politik konzentriere. Ich weiß auch nicht, ob ich den Abschluß in Pädagogik anstrebe. Ich find' es ganz interessant, so 'ne Art Studium generale zu haben, vom Wissen her. Pädagogik gehört meiner Meinung nach sicherlich dazu ... (Und das Wichtigste bei Dir – ich weiß nicht, ob ich das überspitze, wenn ich das so sage – aber war eigentlich, einen Bereich zu finden, ja, Du sagtest vorhin ›Heimat‹, in Anführungsstrichen, also wo Du Dich identisch fühlst und wo Du auch also weißt, daß es mit Dir und Deinen inneren Strukturen und Prinzipien oder was weiß ich übereinstimmt, oder ist das Hauptziel ein bestimmter Beruf?) Mmh, beides. Also ich strebe schon bestimmte... ich hab' ein bestimmtes Berufsbild von... oder anders ausgedrückt, ich hab' Vorstellungen von dem, was ich gern machen möchte später. Ob die sich verwirklichen lassen, wage ich zu bezweifeln. Ich streb' sie trotzdem an und ich halte es eigentlich auch für erstrebenswert unter dem Aspekt und unter dem Ziel eigentlich, ein Studium fortzusetzen. Bei mir war ja der Werdegang innerhalb des Studiums 'n bißchen merkwürdig...« (NI)

3.2.2. Religion und Glaube

Wenn in dieser Untersuchung nach Religion und Glaube gefragt wird, geschieht das auf verschiedenen Ebenen[116]:
- es geht zum einen um die christliche Religion, um ihre theologischen Inhalte und mögliche Kenntnisse darüber (notitia – Dimension des Glaubens);
- die Studierenden werden weiter gefragt nach ihrer Religiosität, d.h. nach einer psychischen Dimension u. anthropologischen Größe, die unabhängig von Konfessions- u. religionsspezifischer Ausformung verstanden wird (fiducia – Dimension des Glaubens);
- »Glaube« dagegen ist ein theologischer Begriff, der christlich

---

116) Die gesellschaftliche und institutionelle Dimension des Themenkreises wird in Kapitel 3.2.3. behandelt.

qualifiziert ist. Die Studierenden werden damit nach dem persönlichen Verhältnis zur christlichen Religion gefragt (assensus – Dimension des Glaubens).

Diese Ebenen sind im Fragebogen wiederzufinden. Wichtiger Grundsatz für die narrativen Interviews war der Verzicht auf eine exakte Begriffsklärung. Für die Studierenden gehen die Begriffe und Ebenen ineinander über. Eine Trennung von seiten der Interviewer oder in der Auswertung wird von daher den Aussagen der Studierenden nicht gerecht (vgl. Kapitel 3.2.2.2.).

3.2.2.1. Zusammenhänge von Religion, Glaube und Lebenswelt

»Religion« ist kein wesentlicher Bestandteil der aktuellen Lebenswelt Studierender. In der Repräsentativbefragung setzten sie »Religion« auf den letzten Platz in der Frage nach der Relevanz verschiedener Lebensbereiche (s. S. 97).

Die vordergründige Schlußfolgerung: Die Studentinnen und Studenten heute sind alle a-religiös, kann daraus allerdings nicht gezogen werden. Die Aussage »In unserem wissenschaftlich-technischen Zeitalter ist Religion überholt« wird von 78% der Studierenden abgelehnt (7-stufige Skala, Skalenwerte 1, 2 und 3 als Ablehnung gewertet).

Jenseits der realisierten Relevanz wird »Religion« also offensichtlich eine hypothetische Relevanz[117] zugeschrieben:

»(Und Du sagtest vorhin, die Kirche ist nicht mehr der Ort, wo Du Deine Religiosität aufgehoben fühlst. Hast Du einen anderen Ort gefunden, oder wie gehst Du damit um?) Ich würd's im Bild so beschreiben, die Religiosität steht im Moment auf'm Abstell- bis Wartegleis.« (NI)

Das wird zunächst in den Aussagen über Religion und Glaube in den narrativen Interviews (1) deutlich, dann in der Repräsentativbefra-

---

[117] Vgl. Schütz/Luckmann (1979), S. 240: »Die hypothetische Relevanz ist aktuell *wirklich* relevant, da man ja nicht genau sagen kann, ob sich diese *Hypothese* in der Zukunft bestätigen wird oder nicht.

gung durch die religiöse Selbsteinschätzung (2) und durch die Aussagen über den Sinn des Lebens (3) belegt und in der durchgängigen Gegenüberstellung der hochbewerteten »Verantwortung« und »Selbstbestimmung« zu Religion und Glaube (4) ausgedrückt.

(1) In den narrativen Interviews sagen auch kritische Studenten, daß Glaube als Lebensgrundlage gut sein kann:

»Also zum einen hatte ich also einen Freund, also mein bester Freund, der glaubte also echt an Gott. Also so richtig, war ansonsten aber ganz normal. Ich sage das jetzt mit einem kleinen Lächeln und in Anführungsstrichen. Nur ich war damals also noch, ja da war ich 20/21/22, ich war halt damals noch in der Phase, daß ich im Grunde genommen Leute, die an Gott glaubten, nicht ernstnehmen konnte. Dann war es auf die Dauer natürlich nichts, sich mit so zynischen Sprüchen mit diesem Thema auseinanderzusetzen. (Das belastet also die Freundschaft!) Das hat die Freundschaft belastet, weil ich auch merkte, daß ihm das wichtig war und irgendwas, was ich natürlich überhaupt nicht verstehen konnte. Und da mußte ich mir dann immer so ein bißchen Mühe geben, das so zu verstehen. So richtig verstanden habe ich es allerdings nicht. Aber ich habe zumindest gelernt, es so zu tolerieren und ich habe dann auch so, habe dann im weiteren Verlauf meines Lebens so gemerkt, daß also so gar nicht zu glauben irgendwie auch ein Fehler ist. Also ich habe im Grunde genommen ja dann an nichts geglaubt bei diesen kommunistischen Ideen bin ich dann nicht mehr nachgegangen und habe halt mehr so vor mich hin gelebt. Und ich habe dann also auch so an dem Freund gemerkt, daß der, er hat mir das auch so versucht zu erklären, er brauchte halt irgendwas, was seinem Leben Sinn gibt, also irgendwas Höheres, an das er glaubt. Und wenn ich immer so ziemlich haltlos durch die Gegend geschlittert bin, habe ich das dann ja auch irgendwo so ein bißchen verstanden, daß man ... « (NI)
»(Aber, d. A.) es kann auch nicht glücklich machen, an irgendwas Vorgefertigtes zu glauben.« (NI)
»Ja. Also ich kann die Leute nur bedauern, die keinen Glauben haben. Ich finde, an denen geht was vorbei. Die leben einfach in den Tag, Hauptsache... so die Einstellung ist ja dann: Hauptsache leben und alles andere ist egal, man lebt nur einmal, ne, also, möglichst jetzt und schnell alles, schnellebig und alles genießen, könnt' ja morgen schon tot sein. Das finde ich wirklich grauenhaft. Die Leute kommen ja gar nicht zum Nachdenken dann, gefangen in ihrer Konsumwelt und wissen gar nicht, warum sie so unzufrieden sind letztendlich, und immer mehr Konsum und stürzen sich in alle möglichen Dinge 'rein und im Endeffekt dann sind sie leer und ausgepumpt. Sehe ich ja an meinem Vater, der hat sich ja praktisch auch seinen Glauben geschaffen, ne. Er glaubt ja vielleicht nicht an die Kirche oder auch vielleicht nicht an Gott, aber doch bestimmt an ein höheres Wesen, ne, an irgendein Etwas, was es da gibt und das...« (NI)

Glaube wird auch als etwas gesehen, das der Mensch in manchen Situationen braucht:

»Wenn man in der Scheiße sitzt, dann greift man eher mal zu Gott.« (NI)
»Ja, ich bete ja doch, so – oder wenn ich in einer echten Streßsituation bin, in einer schwierigen Lage, daß mir dann so Sachen durch den Kopf gehen, man, du lieber Gott, noch dieses eine Mal! Sowas, nee. Denn da fällt es mir auf, ich denke: meine Güte. Mhm, mhm, ja, ja, doch natürlich, also ich meine, ja so Haltsuche und Orientierungspunkte, ja, die suchen wir ja immer. Und in Zeiten, wo sich die anderswo nicht bieten, denke ich, wirst du auch immer anfälliger dafür, daß sie dann – ja gut, nicht unbedingt bei der Kirche, aber zumindest im christlichen Glauben zu suchen. Weil, es bietet sich ja auch an und ist relativ einfach. Aber grundsätzlich bemühe ich mich darum, diesen Halt und diese Orientierungspunkte anderswo zu finden, wo es mir verläßlicher erscheint, bei Menschen halt.« (NI)
»Ich glaube, wie jeder Mensch, dann, wenn es mir schlecht geht. Das ist typisch, das kann man bei ganz vielen Menschen beobachten.« (NI)
»Ja, also das mit meinem Glauben, das ist eigentlich so eine Sache, wenn, Mensch, das ist gar nicht so einfach, das zu erklären (Erzähl es einfach, Du brauchst es nicht zu erklären.) Also ich meine, nicht, wenn ich jetzt zu Dir sage, um zu glauben, brauche ich nicht in die Kirche zu gehen, dann heißt das eigentlich, wenn ich jetzt ein echtes Problem habe, mit dem ich eigentlich niemanden anderen belasten möchte, oder wo ich auch meine, da kann mir niemand helfen, daß ich mich dann schon irgendwie hinsetze und die ganze Sache irgendwie so total verarbeite, so für mich ganz alleine. (Ja.) Und dann manchmal auch denke, Mensch, also wenn es jetzt irgend so einen Gott gäbe oder so, der dir helfen würde, dann wäre das eine Sache, die du jetzt unheimlich dringend brauchen würdest. (Ja.) Das ist, daß man also doch manchmal denkt, wenn es ihn gibt, dann, wieso hilft er dir jetzt nicht. Und da ist dann wieder diese Sache, wenn man in die Kirche geht, dann wird einem immer eingeredet, also es gibt einen Gott, und der hilft auch den Armen und Schwachen und weiß der Himmel, was nicht alles, und dann denke ich mir, wenn ich jetzt so ein Problem habe, und ich sitze davor, dann hilft dir keiner, also gibt es ihn auch nicht, also kann es sowas gar nicht geben. (Ja.) Und deswegen meine ich, ich brauche nicht in die Kirche zu gehen, sondern ich, dann mache ich mir selber Gedanken und sage mir, also okay, also wenn es ihn gibt, dann wäre er jetzt der einzige, der dir praktisch helfen könnte, nicht.« (NI)

Ein Student denkt dabei an Situationen, in denen Glaube und Religion eher als Ritus aktualisiert werden, z.B. bei den »frommen Weihnachtskirchgängern«:

»... wie so viele Leute das Weihnachten ja in den Kopf kriegen.« (NI)

In einem Votum zur offenen Frage in der Repräsentativbefragung

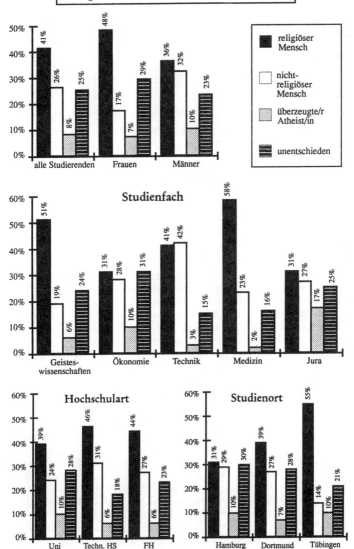

wird die Erwartung konkreter Hilfe durch Glaube und Kirche formuliert:

»Vielleicht brauche ich später einmal die aktive Hilfe der Kirche. Zur Zeit noch nicht. Ich stelle mir vor, daß sie vielen eine Hilfe ist, mir reicht im Moment die Kirche als Gebäude und mein Glaube.« (F23)

(2) Die Mehrheit der Studenten hält sich nicht für a-religiös.
(s. Abbildung Seite 109)

Die Differenzierung der Studierenden nach sozio-demographischen Merkmalen zeigt z.T. erhebliche Unterschiede in den Selbsteinschätzungen. Neben dem geschlechtsspezifischen Unterschied sind es vornehmlich die Studienfächer, die Unterschiede deutlich machen: stark religiös schätzen sich Mediziner ein (58%). Techniker bezeichnen sich zu 42% als nicht-religiös und die Juristen haben den höchsten Anteil an Atheisten (17%) unter sich. Sehr abstrakt und ohne konkrete Anbindung an den Berufsalltag formuliert ein Mediziner seine Religiosität:

»Ja, und das verhält sich auch, würde ich sagen, mit der Psychiatrie, die auch 'n Teil..., so, nur daß da wieder die Verbindung geschaffen wird. Nur, ich finde, das schließt sich nicht aus, Theologie und Naturwissenschaft, überhaupt nicht. Sondern ich denke auch, daß am Ende der naturwissenschaftlichen Erkenntnis eigentlich auch die Erkenntnis steht oder die Frage steht, ja, warum lebt denn ein Mensch, warum fließt das Blut im Körper, wie... was gibt da den Anstoß? Und das ist nicht erklärlich. Das ist, ja, das ist das Mystische und auch das... die religiöse Frage. Und das verlangt auch gar nicht danach, erklärt zu werden. Ich find', da steht man einfach davor und staunt. Also so erklärt sich auch die theologische Sichtweise, die nicht naturwissenschaftlich erklärt, erklären kann, warum das so ist, sondern einfach feststellt, daß das so ist. Also das eine geht... Das sind zwei verschiedene Wege, das eine forscht Schritt für Schritt und das andere gibt vor. Das ist, ja, das ist nicht dogmatisch, aber das ist 'ne Einsicht. Das ist, ja, ist 'ne Einsicht ... Ja, also ich mag da nichts vorgeben, was nicht ist, aber... oder auch meine... will nicht sagen, daß ich besondere ethische Werte da hab', aber ich denke schon, oder meine Absicht ist es schon, eben Mensch zu sein und auch als humanes Wesen im lateinischen Sinne, als reflektierendes Wesen, also lateinisch ›humanitas‹ heißt ja so Würde, Einsicht, und auch eben Herzensbildung, das klingt 'n bißchen altmodisch, aber das ist es im Prinzip. Das bedingt für mich eigentlich die Medizin. Also fachlich ist erstmal das... das Naturwissenschaftliche muß da sein, aber das Besondere an dieser Naturwissenschaft ist eben, daß sie sich mit Menschen beschäftigt und damit nicht nur Naturwissenschaft bleibt, sondern auch Umgang mit Mensch, und davon... braucht man einfach 'ne hohe Ethik und muß auch selbst daran arbeiten. Das ist... Für mich ist also Medizin da nicht 'n ein Job, sondern wirklich 'n Stück weit 'ne Berufung. Also ich... Ja, das klingt jetzt 'n bißchen klischeehaft.« (NI)

Schon stärker antizipiert ein anderer Medizinstudent den beruflichen Alltag und bezieht die Problematik des Helfens ein:

»Nee, ich denke eigentlich so, ja, der Satz, ich will niemand helfen... (Auf das Wort ›helfen‹ kam es Dir an, okay.) Also ich bin im Moment – das ist bestimmt auch 'ne Phase, aber ich denke, daß die schon wichtig ist –, also im Moment würde ich einfach sagen, ich möchte niemand helfen, aber da sein als Helfer vielleicht ... Also ich denke, daß die Möglichkeit des Helfens mit der traditionellen Medizin sehr, sehr begrenzt ist, und denke, daß in der Medizin, so wie sie bei uns angewandt wird, der Mensch als ganzer ganz selten im Vordergrund steht, daß es auch sehr schwierig, weil die Medizin 'n Teil dieser Gesellschaft ist, dieser Leistungsgesellschaft ist, auch der kapitalistischen Leistungsgesellschaft ist, die eben auf Integration abzielt, Integration ins Arbeitsleben. D.h., es geht eigentlich nicht grundsätzlich dadrum, wie erlebt sich der Mensch oder wie geht's ihm oder wie ist sein Lebenszusammenhang, wie sind seine Lebensumstände, sondern er soll möglichst schnell wieder ins Arbeitsleben integriert werden, soll wiederhergestellt werden. Und von daher gesehen ist es, glaube ich, wirklich schwierig oder oft schwierig, wirklich zu helfen. Und ich denke, also die Medizin interessiert mich grundlegend, eben auch als Wissenschaft, aber ich würde eben dieses Helfen-Können und auch Helfen-Wollen in dieser Form, in der das verlangt wird, eben doch sehr kritisch sehen und auch denken, daß es oft schwierig ist. Es gibt sicherlich Möglichkeiten, als Arzt tatsächlich zu helfen, aber eben nur so sehr begrenzt. Und ich denke sowieso, daß die abendländische Medizin 'ne Medizin ist, die sehr jung ist, und, ja, denke, daß die Medizin genauso wie die Theologie gut daran täte, offener zu sein und mehr Elemente von... aus anderen Bereichen oder auch aus anderen Kulturen aufzunehmen.« (NI)

Die nicht-religiöse Selbsteinschätzung der Techniker wird auch in der Selbstreflexion eines Informatik-Studenten deutlich. Er berichtet von der Vorbereitung auf das Interview:

»Als ich, ja, zugesagt hab', hab' ich zuerst gedacht, ja, werd' ich mal wieder damit konfrontiert, dann muß ich ja auch mal wieder drüber nachdenken und ich hab' mir auch gedacht, was kann der mich fragen und was werde ich dann antworten auch. Ich hab' nichts gefunden.« (NI)

Im Gespräch führt er aus, daß er eine Fragehaltung aufgegeben hat:

»Es gibt da so gewisse Sachen, also ich glaub' nicht an einen Gott oder irgendwie auch nicht direkt an 'n Wesen. Was ich z.B. nicht bestreite, ist, ja, Jesus. Ich glaub' schon, daß das so jemand gegeben hat, der auch, ja so 'ne Lebenseinstellung gehabt hat, und das finde ich auch nicht schlecht, aber, ja, so irgendwie, das was die Kirche draus macht, dieser ganze Zirkus und... das sagt mir halt überhaupt nichts. Und daß es da irgendein Wesen geben soll, das über jeden wacht oder auf jeden aufpaßt und das ganze Zeug ... Ich hab' dann, ja, auch so für mich, dann noch 'ne Zeitlang überlegt, ja, wie könnte das eigentlich sein. Ja, und heute hab' ich dann aufgehört mit Fragen oder zu suchen... Man findet da irgendwie keine Antwort drauf. Vielleicht findet man kurzzeitig was und dadurch irgendein eigenes... ja, merkt man also, das kann eigentlich auch nicht stimmen.« (NI)

Ein »Nord-Süd-Gefälle« macht sich bei der Betrachtung unterschiedlicher Studienorte bemerkbar. Allerdings spielen hier auch Studienortgröße und die Beziehung der Studienfächer eine Rolle. Die Selbstverständlichkeit, mit der Begriffe wie Glaube, Kirche, Gebet, Beten, Religionsunterricht, Religionslehrer in die erzählte Wirklichkeit einfließen, symbolisiert u.E. zumindest sprachlich am deutlichsten ein Nord-Süd-Gefälle in den Interviews mit den Studierenden.

In der repräsentativen Befragung zur religiösen Selbsteinschätzung (s. S. 87 »Sinn des Lebens«) ist der hohe Anteil der »Unentschiedenen« bemerkenswert. Hier zeigt sich, daß der mit der Favorisierung »Selbstbestimmung« bei den persönlichen Orientierungen Studierender einhergehende »Zwang zur Entscheidung« für den Bereich »Religion« aktuell nicht gesehen wird. Außerdem deuten sich hier wahrscheinlich bereits Vorbehalte gegen »Religion« an oder Divergenzen in dem, was der einzelne jeweils für Religion und religiös hält.

(3) Auch wenn »Religion« von geringer thematischer Relevanz ist, zweifeln 60% der Studierenden nicht an einem bestimmten Sinn des Lebens. Die von den Studierenden vorgenommene Gegenüberstellung von »Religion« und »Glaube« und »Eigenverantwortung« wird auch in diesen Ergebnissen deutlich.

Die größte Zustimmung erfährt die Aussage, daß der einzelne seinem Leben selbst einen Sinn geben muß. 78% der Studierenden stimmen dieser Aussage zu (Skalenwerte 5, 6, 7 auf der 7-stufigen Skala als Zustimmung gewertet). Daß die Verantwortung für das eigene Leben auch übernommen wird, wird darin deutlich, daß die Aussage »Zweifel, ob das Leben einen bestimmten Sinn hat« abgelehnt wird bzw. auf der Bewertungsskala im Verhältnis zur Aussage »Sinn, wenn man ihm selber einen gibt« ein gegenläufiges Antwortverhalten vorliegt: so stark wie das eine bejaht wird, wird das andere abgelehnt.

(4) Die Freiheit zur Selbstbestimmung und Selbstverwirklichung und die Übernahme von Verantwortung für das eigene Leben und für das Leben insgesamt werden eindringlich und durchgängig im Gegensatz zu Religion und Glaube gesehen. Verantwortung und Selbstbestimmung werden als ethische Grundforderungen verstanden, deren theologische oder philosophische Verankerung meistens weder expliziert wird noch bewußt ist. So kann z.B. die humanistische Bedeutung der Zehn Gebote bejaht werden, ohne daß ihre Herkunft (an-)erkannt wird:

»Also, das ist gemein, daß die Kirche die Gebote für sich gepachtet hat.« (NI)

Studierende, deren Einstellung zum Glauben seit ihrer Kinder- und Jugendzeit viel negativer geworden ist, begründen diese Entwicklung mit ihrer gewachsenen Autonomie:

»Ich mag es nicht, wenn man mir vorschreibt, woran ich zu glauben habe, ich denke, jeder Mensch glaubt an etwas, zum Beispiel an das Gute in allen Menschen oder ähnliches, aber warum müssen alle so reglementiert an das gleiche glauben? Es ist doch wichtig, daß jeder Mensch aus seinem Glauben etwas Positives für sich und sein Verhalten in der Gesellschaft zieht, und nicht, daß er an den Gott oder Allah oder was weiß ich glaubt!« (F16.4)
»Durch den Verlust meiner Unabhängigkeit, wenn ich mein Handeln am Glauben (gleich Hypothesen) orientiere.« (F16.4)
»Außerdem lehne ich einiges an der christlichen Moral ab, z.B. die Absolutheit, mit der sich dieser Glaube darstellt.« (F16.4)

Eher eine Ausnahme bilden die Studierenden, deren Haltung zum Glauben positiver geworden ist, weil oder indem sie Verantwortung übernehmen; bei denen Glaube und Verantwortung in einer neuintegrierten Haltung zusammengehören:

»Also mich zumindestens selbständig zu sehen, zu glauben. Also nicht diese Uniformität, die jetzt in der Kirche zum Teil gefördert wird oder... Ich hab' also 'ne wirklich interessante Blickrichtung da für mich irgendwie neu bekommen, also nicht... Vor allen Dingen auch, weil meine Freundin so eingebunden war... und ich gemerkt habe, daß sie eigentlich gar nicht nach ihrem eigenen Empfinden handelt, sondern nach Sachen, die ihr anerzogen worden sind, also gar nicht selbständig sich mit Gedanken oder mit Begriffen auseinandergesetzt hat, sondern die einfach übernommen hat, ob das nun religiöse Begriffe sind oder auch weltliche, zum Teil auch überschneidende wie z.B. Liebe, Freiheit ... Ich hab' mich auch also in anderen sogenannten Religionen umgeguckt. Ich bin jetzt beim Christentum hängengeblieben deswegen, weil, man muß eine Religion oder einen Glauben konsequent betreiben, sonst hat das keinen Zweck, will ich mal sagen. Also es bringt nichts, wenn man halbherzig an eine Sache herangeht und dann meint, man könnte sich 'n Urteil drüber erlauben.« (NI)

Es ist also lohnenswert, nach der relativ klaren Absage an die Relevanz von Religion das Thema »Religiosität bei Studierenden« nicht für erledigt zu halten.

Das Bemühen, in einem differenzierteren Frageansatz Augen und Ohren sensibel für die Religiosität von Studenten zu öffnen und durch nicht-wertende Deutung scheinbar widersprüchliche Aussagen der Studierenden in ihrer subjektiven Konsistenz zu erfassen, beginnt mit einem weiten Begriffsverständnis von Religion und Glaube, das im folgenden erläutert werden soll.

3.2.2.2. Zur Unschärfe der Begriffe

Die ersten narrativen Interviews haben gezeigt, daß Studierende ihre eigenen Begriffsvorstellungen haben und daß sie ihr Verständnis von Religion und Glaube aus ihrem Kontext heraus formulieren:

»Religiöses Bewußtsein, ja, das ist ja echt schwierig. Also ich glaube, ich habe ein ganz tiefes religiöses Bewußtsein. Bloß das hat irgendwie wenig, also mittlerweile wenig mit dem Christentum zu tun, wie es so hier sich repräsentiert. Also ich fühle mich da mit meinem religiösen Bewußtsein überhaupt nicht aufgehoben, so. Oder mit meinen religiösen oder ich sage mal, kann es vielleicht auch spirituellen Bedürfnissen nennen.« (NI)
»Also, das hat was damit zu tun, daß ich unter dem Begriff ›Religiosität‹ oder irgendwie ist mir der Begriff ›Spiritualität‹ irgendwie lieber, weil ich damit, weil er für mich neutraler ist, nicht. (Ja.) Daß das all das ist, was so schlecht faßbar ist, also was gar nicht so logisch ist und was gar nicht beweisbar ist.« (NI)

»Viele Leute würden sagen, das (Ethik und Moral, d. A.) ist vielleicht der religiöse Aspekt dabei, für mich ist das ein menschlicher, mehr nicht. Und wenn das Religion ist, dann kann ich mich dazu bekennen. Und Religion ist für mich oder Christentum ist für mich, so wie ich es gelernt oder beigebracht bekommen habe, angewandte Nächstenliebe. Es ist einfach Menschlichkeit. Nett sein – nicht gespielt!« (NI)
»Bloß so in der Religion sollte, es ist ja meistens so, daß man das, was dasteht, als gegeben hinnimmt und von daher, das kann ich nicht.« (NI)
»Insofern, also das ist eben auch eine der wenigen guten Seiten von so einer Religion, daß so eine Religion eben der breiten Masse solche Verhaltensmaßregeln liefert. Weil, wenn es nämlich so etwas nicht geben würde, ich denke, daß der Mensch sehr viel schlechter ist ... weil der Mensch einfach schlecht ist und eben Verhaltensmaßregeln braucht.« (NI)

In der zweiten Interviewphase wurde deutlich, daß die Vorstellungen von Religion und Glaube grundsätzlich auf verschiedene Weise gewonnen werden:

- zum einen über die persönliche »Abarbeitung«; mit hohem Engagement, in der Reflexion eigener Erfahrung und in geistiger Auseinandersetzung:

»Na ja, auf jeden Fall haben wir uns sehr oft unterhalten und ich hab' mir auch bis dahin auch, zwar nicht richtig konsequent und also daran gearbeitet, an einem Weltbild, aber doch immerhin mir auch Gedanken gemacht über Gott und den Glauben, und empfand mich immer als einen Typ, der in einem großen Raum stand, wo also jetzt viele Türen sind und diese Türen irgendwie eben die Wahrheit sind ... Und ich habe jetzt immer mehr gemerkt, daß eigentlich hier das Warten vor diesen Türen letztendlich gar nichts bewirkt. Also da komm' ich der Wahrheit gar nicht näher, sondern es ist wichtig, daß ich z.B. mal 'rangehe an die Tür, aufmache und hineingucke, auch mit dem Vertrauen jetzt zu dieser Tür, zu dieser Religion oder zu dieser Wissenschaft oder Einstellung, die dahintersteht, um wirklich ehrlich zu versuchen, sie zu verstehen, aufzunehmen und kritisch genauso wieder zu betrachten, also wie weit das jetzt vom Gefühl her und von der Logik her auch kombiniert, das irgendwie wahr sein kann, in Anführungsstrichen, wenn wir Menschen das überhaupt erfassen können, diesen Begriff. Und da hab' ich dann einfach gesagt, von meinem Schritt her, daß ich sagte, jetzt gehst Du durch diese Tür, machst diesen Schritt zum Christentum hin, und ich setz' mich damit auseinander ... Also nochmal zurück zur Persönlichkeitsbildung. Es ist also nicht – und das sehe ich bei vielen Freunden – nicht so einfach, wie sich das so anhört, ne. Man muß also verflucht ehrlich – verflucht, Entschuldigung –, aber man muß sehr, sehr ehrlich sein, sehr selbstkritisch und auch immer wieder im Vertrauen leben mit Gott, um wirklich nachzufragen, wo eben meine Persönlichkeit, mein Sinn... in der großen Familie Gottes steht.« (NI)

»Ja, so eine eigene Religion ... oder so Religion als Eigenes ist für mich total wichtig, ist für mich auch so ein Hauptpunkt, wo ich mich mit auseinandersetze, was mir wichtig ist. Mir fällt auch irgendwie für mich Geschichte ein, es ist vielleicht eine abstraktere Ebene irgendwie, sich ein Weltbild zu machen, Sachen zu erklären und eine Einstellung finden zu Dingen, wobei irgendwie, die Rolle der Kirche hat für mich irgendwie so eine Bedeutung inzwischen, daß ich halt ganz klar sehe, da komme ich her, da bin ich geprägt worden, da habe ich viele Sachen gesehen und da finde ich viele Sachen so und viele Sachen so und ... (Also Du warst gerade bei Geschichte, und daß es eine abstraktere Form ist.) Ja, es hat für mich viel mit Philosophie zu tun. Ich sehe das eben immer auf so einer Ebene oder in solchen Zusammenhängen vielleicht. Wobei ich dann, ja, ich finde es interessant, sich viele Glaubenssätze sich anzugucken oder viele verschiedene Religionen irgendwie zu betrachten auch, weil, ich versuche irgendwie, so etwas Übergeordnetes als Religion zu begreifen, irgendwie so einen Gesamtkontext, in dem das halt steht. Ja, so etwas Allumfassendes halt irgendwie.« (NI)

- zum anderen eher aus einer Zuschauerrolle; dann bestehen häufig ein festumrissener Religionsbegriff und auch feste Zuschreibungen, was ein gläubiger Christ sei.

»Also, das ist was, was ich nicht unbedingt nachvollziehen kann. Also ich denke, entweder man entscheidet sich dafür und glaubt daran, und dann glaubt man auch daran, und dann kann ich mir nicht vorstellen, daß man dann irgendwie versucht, das umändern zu wollen. Ja, vielleicht so Äußerlichkeiten wie bestimmte Gesetze oder irgendwelche Rituale, das vielleicht schon. Aber ich denk', ein richtiger Christ kommt doch nicht auf die Idee, da irgendwie ... von daher versteh' ich das nicht. Ja, und jemand anderes ist dann halt kein Christ, aber der kann doch dann nicht auch fordern, daß das Christentum umgeändert werden muß. Also, ich verstehe das jetzt nicht so ganz, also ...« (NI)

Die Unschärfe des Begriffs, auch die unzulängliche Abgrenzung der Begriffe »Religion« und »Glaube« (und »Kirche«), das Ausgehen von Bedeutungsfeldern erweisen sich also nicht als Schwäche oder Fehler, sondern als Voraussetzung für das Bemühen, religiöses Bewußtsein von Studierenden zu erfassen und zu verstehen[118].

118) Vgl. Schmidt (1989). In seinem erfahrungsbezogenen Bericht und der Reflexion über »Religiosität der Schüler und Religionsunterricht«. Religiosität ist hier nicht dogmatisch fest umrissen, sondern wird eher entdeckt als Dimen-

3.2.2.3. Religion und Glaube in der Darstellung der Studierenden

3.2.2.3.1. Ein neuer Religionsbegriff?

Eindrücklich ist in allen Teilen der Untersuchung die starke Tendenz, daß Religion (bzw. Glaube) sehr weit gefaßt wird. Es sind aber auch andere, eindeutigere und weniger komplexe Vorstellungen vorhanden. Sie werden in der Typendarstellung berücksichtigt (vgl. Kapitel 3.2.2.4.).

Bei einer weitgefaßten Vorstellung von Religion wird sie als integraler Bestandteil des Mensch-Seins erlebt. Sie wird als kirchenunabhängige, existentielle Dimension des Lebens gesehen, die persönlich erfahren und gestaltet wird. Der persönliche Glaube – eher ein Gefühl als alles andere – steht dann meist in negativer Abgrenzung von und Auseinandersetzung mit der Kirche und wird in einer Art »multi-religiöser« Einstellung anderen Glaubenshaltungen undogmatisch und gleichberechtigt nebenangestellt. Dabei deutet sich in den Interviews an, daß für Frauen eher ganzheitliche, erfahrungsbezogene Dimensionen für diese Erweiterung bedeutsam sind, für Männer dagegen eher eine philosophisch-»rationale« Auseinandersetzung.

(1) So heißt es in den narrativen Interviews:

»Zu meinem Glauben, also ich habe schon einen Glauben. Aber den lege ich mir auch so selber zurecht. Also der richtet sich nach keinem Buch oder nach irgendwas. Also ich denke schon, daß es irgendwas nach dem Tod gibt. Und vielleicht, daß es auch nochmal ein Leben auf irgendeiner Erde gibt oder so. Aber ich kann es eben nicht ab, daß die Kirche auf später vertröstet und, weiß ich nicht, die Leute dann denken, nach dem Tod geht es ihnen besser oder so. Es ist ja heute auch nicht mehr so kraß. Aber dieses Bild ist irgendwie in meinem Kopf.« (NI)

»Das war einfach so ein Empfinden, da war ich irgendwie total sicher, und das hat mir auch irgendwie ganz gut getan. Das war irgendwie in Ordnung. Das war so 'ne Sicherheit, das stimmte irgendwie. Und da bin ich sogar mal in die Kirche gegangen, weil es irgendwie für mich auch so ein Ort war, wo man mal so zu sich kam, so'n bißchen meditativ und so – das hat mir irgendwie gut gefallen, obwohl

> sion in der Kommunikation zwischen den Schülern und dem Lehrer. Sie wird erfahrungs-, personen- und situationsbezogen erkannt. - Vgl. auch Schuster (1984) und Nipkow (1987).

ich so Sachen wie diese ellenlange Predigt in der Evangelischen Kirche finde ich grauenhaft – auch die Themen –, es war mehr so diese Atmosphäre. Und das ist dann aber irgendwann so nach 'nem Jahr oder so ist das dann auch weniger geworden, und dann wurde das eigentlich immer stärker für mich, sowas ganz für mich alleine – ganz Individuelles – auch kaum eigentlich mit Leuten darüber gesprochen. Und ich muß sagen, je älter ich geworden bin, um so mehr war es so, daß ich da irgendwie das gar nicht mehr nach außen getragen hab. Und dieses Empfinden, daß ich also ganz fest eigentlich so glaube, aber – ja, das ist eigentlich immer noch genau so stark, aber ich könnte jetzt also noch viel weniger mit Leuten darüber reden als ich es früher vielleicht konnte, weil man auch viel zu viel Sachen so verstandesmäßig jetzt wirklich erkennen muß, und ich müßte mich jetzt eigentlich viel kritischer damit auseinandersetzen. Und irgendwie will ich es gar nicht. Deswegen versuch ich jetzt da auch wirklich kaum mich mit auseinanderzusetzen und irgendwelche Diskussionen mit Leuten, die sich dann so als überzeugte Atheisten darstellen oder so, das ..... bringt mich auch nicht weiter. Also das ist so, daß ich dann sage: Das empfinde ich so, und das kann ich nicht begründen, und daß Ihr das nicht empfindet, kann ich nicht verstehen. Und alles, was man da drüber reden kann, bringt irgendwie nichts. Und das ist eigentlich so der Stand der Dinge – und vielleicht kann ich höchstens noch sagen, daß ich also in der letzten Zeit, wo ich so 'nen bißchen das natürlich jetzt auch erfahren hab, mal im Studium so 'nen bißchen haltlos zu werden. Wenn man so 'raus kommt aus dieser Anfangsphase, man muß dann sich für irgendwas entscheiden oder so. Man weiß nicht so richtig, wie es weitergehen soll – daß ich mich da zum Teil mal wieder besonnen hab und hab so mich selbst nochmal so – versucht, das wieder aufleben zu lassen, was ich früher so hatte, daß ich so früher irgendwie gedacht hab: Jetzt gehst'e mal ganz in Ruhe spazieren und besprichst das so mit dir selbst. Und das hab ich 'ne zeitlang einfach nicht mehr getan, weil ich irgendwie so viele andere Menschen hatte, mit denen ich darüber gesprochen hatte. Und jetzt hab ich gedacht, ist vielleicht mal ganz gut, du machst wieder das so für dich alleine aus. Und das ist eigentlich das, was ich immer so als – als – also da drin drückte sich irgendwie so mein Glaube aus, daß ich irgendwie so das Gefühl hatte, das bin ich, sondern da spielt halt irgendwie noch so jemand anders mit 'rein. Aber – ja – und das ist das einzige, was ich jetzt in bezug auf das Studium noch sagen konnte, daß ich da jetzt wieder zum ersten Mal seit ein paar Jahren so das Gefühl hatte, das müßte ich mal wieder machen, das könnte mir irgendwie jetzt weiterhelfen, weil jetzt irgendwie Punkte zu besprechen oder so, sondern da muß man irgendwie erstmal so ganz grundsätzlich was abklären, aber das kann man auch nur alleine. Aber so in bezug auf Kirche setze ich mich eigentlich – also damit hab ich mich schon ewig nicht mehr auseinandergesetzt – ist für mich total indiskutabel. Also ich käme auch gar nicht mehr auf die Idee, mich irgendwie so zu meiner Gemeinde da irgendwie zuzuordnen oder so. (Das trennst Du sehr stark?) Ja, Ja. Obwohl ich hin und wieder schon mal gedacht hab: Mensch, wenn's Dir mal nicht so gut geht oder so, geh doch wieder mal in die Kirche so sonntags. Da kommst du mal so zur Ruhe. Aber letztendlich – irgendwie sind die Lebensgewohnheiten auch absolut nicht so. So alleine – irgendwie so die Zeiten sonntags und dahingehen, und dann ist es ja auch wirklich noch so, daß man ja das irgendwie rechtfertigen müßte. Man könnte da nicht einfach so hingehen, sondern die Leute würden gleich aufmerksam werden und sagen: Was ist denn jetzt los. Das wär mir auch irgendwie nicht so recht, weil – da müßt' ich mich dann wieder mit auseinandersetzen, was andere Leute dazu meinen, und das möchte ich irgendwie nicht.« (NI)

»Also erstmal bin ich nicht dagegen und also Glaube würde mir einfallen, also ich glaub schon an Gott.« (NI)

»Ja, ich glaube, so der große Christ bin ich nicht, daß ich nun glaube, ich wäre wiedergeboren und Jesus Christus mein großer Halt im Leben oder so, denke nicht. Ich habe auch, zu diesen Leuten stehe ich auch ein bißchen kritisch gegenüber.« (NI)

»Das, was religiöse Erziehung betrifft, findet die in der Form statt, daß ich ihr (der Tochter) so die eine oder andere Geschichte erzähle, wenn sie mich fragt. Ich versuche, ihr die Zusammenhänge zu erklären, soweit ich das kann und sage dazu, daß ich nicht weiß, wie es sich tatsächlich verhält so mit den Göttern. Ich stehe da eigentlich auf dem Standpunkt, daß so alle Religionen mit ihren Göttern, na ja, sollen se halt alle machen, ne?! So erkläre ich ihr das auch. Daß halt so die verschiedenen Menschen ihre verschiedenen Götter haben.« (NI)

»Ja, wichtig ist halt für mich irgendwie einfach so etwas wie so einen gesunden Menschenverstand einfach zu haben, das ist für mich so ein bißchen synomym mit Religion vielleicht irgendwie, ohne daß ich das an irgendwelche Religionen jetzt irgendwie anknüpfen muß. Wichtig ist für mich schon, wo ich herkomme auch irgendwie, das zu betrachten. Aber so ansonsten möchte ich auch wesentlich mehr sehen und ich möchte irgendwo an keiner Sache hängen bleiben. Das finde ich im Augenblick auch gerade ..., viele Leute, die ich kenne, mit so esoterischen Sachen, was ich ziemlich schwierig finde. ....« (NI)

Die Offenheit der Religions- und Glaubensvorstellungen wird durch die Repräsentativbefragung bestätigt, wenn nach dem Verhältnis zum Glauben (2) und zu anderen Religionen (3), wenn nach dem eigenen Gottesbild (4) gefragt wird und wenn – in offener Form – Gründe für die positivere Einstellung zum Glauben (5) genannt oder zusätzliche Bemerkungen zum Fragebogen gemacht werden (6).

(2) Höchste Zustimmung erfährt die »selbstgemachte« Weltanschauung:

Verhältnis zum Glauben (1)	Ablehnung	Zustimmung	Mittelwertberechnung
Ich habe meine eigene Weltanschauung, in der auch Elemente des christlichen Glaubens enthalten sind.	26 %	65 %	4,86
Mit manchen Glaubensformulierungen und biblischen Inhalten habe ich Schwierigkeiten. Trotzdem halte ich mich für eine/n Christen/in.	38 %	50 %	4,19
Ich glaube schon etwas. Der Glaube ist etwas in mir drin, was ich gefühlsmäßig erlebe und erfahre.	37 %	48 %	4,14
Glaubensüberzeugungen machen intolerant.	45 %	36 %	3,64
Ich glaube, daß die Aussagen der Bibel und des Glaubensbekenntnisses wahr und gültig sind.	53 %	32 %	3,48
Ich beschäftige mich nicht mit Glaubensfragen. Ich studiere und lebe, da spielen sie keine Rolle.	76 %	15 %	2,43
Ich möchte gern glauben können, finde aber keinen Zugang dazu.	75 %	13 %	2,39
Nach meiner Meinung sollte man sich an das halten, was man verstandesmäßig wissen kann, und alles andere auf sich beruhen lassen.	76 %	14 %	2,34

(1) 7-stufige Skala, Mittelwert bei Gleichverteilung 4;
Skalenwerte 1, 2, 3 als Ablehnung gewertet; Skalenwerte 5, 6, 7 als Zustimmung.

Die deutlichsten Aussagen werden als Negativabgrenzung erfaßt: man lebt nicht einfach vor sich hin, ohne sich mit Glaubensfragen zu befassen, man nimmt auch keine rein rationalistische Haltung ein. Der Zugang zum Glauben scheint offen zu stehen für denjenigen, der glauben möchte. Bei diesen drei Vorgaben sagen Studierende in der Mehrheit, daß sie diesen positiv formulierten Aussagen überhaupt nicht zustimmen – was sich in einem niedrigen Mittelwert äußert. Höhere Mittelwerte erreichen auf der anderen Seite die Vorgaben, die von einer bekenntnismäßigen Formulierung weiter entfernt liegen: 65% geben an, eine eigene Weltanschauung zu haben, im Gegensatz zu nur 32%, die mit Bibel und Glaubensbekenntnis ihren Glauben charakterisieren.

Die Auswertung nach Studienfächern ergibt unterschiedliche Gewichtungen bei bleibender Grundtendenz: eine relativ deutliche Ablehnung erfährt die Vorgabe, »Aussagen der Bibel sind wahr und gültig« von den Studierenden der Sozial-, Rechts- und Naturwissenschaften, während die Studierenden der Geisteswissenschaften und Medizin eher Zustimmung äußern oder angeben, »mit manchen Glaubensformulierungen Schwierigkeiten zu haben«. Die Erstgenannten geben dagegen am stärksten an, eine »eigene Weltanschauung« zu haben. Die Aussage, daß »Glaubensüberzeugungen intolerant« machen, wird hauptsächlich von Studierenden der Sozial-, Wirtschafts- und technischen Wissenschaften unterstützt.

(3) Christliche Religion wird als eine Religion unter anderen in einer multikulturellen bzw. multireligiösen Gesellschaft gesehen:

Christentum und andere Religionen (1)			
	Ablehnung	Zustimmung	Mittelwert
Ich glaube, in jeder Religion stecken Wahrheiten.	11 %	79 %	5,63
Auch andere Religionen verfügen über wahre Erkenntnisse; Christen können von ihnen lernen.	10 %	75 %	5,55
Die konfessionellen Spaltungen des Christentums sind heute eigentlich überholt.	30 %	56 %	4,64
Das Christentum ist für mich die einzig akzeptable Religion	69 %	22 %	2,66
Von Vermischung halte ich nichts. Man kann nur eine Religion haben, das muß aber nicht das Christentum sein.	70 %	19%	2,61
In unserem wissenschaftlich-technischen Zeitalter ist Religion überholt.	78 %	13 %	2,32

(1) 7-stufige Skala, Mittelwert bei Gleichverteilung 4;
Skalenwerte 1, 2, 3 als Ablehnung gewertet; Skalenwerte 5, 6, 7 als Zustimmung.

Die Aussagen, die jeder Religion – also unter Einschluß des Christentums – und auch explizit nicht-christlichen Religionen »Wahrheiten und Erkenntnisse« zubilligen, erfreuen sich der Zustimmung von mehr als 3/4 aller Studierenden. Dies korrespondiert mit der ebenso hohen Ablehnung der »atheistischen« Aussage, daß Religion überholt ist. Ein Ausschließlichkeitsanspruch des Christentums (»einzig akzeptable Religion«) wird zu 69% abgelehnt, was auch an dem Antwortverhalten zu den Aussagen »Christen können von ihnen lernen« und »Von Vermischung halte ich nichts« deutlich wird. Kurz zusammengefaßt heißt das: Das »wissenschaftlich-technische Zeitalter« benötigt Religion/en. Allerdings ist der Ausschließlichkeitsanspruch des Christentums nicht mehr gegeben. Christliches Gedankengut kann mit dem anderer Religionen vermischt werden bzw. das Christentum kann von ihnen lernen.

(4) Die Forderung nach Selbstbestimmung auch im Bezug auf den Glauben und die Verweigerung eines Absolutheitsanspruchs der christlichen Religion ergänzen sich mit der Ablehnung eines dogmatisch festgeschriebenen Gottesbildes. Bei den Aussagen zum Gottesbild wird die weiteste Formulierung: »Gott als höhere Kraft« am häufigsten gewählt.

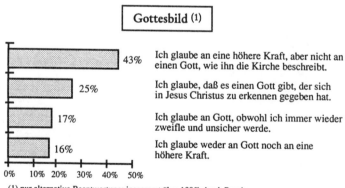

(1) nur alternative Beantwortung: insgesamt über 100% durch Rundung

Es ergeben sich recht deutliche Differenzierungen nach sozio-demographischen Merkmalen der Studierenden:

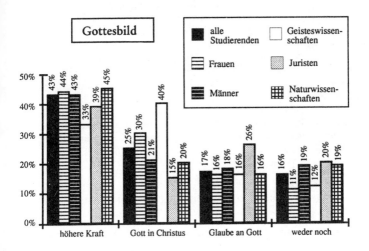

Es besteht das Bild einer »höheren Kraft«, was folgerichtig ist, wenn Studierende mehrheitlich das Christentum nicht für die einzig akzeptable Religion halten und gegenüber Bibel und Glaubensbekenntnis Vorbehalte anmelden. Die Mehrheit der evangelischen Studierenden hat sich eine eigene Sinnkonstruktion geschaffen oder/und glaubt überhaupt nicht: 59%. Nur eine Minderheit von 41% glaubt, wenn auch z.T. mit Zweifeln, noch an Gott.

(5) Bemerkenswert ist, daß bei Studierenden, die eine positivere Einstellung zum Glauben gewonnen haben, diese Veränderung überwiegend einhergeht mit einer Ent-Grenzung früherer Glaubensvorstellungen. Die Gründe für die Veränderung, die die Studierenden in offener Form aufschreiben konnten, sind für die meisten Fälle wohl darin zu sehen, daß Glaube in seiner existenziellen Bedeutung erfahren, in persönlichen Reibungsprozessen, durch Grenzerfahrungen relevant wird:

»Tiefere Auseinandersetzung, Reifeprozeß«.(F16.4)

»Allgemein erweiterte Lebenserfahrungen, philosophische Betrachtungen und deren Komplexität«.(F16.4)

»Auseinandersetzung mit der Frage nach Entstehung und Ursprung der Welt (Kosmologie); intensives Nachdenken über den Sinn des Lebens und den Tod; Auseinandersetzung mit Grenzbereichen menschlicher Erfahrung (Parapsychologie, Meta-Physik, Berichte klinisch Toter).« (F16.4)

»Nach Jahren der Skepsis und Kritik: Der Tod (zunächst) einer wichtigen nahestehenden Person hat mich wieder mehr zum Glauben geführt. Dies hat mir nach dem Selbstmord eines Freundes und nach dem Tod durch Unfall eines Verwandten geholfen.« (F16.4)

»Habe mich intensiv mit dem christlichen Glauben auseinandergesetzt. Durch Studium der Philosophie wurden intellektuelle Barrieren abgebaut. Aber am wichtigsten: ich machte im Verlaufe meiner Lebensgeschichte gute Erfahrungen mit dem Glauben.« (F16.4)

Zu einer positiven Veränderung kommt es auch, wenn eine verengte Glaubensvorstellung durch Erweiterung des Horizontes, durch Öffnung zu anderen Religionen, auch der Übernahme verschiedener Elemente aus anderen Religionen, zur Entwicklung eines undogmatischen Glaubensbegriffs führen:

»Durch Erfahrung der ›eigenen‹ Meditationstechnik, die dadurch entstandene ›Ganzheitssicht‹, das heißt auch den ›evangelischen‹ Glauben daran wiederzufinden«.

»Das Kennenlernen (Lesen und eigene Erfahrungen) anderer Religionen und religiöser Einstellungen hat für mich auch das Christentum bzw. Zweifel bleiben, blieb ich auch im christlichen Glauben, der im Unterricht und der Verwandtschaft praktiziert wurde, skeptisch. Das hat sich geändert. Ich habe jetzt nicht mehr das Gefühl, etwas unreflektiert übernommen zu haben, sondern konnte mich mit vielem (u.a. Neues Testament) identifizieren. Daneben bleibt für mich die Maxime Toleranz, das heißt, das Offensein für Werte und Wege anderer Religionen und religiöser Einstellungen.« (F16.4)

»Durch Distanzierung der evangelischen Kirche. Auseinandersetzung mit anderen Religionen. Ausübung einiger weniger Grundsätze, besonders: Nächstenliebe. Liebe zu sich selbst. Kenntnis, daß Glauben notwendig ist. Akzeptanz verschiedener Richtungen.« (F16.4)

»Mir wurde klar, daß man Glaube und Kirche trennen muß; man kann einen starken Glauben haben, ohne in die Kirche gehen zu müssen.« (F16.4)

»Durch die für mich persönlich gültige Erkenntnis, daß es nicht wichtig ist, was man glaubt, sondern daß man überhaupt fähig ist zu glauben.« (F16.4)

(6) Die Offenheit der eigenen Glaubensvorstellungen über christliche Dogmen hinaus wird in den Abschlußkommentaren zur offenen Frage aus der Repräsentativuntersuchung deutlich:

»Die Ethik und Grundwerte von Religionen erkenne ich an, so z.B. im christlichen Glauben die Zehn Gebote. Die jeder Religion zugrundeliegende Idee der Reinkarnation halte ich für wissenschaftlich nicht beweisbar. Interessant auch der Widerspruch in den verschiedenen Vorstellungen über die Wiedergeburt in den einzelnen Religionen. Irgendwelche Glaubensanhänger müssen dann ja enttäuscht werden, wenn man davon ausgeht, daß es nur eine mögliche Form des Lebens nach dem Tod für einen Menschen gibt.« (F23)
»Die Kirche ist zu dogmatisch. Sie sollte offener werden für andere Denkansätze und eine ganzheitliche Lebensgestaltung z.B. andere Religionen, Kulturen und Traditionen; die vielen Wege des New Age; die Wissenschaften wie Psychologie, Parapsychologie, Philosophie und Naturwissenschaften; Gesundheit, Körper!, Gefühle, ... Im Sinne des Evangeliums sollten sich hier viele neue Ansätze finden lassen und der Kirche bei einem breiten Publikum mehr Attraktivität verleihen, ohne den gemeinsamen Kasus zu verlieren. Ich erwarte auch ein mutigeres Engagement für die Umwelt, ›Dritte Welt‹ und die Lebensbedingungen auf der Erde überhaupt.« (F23)
»... Nicht immer nur dogmatische Ablehnung der Esoterik. Differenziertes Urteil darüber, mehr Auseinandersetzung mit ernsthafter Esoterik, was gleichbedeutend ist mit Auseinandersetzung mit anderen Religionen! Raus aus dem Gefühlspathos und Jesus Christus. Sehen, daß alle Menschen geistig zusammengehören! Trennung überwinden! Auseinandersetzung mit fundamentalistischen Thesen! Inwieweit diese für die Zukunft etwas bringen können? Klärung der Ursachen für Fundamentalismus. Entwicklung und Veränderung zulassen, nicht an überlieferten Formen festhalten! Erkennen, daß die Liebes/Christusidee viele Erscheinungsformen zuläßt, daß Wahrheit bei uns Menschen ein dynamischer Prozeß ist, der nicht zu allen Zeiten bei allen Menschen gleich ist.« (F23)
»Der Austausch mit anderen Religionen, stärkeres Einsetzen für die Durchsetzung der Menschen- und Bürgerrechte.« (F23)
»Ich glaube an Götter/Göttinnen, die Liebe und die Kunst!« (F23)
»Die Kirche sollte gegenüber anderen Religionen toleranter sein! Warum schreckt die Kirche, die doch so feste Vorstellungen hat, vor der Politik zurück? Die Kirche müßte sich aktiv für Frieden, Naturschutz und Gerechtigkeit einsetzen! Gott darf den Kindern nicht als Opa-Figur vorgestellt werden, sondern eher als ›Gefühl‹ in uns allen.« (F23)
»Individuelleres Eingehen auf die differenten Einstellungen zum Leben und Lebenssinn. Individuellere Betreuung durch ›Glaubensvertreter‹. Mehr Akzeptanz anderer Glaubensrichtungen. Workshops. Die Kirche sollte mehr als Möglichkeit verstanden werden, individuelle Probleme und Aufgaben im Kollektiv zu lösen und nicht durch Predigen von abstrakten Dingen eine generell tendenziell gesteuerte

Richtung des zu gehenden Lebensweges aufzuzeigen. So könnte die Kirche als Institution zur Lösung von Lebensfragen verstanden werden.« (F23)

»...Für mich ist Christsein vor allem eine Lebenseinstellung: Humanität, Friedfertigkeit, Toleranz. Hier nehme ich auch gern Jesus Christus in mein Leben und warum auch nicht Buddha oder Laotse, ohne deshalb Mitglied dieser Religionen werden zu wollen. Denn als Verbindendes bleibt für mich auch Tradition und die Anerkennung der wichtigen Rolle der Kirche in einer religiöse Dinge in den Hintergrund drängenden Welt. Ich wünsche mir eine Kirche, die oben genannte Werte in den Mittelpunkt rückt, damit auch bei politisch dagegen sprechenden Entscheidungen nicht schweigt und keinen Absolutheitsanspruch erhebt, wie dies in der Geschichte des Christentums immer wieder geschah.« (F23)

»... Vermischung mit anderen Religionen, z.B. dem japanischen Shinto, der eher diesseits bezogen ist. ...« (F23)

»Die Kirche soll aufhören, zu meinen, daß man ohne sie nicht gut leben könnte. Sie soll aufhören, zu versuchen, sich allen Menschen aufzudrängen. Das ist wie mit dem Spinat, wer ihn nicht mag, ißt ihn auch mit einem Klecks Sahne nicht. An Gott, wie ihn die Kirche beschreibt (als Schöpfer der Erde/Welt) kann kaum noch jemand glauben. Die Kirche sollte auch der Natur einige Kraft zuschreiben, auch wenn ›ihr‹ Gott dann nicht mehr als oberstes Licht dastände. Wie kann man die vorhandenen Katastrophen mit dem Beschützer (Gott) in Einklang bringen?« (F23)

3.2.2.3.2. Vorbehalte gegen das Christentum

Die Forderung zur Öffnung des christlichen Glaubens und seiner Mischung mit Elementen anderer Religionen zieht die Frage nach den Defiziten des christlichen Glaubens nach sich.

In den Darstellungen der Studierenden in den narrativen Interviews wird die Kritik an der christlichen Religion überwiegend an der durch die Kirche repräsentierten und praktizierten Realisierung festgemacht, nicht eigentlich an theologischen Aussagen. Die Frage in der Repräsentativuntersuchung nach den Vorbehalten gegen das Christentum ist durch den Zusatz »...wie es die evangelische Kirche verkörpert...« eine Frage nach der historischen Gestalt und damit verdeckt eine Frage zum Image der Kirche (s. Abbildung S. 127).

Der theologische Gehalt der christlichen Religion wird also im Grunde nicht thematisiert oder kritisiert. Ein spirituelles Defizit wird im Vergleich zu allen anderen Bereichen weniger angemahnt. Die hier deutlich gewordene Kritik wird darum in Kapitel 3.2.3. aufgenommen.

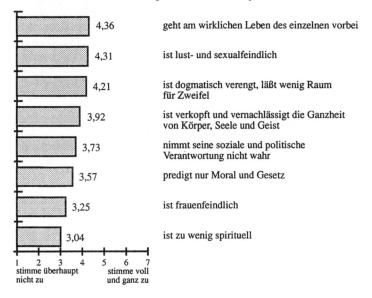

3.2.2.3.3. Religiöse Sozialisation

Das eigene Verhältnis zu Religion und Glaube wird von den Studenten und Studentinnen auch auf dem Hintergrund ihrer religiösen Sozialisation reflektiert.

In der primären Sozialsation durch das Elternhaus wird eine »enge« christliche Erziehung in der Retrospektive eher negativ als Indoktrination und Engführung gesehen. Christliche Erziehung wird aber auch in großer Offenheit, ohne regelmäßige christliche Praxis, erlebt:

»... (Hast Du so mehr in der Familie die Hinführung dazu bekommen oder wie kam das?)« – »Nee, überhaupt nicht. Also irgendwie bei uns in der Familie war das eigentlich nie ein Thema, obwohl ich glaube, daß meine Eltern da 'ne ganz ähnliche Einstellung haben wie ich jetzt. Also die mitnichten irgendwie atheistisch sind oder so, aber da wurde auch nie drüber gesprochen. Ich kann mir das irgendwie nicht erklären, das ist einfach so gekommen. Ich hatte da niemanden, der irgendwie gesagt hat: Kirche und so, da mußt Du jetzt mal hin. Das war irgendwie automatisch, und alleine eigentlich durch den Konfirmandenunterricht hab ich Kontakt zur Gemeinde bekommen. Aber ich glaube, so dieses Empfinden, das hätte sich in der Pubertät auch so entwickelt, ohne daß es irgendwie in der Kirche gewesen wäre. Das müssen irgendwelche Einflüsse auf mich gewesen sein, die irgendwie so waren, daß ich die nicht direkt mitgekriegt habe, also weiß nicht, irgendwie Religionsunterricht in der Schule und alles, was da so auf einen einströmt, daß man dann irgendwann mal anfängt, drüber nachzudenken. Aber es war nicht so, daß ich da irgendwie zu erzogen wurde. Also ganz anders als z.B. 'ne Familie ..., so daß man irgendwie 'ne gewisse Tradition hat, daß man in die Kirche geht. So war das also nicht.« (NI)

»(Bist Du denn so klassisch-christlich erzogen worden? Oder ...)« – »Das ist ein, also ich komme, nein, ich bin, also meine Eltern haben uns damit unheimlich in Ruhe gelassen. Obwohl ich glaube, daß so grundsätzlich schon was Christliches da war, weil immer mit einer ganzen Selbstverständlichkeit war da Gott, ich habe damit zwar nichts anfangen können, aber es war da.« (NI)

Wenn hier die Frage, ob es Gott überhaupt gibt, als selbstverständlich bejaht erfahren wird, gehen andere genauso selbstverständlich davon aus, daß Gott nicht existiert; genauer gesagt davon, daß Mutter und Vater nicht an einen Gott glauben. Der Sohn eines ungetauften Vaters und einer evangelischen Mutter sagt:

»(Von daher ist es das günstigste, wenn Du einfach nach eigenem Gusto zu dem Thema spontan ...)
Ja, mache ich gern. ...Wenn ich da natürlich von zu Hause nicht mit so einem tiefen religiösen Bewußtsein erzogen worden bin, obwohl ich immer so das Gefühl hatte, daß meine Mutter heimlich doch an Gott glaubt. Also bei uns in der Familie, ich bin Einzelkind – also nur mein Vater, meine Mutter und ich – mein Vater ja sowieso nicht – und irgendwie habe ich auch immer gedacht, daß meine Mutter nicht an Gott glauben würde. Also so mehr als Kind noch. Und dann habe ich aber irgendwie mal eine Bibel bei ihr im Nachttisch gesehen und das hatte mich dann schon irgendwie gewundert, weil ich auf einmal so dachte, na vielleicht glaubt sie ja doch an Gott. Und jedenfalls hat sie es aber nie so rübergebracht. Ich habe da also überhaupt nicht so einen religiösen Touch von zu Hause mitgekriegt. Also meine Mutter war halt in der Kirche und damit hatte sich das auch. Und in die Kirche ist sie auch selber nie gegangen. Und ja, ich hatte deshalb auch keine Einstellung eigentlich zur Kirche, also zum Glauben und so. Weil ich habe davon zu Hause nichts mitgekriegt, und selber entwickelt habe ich nichts.« (NI)

»... Aber überhaupt, daß meine Mutter irgendwie, also als ich das gemerkt habe, daß sie da die Bibel hat oder so, da habe ich so gedacht, na ja Gott, vielleicht ist sie ja zu Hause so erzogen worden, religiös erzogen worden, und hat es dann so, wie es ... halt auch Partnerschaft der damaligen Zeit so ist, halt dem Mann untergeordnet, also denkt auch nicht an Gott und hat aber irgendwo vielleicht doch noch so einen Glauben gehabt, also so einen klassischen religiösen Glauben gehabt, und, ich war also völlig erschüttert, weil ich ... was weiß ich wieviel Jahre meines Lebens dann von völlig falschen Tatsachen ausgegangen bin. Ich habe das aber nie geklärt. Ich habe, glaube ich, mal nachgefragt, und sie hat sich dann irgendwie ausweichend geäußert, und da habe ich dann irgendwie ... entweder sie glaubt dran und mag das gar nicht zugeben, also es war, ... irgendwo interessant sein, daß ich damals schon überlegt habe, sie mag es nicht zugeben. Also daß ich das Gewicht da irgendwo schon so ... wenn man schon glaubt, dann macht man es heimlich, so schwachsinnig, also damals so schwachsinnig ist, daß man das nicht offen zugeben kann, aber leider ist man eben in einem Elternhaus dann aufgewachsen, wo dieser Irrglaube verbreitet wurde und so. Na, jedenfalls letztlich weiß ich es halt nicht, aber ich ... erinner das noch sehr gut, daß ich da erschüttert war und das plötzlich nicht mehr so einordnen konnte. Also ich ... von meinen Großeltern mütterlicherseits weiß ich aber auch nichts, obwohl ich es mir nicht vorstellen kann, daß die richtig an Gott geglaubt haben.« (NI)

Die Entdeckung einer religiösen Dimension im Leben der Mutter, der Verdacht, daß sie glaubt, hat für das Kind eine schockierende Wirkung. Das Fundament der Mutter-Kind-Beziehung wird dadurch berührt und das Bewußtsein einer gemeinsam tragenden Wirklichkeit erschüttert. Die Heimlichkeit und Peinlichkeit der Situation zeigen die Tabuisierung des Glaubens. Glaube ist etwas aus einer unvorstellbar anderen Welt.
Solche Fremdheit und Distanz gegenüber dem Glauben ist nicht unbedingt immer mit derartigen Einbrüchen verbunden – man kann auch einfach ganz weit entfernt von Glauben und Kirche leben, Berührungspunkte entstehen dann höchstens aus konventionellen Gründen:

»Die (Kirche), mit der ich eigentlich nicht groß was am Hut habe. (Ja, nie hatten, oder?) – Sicher, man ist zum Konfirmandenunterricht gegangen, aber nie, eigentlich auch nie groß hatte.« (NI)
»Und bis jetzt bin ich eigentlich immer nur in die Kirche gegangen, wenn irgendein Grund bestand, also nicht freiwillig, muß ich ganz ehrlich sagen, also bei irgendeiner Beerdigung oder bei irgendeiner anderen, bei der Hochzeit z.B. Ich bin

zwar konfirmiert und getauft, und, aber konfirmiert auch damals eigentlich nur, weil es alle gemacht haben. ... Nein, meine Eltern stehen da eigentlich ganz locker der ganzen Sache gegenüber. Die gehen selten, soviel ich weiß, zur Kirche. Aber vielleicht ist es doch dieses Verhalten, ein guter Mensch muß in der Kirche sein.« (NI)

Auch nach einer klassischen christlichen Sozialisation (»frommes Elternhaus«) kann eine Ablösung und Distanzierung erfolgen – dann allerdings auf einer wesentlich existentielleren Ebene:

»Und von daher gesehen, wäre ich im Moment, ja, da sich da eben der christliche Glaube bei mir entzog, nicht mehr da ist, ist da erstmal... ist da erstmal gar nichts. Und von daher gesehen ist das also offen. Also das ist eigentlich so das, das was mir weh tut, wenn ich über Kirche rede, oder über die Theologie rede oder über dieses Christsein rede, daß ich die dogmatische Theologie in der Kirche erlebt hab', also die konservativen Dogmatiker, die an den theologischen Modellen des Protestantismus festhalten und eben auch ganz stark die einzelnen Elemente in den Vordergrund stellen und... ja, was mir... Und daß ich zum andern die Pietisten ganz stark in der Kirche erlebt hab', oder die auch in der Kirche immer noch repräsentativ sind, die haben ja auch 'ne starke Zukunft – siehe, wie heißt dieser berühmte Hamburger Pietist, der in der Petrikirche auch gewesen ist? Weiß ich nicht. Kopfermann! Die Pietisten haben eben starken Zulauf – oder pietistische Bewegungen – und das ist eben so die Theologie-Bewegung: Holt die Leute zurück in die Kirche, holt die Leute zurück... oder weniger zurück in die Kirche, holt sie zurück in den Glauben oder in den christlichen Glauben. Und das sind diese fürchterlichen Leute, die sagen, übergebt Jesus euer Leben und euer Leben ist 'n anderes, und ich denke, das ist die... eben diese andere Schiene ist die, die immer wieder untergeht und immer wieder untergebuttert wird, weil sie eben auch keine Theologie und keine Kirche ist, die von oben gemacht werden kann, 'ne Theologie der Leute, die dahin kommen und ihren... mit ihren Anliegen und mit ihren Gefühlen und mit ihren, ja, mit ihrem Leben, und wenn in der Kirche kein Raum ist, den zu teilen, und sich daraus auch was entwickeln zu lassen, sondern immer nur konkrete Vorgaben sind für das, was stattfinden soll, dann denke ich, hat Kirche da auch wenig Chancen und das ist das, was mir so... wo die Distanz der Kirche oder der innere Austritt aus der Kirche oder der innere... ja, so die Entfernung vom Glauben, die mir eben auch weh tut, also weil's... oder mit, ja, mit schmerzlichen Gefühlen verbunden ist, weil eben immer furchtbar viel zugeschüttet worden ist, was an Ansätzen da war und an Möglichkeiten da war und...« (NI)

Fragen zur religiösen Sozialisation sind differenziert für die Repräsentativuntersuchung aufgenommen worden. Die Ergebnisse zu

»Glaube und Kirche in Kindheit und Jugend« und »Veränderung der Einstellung zur Kirche« werden im Kapitel 3.2.3.3.3. ausführlicher dargestellt.

Es wurde zusätzlich nach der Veränderung in der Einstellung zum Glauben gefragt. Die Differenzierung zwischen Einstellung zum Glauben und zur Kirche erweist sich im nachhinein als sinnvoll, da die Einstellung zum Glauben wesentlich positiver beschrieben wird als die Einstellung zur Kirche. Die Veränderungen sind zwar bei der Einstellung zum Glauben und der zur Kirche mit je ca. 50% gleich groß, die erstere ist aber bei weitem nicht so negativ geworden wie die letztere.

Immerhin 24,1% geben an, daß ihre Einstellung zum Glauben positiver geworden ist; allerdings meinen auch 33,3% der Befragten, daß sich ihre Einstellung zum Glauben in negativer Richtung verändert hat.

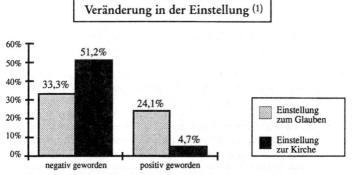

(1) Stichprobe: Studierende, deren Einstellung sich verändert hat.
7stufige Skala; Skalenwerte 1, 2 als negativ, Skalenwerte 6, 7 als positiv gewertet

Deutlich ist an den Begründungen der Studierenden (vgl. Kapitel 3.2.2.3.1. (5)), daß die religiöse Sozialisation im Elternhaus, im Konfirmanden- und Religionsunterricht ein »Sprungbrett« bildet – ob positiv oder negativ –, daß die Studierenden aber ein positives Verhältnis zum Glauben erst durch Lebenserfahrungen und Horizonterweiterungen gewinnen, die außerhalb von Kirche stattfinden. Durch das Studium ausgelöste Bewußtseinsprozesse und die Krisen-, Krankheits- und Todeserfahrungen werden als reflektierte und bewußte Darstellung des eigenen Verhältnisses zur Religion eingebracht.

3.2.2.4. Zusammenfassung: Versuch einer Typologie

Im Interesse einer »griffigen« Übersicht soll in aller Behutsamkeit versucht werden, religiöse Typen unter den Studierenden zu beschreiben. Diese sind nicht quantifizierbar und nicht als Etikettierung zu verstehen, sondern versuchen verschiedene Richtungen für die im einzelnen hochdifferenzierten Haltungen anzuzeigen. Typische Haltungen wurden besonders in der Beantwortung der offenen Frage der Repräsentativbefragung (vgl. Kapitel 3.1.2.1.) deutlich. Dieses Angebot wurde von vielen Studierenden genutzt, um kürzere oder längere frei formulierte Aussagen als Ergänzungen zu den standardisierten Beantwortungsmöglichkeiten im Fragebogen zu machen.

3.2.2.4.1. Prononcierte Haltungen
Relativ leicht einzuordnen sind die prononcierten Haltungen – seien es nun glaubensferne oder glaubensnahe:
(1) Prononciert Glaubensferne: diese Gruppe ist sogar quantitativ zu erfassen, da in der religiösen Selbsteinschätzung gefragt wird, wer sich für einen überzeugten Atheisten bzw. eine überzeugte Atheistin hält: es sind 8% der Studierenden, die evangelische Kirchenmitglieder sind.
»Atheisten« bzw. Glaubensferne sind implizit in Äußerungen zu erkennen, die Kirche und Glauben als Einschränkung der Entfaltung der Menschen und als Betäubungsmittel (»Menschen ... beschränkt«; »Krücke ... für den Lebensweg«; »Heuchler«; »Glauben ... als Frust«) bezeichnen:

»Im Grunde genommen bin ich geteilter Meinung über die Kirche. Ich sehe, daß sie praktische Hilfe leistet und daß es tatsächlich Menschen gibt, denen durch sie und den Glauben geholfen wird. Ich sehe aber auch, wie sie Menschen – ich weiß es nicht anders auszudrücken – geistig und seelisch beschränkt, wie sie Menschen einengt und teils auch durch ihr richterhaftes Getue (völlig anmaßend!) Menschen in Gewissenskonflikte stürzt, die völlig absurd und fehl am Platze sind.« (F23)
»Das Leben bietet für einen Menschen, der nicht nur oberflächlich lebt, nur Enttäuschungen und Frustrationen. Es gibt zu viele unglückliche Menschen, die nicht verdient haben, unglücklich zu sein! Das Leben scheint mir zu brutal und zu rücksichtslos, um es meistern zu können. Die Kirche ist nur eine Krücke für den Lebensweg. Alkohol ist für mich ein besseres Schmerz- und Betäubungsmittel als die Kirche. Zu glauben ist auch nur eine Flucht, genau wie trinken! Trotzdem hoffe ich auf einen Gott, auf eine Erlösung, auf ein ewiges Leben (und zwar ein besseres)! Und solange ich nicht weiß, daß es Erlösung gibt, betrinke ich mich, anstatt in die Kirche zu gehen!« (F23)
»Der Glauben muß als Frust in mißlichen Situationen gesehen werden. Er ist ein notwendiges ›Soma‹ für das Volk.« (F23)

Explizit atheistische Positionen finden sich in den Äußerungen, die Religion und Glauben für überflüssig erklären und die Kirche als Herrschaftsapparat zur Unterdrückung der Menschen bezeichnen:

»Ich habe nichts gegen das christliche Menschenbild, die christliche Philosophie oder die sozialen Aspekte der Kirche. Ich finde jedoch die dahinterstehende Motivation, Begründung – also die Gottesidee – schlichtweg lächerlich, eines denkenden Menschen absolut unwürdig, vor allem aber sehr absurd. Es ist äußerst schade, wenn auch nützlich, daß engagierte Christen oder Mitarbeiter der Kirche ihre an sich positiven Ziele mit dem Rückgriff auf frühmenschliche, rituelle Letzterklärungen begründen.« (F23)
»Die Religiosität des Menschen ist ein nicht zu leugnendes Phänomen. Ich denke aber, daß Glaube ein Bedürfnis nach Sinn und Geborgenheit kompensiert (Ersatzbefriedigung). Mit diesem psychologischen Moment beschäftigt sich die Kirche zu wenig. Sie schwimmt zu sehr im eigenen Saft. Ich sehe die Aufgaben der Kirche heute im sozialen und politischen Bereich. In einer sozialen Gesellschaft, in der sich der einzelne geborgen fühlt, wäre Religion überflüssig.« (F23)
»Ich finde es schlimm, daß viele Menschen in unserer heutigen Zeit noch so dem Glauben an eine Religion verfallen sind und dafür sogar bereit sind, für diesen Glauben ihr Leben zu opfern. Außerdem finde ich es schlimm, daß die katholische Kirche (Papst) heute noch Pille und Kondome ablehnt. Gerade in Ländern, wo gehungert wird (Entwicklungsländer), ist die Geburtenrate derart groß, daß die Masse Mensch, welche immer größer wird, nicht mehr ernährt werden kann. Die katholische Kirche sollte sich mit ihren gewaltigen und erschlichenen Schätzen dem Problem mal annehmen und nicht versuchen, über die Rechtfertigung des

Glaubens reicher und reicher zu werden, wie in der Vergangenheit durch Ausnutzung des dummen Volkes.« (F23)
»Lehne Religion als Massenverdummung ab; unterprivilegierte Klassen werden auf Leben im Jenseits vertröstet; Bibel ist nichts als eine Sammlung frommer Legenden mit geringem historischen Kern. Gott kann nicht existieren – es gibt so viel Gewalt und Elend auf dieser Welt und von der Präsenz eines allgültigen, allwissenden und allgegenwärtigen Lenkers ist nichts zu sehen. Wie viele Verbrechen wurden schon im Namen der Religion begangen? Die Grundsätze der urchristlichen Gemeinde (Nächstenliebe, Armut) wurden von Kirche und Klerus pervertiert. Kirche bereicherte sich maßlos und verbündete sich mit staatlicher Macht (›Throne und Altar‹). Das ist auch heute nicht viel anders. Den Kirchenbonzen geht es gut und die Armen verrecken!«.(F23)

(2) Aus der gesamten Untersuchung ist festzustellen, daß auch die pronounciert Glaubensnahen eine Gruppierung von relativ geringem Umfang bilden. Das gilt vor allem für streng-pietistische, aber auch für politisch-ökumenisch orientierte Glaubensnahe. Die pietistische Position findet sich eingekleidet in Voten zur Aufgabe der Kirche:

»Mir kommen in der Kirche die eigentlichen Glaubensinhalte – Jesus und Nächstenliebe – zu kurz.« (89)
»Die evangelische Kirche sollte Menschen den Weg zu Gott zeigen und damit zu sinnerfülltem Leben; ...« (F23)
»Die Kirche sollte mehr Akzente auf die Verkündigung des Evangeliums setzen.« (F23)
»Ich kenne einige Christen. Ihr Leben ist erfüllt, glücklich und demütig. Wenn alle die, die von sich behaupten, Christen zu sein, so lebten, wären wir einem Leben in Frieden und Freude für alle Menschen ein Stück näher. Glaube ist einiges mehr, als wir es uns in dieser Gesellschaft vorstellen. Die wenigen, die den Glauben zu schätzen wissen, werden das ewige Leben finden! Es dreht sich alles um: Glauben oder Nichtglauben!« (F23)

Zwei Voten führen weiter und kritisieren, daß »die Kirche« sich zu sehr in Politik und sozialem Engagement verliert und darüber das Eigentliche – hier das dem jeweiligen Schreiber Wichtige – vergißt:

»Die Kirche sollte alle Menschen daran erinnern, daß sie sich alle vor Gott zu rechtfertigen haben. Die Kirche sollte sich nicht nur von ihrer diakonischen und sozialen Aufgabe her verstehen. Die heutige Evangelische Kirche ist politisch weitgehend zu einseitig. Die heutige Evangelische Kirche muß sich fragen lassen, was sie noch mit ihrem reformatorischen Anspruch zu tun hat. Evangelische Kirche sieht das Heil zum Teil nur innerweltlich.« (F23)

»Die Kirche macht zu viel Politik und vermittelt keinen Glauben. Selbst die Pastoren sind oft nicht gläubig, sondern sind reine Bibelwissenschaftler. Ein Pastor müßte doch den Glauben vermitteln und nicht so viel über Politik reden.« (F23)

Die politisch-ökumenische Position wird in der Forderung nach einer dezidert gesellschaftskritischen Haltung deutlich, die aus dem Leben Jesu und der Bergpredigt abgeleitet wird:

»Die Kirche ist zu wenig radikal, so wie es Jesus war; unsere Gesellschaft ist genau das Gegenteil von ›christlich‹. Die Kirche ist trotzdem etabliert und tut so, als wäre es ganz anders. Anstatt sich um ihr Image zu kümmern, sollte sie den Menschen klarmachen, was es heißt, christlich zu leben. Dieses sollte auch kritisch überdacht und neu definiert werden. Es reicht nicht, sich um die Benachteiligten zu kümmern – die Kirche sollte an die Ursachen hinweisen.« (F23)
»Das ›C‹ in ›CDU/CSU‹ ist für mich als Christen einfach untragbar, da sozialdemokratische Grundsätze bzw. Ansätze der ›Grünen‹ ethisch dem Christentum weitaus näher sind (z.B. Verhütung, Atomenergie, Umweltschutz). Das sollte auch die evangelische Kirche mal ausdrücklich betonen und überlegen, ob sie nicht (die Katholiken im übrigen noch viel stärker) z.B. die Grundsätze der Bergpredigt zugunsten von Traditionen und bürokratischen Verkrustungen stärker berücksichtigen sollte.« (F23)
»Ich habe etwas gegen Kirche als bürokratische Institution. Anfreunden könnte ich mich nur mit z.B. Volkskirche, die frei aus den Menschen kommt, z.B. Iglesia del Pueblo, Nicaragua von Ernesto Cardenal! Glaube allgemein: Der Normalbürger braucht seinen Glauben, um die Angst vorm Tod ertragen zu können, hin und wieder auch, um sein Handeln rechtfertigen zu können (›Ach, was bin ich doch christlich‹). Kirche als Institution des Glaubens trägt immer noch zur Bevormundung bei!!!« (F23)

Aus dieser glaubensnahen Haltung heraus wird auch die konfessionelle Spaltung des Christentums für überholt erklärt:

»Wichtig wäre mir eine verstärkte Ökumene in der Kirche. Dazu wurde kaum gefragt!« (F23)
»Persönlich wichtig erscheint mir vor allem, daß endlich die lang überkommenen Strukturen aufgebrochen werden, die Trennung in Konfessionen überflüssig wird, Glaube und Religion und Kirche endlich wieder aus dem Herzen und nicht aus dem Kopf kommen, konfessionelle bzw. religiöse Kriege (ja die gibt es ...) aufhören, das Papsttum die Finger aus der ›big money‹ läßt, Unterdrückung von Eingeborenenstämmen durch Missionare aufhört. Besonders dieses ewige Missionieren (in der Fremde oder hier) muß aufhören.« (F23)
»Fragen nach überkonfessionellen Veranstaltungen: ökumenische Gottesdienste,

Taizéfahrten, europäische Jugendtreffen, Inanspruchnahme von ›Dienstleistungen‹, andere Konfessionen, speziell Besuche katholisch, d.h. christliche Gottesdienste/Messen, Beteiligung der Personen des engeren und weiteren Freundeskreises, die der gleichen oder einer anderen Konfession angehören, Gedankenaustausch mit Gläubigen anderer Konfessionen (z.B. mit Katholiken und Muslimen)« (F23)

3.2.2.4.2. Weniger ausgeprägte Haltungen

Wesentlich schwieriger ist die große Gruppe der weniger ausgeprägten Haltungen zu beschreiben. Dazu gehören die Studierenden mit einem distanzierten Verhältnis zum Glauben – die in der religiösen Selbsteinschätzung von sich sagen, daß sie »nicht-religiös« (26%) oder unentschieden seien (25%). Es gehört aber auch zu dieser Gruppe der Teil derjenigen, die sich als »religiöse Menschen« bezeichnen (41%), aber nicht in einem streng-pietistischen Sinn. Diese sehr individuellen, unterschiedlichen Haltungen können wohl als inhaltlich ausgeführte Beispiele jener Grundeinstellung verstanden werden, die in der 2. Kirchenmitgliedschaftsuntersuchung der EKD »Was wird aus der Kirche?« als »unbestimmte Christlichkeit« bzw. »schwebende Religiosität« identifiziert wurde.

»Vielleicht religiös nicht im herkömmlichen Sinne, dann doch mehr im Sinne von humanistisch. Grundwerte im Grunde genommen, die ich sehr wichtig finde. Ich weiß nicht ... Ich mag's nicht, mich auf etwas festpressen zu lassen, also dieses Schubladendenken, das finde ich schon sehr schwierig. Sicherlich würde ich auch von mir nicht unbedingt ... das heißt, ich würd's schon sagen, daß ich Christ bin. Aber damit nun nicht auch unbedingt groß 'rumlaufen würde mit dem Emblem. Das bereitet mir dann schon Schwierigkeiten. Also, ich würd' mich da nicht gerne einordnen lassen irgendwo... Wie gesagt, auch die Erfahrung, die ich gemacht habe, war, daß Kirche eine Flucht war, und ich möchte einfach auch, daß die Kirche auch mit der Welt umgeht, wie sie ist. Sicherlich vielleicht auch Utopien anbieten sollte, aber, ich weiß nicht, in dem Sinne Sinn geben, was sie eigentlich versucht, ich weiß nicht, ob sie dabei so gut gefahren ist. Ok, Opium für's Volk, was Marx nun gesagt hat, kann ich auch im Ansatz nachvollziehen, wenn ich mir manche Leute anschau'. Ich wüßte nicht, was eine Verschmelzung bringen soll. Also, ich würde auch nicht grundsätzlich sagen, daß Religion jetzt ... Ich weiß nicht, ob ich sagen würd', es ist wichtig. ... Natürlich, es hat Bedeutung heute, aber, ob es unbedingt notwendig ist, ist noch die zweite Frage. Ich weiß es nicht.« (NI)
»Ja, Religion ist für mich auch eine Form der Gemeinschaft und auch... Sie ist für mich deshalb unumgänglich, weil unsere ganze Kultur von der christlichen Religi-

on geprägt ist, die ganze Ethik. Also, Grundlegendes sind z.B. die Zehn Gebote, die würde jeder automatisch... könnte das feststellen, auch wenn er sie expressis verbis gar nicht kennt, weil sie unsere Gesellschaft prägen und auch einfach richtig sind, da kann man gar nichts zu sagen. Aus unserem, also mit meinem Ethik-Empfinden sind die einfach so, wie sie sein müssen, das ist 'n Imperativ. Also die Religion ist für mich auch n erkennendes... das ist 'n Wert, ...'n hoher Wert. Und das hat für mich also mit kirchlicher Bindung erstmal gar nichts zu tun ... Das heißt nicht nur, daß ich passiv bin in der Kirche, aber das ist doch immer wichtig, ein treibendes Element. Ja, also ich hab'... Ich fang' ja schon an zu überlegen, ob ich selbst überhaupt richtig religiös bin, oder ob ich so ganz anders an Gott glaube als andere. Also, ich könnte von mir nicht sagen, ich bin ein gläubiger Christ. (Würdest Du nicht sagen?) Nee. Also könnte ich nicht sagen. Für mich gibt's etwas Göttliches. Also, ich kann mir keinen Atheismus vorstellen oder kann mir nicht vorstellen, daß ich selbst Atheist bin. Aber das Göttliche ist für mich was sehr Abstraktes und auch schwer wieder in Verbindung zu Kirche zu bringen, die für mich einen persönlich-menschlichen Aspekt hat vorwiegend.« (NI)

Das Verhältnis zu Religion und Glaube in dieser Gruppierung ist unter inhaltlichen Gesichtspunkten in den vorausgegangenen Kapiteln (3.2.2.1. – 3.2.2.3.) dargestellt worden. In dieser Haltung ergänzen sich kritische Distanz zum christlichen Glauben (1), die Beschreibung von Glauben als Gefühl (2), die Einbeziehung philosophischer, psychologischer (3) und naturwissenschaftlicher (4) Kenntnisse und die Öffnung gegenüber anderen Religionen und religiösen Praktiken (5) zu einem Ganzen, wie es, oben bereits beschrieben, hier nur noch einmal mit Zitaten aus den Kommentaren zum Fragebogen unterlegt werden soll:

(1) »Mir scheint, die Kirche geht zu wenig auf Menschen ein, die in der Bibel nicht die ›Wahrheit‹ doch aber einen Sinn sehen. Die Bibel ist mit Sicherheit sehr daran beteiligt, daß unsere heutige Gesellschaft so human und größtenteils auch gerecht ist. Aber es ist nicht gut, daß ein Buch, das fast 2.000 Jahre alt ist, immer noch ›uneingeschränkt‹ gelten soll.« (F23)
»... Ich habe gleichzeitig ›Angst‹ vor missionarisch engagierten Kirchenmitgliedern, die mir etwas aufdrängen, etwas Fertiges über mich ›rüber‹ stülpen wollen. Glauben ist meiner Meinung nach etwas Individuelles und läuft nicht nach Schema XY des Missionsheftchens 0815 ab. Auch meine Beziehung zu Gott – soweit ich mit meinen immer wieder auftauchenden Zweifeln (eher auf der rationalen Ebene) selbst an seiner Existenz davon sprechen kann – ist etwas höchst Persönliches, Individuelles; sie entwickelt sich oder bleibt auf gleichem Stand, ändert sich aber

nicht/kaum ›bruchartig‹. Lehren von der 180°-Umkehr haben mich eher irritiert und eher zu Verkrampfungen in meiner Beziehung zu Gott geführt.« (F23)
»Ist jemand, der an Glaubens- und Kirchenfragen zweifelt, ein Atheist? Oder ist ein Christ jemand, der Zweifel zuläßt und die Verantwortung für sich selbst nicht nur Gott in die Hände gibt? Geht die Frage nach dem Sinn des Lebens nicht durch die Gegebenheiten und den Inhalt der Bibel verloren? Schließlich beantwortet sie den Sinn durch Gott.« (F23)

(2) »Die Kirche sollte gegenüber anderen Religionen toleranter sein! Warum schreckt die Kirche, die doch so feste Vorstellungen hat, vor der Politik zurück? Die Kirche müßte sich aktiv für Frieden, Naturschutz und Gerechtigkeit einsetzen! Gott darf den Kindern nicht als Opa-Figur vorgestellt werden, sondern eher als ›Gefühl‹ in uns allen.« (F23)
»Ich halte Religiosität für ein Gefühl, das nur erlebt werden kann. Zu diesem Erleben gibt es viele Wege. Der Weg der Schriftgelehrten (christliche Theologie) ist nur einer davon. Ich wünsche mir einen Pastor als persönlichen Berater, der mir meinen Weg zum Glauben zeigen kann.« (F23)

(3) »Eine glaubwürdige Verknüpfung von Psychoanalyse/psychischen Gegebenheiten des Menschen und dem Glauben; kritischer Blick für die eigene Geschichte (Geschichte des christlichen Abendlandes), insbesondere der eingeflossenen nichtchristlichen Faktoren; höhere Qualität der Predigten (nicht rhetorisch gemeint, sondern aussagekräftiger d.A.).« (F23)
»Ich meine, die Kirche könnte viel gewinnen, wenn sie ›philosophischer‹ arbeiten würde und ›psychologischer‹ arbeiten würde. Daß viele ›Kranke‹ in Psychotherapie z.B. ›abwandern‹ ist ein deutliches Zeichen, daß die Kirche ihrer traditionellen Aufgabe nicht mehr gewachsen ist. Wäre sie integrativer – auch gegenüber zuweilen provozierender Psychologie – könnte sie zeitgemäßer reagieren. Da weiterhin die Zeiten vergangen sind, da eine Religion sich die einzig wahre (weil geoffenbarte) nennen durfte, ist Kommunikation unter den Religionen wesentlich wichtiger, sowie die eher philosophische (allgemeinere) Fragestellung, daß der Mensch immer nach Sinn suchen wird.« (F23)

(4) »Das Christentum, wie es die evangelische Kirche verkörpert, sollte sich verstärkt mit atheistischen Standpunkten, besonders naturwissenschaftlicher Art auseinandersetzen.« (F23)
»Auch wenn Glauben und Naturwissenschaft heute nicht mehr unvereinbar sind, als naturwissenschaftlich geprägter Mensch kann ich nicht an Gott glauben.« (F23)
»Ergänzen möchte ich lediglich, daß meine Ablehnung von Glauben nur eine persönliche Auffassung ist und daß deshalb für andere Menschen Glaube und Kirche auch nach meiner Meinung sehr wichtig sein können. Überzeugt bin ich allerdings, daß die Bedeutung der Kirche immer weiter schwinden wird, wenn z.B. die (philosophischen) Konsequenzen aus Evolutionstheorie/Molekularbiologie Allgemeingut geworden sind.« (F23)

(5) »Die Kirche ist zu dogmatisch. Sie sollte offener werden für andere Denkansätze und eine ganzheitlich Lebensgestaltung, z.B. andere Religionen, Kulturen und Traditionen; die vielen Wege des New Age; die Wissenschaften wie Psychologie, Parapsychologie, Philosophie und Naturwissenschaften; Gesundheit, Körper!, Gefühle, ... Im Sinne des Evangeliums sollten sich hier viele neue Ansätze finden lassen und der Kirche bei einem breiten Publikum mehr Attraktivität verleihen, ohne den gemeinsamen Kasus zu verlieren. Ich erwarte auch ein mutigeres Engagement für die Umwelt, ›Dritte Welt‹ und die Lebensbedingungen auf der Erde überhaupt.« (F23)

»... Nicht immer nur dogmatische Ablehnung der Esoterik. Differenziertes Urteil darüber, mehr Auseinandersetzung mit ernsthafter Esoterik, was gleichbedeutend ist mit Auseinandersetzung mit anderen Religionen! Raus aus dem Gefühlspathos und Jesus Christus. Sehen, daß alle Menschen geistig zusammengehören! Trennung überwinden! Auseinandersetzung mit fundamentalistischen Thesen! Inwieweit diese für die Zukunft etwas bringen können? Klärung der Ursachen für Fundamentalismus. Entwicklung und Veränderung zulassen, nicht an alten überlieferten Formen festhalten! Erkennen, daß die Liebes/Christusidee viele Erscheinungsformen zuläßt, daß Wahrheit bei uns Menschen ein dynamischer Prozeß ist, der nicht zu allen Zeiten bei allen Menschen gleich ist.« (F23)

»Der Austausch mit anderen Religionen, stärkeres Einsetzen für die Durchsetzung der Menschen- und Bürgerrechte.« (F23)

»Ich glaube an Götter/Göttinnen, die Liebe und die Kunst!« (F23)

»Die Kirche sollte gegenüber anderen Religionen toleranter sein! Warum schreckt die Kirche, die doch so feste Vorstellungen hat, vor der Politik zurück? Die Kirche müßte sich aktiv für Frieden, Naturschutz und Gerechtigkeit einsetzen! Gott darf den Kindern nicht als Opa-Figur vorgestellt werden, sondern eher als ›Gefühl‹ in uns allen.« (F23)

»Individuelleres Eingehen auf die differenten Einstellungen zum Leben und Lebenssinn. Individuellere Betreuung durch ›Glaubensvertreter‹. Mehr Akzeptanz anderer Glaubensrichtungen. Workshops. Die Kirche sollte mehr als Möglichkeit verstanden werden, individuelle Probleme und Aufgaben im Kollektiv zu lösen und nicht durch Predigen von abstrakten Dingen eine generell tendenziell gesteuerte Richtung des zu gehenden Lebensweges aufzuzeigen. So könnte die Kirche als Institution zur Lösung von Lebensfragen verstanden werden.« (F23)

»...Für mich ist Christsein vor allem eine Lebenseinstellung : Humanität, Friedfertigkeit, Toleranz. Hier nehme ich auch gern Jesus Christus in mein Leben und warum auch nicht Buddha oder Laotse, ohne deshalb Mitglied dieser Religionen werden zu wollen. Denn als Verbindendes bleibt für mich auch Tradition und die Anerkennung der wichtigen Rolle der Kirche in einer religiöse Dinge in den Hintergrund drängenden Welt. Ich wünsche mir eine Kirche, die oben genannte Werte in den Mittelpunkt rückt, damit auch bei politisch dagegensprechenden Entscheidungen nicht schweigt und keinen Absolutheitsanspruch erhebt, wie dies in der Geschichte des Christentums immer wieder geschah.« (F23)

»... Vermischung mit anderen Religionen, z.B. dem japanischen Shinto, der eher diesseits bezogen ist. ...« (F23)

»Die Kirche soll aufhören, zu meinen, daß man ohne sie nicht gut leben könnte. Sie soll aufhören, zu versuchen, sich allen Menschen aufzudrängen. Das ist wie mit dem Spinat, wer ihn nicht mag, ißt ihn auch mit einem Klecks Sahne nicht. An Gott, wie ihn die Kirche beschreibt (als Schöpfer der Erde/Welt) kann kaum noch jemand glauben. Die Kirche sollte auch der Natur einige Kraft zuschreiben, auch wenn ›ihr‹ Gott dann nicht mehr als oberstes Licht dastände. Wie kann man die vorhandenen Katastrophen mit dem Beschützer (Gott) in Einklang bringen?« (F23)

3.2.3. Kirche

Die amtliche Statistik weist für das Wintersemester 1988/89 1.384.000 Studierende aus. Die Konfessionszugehörigkeit Studierender wird nicht erfaßt, so daß sie in einer Vorerhebung zur Repräsentativbefragung zunächst einmal festgestellt werden mußte:

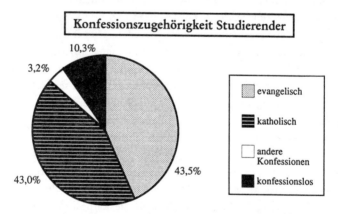

Daraus kann gefolgert werden, daß es im Wintersemester 1988/89 rund 602.000 evangelische studierende Kirchenmitglieder gegeben hat. Auch bei der repräsentativen Befragung wurde eine Definition von »Kirche« oder ein bestimmtes Kirchenbild den Erhebungen nicht zugrunde gelegt, da keine Eingrenzung der Assoziationen der Befragten vorgenommen werden sollte. So sprechen sie zwar (erwartungsgemäß) in ihren qualitativen Äußerungen synonym von Glaube, Religion und Kirche, andererseits konnte dadurch aber auch das »Kirchenbild« der Studierenden selbst zum Ausdruck kommen, nämlich das einer (hierarchisch strukturierten bürokratischen) Institution, die sich durch ihre Leitungspersonen, Mitarbeiter, Veranstaltungen und öffentlichen Verlautbarungen präsentiert. Entsprechend besteht in der Masse der qualitativen Äußerungen ein Gegenüber zwischen der Institution/Organisation und dem einzelnen Studierenden/Kirchenmitglied. Es erscheint daher berechtigt, im folgenden nicht nur nach der eigenen Beteiligung am »Ereignis Kirche« zu fragen, sondern auch nach dem Image der »Institution Kirche«, wie sie von außen wahrgenommen wird.

Eine Wertung bzw. Überprüfung des Wahrheitsgehalts der Kritik wird im folgenden nicht vorgenommen. Angemerkt sei jedoch, daß bei den Interviewern in einigen Fällen der Eindruck entstand, daß einerseits ein erhebliches Wissensdefizit über Handeln und Verlautbarungen der Kirche vorliegt: Forderungen und Kritik gehen offensichtlich an den Gegebenheiten vorbei. Andererseits erscheint manche Kritik auch als »psychologisches Phänomen«: In den Köpfen einiger Kritiker hat sich ein Bild von Kirche festgesetzt, das aus verschiedenartigsten Projektionen zusammengesetzt zu sein scheint. Dies genauer zu ergründen, hätte therapeutischer Interviews bedurft, die jedoch nicht abgesprochen oder intendiert waren.

Ein weiteres Ergebnis der qualitativen Untersuchung ist bei der Interpretation der Daten der Repräsentativbefragung zu berücksichtigen: In den Augen der (evangelischen) Studierenden gelten die konfessionellen Spaltungen als längst überholt, so daß bei ihnen »die Kirche« sowohl die evangelische als auch die katholische umfaßt. Zwar wird in qualitativen Äußerungen gelegentlich zwischen beiden Kirchen differenziert, negative Einschätzungen der katholischen Kirche (z.B. das negative Image des Papstes) werden aber auch zur Kritik an der evangelischen Kirche herangezogen, sie »überstrahlen«, wie es ein Studierender ausdrückte.

3.2.3.1. Kirchlichkeit

Traditionell wird die Kirchlichkeit der Kirchenmitglieder durch die Zählung ihrer Kirchgangshäufigkeit und die Inanspruchnahme von Amtshandlungen gemessen. Um zum einen einen Vergleich zwischen Studierenden und der Gesamtheit der Kirchenmitglieder zu erhalten und zum anderen Rückschlüsse auf die Spezifität bei Studierenden zu ermöglichen, wurden diese Fragen gegenüber den Kirchenmitgliedschaftsuntersuchungen der EKD nur leicht abgewandelt.

3.2.3.1.1. Gottesdienstbesuch

Über Häufigkeit und Gelegenheit des Gottesdienstbesuchs gibt folgende Abbildung Aufschluß:

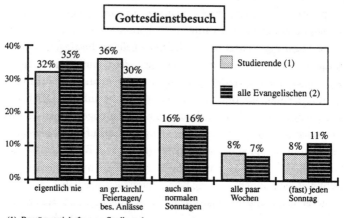

(1) Repräsentativbefragung Studierende
(2) II. Kirchenmitgliedschaftsuntersuchung der EKD, 1982

Studierende sind in ihrer Selbsteinschätzung – entgegen der Erwartung – keine »schlechteren« Kirchgänger als alle anderen Evangelischen auch. Allerdings unterscheiden sie sich, wenn es um den Ort des Kirchgangs geht. Kann man bei allen Evangelischen annehmen, daß sie in der Regel am Gottesdienst ihrer Gemeinde am Wohnort teilnehmen, so spaltet sich dieses Bild bei Studierenden auf:

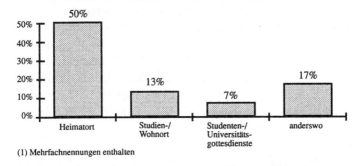

(1) Mehrfachnennungen enthalten

Die hohe Nennung des Heimatortes korrespondiert mit dem Kirchgang an großen kirchlichen Feiertagen und aus familiären Anlässen. Die prioritäre Nennung des Heimatortes als Kirchgangsort wird von Studierenden mit unterschiedlicher religiöser Selbsteinschätzung genannt. Sogar ein Viertel der »Atheisten« geht an Festtagen oder bei familiären Anlässen in den Gottesdienst der Heimatgemeinde. Es kann angenommen werden, daß die Heimatgemeinde bei dem Gros der Studierenden das Bild von »Kirche« stark beeinflußt. Der Kirchgang am Studienort und der Besuch der Studentengottesdienste wird fast ausschließlich von den sich als »religiös« einstufenden Studierenden genannt. Er spielt bei den anderen (fast) keine Rolle. Das könnte bedeuten, daß mit den Studentengottesdiensten nur diejenigen erreicht werden können, die enge Bezüge zum Glauben haben, während Studierende mit anderen Haltungen dieses Angebot nicht annehmen. Auffällig ist der hohe Gottesdienstbesuch »anderswo«, der sich bei allen Studierenden – abgestuft nach ihrer religiösen Selbsteinschätzung und allgemeinen Kirchgangshäufigkeit – findet. Hierfür läßt sich aus dem Datenmaterial allerdings keine Erklärung finden.

3.2.3.1.2. Inanspruchnahme von Amtshandlungen

Die Bereitschaft zur Inanspruchnahme von Amtshandlungen, die wichtige Punkte in der individuellen Biographie begleiten, zeigt, inwieweit Kirchenmitglieder (für sich selbst) ihre Religiosität zum Ausdruck bringen, an Konventionen festhalten bzw. selbst im Glauben so weit verankert sind, daß sie diesen auch an ihre (potentiellen) Kinder weitergegeben sehen möchten.

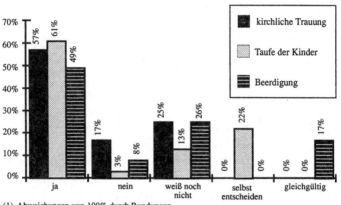

(1) Abweichungen von 100% durch Rundungen

Im Vergleich zur Gesamtheit der evangelischen Kirchenmitglieder fällt die Zustimmung zu den Amtshandlungen geringer aus. Kirchliche Trauung und Beerdigung werden von den Studierenden wahrscheinlich als Absage an Konventionen am stärksten abgelehnt bzw. sie sind zu rund einem Viertel noch unentschieden. Bei der Taufe der Kinder wird die eigene Haltung der Studierenden deutlich: ihre Prioritätensetzung bei den Freiheits- und Selbstentfaltungswerten wird auf die Kinder übertragen. Die Entscheidung über ihre Konfessions- und Kirchenmitgliedschaft wird den Kindern überlassen. Es ist damit zu rechnen, daß der bereits zu verzeichnende Trend zu »Taufunterlassungen« zumindest bei der späteren Elterngruppe mit Studium zunehmen wird.

Eine Differenzierung der Haltung nach religiöser Selbsteinschätzung zeigt, daß mit abnehmender eigener Religiosität sowohl die Tendenz,

den Kindern die Entscheidung zu überlassen, als auch die eigene
Indifferenz (weiß nicht) zunimmt.

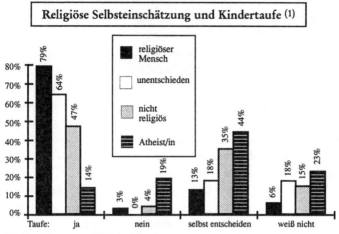

(1) Abweichungen von 100% durch Rundungen

In der Konsequenz bedeutet das für die Kinder, daß eine Hineinnahme in die christliche Gemeinschaft immer weniger »automatisch« erfolgt, sondern ihnen spätestens im Konfirmandenalter eine Entscheidung abverlangt wird, bei der sie von den Eltern nicht begleitet werden.

3.2.3.2. Verbundenheit und Austrittsneigung

3.2.3.2.1. Gefühl der Verbundenheit
Auch die Frage nach dem »Gefühl der Verbundenheit« mit der Kirche wurde in die Studierendenbefragung aufgenommen, um eine Vergleichbarkeit mit den Kirchenmitgliedschaftsuntersuchungen herzustellen und um sicherzustellen, daß in der Stichprobe alle Haltungen möglichst repräsentativ vertreten sind.

Die inhaltliche Aussagekraft der Verbundenheitsskala liegt darin, daß die Befragten eine Bündelung ihrer Einstellungen, Erfahrungen usw. zur Kirche vornehmen und dann mit ihrem Eintrag auf einer Skala bewerten. Das hat gegenüber der anhand konkreter Inanspruchnahmen gemessenen Kirchlichkeit, wie Kirchgang, Amtshandlungen, den Vorteil, daß z.B. auch diejenigen einbezogen werden, die ihre Kirchenzugehörigkeit nicht in aktiver Teilnahme ausdrücken, sondern mehr aus der Distanz das Handeln der Kirche wahrnehmen.

Die Stufen der Verbundenheit mit der evangelischen Kirche differenzieren sich bei den Studierenden entsprechend ihrer sozio-demographischen Merkmale: Frauen sind tendenziell stärker mit der Kirche verbunden als Männer. Studierende an den Universitäten sind mit der Kirche stärker verbunden als Studierende an den Fachhochschulen – wobei hier noch zusätzlich zu bedenken ist, daß an den Fachhochschulen mehr Männer studieren als Frauen. Nach Studienfächern differenziert fühlen sich die Medizin-Studierenden am stärksten mit der Kirche verbunden, gefolgt von denen der Geisteswissenschaften. Studierende der Sozialwissenschaften und Psychologie stehen ihr dagegen am kritischsten gegenüber (s. Abbildung S. 147).

Im Vergleich zur Sonderauswertung der zweiten Kirchenmitgliedschaftsstudie zu Befragten mit Studium ist die Verbundenheit der jetzt Studierenden geringer: die Gruppe der kaum und überhaupt nicht Verbundenen (54 bzw. 52%) ist um 14 bzw. 12% größer als in der zweiten Kirchenmitgliedschaftsstudie. Hier spielt sicherlich auch der »Altersfaktor« eine Rolle: je jünger die Kirchenmitglieder sind, desto unverbundener sind sie mit der Kirche. Außerdem ist zu berücksichtigen, daß sieben Jahre zwischen den Untersuchungen liegen. Obwohl ein direkter Vergleich also nur mit gewisser Zurückhaltung anzustellen ist, zeigt sich doch, daß sich Studierende zu mehr als der Hälfte als kaum oder überhaupt nicht mit der Kirche verbunden einschätzen, während dies nur etwa ein Drittel aller Kirchenmitglieder tut. Mit der zweiten Kirchenmitgliedschaftsstudie konnte gezeigt werden, daß ein höherer Bildungsstand und (bzw. damit verbundenes) jüngeres Lebensalter für eine distanzierte Haltung zur Kirche

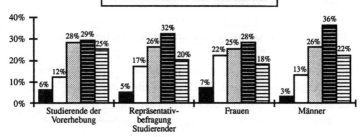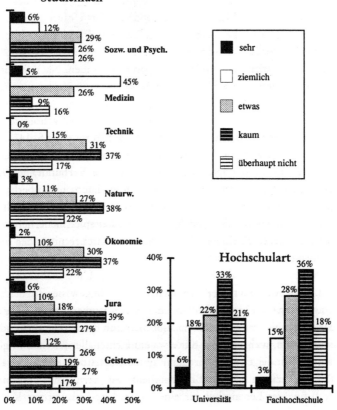

charakteristisch sind (vgl. folgende Abbildung). Dies wird durch die Untersuchung eindrucksvoll bestätigt.

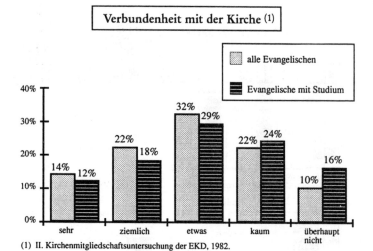

(1) II. Kirchenmitgliedschaftsuntersuchung der EKD, 1982.

Die folgenden Versuche, die Kritik an der Kirche zu differenzieren und für einzelne Bereiche und Kritikpunkte zu konkretisieren, müssen also auf dem Hintergrund dieser kritischen Haltung gesehen werden: selbst wenn es im folgenden nur wenige Stimmen sind, die durch die Interviews und die Äußerungsmöglichkeit zu offenen Fragen im Fragebogen zu Wort kommen, so stehen hinter ihnen doch die Einschätzungen einer großen Zahl von Studierenden, die ernst genommen werden wollen.

3.2.3.2.2. Neigung zum Kirchenaustritt

Die geringe Verbundenheit mit der Kirche eines großen Teils der Studierenden spiegelt sich im Gedanken an einen Kirchenaustritt wider. Auf einer 7-Punkte-Skala (1 entspricht »liegt mir ganz fern«; 7 entspricht »liegt mir ganz nah«) gibt es folgende Verteilung: 41% (Skalenwerte 1 und 2) liegt der Kirchenaustritt fern, 33% (Skalenwerte 3,4,5) denken aktuell nicht an einen Kirchenaustritt und 27%

(Skalenwerte 6 und 7) liegt der Austritt ziemlich nah. Das Bild verändert sich durch Differenzierung nach sozialstatistischen Daten.

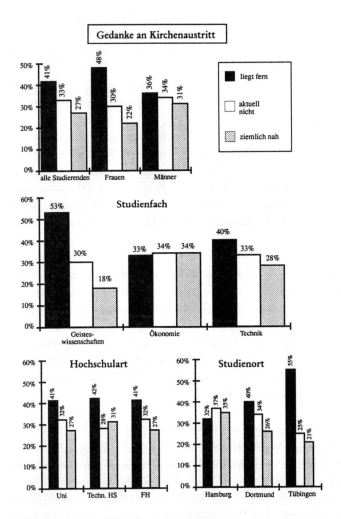

Die Austrittsneigung ist zwischen dem 7. und dem 10. Hochschulsemester und dem Alter zwischen 23 und 28 Jahren am höchsten.

Die höhere Austrittsneigung der Männer korrespondiert mit ähnlichen Ergebnissen der Kirchenmitgliedschaftsuntersuchungen und der Kirchenstatistik über Kirchenaustritte. Einerseits scheint eine allgemein größere Affinität von Frauen zum Glauben und zur Religion (vgl. auch Kapitel 3.2.2.1.) und etwas abgeschwächt zur Kirche vorzuliegen. Andererseits finden sich Frauen stärker in den geisteswissenschaftlichen als z.B. in technischen und naturwissenschaftlichen Fächern, so daß vermutet werden kann, daß Frauen an Studienfächern und -inhalten, die auch »Sinnfragen« ansprechen, interessierter sind als Männer.

Die höchste Austrittsneigung herrscht bei den Studierenden der Ökonomie (Mittelwert 4,1), die allerdings auch fast genau dem Skalenmittelwert (4) entspricht, gefolgt von denen der Sozial- (3,8) und Naturwissenschaften (3,8), der technischen – (3,7) und Rechtswissenschaften (3,6). Dagegen liegt der Kirchenaustritt den Studierenden der Medizin (2,8) und der Geisteswissenschaften (3,0) eher fern. Gründe für die relativ höhere Austrittsneigung der Ökonomen lassen sich anhand des Datenmaterials nicht angeben: im Verhältnis zum Durchschnitt aller Studierenden äußern sie sich in differenzierten Fragen nicht kirchenkritischer und geben auch keine im Vergleich höhere Unverbundenheit mit der Kirche an. Eine deutliche Abweichung läßt sich allerdings in ihrer allgemeinen Orientierung feststellen: wichtiger als allen anderen Studierenden ist ihnen »Leistungsbereitschaft« und ein »angenehmes und genußvolles Leben«. In der Studienmotivation steht für sie das durchschnittlich letztgenannte Motiv oben an: »ein hohes Einkommen zu sichern«. Dahinter fallen soziale und gesellschaftliche Orientierungen – wie sie der Kirche zugeschrieben werden – zurück. Kirchliches Handeln wird als gegensätzlich zur eigenen oben skizzierten Orientierung empfunden. Bei den sozio-demographischen Merkmalen fällt der hohe Männeranteil (71%), der hohe Anteil mit Berufsausbildung vor dem Studium (49%) und die Wohnortferne vom Studienort (über 20 km: 23%; alle Studierenden: 15%) bei hohem Elternwohneranteil (36%; alle Studierenden: 27%) auf.

Studierende der Naturwissenschaften und Technik ähneln in ihren Einstellungen und Haltungen zu Religion, Glaube, Kirche den Ökonomen – Stichwort: »Mittellagen« –, unterscheiden sich aber in ihren allgemeinen Orientierungen.

Bei den Sozialwissenschaftlern und -wissenschaftlerinnen liegt eine sehr institutionenkritische Haltung vor. Zu den inhaltlich spezifizierten Fragen kommt eine deutliche »Linksorientierung« zum Ausdruck, die aber – bei aller Kritik – nicht in einen totalen Gegensatz zur Kirche führt, da diese Studierenden gerade das soziale und gesellschaftspolitische Handeln der Kirche positiv bewerten. Zu berücksichtigen ist hierbei allerdings, daß sie keine homogene Gruppe bilden: bei ihren Einstellungen zu Glauben und Religion trifft man sowohl auf stärkere Zustimmung als auch stärkere Ablehnung.

Die etwas höhere Austrittsneigung bei Studierenden an Technischen Hochschulen geht einher mit einem hohen Männeranteil (70%) und einem hohen Anteil von Technikern (55%).

Bemerkenswert sind die regional feststellbaren Unterschiede. Selbst wenn man die starke Präsenz von Studierenden der Geisteswissenschaften in Tübingen (36%; alle Studierenden 22%) berücksichtigt, drückt sich anhand der drei exemplarisch herausgegriffenen Hochschulorte ein Nord-Süd-Gefälle aus bzw. scheint sich auch gleichzeitig die Größe der Hochschulorte und ihr kirchlich/geistiges Klima insgesamt bemerkbar zu machen: in »protestantischen« Millionenstädten finden sich die meisten Austrittsgeneigten (Frankfurt 40%; Hamburg 35%), die »rheinisch-westfälischen« Großstädte liegen im Mittelfeld (Dortmund: 26%; Aachen: 28%), die süddeutsche Millionenstadt München bei 27% und die süddeutsche Kleinstadt Tübingen bei nur 21%.

3.2.3.3. Das Bild der Kirche bei Studierenden

3.2.3.3.1. Image

Wurden Studierende in den narrativen Interviews einleitend um ihre Meinung zu dem Themenbereich Religion, Glaube, Kirche angesprochen, wählten sie in der Regel entweder den Zugang über die eigene Biographie (vgl. Kapitel 3.2.2.3.3.), oder sie begannen mit einer Beschreibung und Kritik der Kirche als einer Organisation, Institution, Bürokratie oder Ähnlichem. Zum Beleg für ihre Äußerungen zogen sie dann Beispiele aus eigener Erfahrung – hier besonders aus dem Bereich der Gemeinde – heran oder aus öffentlichen Äußerungen der Kirche oder dem Auftreten ihrer Repräsentanten – vom Ortspfarrer bis zum Papst.

Die Meinungen werden dabei in der Regel aus der Perspektive der »von außen« Wahrnehmenden, nicht aus unmittelbarer Erfahrung eigener ständiger Teilnahme oder Mitarbeit heraus abgegeben. Es scheint daher gerechtfertigt, diese Zuschreibung als Image der Institution darzustellen und anschließend zu versuchen, diese pauschalen Beurteilungen an einzelnen Kritikpunkten zu differenzieren.

3.2.3.3.1.1. Image als Institution

In den narrativen Interviews und in der Beantwortung einer offenen Frage der Repräsentativbefragung finden sich pauschale Einschätzungen von Kirche, die Bürokratien allgemein zugeschrieben werden können:

»Ich habe etwas gegen Kirche als bürokratische Institution. ... Kirche als Institution des Glaubens trägt immer noch zur Bevormundung bei!!!« (F23)
»Die Kirche ist nicht interessant genug. Es fehlt die Frische. ... Die Kirche muß von ihrem Image ›langweilig zu sein‹ herunterkommen.« (F23)
»Für mich ist die Kirche für mich selbst nicht selbstkritisch genug, oftmals zu flach, in irgendwelchen personalistischen Anschauungen (Jesus, Maria, Evangelisten) verhaftet, zu wenig metaphysisch, intellektuell, zeitkritisch, politisch, bietet zu wenig Reibungsflächen, zu dogmatisch, zwischen ›Hurra-Glauben‹ beim Kirchentag und grauem Bibelaltenkreis bzw. sanft lächeldem Birkenstock-Müsli-Studentenkreis, zu wenig Aktion. ...« (F23)
»Die Kirche ist viel zu sehr institutionalisiert, außerdem ist sie überaltert. Die Predigten in den Gottesdiensten entsprechen nicht relevanten Gegenwartsproblemen...« (F23)

Charakteristisch für diese Einstellung ist auch die Kritik, die allgemein an Organisationen geübt wird, die Mitgliederinteressen organisieren, nämlich bezüglich der Spannungen zwischen Mitgliederbasis und Leitung:

»So daß ich eben insgesamt, auch wenn das jetzt verkürzt oder global dargestellt ist, doch sagen würde, daß ich die... den Apparat Kirche und die hierarchische Kirche - ja, eigentlich ist der Ausdruck Apparat Kirche... - doch als sehr schwerfällig und schwierig und oft auch als ausgrenzend empfunden habe. So daß also, wenn viele... ja, daß viele Leute schon zu früh und auch bevor es die Kirche überhaupt gemerkt hat, ausgegrenzt waren oder an den Rand gebracht wurden, die an sich vielleicht 'ne unausgesprochene, aber doch klare Sympathie für die Kirche oder auch für Religiosität gehabt haben.« (NI)
»Die Verbindung zwischen Basis und Spitze der EKD ist zu wenig gegeben. Die Institution Kirche ist einfach zu groß, um wirksam zu arbeiten...« (F23)
»Große Organisationen wie die EKD lassen naturgemäß wenig Platz für das Individuum. Die EKD scheint mir immer etwas realitäts-/weltfremd.« (F23)
»Die Führungsspitze der Kirche lebt zwar parallel zu Alltagsleben, jedoch ohne wirklichen Kontakt! Hier ist mehr (wesentlich mehr als heutzutage!) Kontakt mit der ›Basis‹ bzw. dem Volk gefragt. ...« (F23)
»Die Haltung von Bischöfen und Pröbsten gegenüber dem lebendigen Christentum, das über die neuzeitlich lutherischen Auffassungen hinausgeht, ist großenteils ein Hemmschuh in der Entwicklung der Kirche. ...« (F23)

Mangelnde Fähigkeit zur Selbstkritik und die Unfähigkeit, innovatives Handeln zu integrieren oder gar zu unterstützen, erscheinen den Befragten als »logische« Konsequenzen:

»Die evangelische Kirche ist nicht selbstkritisch. Sie bezieht keine eindeutige ethisch-moralische, religiöse Grundhaltung. Sie verharrt in abwartender Haltung und riskiert kein ›blaues Auge‹, wenn es um wirkliche existenzielle Probleme der Menschen geht...« (F23)
»Kirche hat sich in der Vergangenheit fast immer auf die Seite des Stärkeren gestellt. Ob in Kriegen usw. Keine Eigenkritik geübt. ...« (F23)
»... Es gibt viele Möglichkeiten, auf den Bürger einzugehen. Es wird nicht getan. Gibt es aber doch einmal einen jungen, innovativen Pastor, wird er durch einen alten, verstaubten Kirchenrat rausgeekelt. Solange die Kirche da kein Einsehen hat, wird sie weiterhin ›zahlende‹ Mitglieder verlieren!« (F23)
»... Viele (meist jüngere) Pastoren sind heute schon auf dem richtigen Weg, doch der gesamte Kirchenunterbau und die Kirchenführung sind in meinen Augen zu stark mit der Tradition verwurzelt und lassen zu wenig Spielraum für Neuerungen zu.« (F23)

Diese Äußerungen Studierender lassen sich anhand von Ergebnissen aus der Repräsentativbefragung quantifizieren. Es handelt sich demnach nicht lediglich um Einzelmeinungen, sondern um Illustrationen einer generellen Einschätzung.

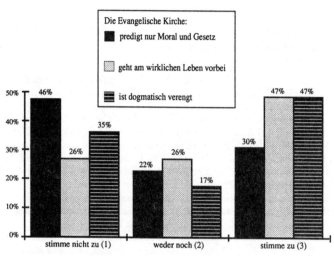

Die Zustimmung der knappen Hälfte der Studierenden zur Einschätzung »wirklichkeitsfern« und »verengt« bestätigt das oben skizzierte Image. Der dritten Vorgabe, – es kann nicht angenommen werden, daß das Gros der Studierenden den theologischen Hintergrund erkannt hat –, stimmt immerhin noch ein knappes Drittel zu.

Kurz zusammengefaßt, läßt sich das Image der Evangelischen Kirche bei der Masse der Studierenden entsprechend der folgenden Aussagen verorten:

»Die Kirche ist einfach nicht zeitgemäß in ihrer jetzigen Form.« (F23)
»Das Gedankengut, wie es von der Kirche zur Zeit vermittelt wird, ist alt und verknöchert. ...« (F23)

3.2.3.3.1.2. Besondere Aspekte kirchlichen Images

Von den Studierenden werden neben der allgemeinen Einschätzung der Institution besondere Problembereiche genannt, die zum negativen Image führen:

Die Sexualfeindlichkeit »der« Kirche – hier ist die Übertragung von Kritik an der katholischen Kirche auf die evangelische Kirche besonders deutlich – und ihre Stellung zur Abtreibung/§ 218 StGB wird vielfach als Einmischung in den persönlichen Bereich oder auch aus Dritte-Welt-politischer Sicht kritisiert.

»Während meiner Bekehrung und danach war ich als pubertärer Jugendlicher vor allem empfänglich für Einstellungen der (evangelischen) Kirche zu Partnerschaft und Sexualität. Hier habe ich durch die teilweise vehement vertretene Ablehnung des außer/ bzw. vorehelichen Geschlechtsverkehrs ein wahres Trauma erfahren, das mich in schwere Konflikte gestürzt hat. Die Abwendung von diesen Dogmen bedeutete für mich zwar anfänglich eine ziemliche Gewissenskrise, später empfand ich sie jedoch als wirklichen Befreiungsschlag. In dieser Hinsicht sollte die Kirche von dogmatisch gefärbten Inhalten abweichen und die Realität des menschlichen Daseins akzeptieren!« (F23)

»Thema Sexualität; wie immer wird geschwiegen! Daher kommen sehr viele Probleme, Ängste, Aggressionen etc. Daher, weil man so tut, als sei dies eine Sache, bei der außer der ›Erhaltung der Art‹ nichts zu reden sei.« (F23)

»... und die Kirche soll sich nicht zu weit in den Privatbereich mischen. Es ist schließlich nicht Sache der Kirche, sondern jedes einzelnen, ob er eine Abtreibung verantworten kann; daraus sollte sich die Kirche raushalten!!!« (F23)

In engem Zusammenhang damit wird das Image »frauenfeindlich« vermutet:

»Die Kirche ist leider immer noch frauenfeindlich (Ausnahmen bestätigen die Regel), Patriarchalismen werden immer noch tradiert. Am Rande oder außerhalb der Kirche ist sehr viel im Umbruch – leider dringt die feministische Theologie mit ihren befreienden Anteilen weder in die Liturgie noch scheint sie in den Köpfen der Machthaber, sprich den Pfarrern, Bischöfen und Oberkirchenräten, zu sein. ...« (F23)

»Aber eigentlich hat vieles, was mit Macht und, also für mich hat Kirche viel mit Macht und mit Unterdrückung und mit negativer Männlichkeit, sage ich es mal so (ja), sehr viel damit zu tun.« (NI)

»... Daß ich schon denke, daß die paar Frauen, die also Pastorinnen sind, die da viel in Bewegung gebracht haben und wo es also in einer Männerkirche bzw. außerhalb dieser Männerkirche – und versuchen, das reinzutragen, und natürlich auf sehr viel Widerstand auch stoßen, und wo ich denke, die Männer, die täten gut daran, sich mal zu befragen da und zu gucken, was können wir denn auch lernen voneinander.« (NI)

Solche Kritik wird aber auch konstruktiv geübt mit dem Wunsch, daß die Kirche sich im Interesse der Frauen in dieser Gesellschaft engagieren sollte – z.B. für die alleinerziehenden, studierenden Mütter:

»Mir fallen dazu so zwei Sachen ein, wo eigentlich 'ne Arbeit stattfinden könnte, die, glaube ich, sehr gut oder sehr gerne aufgegriffen werden würde, und zwar am Bereich der Frauenpolitik könnte ich mir vorstellen, weil es da halt schwerpunktmäßig so ist, daß es also vermehrt alleinerziehende Mütter gibt als wie alleinerziehende Väter, daß man also die Möglichkeit irgendwie von Kinderkrabbelstuben und sonstiges wirklich anbietet, weil das an Hochschulen sehr selten passiert. Und so Aktivitäten ESG eventuell im Sommer mit Dritte-Welt-Läden. Könnte ich mir sehr gut vorstellen, weil da einfach 'ne etwas andere Atmosphäre dann auch ist, ne, also so 'ne ›weltoffenere‹ Atmosphäre – jetzt in Anführungsstrichen ausgedrückt. Das ist sicherlich so, daß die ESG einfach sich auch verkaufen muß, ne, und gewissen marktpolitischen Schwankungen unterworfen ist, und wenn sie da also 'ne Sache bringt, die von anderen Gruppen also links liegengelassen wird – grad hier im Bereich Kinderkrabbelstuben, also in Duisburg gibt's eigentlich gar keine –, glaube ich schon, daß die ESG in aller Munde auf einmal wäre. Wäre irgendwie 'ne ganz gute Sache sogar.« (NI)

Während sich das Image der »Sexualfeindlichkeit« durch die Repräsentativbefragung bestätigt, wird eine »Frauenfeindlichkeit« nicht ganz so stark empfunden (s. Abbildung S. 157)
Die Kirche und ihr Geld spielen in einigen Voten zur offenen Frage in der Repräsentativbefragung eine Rolle: das Kirchensteuersystem wird kritisiert. Der Reichtum der Kirche entspreche nicht biblischem Zeugnis bzw. solle in diakonische Aktivitäten fließen:

»Die Finanzierung der Kirche durch die KST ist, gemessen an ihrer Tätigkeit, ein Unding. Würde die Kirche mehr Menschen ansprechen, könnte sie sich durch Spenden oder sonstige Beiträge finanzieren. Durch die jetzige Regelung bleiben nur zwei Möglichkeiten, entweder ich zahle, oder ich trete aus. Den Glauben kann man auch ohne die Institution Kirche bewahren.« (F23)
»... Kirche hat viel zu viel Eigenkapital, welches sie nicht zu humanistischen Zwecken nutzt. Kirche ist viel zu reich!« (F23)

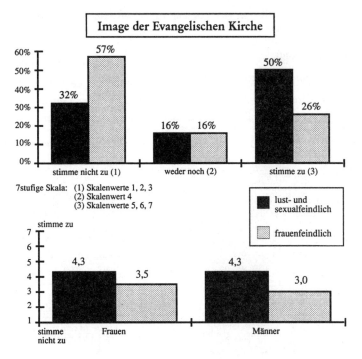

»Theorie und Realität müssen sich wieder nähern. Ein Pfarrer im Mercedes ist genauso unglaubwürdig wie ein Manager in einer Ente. Kirche, Altenheime und Krankenhäuser stoßen mit ihren Überschüssen sogar schon an juristische Grenzen, indem ihnen die Gemeinnützigkeit aberkannt werden soll. Dann wird schnell ein Anbau finanziert, der den Verdacht einer Profitsteigerung aufkommen läßt. Dieses Geld gehört dem Personal, das gerne seine Ideale verwirklichen würde, dies aus Zeitmangel aber nicht kann.« (F23)

»Wie schon vorher erwähnt, sollte die Kirchensteuer erniedrigt werden. ...« (F23)

Als Arbeitgeber hat die Kirche einen schlechten Ruf, einerseits (wahrscheinlich) bezogen auf Differenzen zwischen Außendarstellung und der Wahrnehmung der Aufgaben bezüglich der Mitarbeiter:

»Die EKD/EKKW ist nach außen hin bemüht, vieles als ›Friede, Freude, Eierkuchen‹ zu verkaufen; wenige kritische Aussagen; oft zu konservativ (bei der Kirchenleitung). So wie ›Kirche‹ oft mit Mitarbeitern umgeht, ist nur noch Farce, viele werden ›verheizt‹; Gremien haben oft nur Alibifunktion, entschieden wird oben, ohne auf Fachwissen oder Betroffene Rücksicht zu nehmen.« (F23)

Andererseits liegen persönliche Erfahrungen von ehemaligen Mitarbeitern und Mitarbeiterinnen / Praktikanten und Praktikantinnen vor:

»Ich denke, also damit ist die Kirche genau so 'n Ausbeuter wie alle anderen auch. Z. B. für das Praktikum jeden Monat eine Abrechnung mit 0,00 bekommen – und das ein Jahr lang.« (NI)
»Ich habe in einem evangelischen Krankenhaus gelernt. (Ah ja, und irgendwelche alptraumhaften Erfahrungen gemacht?) – Das eine war, wir mußten jeden Morgen mit zum Gottesdienst. (Also Zwang?) – Ja, Zwang. Das zweite war, sie rühmten sich der sog. christlichen Nächstenliebe (Ja.) bis es ans eigene Personal ging. (Ja. Also Kirche als Arbeitgeber?) – Danach habe ich mir gesagt, ich gehe nie wieder in ein Krankenhaus, wo ein Pastor im Vorstand sitzt, muß ich ehrlich sagen. (Ja.) Weil ich habe gesagt, nein.« (NI)
»Ich hab mich oft bei der Kirchenarbeit gefragt, daß der ... das Preis-Leistungs-Verhältnis stimmt dort nie ... Und dieses Gefühl hatte ich oftmals bei der Kirchenarbeit auch, denn es wird von den Leuten, die dort arbeiten oder aktiv sind, sehr viel Menschlichkeit und sehr viel Ausdauer und sehr viel Stehvermögen erwartet. Aber ich habe leider die bittere Erfahrung machen müssen, daß, wenn man das zurückbraucht im Grunde genommen – das was man investiert hat, muß nicht immer unbedingt eine hohe Rendite abwerfen, es muß nicht immer sehr zinskräftig sein – aber so ein gewisses Entgegenkommen hätte ich schon nett gefunden. Und da hab ich mich dann irgendwo von denen hängengelassen gefühlt, und das fand ich nicht nett. Von dem Zeitpunkt an habe ich die Kirche auch sehr in den Hintergrund geschoben.« (NI)

3.2.3.3.2. Image der Kirche im Gegenüber zur eigenen Orientierung

In der Repräsentativbefragung wurde mittels identischer Antwortvorgaben erstens nach der Wichtigkeit allgemeiner Orientierungen bei Studierenden und zweitens nach der Haltung der Kirche (entsprechende Orientierungen fördernd bzw. erschwerend) zu diesen Fragen gefragt. Aus dem Vergleich der Ergebnisse ergeben sich tendenzielle Übereinstimmungen beziehungsweise Differenzen zwischen den Haltungen Studierender und dem wahrgenommenen kirchlichen Handeln bzw. den vermuteten kirchlichen Haltungen. Besonders die Unterschiede skizzieren Bereiche, die zum Dialog herausfordern.

In der folgenden Abbildung zeigt der Vergleich der Mittelwerte Übereinstimmungen bzw. Differenzen:

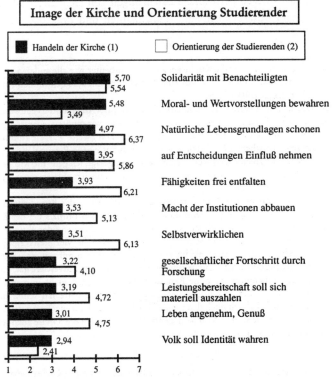

(1) 1 entspricht »durch kirchliches Handeln erschwert«;
7 entspricht »gefördert«
(2) 1 entspricht »ist mir völlig unwichtig«;
7 entspricht »ist mir sehr wichtig

Eine Übereinstimmung ist – mit gewissen Einschränkungen – bei der Vorgabe »Solidarität mit den Benachteiligten« vorhanden. Hier scheint das positive Image der Kirche, das ihr aufgrund ihres Engagements im Bereich der Diakonie und Entwicklungspolitik auch in den Kirchenmitgliedschaftsstudien attestiert wurde, bei den Studierenden ebenfalls zu bestehen. Positiv bestätigt wird diese Richtung durch die Erwartung an die Kirche, sich für die Benachteiligten einzusetzen (vgl. Kapitel 3.2.3.4.).

Eine gewisse Übereinstimmung besteht auch in der »Schonung der natürlichen Lebensgrundlagen« – wobei allerdings die Orientierung der Studierenden weit über dem liegt, was kirchliches Image ausmacht. Auch hier erwarten Studierende einiges mehr von der Kirche: Einsatz für Gerechtigkeit, Frieden und Bewahrung der Schöpfung.

Eine weitere gewisse Übereinstimmung besteht bei der Ablehnung von Überfremdungsängsten. Allerdings sind die kirchlichen Bemühungen um Ausländer und Asylbewerber anscheinend nicht soweit bekannt, daß sie eine noch positivere Berücksichtigung finden.

Die größten Unterschiede zwischen den Orientierungen Studierender und vermuteter Haltung der Kirche bestehen bei den Vorgaben »Fähigkeiten frei entfalten« und »Selbstverwirklichen«. Diese für Studierende persönlich sehr wichtigen Werte werden als durch die Kirche blockiert gesehen: während 79% der Studierenden betonen, daß ihnen die »Möglichkeit der freien Entfaltung« sehr wichtig ist (Nennungen bei Skalenwerten 6 und 7 auf einer 7-stufigen Skala), meinen nur 14%, daß die Kirche diese Möglichkeiten in gleicher Intensität durch ihr Handeln fördert (Nennungen bei Skalenwerten 6 und 7 auf einer 7-stufigen Skala). Bei der »Selbstverwirklichung« sind es 79% zu 8%. Die statistische Auswertung des Datenmaterials weist darauf hin, daß von Studierenden bei der Bewertung des Handelns der Kirche oftmals diese beiden persönlichen Orientierungen zusammen mit den eher gesellschaftspolitischen Orientierungen »Auf wirtschaftliche und politische Entscheidungen Einfluß nehmen« und »Macht der Institutionen abbauen und Bedürfnisse des einzelnen berücksichtigen« genannt werden. Auch hier stehen die Orientierung Studierender und die Bewertung kirchlichen Handelns im Gegensatz zueinander. Zur Interpretation dieses Ergebnisses kann auf die qualitativen Äußerungen Studierender zum Image der Institution Kirche verwiesen werden. Die Bewertung der Kirche als »alte, verknöcherte, nicht zeitgemäße, bürokratische Hierarchie« (vgl. Kapitel 3.2.3.3.1.) schlägt sich in diesem Vergleich als Gegensatz zu persönlichen

Orientierungen individueller Entfaltung und zu gesellschaftspolitischen Orientierungen von Demokratie und Mitbestimmung nieder.

Die Position »Moral- und Wertvorstellungen bewahren«, die eine allgemein konservative Haltung ausdrückt, wird von den Studierenden für sich mehrheitlich abgelehnt, der Kirche jedoch zugeschrieben. Der Kirche wird – wie in den qualitativen Äußerungen schon oben dargestellt – das Image zugeschrieben, eine sexualfeindliche und moralisierende, in den privaten Bereich eingreifende Haltung zu vertreten. Es ist anzunehmen, daß darüber hinaus eine Mischung von Gründen für die Bewertung vorliegt: Eingriff in die Privatsphäre (Familie) und zugeschriebene »katholische« Moralvorstellungen; konservative politische Haltung in öffentlichen Verlautbarungen und gegebenenfalls Kirche als konservative »staatstragende« politische Kraft. Bestätigt wird diese Interpretation durch die gegensätzliche Orientierung Studierender in Richtung Selbstentfaltung und Mitbestimmung. Eine materiell-hedonistische Haltung (Leben angenehm; Leistungsbereitschaft soll sich auszahlen), gegebenenfalls zusammen mit einer politisch eher konservativen Haltung (Gesellschaftlicher Fortschritt durch Forschung und Technologie; Volk soll Identität bewahren), bildet eine Position, die sich selbst ebenfalls im Gegensatz zur Kirche sieht: hier ist es das Moment der sozialen Verantwortung der Kirche, das »stört«, ebenso wie – aus den qualitativen Äußerungen zu ersehen – »linkspolitische« Äußerungen der Kirche. Mit anderen Worten: die materiell und konservativ orientierten Studierenden können sich genausowenig mit kirchlichem Handeln identifizieren wie die auf Selbstentfaltung und Demokratie hin orientierten.

3.2.3.3.3. Wandel der Einstellung zur Kirche

Die ersten Berührungspunkte mit der Kirche ergeben sich in der Regel rein biographisch in der Kinder- und Jugendzeit. Erwartet wurde, daß diese Erfahrungen im Erwachsenenalter kritisch reflektiert werden und es zu Einstellungsveränderungen kommt.

In den narrativen Interviews berichteten Studierende sowohl positive als auch negative Erfahrungen mit der Kinder- und Jugendarbeit: Kindergruppe, Kindergottesdienst und Konfirmandenunterricht werden *positiv* erlebt, wenn die Mitarbeiter bzw. der Pastor überzeugen:

»Ich bin früher als kleiner Junge so zwischen dem 5. und 10. Lebensjahr jeden Sonntag zum Kindergottesdienst gegangen. Erst unterstellte man mir, wegen der guten Blätter, die man immer mit nach Hause bekam, die fürwahr auch faszinierend und interessant waren. Aber es hat mich irgendwo schon doch fasziniert. Dann kam so der Konfirmandenunterricht. Den habe ich nie als Zwang empfunden, weil ich nie hingegangen bin, wenn ich nicht wollte, und der auch bei uns nur alle vier Wochen stattfand, aber dafür den ganzen Nachmittag – was sehr sinnvoll war. Es war so'ne große Menge von Leuten, daß man nie was irgendwie mitbekommen hat, wohl aber sehr viele Spiele gespielt hat. Also mehr so, daß es den Gemeinschaftssinn so ein bißchen gefördert hat, mir das aber ganz angenehm war.« (NI)
»Und ich habe Konfirmandenunterricht gemacht. Und das war so, also gerade in dem Jahr, in dem einen Jahr, wo ich Konfirmandenunterricht hatte, ein ganz toller Pfarrer eigentlich da war, der das also auch nicht irgendwie theoretisch so nach der Bibel oder so aufgebaut hat, sondern sich wirklich nach den Bedürfnissen Jugendlicher gerichtet hat. Also solche Spielchen gemacht hat wie Geben und Nehmen und, also so mit dem Abendmahl und weiß der Teufel so was noch. Collagen haben wir gemacht über, was zum Leben dazugehört und sowas eben.« (NI)
»Ja, also mein Konfirmandenunterricht war total locker ... die haben halt nicht indoktriniert.« (NI)

Natürlich gibt es auch *negative* Erinnerungen:

»... Aber ich erinnere mich da ungerne dran, an die ganze Sache. Was heißt, ich erinnere mich nicht ungerne dran, aber es war für mich eigentlich eine Tortur, dieses wöchentliche oder zweiwöchentliche Hingehen und in dem Alter von 14 ist es nicht einfach, sich da zwei Stunden hinzusetzen und sich irgendwelche Sachen aus irgendwelchen Testamenten anzuhören und das dann auch noch behalten müssen.« (NI)

Hier hängen die negativen Erlebnisse auch damit zusammen, daß die Studentin nicht freiwillig, sondern nur aus *konventionellen Gründen* und durch den Druck des Elternhauses am Konfirmandenunterricht teilgenommen hat:

»Ja, und ich habe also echte Probleme gehabt, überhaupt hinzugehen, also mich aufzuraffen und zu sagen, ich muß da jetzt hin, du, ja, okay, deine Eltern wollen das. (Ja.) Und das überstehst du auch, aber diese zwei Jahre, die das gedauert hat, die waren also wirklich schlimm. (Ja.) Und da fing das eben schon an mit dem Nichtsanfangen-Können mit der ganzen Sache.« (NI)

Nach der Konfirmation bricht der Kontakt zur Kirche meist ab. Ein Student hat sich als Kindergruppenleiter engagiert, eine Befragte war als Kindergottesdiensthelferin tätig; sie reflektiert dies aus heutiger Sicht allerdings recht kritisch:

»(Aber wenn Du Dich jetzt beim Kindergottesdienst engagiert hattest, dann hat Dich das ja irgendwie ein Stück weiter interessiert. Und meinst Du, daß das so für Dein späteres Leben auch irgendwie eine Auswirkung hatte, daß Du das gemacht hast? Ihr habt Euch sicherlich auch mit biblischer Geschichte und sowas alles beschäftigt.)« »Ja, ich denke schon. Also manchmal bereue ich das auch, daß ich aufgehört habe. Aber es war irgendwie, da war ich noch total jung. Und irgendwie war das auch so'n Druck. Die Leute haben mich da alle dazu überredet, und meine Eltern waren auch ganz begeistert davon, daß ich das mache. Ich denke, ich war da noch gar nicht so ganz in dem Alter, um das so richtig zu verstehen und auch zu vermitteln.« (NI)

Die Repräsentativbefragung gibt Aufschluß über den Einstellungswandel, den Studierende von ihrer Jugendzeit bis heute vollzogen haben. Ihre Einstellung zur Kirche während der Jugendzeit schätzen sie folgendermaßen ein:

Kirche in der Jugendzeit [1]

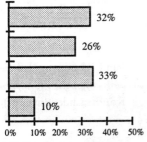

- 32% — In meiner Jugendzeit habe ich eine positive Einstellung zur Kirche gehabt.
- 26% — Eigentlich habe ich als junger Mensch kein Verhältnis zur Kirche gewonnen.
- 33% — Schon als Jugendlicher habe ich hinsichtlich der Kirche manches kritisch gesehen.
- 10% — Ich habe eigentlich schon in der Jugend die Kirche abgelehnt.

(1) Alternativantworten, Abweichungen von 100% durch Rundung

Bei etwa der Hälfte ist die damals gewonnene Einstellung erhalten geblieben, bei der anderen Hälfte hat sie sich geändert, ist in der Regel negativer geworden. Dieser Einstellungswandel besteht in etwa gleichem Ausmaß bei allen Einstellungen zur Kirche in der Jugendzeit. Differenziert nach dem Grad der heutigen Verbundenheit mit der Kirche kommen diejenigen, die eine Einstellungsveränderung durchmachen, um so mehr zu negativen Einstellungen zur Kirche, je ablehnender oder kritischer sie der Kirche schon in der Jugendzeit gegenüberstanden.

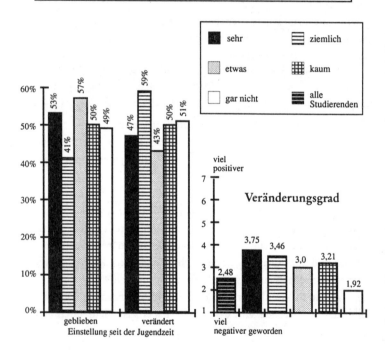

3.2.3.3.4. Erfahrungen und Bewertung zu Arbeitsbereichen, Mitarbeitern und Mitarbeiterinnen der Kirche
Die Bezüge, die Studierende zu ihrer Kirche haben, sind hauptsächlich von folgenden – oben bereits herausgearbeiteten – Elementen bestimmt:
- Heimatgemeinde-/Ortsgemeindebezug;
- Gottesdienstbesuch an kirchlichen und familiären Feiertagen;
- Einstellungen geprägt durch die Jugendzeit.

Entsprechend finden sich in den narrativen Interviews und in den offenen Fragen der Repräsentativuntersuchung viele Äußerungen zu kirchlichen Mitarbeitern und Mitarbeiterinnen, Gottesdienst und Gemeinde, zur »Kirche im Nahbereich«, wie sie Studierende erleben und worauf sie hauptsächlich ihre Bewertungen stützen. Übergemeindliche kirchliche Arbeitsbereiche werden zur Charakterisierung des kirchlichen Images nur wenig herangezogen, da dazu kaum Erfahrungen vorzuliegen scheinen. Das Image z.B., nach dem die Kirche Benachteiligten hilft, wird in den qualitativen Äußerungen nicht mit konkreten eigenen Erfahrungen belegt. Diese Einschätzung wird wahrscheinlich allgemeinen Informationen über derartige Einrichtungen und der Presseberichterstattung entnommen.
Insgesamt gesehen wird das kirchliche Image also vornehmlich durch die Gemeinde vor Ort – wie sie vermeintlich jeder kennt – stark geprägt.

3.2.3.3.4.1. Pastoren und Pastorinnen, Mitarbeiter und Mitarbeiterinnen
Kirchliche Mitarbeiter und Mitarbeiterinnen stellen den personal vermittelten Bezug zur Kirche und zum Glauben her. Aussagen zur Kirche und zum Glauben finden sich oftmals eingekleidet in Äußerungen wie »Der Pfarrer sollte mehr ..., weniger ...«. Die Bedeutung des Verhaltens kirchlicher Mitarbeiter und Mitarbeiterinnen für das Bild, das Studierende von der Kirche haben, ist nicht hoch genug einzuschätzen, was auch die Kirchenmitgliedschaftsuntersuchungen zeigen. Charakteristisch dafür sind Äußerungen, die sich auf den Pfarrer als Repräsentanten der Kirche beziehen:

»Einstellung zum Gauben hängt stark ab von den jeweiligen Personen (Pfarrer/ Religionslehrer), die einen damit konfrontiert haben.« (F23)
»Kirche und Gemeinde steht und fällt mit ihrem Pfarrer.« (F23)
»Jeder der oben aufgeführten Punkte kann in den einzelnen Gemeinden anders aussehen. Ich denke, daß vieles von dem entsprechenden Pastor abhängig ist, nachdem ich selbst in verschiedenen Gemeinden diese Erfahrungen gemacht habe.« (F23)

Entsprechend werden hohe Anforderungen an die Berufsethik der Pfarrer und Pfarrerinnen gestellt:

»Es kommt mir oft so vor, als ob Amts- und Würdenträger der evangelischen Kirche eben auch nur Menschen sind, die ihren Beruf ausüben. Das ist zum einen wohl ganz natürlich, zum anderen glaube ich, daß es bestimmte Berufe gibt, die der Mensch nur dann ergreifen kann und sollte, wenn er tatsächlich eindeutig eine Begabung dafür besitzt. Zu diesen Berufen zähle ich neben dem Lehramt, den Beruf des Arztes u.a. auch die geistliche Tätigkeit. Zu allen Kirchengemeinden, die ich kennengelernt habe, traf ich auf Amts- und Würdenträger, die ich aus vielen Gründen für ungeeignet zum Dienst in der Gemeinde halte. Diese subjektive Tatsache macht mein Verhältnis zur Kirche, die im Glaubensbekenntnis meine uneingeschränkte Zustimmung verlangt, zunehmend ambivalent.« (F23)

Es werden Aufgaben für Pfarrer und Pfarrerinnen formuliert:

»Die Pfarrer sollten sich mehr um die einzelnen Gemeindeglieder kümmern und sie besuchen. Das ist wichtiger als Konferenzen und Altenarbeit am Schreibtisch. ...« (F23)
»Ich wünsch mir einen Pastor als persönlichen Berater, der mir meinen Weg zum Glauben zeigen kann.« (F23)

Derartige Anstöße können allerdings auch von »vertrauten Gläubigen« kommen:

»Ich halte es für wichtig, daß Anstöße zum Glauben nicht immer nur von der Institution Kirche ausgehen, sondern durch einem vertraute Gläubige angeregt werden. Diese Gespräche können sehr viel persönlicher sein, als mit einem im Prinzip unbekannten Pfarrer.« (F23)

Das Auftreten und die damit verbundene Haltung anderer kirchlicher Mitarbeiter und Mitarbeiterinnen unterliegt ebenfalls der Bewertung durch Studierende:

»Ich versuche, eine gute Christin zu sein und glaube an Gott, aber mit der Kirche/ Kirchenarbeit kann ich nicht viel anfangen. Ich habe oft auch große Schwierigkeiten mit dem Typ (!) von Leuten, die Kirchenarbeit auch mit Jugendlichen machen, zurechtzukommen. Man trifft dort oft auch unter Jüngeren auf erhebliche Intoleranz, z.B. wenn man kein ausgeprägter ›Gruppentyp‹ ist, nicht nur in Ökosachen rumläuft, sondern auch mal mit knallroten Lackpumps auftritt. Das finde ich sehr schlimm!« (F23)

3.2.3.3.4.2. Gemeinde-/Jugendarbeit

Die Kinder- und Jugendarbeit in der Gemeinde hat rückblickend in der religiösen Sozialisation eines beachtlichen Teils der Studierenden eine wichtige Rolle gespielt:

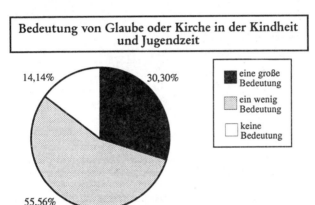

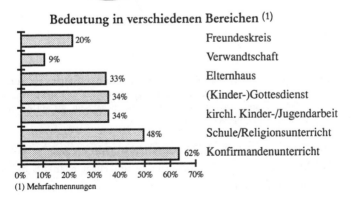

Neben den Bereichen Religionsunterricht in der Schule und dem Elternhaus und Freunden stellen hauptsächlich die an die Gemeinde gebundenen Aktivitäten wichtige Bereiche für Erfahrungen mit dem Glauben dar. Da der Kontakt zur Kirche i. d. R. nach der Jugendzeit abnimmt, kann angenommen werden, daß diese frühen Erfahrungen auch das spätere Bild der Studierenden von der Gemeinde prägen.

»Also, ich wollte mir die Gemeinde hier angucken, was das für Leute sind, das interessiert mich schon, aber irgendwie so meine Gemeinde ist und bleibt halt irgendwie auch diese in Hannover, diese Limmer-Gemeinde, weil irgendwie so, ja, ich fühle mich da verwurzelt irgendwie. Ich habe da meinen Ursprung. Ich weiß nicht, an das, was für mich Gemeindeleben ist, habe ich hier irgendwie auch keinen Anteil in dieser Stadt, weil ich beschäftige mich hier mit meinem Studium irgendwie so und das geht so... also, es geht daran vorbei irgendwie so. An den Wochenenden oder den größten Teil meiner Freizeit bin ich dann vielleicht doch in Hannover oder. [Und, würdest Du an der Uni eine Gemeinde suchen? Es gibt ja so Studentengemeinden oder so, wär's das eher?] Nein, ich glaube nicht. Weil, ich weiß nicht, ich habe sie mir ja auch noch nicht angeguckt, aber ich kann es mir auch nicht vorstellen, dahin zu gehen. [Was stellst Du dir vor, was für Leute da sind?] Ich stell mir das halt irgendwie ... also, so diese homogene Gruppe, ich finde das unnötig oder überflüssig. Ich würde das nicht machen wollen, weil, ich empfinde sowieso dieses Student-Sein als ziemlich eigenartig mit so einem ganz komischen Status verbunden und ganz komischen Riten auch immer noch... Und so dieses, ich weiß nicht, ich finde es nicht erstrebenswert, so unter sich zu bleiben und dann ›Gemeinde‹ darstellen zu wollen, weil, man ist eine Gemeinschaft bestimmt in so einer Universität, aber, für mich müßte das schon ein bißchen mehr umfassen, weil das grenzt dann zuviel aus oder das ist dann irgendwie so, so reduziert auf das Student-Sein.« (NI)

3.2.3.3.4.3. Gottesdienst

Der Gottesdienst und die Predigt werden von den Studierenden als kaum ihren Lebensproblemen entsprechend und vor allem zu monologisch erlebt. Sie wünschen sich Formen, durch die sie in einen Dialog treten können:

»Die Kirche ist viel zu sehr institutionalisiert, außerdem ist sie überaltert. Die Predigten in den Gottesdiensten entsprechen nicht relevanten Gegenwartsproblemen. Man kommt sich ziemlich auf den Arm genommen vor und fühlt sich wie im Mittelalter. Die Gottesdienste sind zu starr, langweilig und uninteressant. Proble-

me von Jugendlichen werden von Kirchenangehörigen nicht verstanden.« (F23)
»Nimmt die Seelsorge nicht richtig wahr. Der Gottesdienst besteht in der Regel in besserwisserischem Auslegen der Bibel. Die dort gemachten Aussagen werden nicht auf das Leben der Gläubigen bezogen. Und wenn doch, dann in konstruierten Beispielen, nicht auf eine wirkliche Person. Man müßte im Gottesdienst auch Fragen stellen können, sich das Gehörte noch mal erläutern lassen können.« (F23)
»...In einem guten Gottesdienst müssen aktuelle Probleme von heute angesprochen werden. Es muß auf die aktuellen Sorgen und Nöte der Menschen eingegangen werden. Mich persönlich interessiert es nicht, was Jesus zu irgendeinem Pharisäer vor 2000 Jahren gesagt hat oder daß im Gottesdienst 500 Jahre alte Lieder gesungen werden, die textmäßig antiquiert sind. Viele (meist jüngere) Pastoren sind heute schon auf dem richtigen Weg, doch der gesamte Kirchenunterbau und die Kirchenführung sind in meinen Augen zu stark mit der Tradition verwurzelt und lassen zu wenig Spielraum für Neuerungen zu.« (F23)
»1.) Institution Kirche tut zu wenig, die Aussage der Bibel dem heutigen Menschen verständlich zu machen (Entschlüsselung der Bilder, Symbole und Aussagen in der Sicht der damaligen Zeit). Der Bogen in die heutige Zeit ist nur schwer nachzuvollziehen. 2.) Ich möchte nach dem Gottesdienst/Predigt Fragen stellen können und Antworten bekommen – keine Berieselung. 3.) Keine Kontaktmöglichkeit im Gottesdienst für hilfesuchende Menschen. 4.) Zum Ablauf des Gottesdienstes kann ich keine Beziehung finden.« (F23)

3.2.3.3.4.4. Kirchentag

Als »Gegenmodell« zur Kirchengemeinde wird der Kirchentag empfunden. Er wird als authentische Kirche mit ansprechenden Sozialformen erlebt und durchgängig positiv bewertet:

»Kirche als Institution zu eingefahren in gesellschaftlich erwartete Verhaltensmuster; Kirchentag sehr positiv, da große Bandbreite des christlichen Glaubens und Möglichkeiten der Kirche aufzeigt«.(F23)
»Die Eindrücke, die ich vom Kirchentag gewonnen habe, waren vorwiegend positiv. Im Rahmen des Kirchentags können pluralistische Glaubens- und Lebenseinstellungen (z.B. auch zu Homosexuellen) unter dem Dach der Kirche zusammengefaßt werden. Dies sollte sich die Institution Kirche als Beispiel nehmen. Andererseits sehe ich natürlich auch die Gefahr, die sich hieraus ergibt: keine Gemeinsamkeit mehr. Als gemeinsames Element aller in der Kirche organisierten Menschen sollte der Glaube an Gott bleiben. Dem steht aber m. E. nicht entgegen, daß der einzelne seine individuellen gesellschaftlichen Ansichten einbringen und in der Kirche ausleben kann. Kirche sollte zu Veränderungen bereit sein. Starre, unabweichliche Strukturen, die ein einheitliches Glaubensbild allen aufpressen wollen (z.B. Pietisten) sind mir zuwider.« (F23)

»Die Kirche (evangelisch) an sich ist doch schon ein ganz komplexes System, ebenso der Glaube. Es fällt dann schwer, eine klare Antwort zu geben. Denken Sie nur an die Atmosphäre auf einem Kirchentag und vergleichen Sie sie mit der Realität einer kleinen, dörflichen Gemeinde.« (F23)
»Es ist zu hoffen, daß die Offenheit, Lebendigkeit, das politische Engagement, die Spiritualität, die Flexibilität eines Kirchentages sich auf den Alltag einer Gemeinde mehr auswirkt«.(F23)

3.2.3.3.4.5. Wehrdienst- und Zivildienstleistenden-Arbeit
Von zwei Männern wird auf positive Erfahrungen in diesem Bereichen hingewiesen, allerdings ohne weitere Ausführungen:

»Ich fand es sehr gut, daß während meiner Wehrdienstzeit der Kirchenbesuch gefördert worden ist. ...« (F23)
»...auch das Engagement der EKD in der Zivildienstseelsorge lassen mich noch in der Kirche verbleiben. ...« (F23)

3.2.3.3.4.6. Teilnahmeverhalten
Die Bedeutung, die die oben beschriebenen Bereiche für Studierende haben, läßt sich auch durch ihr Teilnahmeverhalten unterstreichen (zur Gottesdienstteilnahme vgl. Kapitel 3.2.3.1.). In der Repräsentativbefragung wurde das Teilnahmeverhalten an studentischen Gruppen verschiedener Art, der evangelischen Studierendenarbeit und an gemeindlichen und übergemeindlichen Aktivitäten erfragt. Ein nicht erwartetes »Nebenergebnis« ist, daß gemeindliche und übergemeindliche Aktivitäten auf größeres Interesse stoßen als z.B. die Studierendenarbeit selbst (s. Abbildung S. 171). Allerdings muß auch – dies einschränkend – bedacht werden, daß der Anteil der nicht Interessierten bei der Studierendenarbeit kleiner ist.
Insbesondere der Kirchentag stößt – in den qualitativen Äußerungen sehr positiv bewertet – eindeutig auf größeres Interesse und erfährt gelegentliche Teilnahme.

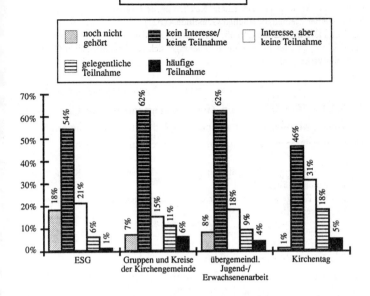

3.2.3.4. Erwartungen an die Kirche

Implizite Erwartungen sind in den oben skizzierten Kritiken am Image und an den Arbeitsbereichen der Kirche enthalten. Sie sprechen aber großenteils keine direkte Aufgabenstellung an, sondern eher Haltungen, die der Institution Kirche und ihren Mitarbeitern zugeschrieben werden.
Die Repräsentativbefragung liefert eine Rangfolge von unterschiedlichen Erwartungen als Aufgabenstellung für die Kirche.

Eine Faktorenanalyse zeigt zwei Erwartungshaltungen, die sich aus folgenden Elementen konstituieren:
Merkmalsgruppe 1: Gott ... verkündigen; christliche Überlieferung verständlich machen; Kirche *nicht* unnötig; Raum für Gebet; Gemeinschaft.
Merkmalsgruppe 2: Gerechtigkeit, Frieden, Schöpfung; Hilfe für Benachteiligte; Rat, Hilfe, Trost; alle religiösen Kräfte fördern; Tiefendimension; Wertbewußtsein.

Die höchsten Erwartungen liegen bei den Studierenden im Bereich der Diakonie vor. Hier bestätigt sich die bereits angeführte Entsprechung von Kirchen-Image und eigener Orientierung Studierender (vgl. Kapitel 3.2.3.3.2.). Eine ähnlich hohe Erwartungshaltung besteht im Bereich des Einsatzes für Gerechtigkeit, Frieden und Bewahrung der Schöpfung. Die mehr individuell orientierte Diakonie wird zwar nicht ganz so stark wie die Hilfe für die Benachteiligten der Gesellschaft erwartet, dennoch: die Kirche soll Rat, Hilfe und

Trost geben. Auch hier wird die deutliche Beziehung zwischen dem Image der Kirche und der eigenen Orientierung bestätigt.

In der Rangfolge der Erwartungen schließen sich dann die in Merkmalsgruppe 1 genannten Erwartungen an. Betrachtet man diese Erwartungen zusammen, so könnte von einer »religiös-kirchlichen« Erwartungshaltung bei einem Teil der Studierenden gesprochen werden.

Relativ hoher Zustimmung erfreuen sich die Aussagen, Kirche solle sich um die Tiefendimension des Lebens kümmern und solle Raum für Gebet oder Meditation sein. Die Zustimmung zur Kirche als Raum für Gebet und Meditation verwundert zunächst: Einen Raum der Stille an der Universität würden Studierende nicht unbedingt aufsuchen, und in die Kirche gehen sie ebenfalls relativ wenig. Die hohe Zustimmung zur Aussage, daß man in der Kirche Gemeinschaft erleben will, widerspricht scheinbar der geringen Teilnahme an kirchlichen Veranstaltungen. Interpretiert man diese Erwartungen jedoch als Aufgabe, Formen zu finden, in denen Studierende den damit ausgedrückten Bedürfnissen nachkommen können, löst sich der scheinbare Widerspruch auf.

Am unteren Ende der Erwartungen an die Kirche stehen die »inhaltlichen« Aussagen darüber, was die Kirche tun soll. Die Aussage »Kirche soll Gott ... verkündigen«, findet ein sehr geteiltes Echo: 42% stimmen dem nicht zu (Skalenwerte 1, 2, 3), 20% geben den Skalenwert 4 (»weiß nicht«) an und 38% (Skalenwerte 5, 6, 7) stimmen dieser Aussage zu. D.h., daß knapp zwei Drittel der Studierenden sich nicht positiv zum »eigentlichen« Auftrag der Kirche stellen können. Eine etwas stärkere Zustimmung findet demgegenüber die Aussage, die »Kirche soll alle religiösen Kräfte fördern, auch wenn sie nicht aus der christlichen Tradition hervorgegangen sind«. Allerdings streuen auch hier die Werte über die gesamte Skalenbreite. Die Faktorenanalyse zeigt aber, daß es sich um unterschiedliche Orientierungen handelt: die Zustimmung zum Verkündigungsauftrag wird im Zusammenhang mit eigenen christlich-kirchlichen religiösen Praktiken genannt, während die allgemeine Förderung religiöser Kräfte im

Zusammenhang mit »allgemein-ethischen« Erwartungen auftritt: »Wertbewußtsein schärfen«, »um die Tiefendimension des Lebens kümmern«.

3.2.3.4.1. Der Auftrag der Kirche

Die Zurückhaltung der Studierenden gegenüber dem Verkündigungsauftrag der Kirche wird in Äußerungen gegen missionarische Aktivitäten belegt:

» Das Seelenfangen sollte endlich aufhören!« (F23)
»..., ich will, daß man mir meine Ansichten läßt und sich nicht ständig Gedanken macht, wie man um mich ›werben‹ könnte, wie die Kirche ›attraktiver‹ werden könnte. Ihr seid doch nicht alleine selig machend und auch keine politische Partei, die meint, sie müsse alle Leute ansprechen!« (F23)
»... Starre, unabweichliche Strukturen, die ein einheitliches Glaubensbild allen aufpressen wollen, z.B. Pietisten, sind mir zu wider.« (F23)
»... Ich habe gleichzeitig ›Angst‹ vor missionarisch engagierten Kirchenmitgliedern, die mir etwas aufdrängen, etwas Fertiges über mich ›rüber‹ stülpen wollen. Glauben ist meiner Meinung nach etwas Individuelles und läuft nicht nach Schema XY des Missionsheftchens 0815 ab. ...« (F23)
»Was ich ablehne, ist der Missionierungsanspruch der Kirche. ...« (F23)
»... Konsequenz: Kirche näher ran an die Menschen. Aber wie? Bestimmt nicht durch Mission/Evangelisation, sondern durch persönliches Engagement der Kirche für die Menschen! ...« (F23)
»... Besonders dieses ewige Missionieren (in der Fremde oder hier) muß aufhören.« (F23)
»Die Kirche soll aufhören, zu meinen, daß man ohne sie nicht gut leben könnte. Sie soll aufhören, zu versuchen, sich allen Menschen aufzudrängen. Das ist wie mit dem Spinat, wer ihn nicht mag, ißt ihn auch mit einem Klecks Sahne nicht. ...« (F23)
»... Berechtigung von Mission: Nicht gegeben! ...« (F23)

Mit den im folgenden dargestellten, von den Studierenden selbst skizzierten Aufgaben für die Kirche ist die Haltung beschrieben, in der sich ehrenamtliche und hauptamtliche Mitarbeiter und Mitarbeiterinnen ihrer annehmen sollten: den christlichen Glauben glaubwürdig im Dialog vertreten, dem Gegenüber die Chance lassen, seine eigene Meinung zu finden.

3.2.3.4.2. Erwartungshorizonte

3.2.3.4.2.1. Aus Funktionszuweisungen abgeleitete Erwartungen
Die Erwartungen an »die Kirche« werden zum Teil in Abhängigkeit von den ihr zugebilligten Funktionen formuliert:

- Institution, die das Evangelium verkündet und dem einzelnen (d.h. mir selbst und anderen) zum Glauben verhilft:

  »Die Kirche sollte mehr Akzente auf die Verkündigung des Evangeliums setzen.« (F23)

  »Die evangelische Kirche sollte Menschen den Weg zu Gott zeigen und damit zu sinnerfülltem Leben; ...« (F23)

- Institution, die denjenigen hilft, die den Glauben/eine Religion benötigen – während man sich selbst davon distanziert:

  »Wenn jemand eine Religion als Halt braucht, erachte ich es als richtig und notwendig, daß es z.B. die evangelische Kirche für diesen Menschen gibt. ...« (F23)

  »... Daß meine Ablehnung von Glauben nur eine persönliche Auffassung ist und deshalb für andere Menschen Glaube und Kirche auch nach meiner Meinung sehr wichtig sein können.« (F23)

- Institution, die Seelsorge für den einzelnen leistet, allerdings auch hier in dem Sinne, daß sie dies für andere leistet:

  »Die Pfarrer sollten sich mehr um die einzelnen Gemeindeglieder kümmern und sie besuchen. ...« (F23)

  »... zu starke Politisierung, zu wenig Seelsorge.« (F23)

- Institution, die für andere sozial-diakonisch tätig ist, für einen selbst eher eine »Versicherung für Notfälle«:

  »Die Kirche sollte sich weiterhin ihren sozialen Aufgaben widmen: Altenpflege, Beratungsstellen, Mütterhilfe etc. ...« (F23)

  »Vielleicht brauche ich später einmal die aktive Hilfe der Kirche. Zur Zeit noch nicht. ...« (F23)

- Institution, die das gesellschaftspolitische Sprachrohr der bzw. für die Benachteiligten darstellt:

  »Die Kirche ist zu wenig radikal, so wie es Jesus war; unsere Gesellschaft ist genau das Gegenteil von ›christlich‹. ... Es reicht nicht, sich um die Benachteiligten zu kümmern – die Kirche sollte auf die Ursachen hinweisen.« (F23)

- Institution, die als integrative Kraft für die Gesellschaft wirkt:
  »... Werteerhalt kommt viel zu kurz.« (F23)
  »... Pool der Gedanken ohne Glauben. Forderung von Familien- und Gesellschaftsbewußtsein, auch durch evangelische Feiertage und gesellschaftliche Ereignisse (Taufe etc.) ...« (F23)

3.2.3.4.2.2. Erwartungen an die intellektuelle und geistliche Dialogbereitschaft der Kirche

Studierende, die sich herausgefordert sehen durch nicht-christliche religiöse und quasi-religiöse Strömungen, Theorien aus den Geistes- und Naturwissenschaften, oder den christlichen Glauben nur als eine Religion unter anderen ansehen, suchen einen Ort, an dem ethische Fragen diskutiert werden. Je nach eigener Glaubenshaltung wünschen sie die Auseinandersetzung auf dem Hintergrund einer christlichen Ethik oder eher als »wertfreien« Dialog der Religionen.

In einem Votum wird der Kirche die Funktion der »Werte-Erhalterin« zugewiesen, wobei offen bleibt, ob dies aus konservativer Haltung heraus gefordert wird oder aus einem Werte-Konservativismus:

»Die Kirche nimmt ihre politische Verantwortung zu sehr wahr. Werteerhalt kommt viel zu kurz.« (F23)

Offener sind Voten, die von der Kirche Vorgaben für die Diskussion gesellschaftlicher Werte verlangen – basierend auf einer christlichen Ethik:

»Die Kirche sollte sich zwar um mehr Ökumene bemühen aber weniger um engere Kontakte zu anderen Weltreligionen, als eher um solche zu anderen christlichen Konfessionen und Gruppen. Die Christen müssen eins werden. Gleichzeitig müssen alle gemeinsam versuchen, den Werteverfall der Gesellschaft aufzuhalten. Religiosität darf nicht zur Ausnahmeerscheinung werden und zwar wahre Religiosität im Sinne von christlicher Frömmigkeit, im Gegensatz zu pseudoreligiösen Strömungen wie New Age, Sekten etc. ...« (F23)

Die Mehrzahl der Voten läuft jedoch darauf hinaus, daß die Kirche ein »wertfreies« Diskussionsforum ethischer Werte werden soll bzw. sich in einem ganz allgemeinen Sinne um die ethischen Grundlagen unserer Gesellschaft und die Orientierung des einzelnen kümmern soll.

»Ich finde, daß die Kirche heute von der ›Predigt‹ wegkommen sollte und dem Menschen mehr einen Anstoß in einem menschlicheren Leben geben sollte. So etwas in Richtung Umweltschutz, Leben mit Menschen, Egoismus, Toleranz, aber auf aktuelle Probleme bezogen, ohne Partei zu nehmen. Das heißt nur Denkanstoß ohne Kanalisation.« (F23)
»... Trotz meines persönlichen Interesses halte ich die Kirche für einen wesentlichen Bestandteil unserer Gesellschaft, der den Menschen wesentliche Impulse geben kann. ...« (F23)
»... Ich denke, daß Religionen als Teil der politischen Kultur eine Rolle in Staat und Gesellschaft spielen, der Glaube bei der individuellen Einstellung, die Institution Kirche bei übergeordneten Fragen und Problemen. Kirche und Glaube können dabei reaktionär oder fortschrittlich wirken. Definition Fortschritt: mehr Toleranz, Solidarität, individuelle Selbstsicherheit, Bereitschaft zur Selbstkritik, Demut, Selbstdisziplin, Herrschaftsabbau u. v. a. Gleichberechtigung«.(F23)
»Ich habe manchmal den Eindruck, daß die Kirche heute, um noch etwas zu ›bieten‹ eine Nische im Gegenbereich zur heutigen Wissenschaft etc. sucht. Daraus folgt ein spezielles Wertlegen auf spirituelle Elemente, Gefühlsbereich oder auch, in meinen Augen weltfremde, Sinnsuche im ›höheren Bereich‹ bzw. in ›Tiefendimensionen‹. Hierauf lege ich keinen Wert. Für mich bleibt Kirche nur insoweit interessant, da sie nicht verfolgt, eine von vornherein frohe Botschaft ›aus dem Bauch‹ zu verkünden, sondern zu Sinn-, Glaubens- u.a. allgemeinen aktuellen Fragen Anregungen auf intellektueller, möglicherweise wissenschaftlicher und philosophischer Basis zum Nachdenken und Lösungsvorschläge (auch Stellungnahmen der Institution Kirche sind zu begrüßen) bringt. Aus diesen kann dann der einzelne nach eigenem Gutdünken Trost, Hoffnung etc. schöpfen.« (F23)
»Die Kirche sollte in größerem Umfang zu den neuen wissenschaftlichen Erkenntnissen und Möglichkeiten Stellung beziehen. In Fragen des Umweltschutzes müßte die Kirche bedeutend klarere Aussagen machen und mithelfen, die Schöpfung (Umwelt) zu erhalten bzw. zu sanieren.« (F23)

3.2.3.4.2.3. Erwartungen an die soziale und politische Verantwortung der Kirche

Von der Kirche werden Stellungnahmen zu politischen und gesellschaftlichen Fragen erwartet. Bei den auf eher konservativer Seite bestehenden Erwartungen (oder Befürchtungen) an politische Stellungnahmen der Kirche schwingt die Tendenz mit, die Kirche möge lieber weniger politisch Stellung nehmen bzw. politische Verantwortung und Verkündigung und Seelsorge werden gegeneinander ausgespielt:

»Die Pfarrer sollten sich mehr um die einzelnen Gemeindemitglieder kümmern und sie besuchen. Das ist wichtiger als Konferenzen und Altenarbeit am Schreibtisch. Leider predigt die Kirche zu langweilig, zu wenig lebensnahe Beispiele, zu wenig, was im Alltag trag- und hilfsfähig ist. Warum nimmt die evangelische Kirche keine eindeutige Stellung gegen den § 218 und gegen die Abtreibung?, so wie es die katholische Kirche tut?« (F23)
»Die Kirche sollte sich nicht zu stark in die Politik einmischen (siehe oben). Sie sollte sich lieber um ihre traditionellen Aufgaben kümmern. ...« (F23)
»Zu viel Bürokratie, zu wenig Christen zur Tat (was nicht zur Tat wird, hat keinen Sinn!), zu viel Verschwendung auf den Kirchentagen, zu starke Politisierung, zu wenig Seelsorge«.(F23)

Die große Mehrheit der Voten aber verlangt eindeutig gesellschaftskritische Stellungnahmen der Kirche. Äußerungen werden zum Themenkomplex Gerechtigkeit, Frieden und Bewahrung der Schöpfung erwartet.

»Ich glaube, daß die Kirche (wir Christen i. d.?) ziemlich wenig den Glauben richtig leben auch außerhalb der Gemeinde. Die Stellungen der Kirche zu politisch sozialen Aspekten zu wenig deutlich wird. Es ist, glaube ich, unheimlich schwer für einen Ungläubigen, Kontakt i. d. Kirche zu finden. Daß der Umgang mit der Bibel mir oft unklar ist, vor allem die Aktualität von Themen nicht klar ist, daß ich da aber kaum Hilfe aus der Kirche bekomme, wie ich mit bestimmten Inhalten umgehen kann (z.B. Homosexualität) und ich da oft alleine suchen muß, bis ich eine Position für mich selber gefunden habe.« (F23)
»... Ich erwarte auch ein mutigeres Engagement für die Umwelt, ›Dritte Welt‹ und die Lebensbedingungen auf der Erde überhaupt.« (F23)
»Soziale Verantwortung wird wahrgenommen, politische noch zu wenig. Die Kirche kann bestimmten Teilen der Bevölkerung psychologische Unterstützung bieten und die evangelische Kirche ist tolerant genug, andere Lebensvorstellungen zu respektieren. Da diese Umfrage für die katholische Kirche viel negativer ausgefallen wäre, halte ich eine Trennung für notwendig.« (F23)
»Hilfe braucht der Schwache, der Mensch, der keine Lobby hat. Das sind nicht nur alte Rentnerinnen, sondern auch junge Punker.« (F23)
»Sinn des Lebens ist die Erhaltung der Art und ihres Lebensraumes, also die Überlebensfähigkeit des einzelnen, der Gesellschaft und allen existierenden Lebens. Die Kirche sollte sich hier mehr engagieren und endlich eine klare Stellung beziehen. Das diplomatische Hin und Her in gesellschaftlichen und politischen Fragen (wg. Kirchenaustritte) ist für mich unerträglich.« (F23)

»Politisch aktiver werden, gerade die evangelisch-lutherische Kirche (in Entwicklungsländern, Naturschutz). Einsetzen für die ›Armen‹ dieser Welt usw.« (F23)
»Mir erscheint noch wichtig zu erwähnen, daß die offene Kirche endlich aus ihrer Defensive in bezug auf wirtschaftliche, gesellschaftliche und soziale Themenkreise herauskommen sollte. Die offene Kirche sollte ein neues Profil gewinnen, sollte eine integrierende Kraft in unserer Welt werden. Die Kirche sollte weniger auf ihre wirtschaftliche Situation achten und sich mehr in die Politik im Sinne einer unabhängigen Kirche einmischen. (Beispiele sind für mich die polnische und lateinamerikanische Kirche) Im jetzigen Stadium macht die Kirche einen lächerlichen Eindruck. ›Denken Sie mal an den Erfolg von Michail Gorbatschow.‹« (F23)
»Die Kirche muß meines Erachtens unbedingt Positionen gegen Ausländerfeindlichkeit beziehen (auch und gerade die Katholische wegen 14,6% Republikanern bei der Europa-Wahl in Bayern). ...«
»Die Kirche sollte mutiger sein und zu relevanten politischen und gesellschaftlichen Fragen klarere Aussagen machen.« (F23)
»Es wäre begrüßenswert, wenn die evangelische Kirche weniger Geld für bestimmte Zwecke sammeln würde und dafür mehr Aktionen, wie z.B. Säuberung eines Seeufers, Informationsveranstaltungen über Singvögelmord in Italien, starten würde. Geld landet leider meistens an der falschen Stelle. Auf höherer politischer Ebene sollte sich die Kirche mehr um den Ausgleich von Interessengegensätzen bemühen, statt sich auf eine Seite zu stellen und gegen die andere zu agieren.« (F23)
»Ich meine, die Kirche sollte nicht davor zurückschrecken, klare politische Äußerungen zu formulieren, wenn es um Menschenrechte, Ökologie, Frieden etc. geht. Dabei sollte sie keine Angst haben, Wirtschaft und heutiger Politik eine klare Absage zu erteilen. Nur wenn Kirche ›für etwas steht‹, kann eine klare Identifikation mit ihr stattfinden. Ich denke, daß gerade die Unklarheit und Unentschlossenheit der Kirche - und besonders der Kirchenleitung - viele Menschen uninteressiert an der Kirche gelassen hat. Sollte die Kirche doch zu klaren Aussagen und Aktivitäten zur Verwirklichung ihrer Meinung kommen, wird sie meines Erachtens wieder mehr Zuspruch finden. Nicht-Einmischung in politische Bereiche bedeutet Zustimmung zu regierender Meinung - gleich welcher Richtung. Dies halte ich für fatal, unkritisch, ängstlich und unangemessen. Ich halte nichts von einer Kirche, die sich durch eine unidentifizierbare ›wischi-waschi‹ Masse rekrutiert, sondern bevorzuge eine Kirche, die von Menschen getragen wird, die wirklich zu ihr stehen, sich mit ihr identifizieren und die bereit zum verantwortungsvollen Leben sind.« (F23)
»Evangelische Kirche, früher waren Kirchen große Machtblöcke in einem ›Staat‹, verkümmert meines Erachtens zu einer Außenseiterin. Die Kirche müßte viel stärker für sozial benachteiligte Gruppen Partei ergreifen. In einer Zeit, in der die meisten Menschen nur noch an die Macht des Geldes glauben, ist die Kirche aufgefordert, politische Vorschläge für Wirtschafts- und Sozialordnung vorzulegen, welche sich nicht an einer Gewinnmaximierung sondern an den Geboten Gottes orientieren. Eine Kirche, welche sich als ›Machtpotential‹ gegenüber bestimmten wirtschaftlichen Interessenverbänden verhält, würde sicherlich die

Unterstützung vieler bisher nicht organisierter so oft ›verdummter‹ Menschen finden. Sie müßte nur im neuen Kleid allen neu dargelegt werden. Fast alle Übel unserer Zeit würden bei Verwirklichung dieser Grundlage gelöst.« (F23)
»In bezug auf den Frauenfeindlichkeitsaspekt stört mich insbesondere die (zwangsweise) Einmischung der Kirche um die Diskussion um den Paragraphen 218, denn wer das Evangelium vertreten will, kann nur der einen Meinung sein, die ohnehin jedem bekannt ist. Im Anschluß daran finde ich auch das ›Verhalten‹ gegenüber der ›Dritten Welt‹ unvernünftig, wenn von Fruchtbarkeit gepredigt wird, obwohl alle Welt weiß, daß ein solcher Appell für diese Länder und auch für die aufgrund dessen Geborenen verheerende Folgen haben kann und auch hat. Insofern bin ich der Meinung, daß die Kirche oft an der Welt bzw. an deren Situation heute schlicht ›vorbeidenkt‹ und zu wenig Anstrengungen macht, ihre Worte wenigstens einigermaßen anzupassen und ihren festen Klammergriff um ihre konservativen Moral- und Wertevorstellung ruhig lockern könnte, ohne befürchten zu müssen, das Gesicht dadurch zu verlieren. Abgesehen davon finde ich, daß die Kirche sich zu wenig zu umweltpolitischen Aspekten äußert.« (F23)
»Kirche sollte stärker zu aktuellen, existentiellen und gesellschaftlich relevanten Fragen Stellung nehmen und sich auf die Seite linker progressiver Gruppierungen stellen, z.B. Engagement von Christen in der Friedensbewegung sehr positiv.« (F23)
»Die Kirche ist, meines Erachtens, zu wenig beteiligt an politischen, wirtschaftlichen und sozialen Entscheidungen. Sie muß, um für mehr Menschen akzeptabel zu sein, verstärkter in dieser Richtung arbeiten. Es wirkt unglaubhaft, nur im kleinen Kreis zu bleiben. – Große politische Parteien nennen sich ›christlich‹ und begehen ständig Verstöße gegen christliche Lehre. Es ist höchste Zeit, radikaler (im positiven Sinne) sich einzumischen, um ökonomische und ökologische Fehlentwicklungen zu stoppen. ›Null-Bock‹-Reaktionen in bezug auf Kirche wären sicher so zu vermeiden. Solidarität der Kirche mit politischen Gruppen!!!« (F23)
»Die Kirche sollte in größerem Umfang zu den neuen wissenschaftlichen Erkenntnissen und Möglichkeiten Stellung beziehen. In Fragen des Umweltschutzes müßte die Kirche bedeutend klarere Aussagen machen und mithelfen, die Schöpfung (Umwelt) zu erhalten bzw. zu sanieren.« (F23)
»... Sozial ist die Kirche natürlich engagiert, aber auf politischem Gebiet wagt sie sich nicht. ...« (F23)
»Das ›C‹ in ›CDU/CSU‹ ist für mich als Christen einfach untragbar, da sozialdemokratische Grundsätze bzw. Ansätze der ›Grünen‹ ethisch dem Christentum weitaus näher sind (z.B. Verhütung, Atomenergie, Umweltschutz). Das sollte auch die evangelische Kirche mal ausdrücklich betonen und überlegen, ob sie nicht (die Katholiken im übrigen noch viel stärker) z.B. die Grundsätze der Bergpredigt zugunsten von Traditionen und bürokratischen Verkrustungen stärker berücksichtigen sollte.« (F23)
»Zur Frage Umweltschutz/Ökologie sollte die evangelische Kirche bzw. deren Vertreter qualifizierten Personen den Vortritt lassen«.(F23)

B. Christliche Studierendenarbeit

Die hier verwendete Bezeichnung christliche Studierendenarbeit kann zunächst irreführend erscheinen, da sie die Erwartung einer umfassenden Beschreibung der verschiedensten Arbeitsbereiche mit den vielfältigen Möglichkeiten der konfessionellen und/oder institutionellen Anbindung und unabhängiger Organisationsformen erwecken mag. Abgesehen davon, daß ein solches Anliegen Auftrag und Zielsetzung dieser Studie sprengen würde, ist es ohnehin recht schwierig, einem solchen Anspruch gerecht zu werden. Schon eine Festlegung, was alles allein unter evangelischer Studierendenarbeit zu verstehen ist, fällt schwer. Arbeitsbereiche wie die Evangelischen Studentengemeinden, das Evangelische Studienwerk Villigst, evangelische Studienhäuser, evangelische Studentenwohnheime sind von ihrer Aufgabenstellung her klar auf die Zielgruppe Studierende ausgerichtet. Daneben bestehen aber auch spezielle Angebote an Studierende von anderen Einrichtungen: z.B. Studentenforum der Evangelischen Akademie in Tutzing. Übergemeindliche Einrichtungen der Jugendarbeit und die Jugendverbände haben viele Studierende als ehrenamtliche Mitarbeiter, die dort ihre Interessen einbringen. In der Gemeinde engagiert sich ebenfalls ein Teil der Studierenden (vgl. dazu Teil A, Kapitel 3.2.3.3.4.6.).
Neben institutionell zu verortenden Arbeitszweigen der Evangelischen Kirche besteht eine Reihe von Gruppen und Initiativen, die sich zwar »evangelisch« verstehen, aber unabhängig von der Evangelischen Kirche sind und auch darauf achten, nicht mit ihr identifiziert zu werden: Campus für Christus, Studentenmission in Deutschland, Navigatoren.
Sachgerecht wäre darüber hinaus die Einbeziehung der katholischen Hochschulgemeinden, da sie an einigen Orten eng mit der Evangelischen Studentengemeinde zusammenarbeiten bzw. eine Organisationseinheit besteht. Studierende vergleichen in ihren Äußerungen z.T. beide miteinander, so daß allgemein angenommen werden kann,

was für einzelne Fälle bekannt ist: Studierende finden sich unabhängig von ihrer Konfession in beiden Gemeinden. Aus arbeitsökonomischen Gründen konnte diesem Faktum jedoch nicht nachgegangen werden.

Im folgenden sollen – ohne vereinnahmen zu wollen, sondern um der Vielfalt und Vielgestaltigkeit ansatzweise gerecht zu werden – unter christlicher Studierendenarbeit, mit Berücksichtigung der o.g. Einschränkungen die Aktivitäten gefaßt werden, die sich gezielt an Studierende wenden – unabhängig von ihrer institutionellen Ein- und Anbindung.

1. Überblick

Hier soll ein kurzer Überblick über die Evangelische Studentengemeinde (ESG), Studentenmission in Deutschland (SMD), Campus für Christus (CfC) und das Evangelische Studienwerk Villigst hinsichtlich ihrer Organisationsstruktur, haupt- und ehrenamtlicher Mitarbeiterschaft, Präsenz an den Hochschulen und ihrer Arbeitsformen und -schwerpunkte gegeben werden[119].

1.1. Evangelische Studentengemeinde (ESG)[120]

In der Bundesrepublik Deutschland und Berlin/West gibt es ca. 115 örtliche ESGen an Universitäten und Fachhochschulen in 91 Hochschulorten (Stand 1989). In ihnen arbeiten 132 Studentenpfarrer und

---

119) Die Ausführlichkeit der Darstellung ergibt sich aus der Verfügbarkeit verläßlichen Quellenmaterials. Die Länge des Textes stellt keinen Hinweis auf die Bedeutung der Gruppe dar.
120) Die Angaben beruhen auf der Selbstdarstellung der Evangelischen Studiengemeinschaft (ESG), zusammengestellt von der Geschäftsstelle der ESG in Köln vom 8.6.1990.

-pfarrerinnen (davon 23 Frauen und 2 Paare) und ehrenamtliche Studierende im Gemeinderat (oder MAK – MitarbeiterInnenkreis), dem Leitungsgremium jeder Gemeinde und Arbeitskreise zu verschiedenen Themen. Sie sind meist mit einem Sekretariat ausgestattet und haben zum Teil noch eine weitere Mitarbeiterin bzw. einen Mitarbeiter (Gemeindeassistenten, Sozialpädagogen, Vikare bzw. Vikarinnen). Die wesentliche Aufgabe der hauptamtlich Beschäftigten liegt meist in der Beratung ausländischer Studierender (Unterstützung in persönlichen und praktischen Fragen, Stipendienvergabe). Die Aktivitäten der örtlichen ESGen werden in einem mehrseitigen Semesterprogramm angekündigt, das einen Überblick über ihr weites Spektrum gibt.

Die Verantwortung für die überregionale Arbeit der ESG trägt die Delegiertenkonferenz, die einmal jährlich im September zusammentrifft. Sie ist, wie es in der Satzung heißt, »oberstes beschlußfassendes Organ« und setzt die Richtlinien und Prioritäten der Gesamtarbeit fest. Aus ihr wird ein zwölfköpfiger Arbeitsausschuß (AA) gewählt, der zwischen den Sitzungen der Delegiertenkonferenz deren laufende Geschäfte wahrnimmt. – Die Studentenpfarrer und -pfarrerinnen treten ebenfalls einmal im Jahr zu einer Studierendenpfarrkonferenz (SPK) zusammen und sind mit 10 Mandaten in der Delegiertenkonferenz vertreten.

Die Arbeit der örtlichen ESGen wird von der ESG-Geschäftsstelle in Köln mit einem Team von fünf Fachreferenten und Fachreferentinnen (davon ein Mitglied mit Sitz in Berlin) unterstützt, das vom Generalsekretär koordiniert und geleitet wird.

Die örtlichen ESGen werden von den jeweiligen Landeskirchen finanziert.

Die ESG-Geschäftsstelle (Gesamthaushalt 1989: 1,35 Mio. DM) finanziert sich – je nach inhaltlichem Schwerpunkt – zu 50% aus staatlichen Mitteln (dabei: Bundesministerium für Familie, Frauen, Jugend und Gesundheit, Bundesministerium für Bildung und Wissenschaft, Bundesministerium für innerdeutsche Beziehungen), zu 35% aus kirchlichen Mitteln (23% von der EKD, je 6% von AGKED und ABP) und zu 15% aus Spenden und Beiträgen der Orts-ESGen. Eine ausführliche Beschäftigung mit der inhaltlichen Arbeit der ESG als der größten Institution evangelischer Studierendenarbeit findet in Kapitel 3. statt.

1.2. Studentenmission Deutschland (SMD)[121]

Die Studentenmission in Deutschland (SMD) wurde 1949 gegründet. Sie umfaßt die Arbeitszweige Christliche Schülerarbeit, Studentenarbeit, Akademikerarbeit und hat einen Arbeitskreis für Weltmission (AfW), der in alle drei Arbeitszweige hineinwirkt. Die Schülerarbeit hat 12 hauptamtliche Mitarbeiter und Mitarbeiterinnen und Kontakt zu knapp 1000 Schülergebetskreisen.

Der Schwerpunkt der Akademikerarbeit, für die zur Zeit ein hauptamtlicher Mitarbeiter tätig ist, liegt zum einen auf kontinuierlicher Freizeitarbeit, zum anderen auf fachspezifischen Tagungen. In 8 Fachgruppen (Arbeitskreis Christlicher Mediziner (ACM), Ingenieure, Juristen, Naturwissenschaftlicher, Pädagogen, Psychologen, Sozialarbeiter/Sozialpädagogen, Wirtschaft und Gesellschaft) werden wissenschaftliche Fragestellungen vom christlichen Glauben her beleuchtet. Diese Angebote sind auch für Studierende offen.

Zur SMD-Studentenarbeit schließlich gehören 42 Gruppen mit insgesamt ca. 800 ehrenamtlichen Mitarbeitern und Mitarbeiterinnen. Hauptamtliche Reisesekretär(e)innen begleiten jeweils mehrere Gruppen. Die Zentralstelle (Verwaltung) der SMD befindet sich in Marburg. Insgesamt sind z.Zt. 33 Hauptamtliche tätig. Die Finanzierung erfolgt über Spenden der Freunde der SMD.

Die kirchlich-missionarische Zielsetzung wird durch konkrete »Mission vor Ort« in Haus- und Gesprächskreisen, durch offene Bibelabende, Büchertische und Herausgabe von Zeitschriften (contact u. porta) umgesetzt.

---

[121] Angaben aus »Informationen über die SMD-Studentenarbeit«, hg. von der SMD-Zentralstelle, Marburg.

Für die Mitarbeiter und Mitarbeiterinnen werden hochschulübergreifende, überregionale Veranstaltungen angeboten:
- Mitarbeiterfreizeit
- die Herbstkonferenz als jährliche Vollversammlung und eine Frühjahrskonferenz
- Arbeitskreise (für Weltmission, für soziale und politische Fragen, für Öffentlichkeitsarbeit).

1.3. Campus für Christus (CfC)[122]

Der CfC leistet seine kirchenunabhängige und konfessionsübergreifende Studierendenarbeit an 18 Hochschulstädten mit 25 hauptamtlichen Mitarbeitern und Mitarbeiterinnen und etwa 600 Ehrenamtlichen (davon etwa ein Drittel katholisch).
Sitz des CfC ist Gießen. Schwerpunkte der Arbeit sind:
- Studentenbibelkreise,
- evangelistische Missionsarbeit,
- Mitarbeit in der Agape-Bewegung,
- Herausgabe der Zeitschrift »Impulse«.

1.4. Evangelisches Studienwerk Villigst[123]

Eine ganz andere Art von Studierendenarbeit ist die des Evangelischen Studienwerks Villigst e.V. Hier geht es um die Förderung von Begabungen, Förderung von Studierenden und Promovierenden im Hinblick auf die Wahrnehmung von Verantwortung in Beruf, Gemeinde und Gesellschaft.
1988 wurden etwa 700 Stipendiaten und Stipendiatinnen gefördert,

---

122) Zur Information vgl. ZS Porta Impulse, hg. vom Studienleiter der Studentenmission in Deutschland.
123) Zur Information vgl. Bericht der Leitung des Evangelischen Studienwerks Villigst.

davon waren 600 Studierende und 100 Promovierende. Fachspezifische Schwerpunkte liegen vor allem in Theologie und Medizin, dann Jura, Germanistik und Soziologie.

Finanziert wird das Studienwerk zum großen Teil durch Zuschüsse des Bundes (1985: 7,5 Mio. DM von 9 Mio. DM Gesamthaushalt) – unterstützt durch die Beiträge von den 17 Landeskirchen der EKD und durch Kollekten und Spenden.

Das Studienwerk begleitet die Stipendiaten und Stipendiatinnen, bietet Sozialsemester und Praktika an und fördert Auslandsaufenthalte. Das Studienwerk stellt – wie es in den Semester- und Abschlußberichten heißt – oftmals noch den einzigen Kontakt der Geförderten zur Kirche dar. In bezug auf die Wirksamkeit ihrer Arbeit heißt es, daß bislang über 4.000 Villigsterinnen und Villigster gefördert wurden. Die meisten davon nehmen gute bis sehr gute leitende Positionen in unterschiedlichen Bereichen ein und sind Multiplikatoren im gesellschaftlichen, kirchlichen und fachlichen Bereich.

2. Interesse und Beteiligung

Kirche und Universität sind von den interviewten Studierenden fast nie in Zusammenhang miteinander gebracht worden.
Religion gehört – wenn sie denn zum eigenen Leben gehört – in die außeruniversitäre Lebenswelt. Aktivitäten der Kirche im universitären Bereich werden nicht wahrgenommen.

»Also ich meine, so während meines Studiums oder jetzt auch in der Uni, es gibt eigentlich überhaupt keine Kontaktpunkte zur Religion oder zur Kirche. (Ja.) Absolut nicht. (Ja.) Zumindest habe ich nirgendwo irgendwelche gesehen. (Ja.) ... Das einzige, was bei uns immer sehr unangenehm auffällt, ist der RCDS, aber wir, das ist ... nein, aber ich meine, so aber sonst mit der Kirche oder Religion ist da, ich meine, vielleicht habe ich es auch nie gesehen, weil ich habe auch eigentlich nie groß geguckt, aber es ist so, spontan würde ich sagen, es ist mir nie groß aufgefallen, weder an irgendwelchen Aushängungen noch sonstigen ... Es ist z.B. auch so, wenn die Semester-Vorlesungs-Verzeichnisse rauskommen. Es gibt immer dies alternative. Da sind zwar wunderbar drin dann ... Psychologie und was weiß ich

alles, aber so Kirche oder so taucht da nie drin auf, nicht. (Ja.) So gerade, ich weiß nicht, was für alles Beratungsstellen für Studenten, die nicht klarkommen. Also Kirche habe ich da nie auftauchen sehen.« (NI)
»Ja, aber im Grunde genommen sagt das ja was aus, wie unser Gespräch läuft, absolut. Es sagt nämlich aus, daß Du immer wieder versuchst, 'ne Verbindung herzustellen und ich immer wieder also 'ne Verbindung von Religiosität und Hochschule – ja – oder religiöse Erfahrungen und Hochschule, also ja schon immer wieder versuchst, dahin zu kommen und nochmal zu gucken und ich immer wieder (diese Verbindung nicht herstelle, d. A.).« (NI)
»(... so im Universitätsbereich?) Nee, da überhaupt nicht, bei uns in der Uni hängen ab und zu Zettel. Ich studiere in Bremen. (Ach so.) Und bei uns in der Uni hängen ab und zu Zettel: Andachtstag da und da – so und so. Es gibt auch eine Gruppe bei uns in der Uni, also in unserem Fachbereich, die sich um Kirche so ein bißchen kümmert. Da sind ab und zu Anschläge, aber ich kann Tendenzen aktiver Art unter meinen Kommilitonen, die ich kenne, nicht mehr ausmachen. Ich weiß nicht, es gibt bestimmt Leute, die da was machen. Ich kenne die nicht. (... ESG – Kennen Sie das?) Wie heißt das? (ESG – Evangelische Studentengemeinde.) Ja, von denen ist das auch, genau, Evangelische Studentengemeinde.« (NI)
»(Hattest Du schon mal Kontakt zur Evangelischen Studentengemeinde oder anderen studentischen, also evangelischen Studentengruppen?) Nein, suche ich auch nicht. (Sind die eigentlich bei euch irgendwo präsent? Also an der Uni oder kriegt man das nicht mit?) In der Mensa hängen manchmal irgendwie Plakate bei den Treppenaufgängen oder so. Aber das ist so das einzige, was ich mitkriege. (Machen die auch an der Uni direkt Veranstaltungen?) Weiß ich nicht. Also wirklich nicht.« (NI)

Erst bei gezielter Nachfrage erinnern sich einige, ESG-Ankündigungen gesehen zu haben. Andere Gruppen werden nicht erinnert.
In der Repräsentativbefragung hat sich dieses Ergebnis insofern bestätigt, als nur 6% der Studierenden gelegentlich oder häufig an ESG-Veranstaltungen teilnehmen.
In Anlehnung an eine Frage nach dem Beteiligungsverhalten Studierender in einer von der Universität Konstanz durchgeführten Repräsentativuntersuchung[124] wurden in der Repräsentativbefragung Vorgaben zur Beteiligung an der evangelischen Studierendenarbeit an Vorgaben mit anderen Aktivitäten Studierender »angehängt«.

---

124) Peisert u.a. (1988).

Beteiligungsverhalten Studierender (1)

Gruppen/Angebote	noch nicht gehört	schon davon gehört, und ...				
		nicht interessiert keine Teilnahme	interessiert aber keine Teilnahme	gelegentliche Teilnahme	häufige Teilnahme	
	0	1	2	3	4	
Sportgruppen	5	16	20	32	27	(53)
Kulturelle Gruppen (z.B. Theater, Musik)	2	22	31	31	13	(54)
Informelle-/Aktionsgruppen (z.B. Bürgerinitiativen, Friedens- u. Umwelt-, Dritte-Welt-Gruppen, Frauengruppen	1	28	49	18	4	(55)
Fachschaftsarbeit und universitäre Selbstverwaltungsorgane	3	35	46	11	6	(56)
Studentische Verbindungen	3	78	16	2	2	(57)
Politische Hochschulgruppe	3	59	33	4	1	(58)
Evangelische Studentengemeinde (ESG)	18	54	21	6	1	(59)
Studentenmission in Deutschland (SMD)	48	43	7	1	1	(60)
Campus für Christus (CFC) oder andere christliche Gruppen an den Hochschule	55	38	6	1	1	(61)
Gruppen/ Kreise der Kirchengemeinde	7	62	15	11	6	(62)
Übergemeindliche Jugend- und Erwachsenenarbeit (z.B. CVJM, Evangelische Erwachsenenbildung, Akademien)	8	62	18	9	4	(63)
Kirchentag	1	46	31	18	5	(64)

(1) Angaben in %

Danach hat die ESG den größten Bekanntheitsgrad: nur 18% geben an, noch nichts von ihr gehört zu haben, während dies von der SMD 48% und von Campus für Christus 55% sagen – mit entsprechend niedrigen Beteiligungswerten. In den wenig gesteuerten Interviews sprechen die Studenten und Studentinnen von sich aus keine dieser Gruppen an. Auf Nachfragen hin zeigen einige Kenntnisse über die ESG, aber nur ein Student weiß von CfC und SMD. Seine Haltung ist allerdings äußerst kritisch:

»Ja, was ich wichtig fände, was ich auch schon angedeutet habe, ist eigentlich, daß die evangelische Kirche sich explizit mit solchen Gruppen auseinandersetzen sollte wie Campus oder SMD, weil ich die nicht nur für die Kirche, sondern allgemeingesellschaftlich für einen gewissen Risikofaktor halte, sicherlich auch politisch.« (NI)

Im Vergleich zu Gemeindegruppen, übergemeindlicher Arbeit und dem Kirchentag liegt die Studierendenarbeit zurück. Dabei ist allerdings zu berücksichtigen, daß hier jede Aktivität für sich abgefragt wurde, was nichts über Mehrfachbeteiligungen aussagt: die Kirchentagsbesucher setzen sich z.B. zum Großteil aus denjenigen zusammen, die auch sonst kirchlich aktiv sind[125]. Im Vergleich zur Beteiligung an anderen explizit studentischen Gruppen, die hauptsächlich themenbezogen arbeiten – Fachschaft, politische Hochschulgruppen –, liegt die ESG beinahe gleich auf. Zu den eher auf Freizeitgestaltung ausgerichteten Aktivitäten – Sport, Kultur – besteht erwartungsgemäß ein großer Abstand. Die Schwerpunkte studentischen Interesses und Beteiligungsverhaltens spiegeln in der Tendenz das Bild des Freizeitverhaltens der Gesamtbevölkerung wider, wobei die Beteiligung an kulturellen, politischen und kirchlichen Aktivitäten bei Studierenden eher höher zu liegen scheint als im Durchschnitt der Bevölkerung[126].

---

125) Feige/Lukatis/Lukatis a.a.O.
126) Vgl. Forschungen der Freizeitsoziologie.

3. Evangelische Studentengemeinde (ESG)

3.1. Die Arbeit der ESG

Die Umsetzung der Beschlüsse der Delegiertenkonferenz für die überregionale Arbeit der ESG wird durch die Geschäftsstelle wahrgenommen. Die 5 Referenten und Referentinnen koordinieren, betreuen und regen die inhaltliche Arbeit der Orts-ESGen an und werden dabei jeweils von einer studentischen Kommission begleitet. Die inhaltlichen Schwerpunkte sind:
- Theologie
- Bildungspolitik
- Ost-West-Arbeit
- Ökumene
- Entwicklungspolitisches Studienbegleitprogramm (STUBE)

Zu diesen Themen organisieren die Referenten und Referentinnen Seminare, Sommerschulen und andere Veranstaltungen, zu denen Studierende aus der ganzen Bundesrepublik Deutschland eingeladen sind. Zwischen Studentengemeinden aus der DDR und der BRD finden jährlich etwa 120 Partnertreffen statt. Internationale Begegnungen, z.B. bei Treffen in den USA, der Sowjetunion, Südafrika, Nicaragua, werden von der ESG-Geschäftsstelle ebenfalls organisatorisch unterstützt.

Die zehnmal jährlich erscheinenen ESG-Nachrichten »Ansätze« berichten über die ESG-Aktivitäten auf örtlicher, überregionaler und internationaler Ebene. Sie werden von der Bundesgeschäftsstelle herausgebracht und sollen den Ortsgemeinden als Anregung und Informations- und Kommunikationsmittel untereinander dienen.

Eine Zusammenstellung der Arbeit der Evangelischen Studentengemeinden in der BRD liegt nicht vor. Gestützt auf die Untersuchung über die Arbeit der ESG in der rheinischen Landeskirche[127] und ergänzt durch verschiedene ESG-Programme, sollen hier Schwerpunk-

---

127) Vgl. Rusteberg, o.J.

te der Arbeitsformen und -inhalte der ESG-Arbeit dargestellt werden.

Die Arbeitsformen umfassen ein breites Angebot von sehr verbindlichen festen Gruppen bis zu öffentlichen kulturellen Veranstaltungen:

- Gottesdienste etwa 3-4 pro Semester
- Bibelkreise überwiegend kontinuierliches Angebot
- Theologische Gesprächskreise sporadisch, vereinzelt
- Selbsthilfegruppen sporadisch, vereinzelt
- Arbeitskreise verbindliche Gruppen nehmen breiten Raum ein
- Informationsveranstaltungen und Seminare fester Bestandteil der ESG, finden regelmäßig statt
- kulturelle, kreative und freizeitorientierte Angebote nehmen zu

Die ESG leistet besondere Arbeit mit und für ausländische(n) Studierende(n); an einigen Hochschulorten besteht ein eigenes Seelsorge- und Beratungsangebot.

Inhaltlich konzentriert sich das Angebot daneben auf folgende Themenschwerpunkte:

- Internationale Themen/Solidarität mit anderen Ländern (besonders Südafrika, Nicaragua)
- Thema der Ökumene: Gerechtigkeit (Weltwirtschaft), Frieden und Bewahrung der Schöpfung (neue Technologien)
- aktuelle gesellschaftliche Probleme (z.B. Ausländer, Asylbewerber)
- kontextuelle Theologien
- Aufarbeitung der deutschen Geschichte: Faschismus/Widerstand/ Verhältnis von Juden und Christen.

Das breite Spektrum an Inhalten und Arbeitsformen in Orts-ESGen sei am Beispiel eines Semesterprogramms an der Universität ESG Köln dargestellt.

Aus dem Semesterprogramm (WS 1989/90):

zu Semesterbeginn:
- Einführungsgottesdienst, Semestereröffnungsfete
- ESG packt aus
- Fuß fassen in Köln

Arbeitskreise:
- Philippinen
- CIMA
- Chose International
- Theologische Gesprächskreise
- Feministische Theologie
- Feministische Gottesdienste
- Ausländische Frauen
- Männerkreis
- Ost-West-AK
- Südafrika-Kommitee
- MAK

regelmäßige Treffs:
- Feier-Abend-Gespräch
- Morgenbetet
- Kulturcafé
- Tanzkurse
- Yoga
- Foto-AK

unregelmäßige Treffs/Reihen
- Ruck nach rechts
- Lesekreis
- Umwelt
- Video-AG
- Menschen beten
- Sexualität und Partnerschaft

Einzelveranstaltungen:
- Rückblick '68er
- Nicaragua im 10. Jahr der Revolution
- Die Philippinen-ein Land im Krieg
- Wohnungsnot in Köln
- EL-DE-Haus/Faschisten in Köln
- Kirche und EG-Binnenmarkt
- Ökumenetag
- Ökumenisches Abendgespräch-Esoterik im neuen Zeitalter
- Reisebericht USA
- ai-Film
- Lesung: Clara Schumann
- Lesung: Olga
- Abschlußgottesdienst

Wochenenden/Seminare/Überregionales:
- ESG-Seminare
- Arbeitskreis-WE
- MAK-Wochenende

Die Arbeit der ESG hat also ein relativ eindeutiges Profil und erreicht damit Teile der politisch bewußten Studentenschaft. Die Bedeutung dieser Arbeit läßt sich nicht einfach an den Zahlen festmachen. Die Teilnehmerzahlen sind von vielen Bedingungen wie Hochschulort, -art, Gemeinde-Ausstattung usw. abhängig. Sie sind daher nicht zu generalisieren.

3.2. Image der ESG

Erwartungsgemäß hat nur die ESG in der Repräsentativbefragung einen hinreichenden Bekanntheitsgrad erreicht, um sinnvoll auswertbar sein zu können und um vertiefende Fragen zu stellen.
33% der Studierenden gaben an, die ESG und/oder den Studentenpfarrer bzw. die Studentenpfarrerin aus eigener Teilnahme, von Publikationen oder aus Berichten anderer Studierender zu kennen. Sie wurden gebeten, einige Einschätzungen zur ESG zu geben[128]:

- Die ESG wird hauptsächlich als Ort gesehen, an dem Studierende »aus der Anonymität der Universität herauskommen und Kontakte knüpfen« können (Zustimmung 65%) und »an dem christliche Gemeinschaft erfahrbar wird« (Zustimmung 33%).
- »Zu stark religiös, fromm« ist die ESG nicht geprägt (Ablehnung 44%). Es findet auch keine ausschließliche Beschäftigung mit gesellschaftspolitischen Themen unter Vernachlässigung »persönlicher glaubensmäßiger Fragen« statt (Ablehnung 44%). Allerdings hat auch nur 1% »durch die ESG zum Glauben gefunden«.
- Denen, die die ESG kennen, ist sie politisch weder zu »konservativ/rechts« (Ablehnung 53%) noch ist sie ihnen zu »progressiv/links« (Ablehnung 41%), d.h. wohl, sie ist eher etwas links der Mitte einzuordnen. »Den dringenden Menschheitsthemen ... Ökologie, Frieden, Dritte Welt« widmet sie sich hinreichend: 45% meinen, das Engagement reicht aus, 24% meinen, sie müßte sich stärker engagieren.
- »Die ESG kümmert sich um die Probleme der ausländischen Studierenden.« Dem stimmen 43% zu.

---

128) 7-stufige Skala, Skalenwerte 1, 2, 3 als Ablehnung einer Aussage; 5, 6, 7 als Zustimmung zu einer Aussage gewertet. Folgende Prozentzahlen beziehen sich auf diese 33% (!), nicht auf alle Studierenden (!).

4. Erwartungen und Vorschläge Studierender

Auf Nachfrage wurden von den Studierenden in den narrativen Interviews Vorschläge gemacht oder Defizite benannt, die in der evangelischen Studierendenarbeit oder von anderen kirchlichen Diensten aufgegriffen werden könnten:

– Kirche soll sich an der allgemeinen akademischen Diskussion, besonders bei wissenschafts-ethischen Fragen beteiligen;

»Also ich sehe so eine Möglichkeit, daß man z.B. Ringvorlesungen anbietet. (Ja.) Das muß nicht unbedingt direkt jetzt auf ein Studienfach zugeschnitten sein. Also es gibt ja auch innerhalb der Theologie interessante Probleme und Fragestellungen. Daß man da dann auch mal kompetente Leute was zu sagen läßt. (Ja.) Ich glaube schon, daß das relativ großes Interesse fände.« (NI)

»Ja. Also einmal ist es mir während meines ganzen Studiums traurig aufgefallen, daß eigentlich sowas wie Ethik für einen Naturwissenschaftler überhaupt nicht angeboten wird. (Ja.) Und ich möchte schon sagen, daß innerhalb meines Semesters, also des Umkreises, den ich erlebe, Nachfrage dafür bestehen würde. Also nicht nur angeregt durch diese beinahe traumatischen Erlebnisse da in diesem Tierkurs, sondern auch vorher schon. Das muß nicht immer eine streng christlich ausgerichtete Ethik sein, auch, es gibt ja auch andere philosophische Ethiken, aber da wird eigentlich überhaupt nichts angeboten.« (NI)

»... Die Angebote der theologischen Fakultät sind zu sehr auf die systematischen Gesichtspunkte hin gegliedert – eine allgemeine Vorlesung wäre nicht schlecht im besonderen bezüglich Theologie als Wissenschaft.« (F23)

»... Mehr übergreifende Öffentlichkeitsarbeit unter den Studiengängen. Mehr Öffentlichkeitsarbeit in anderen Studienfächern z.B. Diskussionsabende über Rationalisierung in Betrieben, Folgen und so weiter, Alternativen für entlassene Arbeitnehmer.« (F23)

»Die evangelische Kirche sollte alternativ Veranstaltungen anbieten, welche keinerlei religiösen Hintergrund haben. Diese Veranstaltungen sollten auf dem Hochschulgelände stattfinden (z.B. Party, Diskussionsveranstaltung über Hochschulprobleme). Der Personenkreis, der so in den Wirkungsbereich der Kirche gelangt, ist dann eher bereit, auch kirchliche Aspekte aufzunehmen bzw. darüber nachzudenken.« (F23)

– Kirche soll ohne Indoktrination Mittel zur Verfügung stellen;

»Die Chance von ESGen und auch von Kirche mit Studierenden und mit angehenden Akademikern kann eigentlich, denke ich, nur die sein, ja, das Sozialisationsumfeld nicht vorzugeben und offen zu sein, also... Also ich denke, ESGen und

Kirche überhaupt wird also... wird rudimentär verkümmern, wenn sie eben sich gegenüber allen Basis-Gruppen verschließt, und Basis-Gruppen heißt immer grundsätzlich Schwierigkeit, heißt grundsätzlich Probleme, heißt grundsätzlich sich auseinandersetzen mit irgendwelchen Bedürfnissen, weil, ja, es ist kein natürliches... natürlichstes Interesse vom Menschen, sich nun in 'ne evangelische Landeskirche zu begeben oder auch in 'ne katholische Volkskirche zu begeben, sondern der Mensch begibt sich, denke ich, oder jeder von uns begibt sich dahin, wo's ihm gut geht, und wenn's ihm nirgends gut geht, dann geht er eben in die Kneipe.« (NI)

»... daß Kirche sich revolutionieren soll, denke ich, wäre das einzige, was mir dazu einfällt, wo sie 's überhaupt noch mal versuchen könnte, sich so anzubieten und zur Verfügung zu stellen. Vielleicht auch oder ja insbesondere vielleicht auch mit sächlichen Mitteln – was weiß ich – meinetwegen so 'nen Apparat zur Verfügung stellen, so zur Öffnung für interessierte Gruppen, die ihn nutzen wollen, was weiß ich – meinetwegen Gelder zur Verfügung stellen, Räume zur Verfügung stellen, Kommunikationsmittel zur Verfügung stellen, den interessierten Gruppen die Möglichkeit lassen, das zu nutzen, ohne daß die Kirche sich inhaltlich in alles sofort einzumischen versucht. Ich denke, das kommt ja immer gut an.« (NI)

– Kirche soll Räume für Rückzug und Besinnung zur Verfügung stellen;

»Mir ist aber noch was so in den Kopf gekommen – ich weiß jetzt nicht – als ich so drüber nachgedacht habe, worum es wohl bei diesem Gespräch gehen könnte, und zwar: Ich glaube, daß ich so an der Uni, wenn ich da bin, daß ich da schon das Bedürfnis hätte, mich mal zurückzuziehen und mal alleine sein zu können.« (NI)
»Ich fände es gut, wenn man an der FH/Uni die Möglichkeit hätte, Unterstützung von kirchlichem Beistand/religiösen Sozialarbeiterinnen zu bekommen um auch hier persönliche Erlebnisse (ob positiv oder negativ) besser bewältigen zu können. Die Einrichtung eines Raumes zum Nachdenken und Ruhetanken würde ich begrüßen. Ich fände es gut, wenn die Inhalte wie Nächstenliebe praktiziert würden, mehr bräuchte man nicht.« (F23)

– Kirche sollte etwas gegen die Einsamkeit Studierender tun;

»Ich möchte noch einige Anmerkungen zum Studienort Aachen machen (wodurch auch eventuell kirchliche Tätigkeiten möglich wären): Wegen der überwiegend technischen Studiengänge (Frauenanteil z.B. Maschinenbau 3%) und der räumlichen Trennung zu Studiengängen mit hohem Frauenanteil z.B. Medizin bildet sich in Aachen eine eingeschworene Männerclique (Bund-ähnlich). Da durch große Vorurteile in der heimischen Bevölkerung auch mit gleichaltrigen Nichtstudenten/innen keine Kontakte zustande kommen, fühlt man sich sehr oft unheimlich einsam und verlassen – es fehlt menschliche Wärme, die in diesem schrecklich rationalen Technikstudium nicht möglich scheint. Vielleicht sollte die

Kirche auf diesem Gebiet in Aachen mal was versuchen und den Leuten irgendwie helfen. Wie das gehen soll, weiß ich ehrlich gesagt auch nicht, aber das Problem, daß die Leute eigentlich einsam sind ist da.« (F23)

- Ein Seelsorger sollte zur Verfügung stehen;

»... Für den Unibereich könnte ich mir vorstellen, daß ein Seelsorger von vielen in Anspruch genommen werden könnte in schwierigen Situationen und Krisen, z.B. nicht bestandenes Examen, Zweifel am Studium usw. Aus meiner Sicht dürfte er nicht zu ›kirchlich‹ wirken, eher allgemein tröstend und helfend. Obwohl ich selbst nicht an Gott glauben kann, finde ich es bedauerlich, daß sich immer mehr Menschen vom Glauben abwenden bzw. daß er keine so große Rolle spielt. Ich glaube, daß dies negative Auswirkungen auf die Gesellschaft hat (Rücksichtslosigkeit; Konsumgesellschaft, Wegwerfgesellschaft, Leistungsprinzip usw.).« (F23)

In der Repräsentativbefragung wurden verschiedene Vorschläge zur Diskussion gestellt:

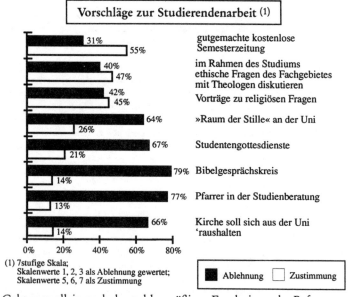

Geht man allein nach den zahlenmäßigen Ergebnissen der Befragung, so müßten eine Semesterzeitung, die Diskussion ethischer Fragen des Fachgebiets und öffentliche Vorträge zu religiösen Fragen am meisten erfolgversprechend sein, um mit Studierenden in Kontakt bzw. ins Gespräch zu kommen. Die übrigen Vorschläge fallen demgegenüber ziemlich stark ab.

Nach sozio-demographischen Merkmalen der Studierenden differenziert ergibt sich zunächst einmal, daß die Studentinnen an diesen Angeboten stärker interessiert sind als Studenten. Dies stimmt mit den oben genannten Ergebnissen überein, daß Studentinnen stärker an Religion interessiert und auch stärker mit der Kirche verbunden sind. Differenziert nach Studienfächern ergibt sich, daß Studierende der Medizin sehr großes Interesse an der Diskussion ethischer Fragen ihres Fachgebietes haben: 61% der Medizinstudierenden bekunden ihr Interesse mit Nennungen bei den Skalenwerten 6 und 7. An zweiter Stelle zeigen sich die Studierenden der Geistes- und Sozialwissenschaften interessiert an derartigen Diskussionen. Juristen und Ökonomen »streuen« relativ gleichmäßig über die gesamte Skala. Bei den Juristen gibt es ein Fünftel, das überhaupt nicht daran interessiert ist, ein weiteres Fünftel bekundet Interesse. Beim Interesse an einer Semesterzeitung und an öffentlichen Vorträgen spiegelt sich in etwa dieses Bild wider, jedoch nicht in derart ausgeprägten Konturen.

Die letzte Aussage – »Kirche soll sich aus der Uni heraushalten« – findet eine relativ hohe Ablehnung. Gegebenenfalls könnte man dies auch als Aufforderung ansehen – was auch während der Frankfurter Konsultation zum Ausdruck kam (vgl. auch Teil C, Kapitel 1) –, daß kirchliche Stellungnahmen zu hochschulpolitischen Fragen gewünscht werden. Dafür würde auch sprechen, daß die Kirche von den Studierenden heute noch für nötig gehalten wird (71%). Wenn 66% der Studierenden sagen, daß Kirche sich nicht aus der Uni heraushalten soll und auch nicht unnötig ist, und nur 14% meinen, daß sie das tun sollte bzw. unnötig ist, kann man schlußfolgern, daß bei den Studierenden große Erwartungen an die Kirche bestehen.

C. Konsultationen

1. Die Frankfurter Konsultation (1988)
(empirischer Befund und Bezug zu den theologischen Grundsatzüberlegungen)

1.0.1. Die 7. Synode der EKD beauftragte am 7.11.1986 die Bildungskammer, »eine vorläufige Studie über den Dienst der EKD an den Studierenden der Hochschule« zu erstellen. Die Kammer griff diese Anregung auf und bildete eine empirische und eine theologische Arbeitsgruppe, die mit der Studien- und Planungsgruppe der EKD die Ausführung vornehmen sollte. Bereits im Januar 1988 lag ein vorläufiger Bericht über die »Situation der Studierenden den Hochschulen«[129] vor. Dieser Zwischenbericht ging einem Kreis von Interessenten und Engagierten im Dienst an den Hochschulen zu. Gleichzeitig erfolgte eine Einladung zu einer Konsultation am 31. Mai/1. Juni 1988 in Frankfurt. Sie war an Mitglieder der Bildungskammer, vor allem aber an Vertreter der ESG, der SMD, des CfC, der Studentenpfarrer, der ESG-Geschäftsstelle, des Evangelischen Studienwerks Villigst, des Forums für junge Erwachsene der Evang. Akademie Tutzing sowie Repräsentanten mit Studentenarbeit befaßter Gremien gerichtet. Die Ergebnisse dieser Konsultation wurden protokolliert (30.6.1988) und gingen daraufhin der Bildungskammer zur weiteren Veranlassung zu. Sie gab den eingesetzten Expertengruppen grünes Licht für ihre Arbeit, insbesondere die Inangriffnahme einer Repräsentativbefragung von Studierenden über ihre Einstellung zu den Studienbedingungen, Glaubens- und Sinnfragen, kirchliche Sozialisation und dergleichen. Als die Daten dieser Erhebung (Spätsommer/Herbst 1989) und die Auswertung zusätzlicher narrativer Interviews zu spezielleren Aspekten vorlagen, stellte sich die Aufgabe, eine Zusammenschau der ermittelten unterschiedlichen Ergeb-

---

129) Vgl. Evangelische Kirche in Deutschland (1988a).

nisse zu versuchen. Dieses Vorhaben mußte dem Umstand Rechnung tragen, daß in gewisser Hinsicht auch die Frankfurter Konsultation eine empirische Erhebung darstellt, allerdings qualitativ anderer Art als die Repräsentativbefragung oder die Tiefenauswertung der narrativen Interviews. Die einander ergänzenden methodischen Zugriffe bedingten unterschiedliche Ergebnisperspektiven. Sie wiederum sind auf die theologischen Grundsatzüberlegungen der Vorstudie[130] zu beziehen. So verschieden diese Hinsichten sind, so kreisen sie doch um das gleiche Interesse, nämlich den beabsichtigten kichlichen Dienst an den Studierenden der Hochschule auf seinen empirischen Ermöglichungsgrund und seine realitätsgerechten Durchführungsbedingungen zu befragen.

1.0.2. Das Protokoll der Frankfurter Konsultation umspannt 220 Seiten. Auf dem Wege der Verschriftung geht vieles der emotionalen und sozialen Atmosphäre einer mündlichen Kommunikation verloren. Aber eben dies ist das empirisch qualitativ Wichtige an der Konsultation. Es muß so objektiv wie möglich präsentiert werden. Gleichwohl ist dies nur aus der notwendigerweise subjektiven Sicht eines Berichterstatters möglich. Diese faktisch unumgängliche Verschränkung von Protokoll mit Interpretation stellt zugegebenermaßen ein methodisches Dilemma der folgenden Ausführungen dar. Es ist vergleichbar der physikalischen Erfahrung, daß die benutzte Apparatur die Erscheinungsweise eines untersuchten Objektes (bzw. Prozesses) präjudiziert (z.B. Licht als Welle oder Korpuskel). Niemand möge sich über diese »Unschärferelation« hinwegtäuschen. Sie ist aber wie vieles anbivalent, d.h. die Spiegelung im Subjektiven vermittelt auch ein Wirkliches, zwar nicht die Tatsache an sich, aber ein Echo von ihr.

Neben diesem Aspekt weist der folgende Versuch noch ein weiteres Charakteristikum auf: er muß die Querverbindungen zur o.g. Studie, den Ergebnissen der Repräsentativbefragung und den Auswertungs-

---

130) Ebd.

resultaten der narrativen Interviews ansprechen, wo immer dies geboten erscheint. Dies ist eine sehr komplexe Aufgabe, die für einen einzelnen schwer zu bewältigen ist. In dieser Hinsicht bleiben leider viele Wünsche unerfüllt.

Um der Hauptschwierigkeit, d.h. der »Unschärferelation« als Verschränkung verschiedener Perspektiven, also des empirischen Berichts und der subjektiven Interpretation bzw. der Faktenbenennung und ihrer Projektion auf einen religiös-theologischen Deutungshorizont redlicherweise Rechnung zu tragen, wurde die Anregung gegeben, wenigstens passim kenntlich zu machen, wo das Berichts-Deutungs-Kontinuum ausdrücklich hinzielt. Dies läßt sich durch verschiedene Druckweisen visualisieren. Drei Schrifttypen signalisieren also die jeweilige Aussageebene:

A) Normaldruck   Bericht bzw. Darstellung der Konsultation

B) *kursiv*   *Korrelation Vorstudie, Repräsentativbefragung bzw. narrative Interviews*

C) Kleindruck   subjektive Resonanz bzw. individuelle Sichtweise als ein Versuch, die Verschriftung des Protokolls auf seine Atmosphäre zurückzubeziehen bei gleichzeitiger Bewertung in einer metaempirischen Sprache

Der Wechsel der Aussageebenen ist mehr als ein nicht unüblicher Perspektivenwechsel. Er ist erkenntniskritisch wie wissenschaftstheoretisch überaus umstritten, wie sich in beiden Arbeitsgruppen zeigte. In ihm spiegelt sich die übliche Ausdifferenzierung in Fachterminologien wider, oder andersherum gesehen, der Verlust einer durchgängigen Einheitssprache. Daß religiös-kirchliche Wirklichkeitsfragmente weder nur theologisch noch rein sozialwissenschaftlich hinreichend zur Sprache kommen, – dies war die Lektion, die zu verkraften war, als die Sicht- und Arbeitsweisen der unterschiedlichen Expertengremien, nämlich der theologischen und der empirischen Arbeitsgruppe zusammengeschaut werden mußten. Dann mußte die übliche Aufteilung in Fakultäten rückgängig gemacht werden, was verständlicherweise nicht reibungslos vonstatten geht. Es kann dem

Leser und der Leserin nicht verschwiegen werden, daß den Theologen einerseits und den Empirikern (Sozialwissenschaftlern) andererseits die Vorherrschaft ihrer Fachsprache ein unbestrittenes Anliegen sein mußte. Ebenso selbstverständlich ist, daß der Leser, sofern er nicht der einen oder anderen Lesart den Vorzug geben will, sich nicht auf ein fakultatives Entweder-Oder festlegen läßt. Ein dritter, sozusagen metafachsprachlicher Standpunkt bleibt seine Chance.

Eine Zusammenschau von Konsultation mit vorläufiger Studie und Tiefeninterviews korreliert zwar unterschiedliche, aber komplementäre empirische Befunde. Rein theoretisch wären dabei folgende Verhältnisbestimmungen zu erwarten. Es können Übereinstimmungen und Parallelen registriert werden (1.1.), ferner Unterschiede und Divergenzen (1.2.). In unserem Fall werden aber die Eigentümlichkeiten bedenkenswert, die insbesondere eine Konsultation zutage fördern kann (1.3. + 1.4.).

Aufgrund der drei unterschiedlichen Wege, Daten zu erheben (Mitarbeiter- und Expertenbefragung und Konsultation, Repräsentativbefragung und Tiefeninterviews), eignet unserer Studie eine Mehrstufigkeit und Vielschichtigkeit, die einen überaus komplizierten und komplexen Aussagegehalt erwarten läßt. Statt punktueller und einliniger Daten sind Einblicke in mehrdimensionale Prozeßabläufe zu erwarten. Die Aspektvielfalt hat freilich ihren Preis: er bedeutet den Abschied von/bzw. Verzicht auf Simplifikationen, insbesondere monokausaler Rezepte für kirchliche Handlungsanweisungen.

1.1. Konvergente Trends

Ein erstes wichtiges Ergebnis der Konsultation lag im Atmosphärischen ihres Verlaufs. Es ist durch eine merkliche Ambivalenz zu charakterisieren. Zu Beginn herrschte eine geradezu knisternde Spannung. Amtskirche und Basisgemeinde, Kirche von oben und Gemeinde von unten schienen aufeinander zu prallen. Reminiszenzen an die Studen-

tenbewegung von 1968 konnten für Mitbetroffene aufblitzen, als – nebensächliche – Verfahrensfragen zu Grundsatzentscheidungen hochstilisiert zu werden drohten. Vor »Verführung durch hierarchische Herrschaftsformen« wurde gewarnt und »feudale Reste« (nämlich des Umgangs des Establishments mit der Basis) wurden angeprangert. Es gelang jedoch, zur sachbezogenen Diskussion zurückzufinden und damit die Anhörung zur echten Konsultation werden zu lassen. Die »Amtskirche« mußte sich zunächst harte Kritik gefallen lassen. Es fielen Sätze wie
- »die Distanz zur Kirche (ist) über lange Jahre eingeübt« (S. 129);
- »Amtskirche hat für sie nahezu keine Relevanz. Man kennt sie nur aus den Medien, aber nicht aus eigener Erfahrung.« (S. 143);
- »zwischen ihnen und der Kirche (klafft) ein nahezu unüberwindlicher ›garstiger Graben‹ « (S. 141);
- ESG-Pastoren erleben die Übertragung »von Ressentiments und Aggressionen gegen die Amtskirche« (S. 83)[131].

Gleichzeitig – und darin manifestierte sich die angesprochene Ambivalenz – wurde eben diese Amtskirche mit hohen, ja allerhöchsten Erwartungen versehen. Der scheidende ESG-Generalsekretär erwartete von ihr »Einfluß(nahme) in der Öffentlichkeit, Einsatz ihrer Finanzkraft und ihrer Botschaft« zugunsten der Verbesserung der Studiensituation (vgl. S. 87). Eine Studierende bedankte sich geradezu mit bewegenden Worten, endlich einmal von ihrer Kirche ernstgenommen zu werden: »Wir haben sehr selten Gelegenheit, ... mit der Landeskirche und der EKD zu reden, die durch ehrliches gegenseitiges Vertrauen geprägt ist« (S. 212). In diesem Zusammenhang konnte sogar angeregt werden, »ein Forum einzurichten, auf dem der regelmäßige Dialog zwischen Kirchenleitungen und Studierenden« weitergeführt werden solle (vgl. S. 23). Mag zwischen Studierenden und ihrem Bild von Kirche auch ein »garstiger Graben« bestehen (S. 141), so ist dieser offensichtlich keineswegs unüberbrückbar. In der Kon-

---

131) Diese und die folgenden Zitate aus: Evangelische Kirche in Deutschland (1988b).

sultation kam es zum Brückenschlag. Die Kluft war zu überschreiten, wann und wo die Dominanz der Vorurteile von der Realität der Kommunikationsbereitschaft überholt und damit als ideologisch entlarvt wurde.

Dies festzuhalten, zählt gewiß nicht zu den bescheidensten Resultaten des Frankfurter Protokolls.

Nicht weniger gewichtig ist ein anderes Ergebnis, das leicht im Chor der folgenden kritischen Stimmen überhört werden kann: Nicht wenige Teilnehmer und Teilnehmerinnen gaben in Frankfurt zu Protokoll, daß sie inhaltlich mit den Resultaten der vorläufigen Studie weithin konform gehen. Stellvertretend für solche Äußerungen sei ein Votum der SMD zitiert:

»Den Analysen ... kann ich zum großen Teil zustimmen. Ich glaube, daß da sehr vieles deutlich geworden ist, was die heutige studentische Situation ausmacht.« (S. 114)

Die Übereinstimmung zwischen der Konsultation und der Vorstudie bezieht sich aber nicht nur auf grundsätzliche Ergebniskonturen, sondern berührt auch sehr viele Einzelheiten, auf die hier nur noch stichpunktartig hingewiesen wird:

Die christliche Hochschularbeit erreicht eine relativ geringe Anzahl von Studierenden. Sie wird durch ein vielschichtiges Bündel äußerer und innerer Faktoren so erschwert, daß eine sichtlich resignative Grundstimmung bei Haupt- und Ehrenamtlichen offenkundig wird. Die Arbeit wird der Masse der Studierenden kaum bekannt. Selbst von Dozenten wird sie weithin übersehen. Kirche und Gott sind für die meisten Studierenden kein Thema. »Die Frage nach Gott gilt allenfalls als ›Luxus der Theologen‹« (S. 42). Streßhafte Verschulung des Studiums, Instrumentalisierung der Wissenschaft für außeruniversitäre Zwecksetzungen lassen wenig Zufriedenheit mit dem Studium aufkommen. Vor allem ersticken viele Widrigkeiten jedes politische oder gemeindliche Engagement. Das Studium erscheint als Moloch, der alle Kräfte bindet und wenig Muße gewährt, und dies trotz zahlreicher Freizeitaktivitäten. Während der Frankfurter Konsultation fielen kritische Worte über die Mitstudierenden. Sie werden grob untergliedert in Verbraucher, Nur-Studenten und Mitarbeiter oder noch abschätziger als Streber, Genießer, Aussteiger und Karteileichen (vgl. S. 21). Über die miesen Studienbedingungen in überfüllten Seminaren und Hörsälen heißt es apodiktisch, sie ließen die Gedanken über das Hier und Heute kaum hinausgehen. Sie vereiteln es, »sich nebenbei gesellschaftlich zu betätigen« (S. 44). So verkümmert das Studium zu einem »zeitlich begrenzten Qualifizierungsprozeß für den späteren Beruf« (S. 153). Eine Chance zu personaler und politischer Bildung, geschweige zur Sinnfindung bietet es für die Mehrzahl nicht mehr. Die Tristesse des Alltags provoziert dann auch die Devise: »Nach vorn schauen und durch! Später wird alles einmal besser!« (S. 127, vgl. S. 142). Nicht nur Universität und Leben klaffen auseinander. Dieses Schisma hat ein innerpsychisches Pendent: Viel zu viele Studierende beginnen, »zwischen dem, was sie beruflich tun und dem, was sie politisch denken, völlig (zu) trennen«. Lapidar heißt es: »Daß ihre eigene Berufstätigkeit in Zusammenhang mit den Überlebensfragen der Welt steht, wird dabei allzu leicht verdrängt.« (S. 142) Natürlich blieben diese Aussagen nicht unwidersprochen im Raum. Der Dekan einer geisteswissenschaftlichen Fakultät verwahrte sich mit unwiderleglichen Argumenten. Gleichwohl wurde das resignative Unisono nicht zurückgenommen. Details konnten den Gesamteindruck nicht retouchieren. An den Hochschulen herrscht nach Ansicht der meisten Konsultierten eine »bedrückende Situation« (S. 160, vgl. auch S. 184). Selbst Pastoren räumten ein: »Es ist keine Abhilfe absehbar« (S. 160).

Als Bewußtseinsinhalt und Erlebnisweise müssen diese undifferenzierten Aussagen ungeschminkt als Konsultationsergebnis festgehalten werden, was immer an Einzelheiten berechtigterweise dagegen eingewandt werden mag und kann. So ist es in der Tat ein beachtliches Politikum, wenn bei engagierten und kompetenten Beobachtern der deutschen Hochschule 1988 solch ein deprimierendes Bild vorherrschend ist.

Mit den gestreiften Punkten war der einvernehmliche Grundkonsens bei der Mehrheit der Konsultierten längst nicht erschöpft. Doch gebietet die Berichterstattung, den Blick nunmehr auch auf die Nuancen und Divergenzen zu richten, die zwischen Konsultation einerseits und Vorstudie sowie Auswertung der Tiefeninterviews andererseits bestehen.

1.2. Nuancierungen und Divergenzen

Dissonanzen entstanden kurz und heftig, als die Wortwahl »Elite« in der Vorstudie debattiert wurde (vgl. S. 69 mit S. 19f der Konsultation). Es wurde jedoch zu bedenken gegeben, daß es sich bei dem politisch umstrittenen Begriff um einen von Hause aus soziologischen Terminus handelt und die ihm unterstellten kirchenpolitischen Ambitionen schlechterdings nicht mitgemeint seien (vgl. Konsultation S. 19f). Die spürbare Animosität gegen »Elite« wurzelte, wie sich alsbald zeigte, im Kirchenverständnis.

Die Vorstudie vertritt in den theologischen Grundsatzüberlegungen ein volkskirchlich integrales Kirchenverständnis. Dieses läßt Raum für die »kirchlich-evangelikale Rechte« (S. 75) wie den »politische(n) Linksprotestantismus« (ebd.). Es umspannt – visualisiert – das Beziehungsdreieck:

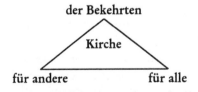

Damit werden Pietisten und Orthodoxe, Evangelische und Ökumeniker, Konservative und Reformer, Liturgiker und Pragmatiker, Intellektuelle mit Sympathie für die Kirche, aber wenig Neigung zu den Gemeindeveranstaltungen, neben die »treuen Stützen des Gemeindelebens« gestellt.

Mit dieser Vorentscheidung wird – theologisch – Jesus Christus, die eine, allen vorgegebene Wahrheit, jeder partiellen Inanspruchnahme und Vereinnahmung entzogen. Der perspektivische Zugang zu ihm wird gleichzeitig relativiert. Die Wahrheit, so heißt es, »kann nie nur meine Wahrheit sein. Aber im Austausch mit anderen kann ich mehr von ihr begreifen als allein« (S. 73).

Diese »konziliare« Grundüberzeugung war die conditio sine qua non für die Frankfurter Konsultation überhaupt. Sie hat die letztere erst ermöglicht. Sie war es andererseits, die die Kritiken der vertretenen Positionen an- und untereinander verursachte.

Dienst an oder mit?

Die Kritik der Studierenden und Studentenpfarrer entfachte sich nicht zufällig an zwei relativ harmlos anmutenden Worten: zunächst am »*Dienst*« (der Kirche) (S. 23). Gegen die Wortwahl wurde eingewandt, der beabsichtigte Dienst sei eigentlich gar keiner. Hinter der diakonischen Absicht verberge sich vielmehr amtskirchliches Selbsterhaltungsstreben. Dieses wolle Akzeptanz volkskirchlicher Inhalte bei Studierenden bewirken. Ihm liege an einer Rekrutierung von Intellektuellen für die Amtskirche. Es handle sich nur um Integration in die kirchliche Binnenpluralität (vgl. S. 197). Etliche wähnten gar, es ginge um Proselytenmache oder um Bekehrung (S. 90).

Was unter Dienst wirklich zu verstehen gewesen wäre, hätte eigentlich eine gründliche Lektüre der Vorstudie leicht ersehen lassen. Heißt es doch dort im letzten Absatz: »Der Dienst ... kann nur im genauen Hören auf die Botschaft der Bibel, in der aufmerksamen Zuwendung zur Situation der Studierenden, unter intensiver Beteiligung der Studentengemeinden ... sowie im lernbereiten, beweglichen, rücksichtsvollen Dialog zwischen den kirchlichen und theologischen Positionen neu bestimmt werden« (S. 76).

Die befürchtete Verdinglichung der Studenten zu Objekten kirchlicher Manipulation (vgl. S. 23) erwies sich also vom Text aus als unbegründet. Redliche Partizipation war nicht nur nicht ausgeschlossen, sondern von vornherein intendiert. Ja im Grunde war die Konsultation selbst schon ein Teil ihres Mitvollzuges. Was für die Frankfurter Konsultation gilt, trifft selbst für die Repräsentativerhebung und erst recht für die narrativen Interviews zu. Ohne studentische Mitwirkung wären beide unvorstellbar.

Neben dem Wort Dienst wurde die Adresse »an« (Studierende) beanstandet. Als das Movens dieser Kritik wurde soeben die Angst vor einer etwaigen Verdinglichung der Studenten zu amtskirchlichen Objekten aufgewiesen. Es schwingt dabei aber noch anderes mit. Ehrenamtliche christliche Mitarbeiter verstehen sich weniger als Dienst-Empfänger denn als Dienstausübende. Von da aus betonten sie mit Recht: Kirchlicher Dienst an der Hochschule sei »Arbeit **mit** den StudentenInnen, nicht **an** ihnen« (S. 197).

Zugegebenermaßen hätte vermutlich die Vorstudie wie ihre spätere Vollendung wohl noch beträchtlich profitieren können, wenn über die Teilnahme an der Konsultation hinaus die Kompetenz der vertretenen haupt- und ehrenamtlichen Mitarbeiter des christlichen Dienstes an der Hochschule noch gründlicher hätte eingebracht werden können. Verfügbare Zeit, Kraft und Finanzen setzen jedoch eherne Grenzen. Es bleibt zu hoffen, daß auch ohne optimale Ausnutzung aller Möglichkeiten wesentliche Ergebnisse der Konsultation darin erblickt werden können, daß der kirchliche Dienst an den Studierenden keine Verheißung hat, wenn er mißverstanden wird
- als Interaktion zwischen habender Amtskirche und bedürftigen Studenten und Studentinnen,
- als Begegnung zwischen einer Kirche, die den Glauben tradiert, und erst noch gänzlich zu katechisierenden Mitgliedern,
- als Generationenvertrag zwischen glaubenserprobten Älteren und ihre Glaubenstreue erst noch zu bewähren habenden Jüngeren.

Es scheint, daß sich in der Animosität gegenüber der Wortkombination »Dienst an« das Selbstwertgefühl und die Verantwortungsbereitschaft des Priestertums aller Gläubigen artikuliert. Ihm muß eigene Würde und Kompetenz für den Dienst im Raum der Hochschule zugebilligt werden. Das Recht auf Mitwirkung und Mitbestimmung bleibt unberührt, auch wenn jeder christliche Dienst, insbesondere der an der Hochschule, an christologischen Kriterien der Nachfolge zu überprüfen ist. Wer sich in diese Prüfung hineinbegibt, kann sie nur solidarisch, nicht bevormundend bestehen. Hier gibt es weder einseitige Dienstanweisungen noch Schuldzuweisungen. Hier kann sich bei manchem Leser eine Erinnerung an das Jesus-Wort nahelegen: »Wir sind alle unwürdige Knechte!« (Lukas 17,10)
Wenn nicht alles trügt, geht es bei einigen der angesprochenen Animositäten

(Amtskirche, Elite, Entfremdung, Dienst) nicht nur um begriffliche Unschärfen, kognitive Dissonanzen oder theologische Kontroversen, jedenfalls nicht im Grunde. Im Laufe der Analyse vermehrten sich die Anhaltspunkte, daß das eigentliche Problem des kirchlichen Dienstes an den Studierenden einerseits die Art und Weise ihrer kirchlichen Wahrnehmung betrifft und andererseits einen Umgangsstil, der dem Selbstverständnis der Studierenden gerecht wird. Dienst wäre demnach nicht nur eine Frage nach dem, was er einem Adressaten zu bieten hat, sondern vor allem, ob und wie sich das Subjekt des Dienstes für einen Empfänger öffnen und erschließen kann, also als Verhaltensänderung und Lernbereitschaft der Kirche selbst (vgl. S. 12).
Studierende als Adressaten eines kirchlichen Dienstes sind nicht mit Zöglingen zu verwechseln. Sie haben das überaus verletzliche Selbstbewußtsein junger Erwachsener. Ein Dienst, der dieses Selbst ignoriert oder gar knicken wollte, müßte mit entschlossener Ablehnung rechnen. Möglicherweise beruht die zahlenmäßig geringe Akzeptanz kirchlicher Hochschularbeit zu einem beträchtlichen Teil auch auf mißlungenem Umgang mit eben diesem verletzlichen Selbstbewußtsein, insbesondere in seinen sublim-subtilen religiös-glaubensmäßigen Ausprägungen.

Da diese Annahme von nicht geringer praktischer Bedeutung ist, soll sie durch Mitteilungen aus der Konsultation noch eingehender beleuchtet werden. Die SMD (ähnlich auch CfC) berichtete von gelingenden Gesprächskontakten mit Studierenden inmitten des Studienalltags. Büchertische an zentralen Treffpunkten oder vor Mensen aufgestellt, verhelfen zu Begegnungen, die sich gar nicht selten zu seelsorgerlich-missionarischen Zwiegesprächen fortspinnen lassen. Angesichts der beträchtlichen Animosität gegen Missionsversuche, die die narrativen Interviews belegen, muß die Anknüpfung solcher Kontakte eigentlich überraschen. Eine Erklärung dürfte indes die folgende sein: Das dialogisch personale Moment solcher zwanglos-informeller Einladungen kommt einerseits einem tieferen anthropologischen Grundbedürfnis entgegen, wie es einen auffälligen Gegenpol zur Anonymität und Unpersönlichkeit der Massenuniversität darstellt. Es signalisiert mitmenschliche Aufgeschlossenheit, die die Hochschule mit ihrem weithin vorherrschenden Konkurrenzkampf und funktionellen Kontakten eher zu kurz kommen läßt. Kommt dann noch ein Glaubenszeugnis hinzu, das virulente Sinnfragen oder gar eine tiefere Sinnsuche ansprechen kann, sind weitergehende Gruppenkontakte keineswegs unmöglich. Das mindeste, was solche

Versuche bewirken, ist tiefer Respekt vor dem Nonkonformismus und Mut solcher Zeugen, wie wiederum die narrativen Interviews belegen, nach denen eben diese Form christlicher Präsenz die bekannteste an der Hochschule ist. Allerdings ist das Gelingen solcher Kontakte und ihre Fortführung in bestehenden christlichen Gruppen (SMD, CfC, ESG, KHG etc.) gewiß der Ausnahmefall. Denn ansonsten wird die Hochschule eher anonym, jedenfalls wenig persönlich einladend bzw. dialogbereit erlebt, wie der folgende Befund beweist.

1.3. Entfremdung als Grunderfahrung an der Hochschule

Einen weiteren Mehrwert der Konsultation gegenüber der vorläufigen Studie bedeutet die Akzentuierung der hochschulpolitischen Kritik an der Studiensituation. *Sachlich wird letztere zwar auch in der Vorstudie wünschenswert differenziert fundiert.* Aber der Konsultation gelingt es, die Erlebnisqualität und die politische Dringlichkeit wirkungsvoll darzustellen.

Im einzelnen wurde in dieser Hinsicht geltend gemacht: Die Hochschule sei nicht mehr Ort der politischen Auseinandersetzung um die allen gemeinsame globale Zukunft. Ferner wurde das Zerfallen der Universität in ein kaum noch vermitteltes Nebeneinander verschiedener Hochschulen beklagt. Die in Gang gekommene Drittmittelforschung wird als mögliches Einfallstor für eine etwaige gefährliche Außensteuerung der Hochschule betrachtet. Es komme, so wurde gesagt, zu einer bedrohlichen Instrumentalisierung der Wissenschaft für unkontrollierte außeruniversitäre Interessen. Forschung und Lehre können in eine Abhängigkeit von wirtschaftlicher Macht geraten.

Damit gehen innere Verwerfungen der Studiensituation einher: die an und für sich wünschenswerte Regelstudienzeitverkürzung kollidiert mit wachsendem Pensendruck. Allgemeinbildung verkümmert zugunsten immer speziellerer Berufsausbildungen. Der ethische Diskurs über Wissenschaftsentwicklungen könne nicht Schritt halten mit der technokratischen Kompetenz, weil den Geisteswissenschaften die

Chancengleichheit hochschulpolitisch vorenthalten werde. Arbeitslosigkeit sei die Zukunftsperspektive vieler Studierender, zumindest unangemessene Beschäftigungen. Universität und Leben klaffen wie Arbeit und Freizeit auseinander (vgl. S. 187). Ein zum Wirtschaftsdarwinismus neigendes Denken verbreite sich in den Hörsälen. Härten der Bafög-Regelung und die Abschaffung der verfaßten Studentenschaft dokumentieren politisches Mißtrauen und beeinträchtigen die Bewußtseinslage. Als Folge greife Resignation, nicht nur bei Studierenden, um sich. Selbst ein Studentenpfarrer scheut sich nicht, einzugestehen: »Es ist keine Abhilfe absehbar!« (S. 160). Die Situation an der Hochschule wird aus diesen und vielen weiteren Gründen von einer beträchtlichen Anzahl als Misere erlitten. Der Rückzug in Privatwelten oder die Flucht in Freizeit und Hobbies dokumentiert mehr die Mißstände, als sie erträglicher zu machen. Psychische Schäden werden sichtbar. Der Bedarf an therapeutischen Maßnahmen steigt. Die Suizidbereitschaft erreicht für nicht wenige alarmierende Prozentzahlen.

Man übertreibt die Konsultationsberichte nicht, wenn man sie thematisch zusammenfaßt: Entfremdung wird zur Grunderfahrung an der Hochschule!

Zugegebenermaßen muß dieses Pauschalurteil nach Studiengängen differenziert werden; und sicher gibt es nicht wenige Ausnahmen. Zu denken gibt aber die Verbitterung und Apodiktik, mit der diese Gravamina vorgebracht wurden. Von da aus kann es nicht wundern, wenn der erwartete kirchliche Dienst (sic!) an der Hochschule, wenn schon nicht zur Beseitigung, dann wenigstens zur Minderung der geschilderten Entfremdung beitragen soll.

Gewiß läßt sich manches gegen gelegentliche Überzeichnungen einwenden, wie dies auch während der Konsultation mehrfach und nachdrücklich geschah (Dekan Beckmann, Erlangen). Ferner wäre der Objektivität halber des öfteren eher auf die differenzierten Einzelanalysen der Studiensituation in der Vorstudie zu verweisen. Aber all diese Rückfragen können den Mehrwert der Konsultation nicht relativieren.

Er besteht in dieser Hinsicht in der Offenlegung einer bedrückenden

Erlebnisqualität der angesprochenen Mißstände. Kirchlicher Dienst im (bzw. für den) Raum der Hochschulen beinhaltet deshalb unter anderem nicht zuletzt auch hochschulpolitische Intervention und kulturpolitische Kritik an der unkontrollierten Instrumentalisierung von Wissenschaft. Es gelte, die Freiheit der Wissenschaft gegenüber Fremdbestimmung zu schützen und vor allem ihre Sozialpflicht für das globale Überleben der Menschheit in einer pfleglichst zu bewahrenden Schöpfung einzuschärfen. Zu einem Dienst wird dieses kirchliche Vorhaben freilich nur, wenn er nicht als Protest wirkungslos verhallt, anstatt die Studiensituation spürbar zu verbessern.

Wird die Konsultation als eigenständige empirische Quelle ernstgenommen, so muß nachdrücklich vermerkt werden, daß gleichrangig mit der Entfremdung der Studiensituation noch folgende Problemanzeigen angesprochen wurden:

– die Ausländerarbeit,
– besondere Probleme der studierenden Frauen.

Es entstand in Frankfurt sichtliche Betroffenheit, als berichtet wurde, in welch schwierige Krisen viele ausländische Studierende gestürzt werden (Rassismus, Wohnungsnot, Geldmangel, Sprachprobleme, Enkulturation, Desozialisation zu Hause, Essensumsstellung etc.). Beispielsweise war zu erfahren, daß von den fast 20.000 Studenten einer renommierten Technischen Hochschule fast 3.000 aus nahezu 70 Entwicklungsländern kommen, wohin sie nicht selten überspezialisiert und letztlich fehlausgebildet zurückkehren. Oft haben sie während ihres Deutschlandaufenthalts nie eine deutsche Familie erlebt, von christlicher Gastfreundschaft oder Nächstenliebe ganz zu schweigen.

Die Disproportion von nicht unbeträchtlicher Entwicklungshilfe für die Ferne und Mangel an Mitmenschlichkeit in nächster Nähe läßt sich schwer mit der Moral des Gleichnisses vom Weltgericht (Matthäus 25,31) vereinbaren. Wenn sich christliche Hochschulgruppen, insbesondere ESG u.a., auf Ausländerarbeit konzentrieren, dann wird ihr Dienst nicht selten als linke Agitation diskreditiert. Dann entsteht für Außenbeobachter leicht der Eindruck von einem Antagonismus zwischen frommer Innerlichkeit und Tatchristentum, der dem Protestantismus so oft geschadet hat.

Das über die Ausländerarbeit Gesagte gilt entsprechend für die Frauenprobleme. Die Konsultation anerkannte die besondere Dringlichkeit auch dieser Thematik, mußte sie aber aus Gründen der Arbeitsökonomie, der personalen Kompetenz als Gegenstand einer eventuell eigenen Studie zurückstellen.

Wie schon des öfteren betont, bedeutete die Frankfurter Konsultation nicht nur eine Plattform zur Abgabe unterschiedlicher Statements. Sie setzte auch gründliche Lernprozesse in Gang. Insbesondere konnten Vorurteile über die ESG und ihr Verhältnis zu anderen Hochschulgruppen abgebaut werden. Der Referent hat dies subjektiv an folgenden Aspekten erfahren:

- Die ESG verlor ihr monolithisches Image und präsentierte sich als vielgestaltiger dynamischer christlicher Lernprozeß im Hochschulleben.
- Das nicht spannungsfreie Verhältnis EKD-ESG darf nicht auf Einzelursachen zurückgeführt werden (Generationenproblem, Ekklesiologie, Bibeltreue, Politisierung u. ä.).
- Zwischen ESG und freien Trägern christlicher Hochschularbeit (z.B. SMD, CfC u.a.) besteht nicht nur keine unfruchtbare Konkurrenz, vielmehr ist ihre komplementäre Zuordnung eine stimmige Reaktion auf die vielgestaltigen Herausforderungen der Hochschulsituation selbst.
- Die angebliche Inkompatibilität von Gebet und Aktion erwies sich als Scheinalternative: beides hat sein Eigenrecht, und beides gehört zusammen.
- Das Studium an den modernen Hochschulen darf nicht mehr am möglicherweise früher einmal gültigen Modell eines kohortenmäßigen Moratoriums gemessen werden. Das Szenarium ist differenzierter.

Wie die Auswahl dieser Aspekte subjektiven Einschätzungen entspringt, so erst recht die Interpretation einiger Feststellungen.

Mit der äußerst vielgestaltigen Erscheinungsform der ESG, zumindest so wie sie sich während der Konsultation präsentiert hat, mag man sich aufatmend oder bedauernd abfinden. Jedenfalls wechselt das Bild je nach Hochschulart und -standort. Wie das äußere Phänomen bietet auch die innere Verfassung ein breites Spektrum. Die ESG-Mitglieder rekrutieren sich wie die Volkskirche aus Pietisten, Orthodoxen, Evangelikalen, Ökumenikern, Konservativen, Reformern, Liturgikern, Aktivisten, süffisanten Skeptikern und aufopferungswilligen Stützen des Gemeindelebens und vielerlei Kombinationen dieser Klischees, spannungsreich vereint in einer Person. Es gibt Gemeinden, in denen das Verhältnis zur Amtskirche als Konfliktthema überhaupt nicht virulent ist, und es gibt Ausnahmefälle, wo sich neben der üblichen ESG autonome Gemeinden etablieren, wobei es zu wechselnden Konstellationen des Gegen- und Miteinanders kommen kann, die sich jeder Zustandsbeschreibung verweigern. Arbeitsschwerpunkte und Veranstaltungsangebote kann man sich unterschiedlicher kaum vorstellen. Gut ausgestattete und funktionierende Hochschulgemeinden offerieren unter Umständen vom öffentlichen Bankenboykott über punktuelle Demonstrationen bis hin zu Seminaren, Arbeitskreisen, Bibelstunden, Andachten, Freizeiten, Meditationen, Diskussionsforen – eine breite Angebotspalette. Daneben gibt es Studentengemeinden, die sich aus ihrer jeweiligen Situation heraus auf einige wenige Schwerpunkte, wie z.B. die Ausländerarbeit, konzentrieren. Was konkret geschieht, hängt nicht nur vom Studentenpfarrer bzw. der Studentenpfarrerin und den ehrenamtlichen Mitarbeitern, sondern sehr stark auch von der unterschiedlichen Situation vor Ort ab. Die ESG-Arbeit an Technischen Hochschulen scheint sich grundlegend von den Möglichkeiten am Ort der klassischen alten Universität zu unterscheiden. Allein schon die Wahl des Studienfachs erlaubt statistisch gewisse Prognosen über die religiöse Ansprechbarkeit der ins Auge gefaßten Zielgruppen. Über das, was läuft und geht, muß von Semester zu Semester je neu entschieden werden. Bezeichnend für die Dynamik der Bewußtseinsveränderungen ist die Mitteilung einer ESG-Mitarbeiterin: »Erst im laufenden Semester sind von Studierenden Anfragen in bezug auf Bibelarbeit und Gottesdienst gestellt worden« (S. 6 f.). Trotz der mittlerweile bewegteren Mitgliederfluktuation auch in der Volkskirche hat die ESG in dieser Hinicht einen gewaltigen Erfahrungsvorsprung. Steter Wechsel von Ehrenamtlichen, Teilnehmern, Arbeitsformen und Themen charakterisiert ihr Wesen. Deshalb kann es eigentlich gar nicht verwundern, wenn in der Begegnung von ESG und Amtskirche Kommunikationsschwierigkeiten auftreten. Sie ergeben sich notwendigerweise aus dem unterschiedlichem »Sitz im Leben«. Hier ist es die Erfahrung des »alles ist im Fluß«, dort geht es eher um Stabilisierung, Strukturen, Verbindlichkeiten.

Das vermeintlich eindeutige Bild (des Laien) von der ESG wurde vollends relativiert angesichts der wahrzunehmenden Charismenvielfalt unter Ehrenamtlichen und Pfarrern der Studentengemeinden. Die mehr oder weniger zufällige Zusammensetzung der Konsultation hat insbesondere das Erscheinungsbild der letzteren vielfarbiger werden lassen. Erwartungsgemäß bewegten sich ihre Statements auf hohem Niveau. Ihr Beitrag zur Empirie des Hochschullebens, insbesondere zu seiner qualitativen Bewertung, ist eine wichtige Informationsquelle. Während der eine seine Analyse in Anlehung an Jürgen Habermas vorträgt und dementsprechend die »Emanzipation des Menschen von der schleichenden systemischen Kolonialisierung in seiner kritischen Dimension dem Christusgeschehen entgegenkommt« (S. 112 f.), kann sein bibelorientiertes Gegenüber Dutzende von Bibelstellen als Vorspann zu seinem Statement über den pastoralen Dienst in der Hochschule voranschicken. Diesen Pfarrer dem Biblizismus und jenen der Frankfurter Schule zuzurechnen, wäre indes allzu simplifizierend. Trotz Anlehnung an Habermas kann nämlich jener entwaffnend traditionell die kirchliche Hochschularbeit als Dienst hinstellen, »der das Bekenntnis des befreienden Christus im Kontext der Wissenschaften und Forschung, Lehren und Lernen zu artikulieren und ihm Gestalt zu verleihen« imstande ist (S. 92). Umgekehrt kann der vermeintliche Biblizist über die nachteiligen Rahmenbedingungen des Studiums das seelsorgerliche Verdikt fällen: »Blockiert werden dadurch auch alle Versuche, Studierende zu interessieren und zu öffnen für die Gottesfrage, für den Glauben, für die Gemeinde« (S. 153).

Zwischen den angedeuteten Polen gibt es selbstverständlich viele Nuancen, die nur aus Platzgründen nicht näher belegt werden können. Die Grundtendenz wird ohnedies klar. Die ESG und ihre Arbeit beansprucht ein differenzierteres Image. Es ist ebenso Ausdruck einer lebendigen Vielfalt von Charismen wie es Anhaltspunkte für ein kräftebindendes, unfruchtbares Gerangel um die Vorherrschaft einzelner Positionen bietet. Insofern spiegelt sich das, was die Vorstudie in den theologischen Grundsatzüberlegungen über den binnenkirchlichen Pluralismus ausführt, haargenau in der Konsultation wider. Die Frankfurter Konsultation wurde zum empirischen Beleg für Meinungsvielfalt der Volkskirche. Allerdings dokumentiert die Konsultation nicht nur das Diskussionsspektrum. Wichtiger erscheint die Erfahrung, daß die Komplementarität der Standpunkte eine systematisch-theologische Integration nicht nur verlangt, sondern ermöglicht.

In das Gesagte fügt sich ein, was über das Selbstverständnis von SMD und CfC in Frankfurt mitgeteilt wurde. Es wäre unzulässig, sie in die evangelikale Ecke abzuschieben, wie es auch nicht angeht, die ESG einfach dem linken politisierenden Protestantismus zuzurechnen. Die SMD versteht sich ausdrücklich nicht als Hochschulgemeinde. Sie sammelt aber Glieder von Gemeinden zum missionarischen Dienst in der Hochschule. Ähnlich verhält es sich bei CfC. Seine Repräsentanten legen Wert auf die Feststellung, es sei eine überkonfessionelle missionarische Bewegung. Die ökumenische Offenheit bedeutet keine Distanz zur Volkskirche, sondern erlaubt Kooperation mit landeskirchlichen Initiativen. Es wird auch eingeräumt, daß sich die Mitglieder überwiegend aus EKD-Kirchen rekrutieren. Insgesamt vermittelte die Konsultation den Eindruck, daß sich die unterschiedlichen Formen der christlichen Hochschularbeit überraschend gut ergänzen. Die Frage nach einer Bevorzugung stellte sich nicht. Jede leistet einen unverzichtbaren Beitrag zum Dienst insgesamt.

1.4. Dienst in aufzuklärender Unaufgeklärtheit?

Über die »bedrückende Situation« an der Hochschule herrschte, wie mehrfach festgestellt, unter den Konsultierten weitgehendes Einvernehmen. Sie erschwert bzw. verhindert nicht nur ein größeres Engagement der Studierenden. Für ESG-Pastoren und -Pastorinnen in exponierter Lage – es waren vornehmlich, aber nicht ausschließlich, Amtsträger an Technischen Hochschulen – kann sie letztendlich sogar eine Gefährdung des Glaubens darstellen. An diese Einschätzung führen folgende – ziemlich plakative – Äußerungen schrittweise heran: es wird – ganz undifferenziert – von einer »grundlegenden Unsicherheit wissenschaftlicher Orientierung« gesprochen (S. 187). Ferner wird die »Kommunikationsunfähigkeit der wissenschaftlichen Theologie« (S. 144) mit den »Fragestellungen der Technik und Naturwissenschaften (S. 65) behauptet. Lapidar verlautet: Nachdem das Vertrauen in die Lenkung des Schöpfers längst entschwunden ist, verlagert sich Hoffnung weg von den Fähigkeiten des Geschöpfes Mensch hin zu seinen technischen Kreationen« (S. 154). Im Chor solcher Stimmen kann das Resümee nicht mehr überraschen: »Blokkiert werden dadurch alle Versuche, Studierende zu interessieren und zu öffnen für die Gottesfrage, für den Glauben, für die Gemeinde« (S. 153).

Solche Voten waren wohl weniger ein mehrheitliches Stimmungsbild als ein Minderheitenvotum. Aber wegen der Ausführlichkeit, gedanklichen Durchdringung und begrifflichen Schärfe verdient die darin zum Ausdruck kommende Bewußtseinslage doch gebührende Beachtung. Mag sie eine Minderheit formuliert haben, so finden sich darin möglicherweise sehr viel mehr wieder, die nur ihre dumpfe Ahnung noch nicht auf den Begriff gebracht haben. Es fällt schwer, die angedeutete Meinung auf einen kurzen Nenner zu bringen. Die idealtypische Vereinfachung mit »Szientismus« fand in der theologischen Grundsatzgruppe nicht nur keine Mehrheit, sondern wurde als bedenklich zurückgewiesen. Damit erfolge eine Wertung, die die eigene Marginalisierung verarbeiten wolle. Der Einwand ist bedenkenswert und kaum zu entkräften. Wird das »Etikett« Szientismus gleichwohl beibehalten, dann nicht nur in Ermangelung eines besseren, d.h. treffenderen Kürzels für eine bekundete Meinung. Meinungen können diskutiert und abgelehnt, nicht aber verboten werden. In der Debatte um die Nomenklatur begegnet uns insofern schon ein Ausschnitt des Streits um die Hochschule bzw. dessen, was ihr Wesen ausmacht oder ausmachen soll. Mit der Frage »Dienst im Szientismus?« ist also nicht über den Dienst der Kirche an der Hochschule vorentschieden, sondern eine bestimmte Sichtweise weniger Studentenpastoren kommentiert. Um Mißverständnisse zu vermeiden, kann nicht nachdrücklich genug betont werden, daß die Genannten natürlich keine Attacke gegen Wissenschaft in fundamentalistischer Manier reiten. Es ist nicht die ernsthaft an Hochschulen gepflegte und betriebene Wissenschaft schlechthin, die inkriminiert wird. Als Glaubenshindernis wird nur eine bestimmte Weise ihrer radikalen Verkehrung zur Ersatzreligion, zur Ideologie, gebrandmarkt. Diese Ideologie, hier mit A. N. Whitehead als Szientismus benannt, macht es dem Glauben schwer. Das behaupten nicht nur jene Pastoren. Das visiert auch E. Jüngel[132] in seiner Problemanzeige über »Gott im Hause der Wissenschaften« an, wenn er formuliert: »Die Wissenschaft bedarf Gottes in keiner Hinsicht ... Und so redet sie denn nicht nur nicht von Gott, sie verschweigt ihn nicht einmal. Sie läßt ihn aus.« (S. 1). Diese Auslassung wird zur fundamentalen Herausforderung der christlichen Arbeit an den Hochschulen. Diese Aufgabe ist nicht ganz neu. Sie wird seit langem in der Theologie unter der Überschrift ›Glauben und Wissen‹ verhandelt. Sie hat möglicherweise in der alttestamentlichen Weisheit und in den Klagepsalmen erste ferne Anklänge. Sie beschäftigte sodann die altchristlichen Apologeten in ihrem Ringen mit dem klassisch-antiken Erbe. Sie wurde in der Hochscholastik bei der Rezeption des Aristoteles unausweichlich. Luther ward ihrer ansichtig, als er gegen die Hure Vernunft polemisierte. Nach den Triumphen der neuzeitlichen Naturwissenschaft wuchs die Aufgabe, wie der Glaube kleinlauter wurde. Wie für Jüngel Gott im »derzeitigen wissenschaftlichen Denken« allenfalls noch als Zitat vorkommt, so können Pastoren auf Blockaden »für die Gottesfrage, den Glauben, die Gemeinde« stoßen (S. 153, vgl. S. 193).

Wie kommt es dazu? Karl Jaspers führt es auf die »falsche«, mißverstandene Aufklärung zurück: »Falsche Aufklärung meint alles Wissen und Wollen und Tun auf den bloßen Verstand gründen zu können ...; sie verabsolutiert die immer partikularen Verstandeserkenntnisse ...; sie verführt den Einzelnen zum Ausspruch, für sich allein wissen und auf Grund seines Wissens allein handeln zu können, als ob der Einzelne alles wäre ...; ihr mangelt der Sinn für Ausnahme und Autorität, an denen beiden alles menschliche Leben sich orientieren muß. Kurz: sie will den Menschen auf sich selbst stellen, derart, daß er alles Wahre und ihm Wesentliche durch Verstandeseinsicht erreichen kann. Sie will nur wissen und nicht glauben«[133] . So der Philosoph. Die Minderheit der von uns ins Auge gefaßten Studentenpastoren würde antworten: Weil der Szientismus das Feld beherrscht. Er hat an der Hochschule als Stätte kritischer Aufklärung keinen öffentlichen Lehrauftrag, stellt sich aber ungebeten, manchmal zufällig, häufig gedankenlos und heimlich ein. Er ist nicht nur eine gelegentliche Versuchung für einzelne. Eher scheint er das Verhängnis einer ganzen Epoche zu sein. Ideologie ist er, weil er wahre Aufklärung und Kritik seiner selbst scheut. Das Verheerende ist nicht sein bloßes Vorhandensein, sondern seine schleichende Wirkung, die viele erfaßt, die zwischen echter Wissenschaft auf der einen Seite und ihrer ideologisch-weltanschaulichen Spielart auf der anderen nicht unterscheiden können, sondern meist das eine mit dem anderen verwechseln. Bedarf Wissenschaft der Anstrengung des Begriffs, so macht er alles leicht und einfach, sich gleichsam als selbstloser Helfer

---

132) Jüngel (1977).
133) Jaspers (1957), S. 86f.

anbiedernd. Was er anrichtet, ist eine Untat: Sein eigenes Weltbild vermittelnd krempelt er das Bewußtsein um und verändert den Verständnishorizont: Worte und Metaphern von früher passen nicht mehr. Sprache wird dysfunktional. Konstatierte C. F. von Weizsäcker einmal: »Wir bezahlen dieses Verständnis vorerst mit der Gespaltenheit unseres Bewußtseins von der Natur«, so registriert ein Studentenpfarrer in seiner technisch-wissenschaftlichen Welt einen Dualismus von Sprachen. Den traditionellen Worten der linken Spalte unterstellt er die Bedeutungen der rechten Rubrik (vgl. S. 154):

Zuverlässigkeit	kontrollierte Lösung eines technischen Problems
Vertrauen	Korrespondenz von Plan und Ausführung
Rechtfertigung	Gelingen des Geplanten
Sünde/Gericht	Ein Noch-nicht-Laufen des Vorherprogrammierten
Buße	Verbesserung der Versuchsanordnung
Hoffnung/Vollendung	lange genug probieren, bis es klappt
Berufung	Nachfrage und beispiellose Belohnung von High-tech Know-how

Aber es ist nicht nur eine Sinnverschiebung der Worte. Einher geht damit eine Veränderung des Weltbildes. Im Zentrum des Universums steht der Homo faber. Der Mensch ist zum Vater seiner selbst samt seinen Gemächten geworden. Alles andere zerrinnt daneben gleichsam zum Nichts. Religion und Gott werden zu systemwidrigen Störenfrieden. Besser läuft alles ohne sie. In diesem Weltbild muß das überlieferte christliche Denken samt seiner biblischen Sprache dysfunktional wirken. Traditions- und Kommunikationsabbrüche werden unvermeidlich. Nicht nur unterschiedliche Sprachspiele prallen aufeinander. Vielmehr kollidieren divergente Verständnishorizonte. Das ist die eigentliche Herausforderung für den kirchlichen Dienst an der Hochschule unter dem Vorzeichen des Szientismus als dem Zerrbild ideologisierter Wissenschaftlichkeit. Christlich-kirchlicher Dienst in der Grauzone dieser Weltanschauung erscheint deshalb für etliche Studentenpastoren als aufklärender Dienst an selbst- oder fremdverschuldeter Unaufgeklärtheit. Das ist qualitativ dann doch etwas anderes als das vertraute Thema Glaube und Wissen. Die Aufgabe ist umfassender und dringlicher. Wo und wie ihre Lösung gesehen wird, markiert die Aussage, in der sich ein Appell und eine Erfahrung verschränken: »Die Studierenden brauchen eine Gruppe, die zwar in der Hochschule lebt, aber nicht durch sie konstituiert ist. Diese Gruppe lebt wurzelhaft von der Bibel her, nicht verstanden als Steinbruch, sondern als Land, in das man einwandert« (S. 156).

2. Auswertung der Experteninterviews

Um zu gehaltvolleren Aussagen über die Situation der Studierenden an den Hochschulen zu gelangen, haben wir frühere oder gegenwärtige Hochschulrektoren bzw. -präsidenten als »Experten vor Ort« befragt: Herrn Prof. Dr. Fischer-Appelt, Hamburg; Herrn Prof. Dr. Jasper, Erlangen; Herrn Prof. Dr. Massing, Hannover; Herrn Prof. Dr. Sturm, Siegen; Herrn Prof. Dr. Zilleßen, Oldenburg. Unsere Bemühungen, die Datenbasis auf diesem Wege zu verbessern, waren darauf gerichtet, Personen zu befragen, die sowohl über einen entsprechenden Erfahrungshintergrund verfügen als auch über die Bereitschaft, sich auf kirchliche Fragestellungen einzulassen. Die Experten wurden zunächst über den Kontext dieser Untersuchung sowie über die bis dato wichtigsten Untersuchungsergebnisse kurz informiert und danach um ihre Einschätzung gebeten. Gleiche Auffassungen vertreten die Experten hinsichtlich der thematischen Felder, die für eine Auseinandersetzung mit der Fragestellung dieser Studie bedeutsam und daher zu berücksichtigen sind. Diese Themenfelder entsprechen den Problembereichen, an denen wir uns beim Zugriff auf die Fragestellung orientiert haben: Verhältnis zwischen Verantwortung der Wissenschaft für Zukunftsfragen und Funktion und Lage der Wissenschaft in der heutigen Gesellschaft; aktuelle Situation der Studierenden im Kontext dieser Entwicklungen, aber auch angesichts neuerer Entwicklungen innerhalb der Studentenschaft hinsichtlich ihrer sozialen Rekrutierung und Heterogenität in den Studienvorerfahrungen; insbesondere aber Einfluß von Zukunfts- und Berufsperspektiven auf das beobachtbare Verhalten von Studierenden im Hochschulalltag.

Da überdies – gleichsam quer zu diesen Themenbereichen – noch Unterschiede geschlechtsspezifischer, fachspezifischer Art und nicht zuletzt auch Unterschiede zwischen den Hochschulen selbst zu berücksichtigen sind, gebietet die so nur andeutbare Komplexität des »Gegenstandes« Hochschule äußerste Vorsicht hinsichtlich konkreter Handlungsanweisungen.

Je konsequenter der Fragesteller eine Andeutung in diese Richtung gedankenexperimentell auf praktischer Ebene weiterführte oder auch die Frage: »Was ist zu tun?« formulierte, desto klarer wurden alle Einschätzungen der Experten unter dem Generalvorbehalt gegeben: »Wie sich das realisieren läßt, weiß ich nicht genau.« »... im Traditionsbestand, den Kirchen verwalten, sind ja nun wirklich... Sinndeutungsangebote, und sie sind ... jederzeit reaktivierbar, immer zeit- und situationsspezifisch.« (Massing).

Was läßt sich gewissermaßen jenseits dieser Vorbehalte mit vergleichendem Blick auf diese fünf Experteninterviews an Gemeinsamkeiten herausstellen?, ist die Frage, der wir im folgenden zunächst aus allgemeiner Perspektive nachgehen sowie dann mit Blick speziell auf die Interviewpassagen, in denen über Verbesserungsmöglichkeiten der Kommunikationssituation zwischen Lehrenden und Lernenden und über die Aufgaben gesprochen wurde, an denen Kirche sich orientieren könnte.

Die Experten sehen und bewerten die aktuelle Situation an ihren jeweiligen Hochschulen auf dem Hintergrund historischer Entwicklungen. In den Interviews wird durch sie einhellig der Eindruck bestätigt, daß eine Minderung der Zentralität des Studiums im Gange ist, daß im Studium instrumentelle Aspekte an Bedeutung gewinnen und eine Orientierung der Studierenden am »humboldtschen Bildungsideal« nicht mehr Basis des Selbstverständnisses vieler Studierender ist.

Betont wird aber auch, daß es immer schon eines gewissen »Idealismus« bedurfte, in über das verwertbare Wissen hinausgehende Themen einzusteigen.

»Die gegenwärtige Generation der Studierenden an den Hochschulen in der Bundesrepublik und sicher auch in anderen Ländern unterscheidet sich von der Generation, die vor zwanzig Jahren wesentlich zu einem Umbruch in der Hochschullandschaft beigetragen hat. Damals stand die Frage nach dem Sinn und der Bedeutung der Wissenschaft, unter dem Gesichtspunkt insbesondere einer moralisch-ethischen Krise der Gesellschaft, so wie sie von dieser Generation

gesehen wurde, und einer theoretischen wissenschaftlichen Bearbeitung dieser Krise, im Vordergrund. Deswegen vermittelte sich vieles über die Frage nach der Wissenschaftstheorie, die als solche gestellt bedeutete, daß nach dem Sinn der wissenschaftlichen Arbeit selbst zu fragen wäre...«. »Darauf wurde damals unterschiedlich reagiert, auslösende Elemente hatten zumeist nationalen Charakter, der Vietnam-Krieg in Amerika, die große Koalition in der Bundesrepublik, die Frage der atomaren Bewaffnung und die Ostermärsche; und die Art von Antwort, die darauf erteilt wurde, hing wesentlich von der Fähigkeit der Gesellschaft ab, diese Provokationen – die damit verbunden waren – auf ihren argumentativen Gehalt hin abzuhorchen und darauf in irgendeiner inhaltlichen Weise einzugehen.« (Fischer-Appelt).
Demgegenüber laute die Frage vieler Studierender heutzutage: »Was ist der Sinn eines akademischen Studiums und welchen Anteil an seiner Bestimmung haben wir als Studierende?« (Fischer-Appelt).
Das Studium habe heute eine zunehmend nur noch funktionelle Bedeutung im Rahmen einer auch die Bereiche »Arbeit/Jobben« und »Leben« umfassenden Planung und anderer Interessen bestimmten Lebensstils. Dies sei aber eine Entwicklung, die von der Universität insofern selbst gefördert werde, als daß »die Universität ... kein Sinnproduzent mehr (ist), und deswegen sind es Funktionseliten, die so funktionstüchtig sind, wie es erforderlich ist von ihrem Verwertungszweck« (Massing). Gleichwohl gebe es »...inzwischen sehr viele Studenten in den Naturwissenschaften, auch in den Ingenieurwissenschaften, die, ohne oft genau artikulieren zu können, wo ihre Bedürfnisse liegen, Fragen – ethische Fragen haben, Fragen nach Geschichtsverständnis, Fragen nach Menschenbild« (Sturm). Diese Fragen treten jedoch vielfach zurück hinter die Anpassung an – z.T. auch als fremdbestimmt empfundene – Leistungsnormen: »Viele Studenten stehen unter einem enormen Druck, einfach ihre Studienordnungen abzuarbeiten. Und die gegenwärtige Diskussion um Verkürzung der Studienzeiten – das geht auch in die Köpfe der Studenten und Hochschullehrer. Und dieser psychologische Druck setzt sich

natürlich auf die Studenten fort, so daß jetzt der Eindruck entsteht, man muß das möglichst schnell und perfekt machen. Und das kann man dann nur, wenn man wirklich alles wegläßt, was von dem Hauptstrom abbringt« (Sturm).

Nach Einschätzung der Experten bestimmen die Berufsperspektiven und die zunehmend desolate Lage auf dem Arbeitsmarkt für Akademiker immer stärker die Studiensituation und den Umgang damit: »Existenzängste dieser Art gibt es zweifellos, daher kommt ja auch diese Orientierung an dem, was man mit Universitätsabschluß verbindet, nämlich einen Job, einen sicheren Job zu haben. Und die Steuerungsfunktion dieser Existenzängste, der kollektiven Existenzängste ist eindeutig. Die Steuerungsfunktion wirkt sich in die Richtung aus, daß in der Tat die Nachfrage nach geisteswissenschaftlicher Kompetenz gewaltig nachgelassen hat. Das kann man den jungen Leuten gar nicht verübeln. Das meine ich mit Steuerung, das meine ich mit Politisierung. Nicht das Interesse, das Primärinteresse, das durch die Familie vielleicht vermittelte Interesse an autonomer Persönlichkeit steuert die Entscheidungen der jungen Menschen, Frauen und Männer mit 18, 19, 20 Jahren, sondern die Markt-, genauer gesagt, die Berufsmarktorientierung, die steuert. Und da ist die Universität eine mitsteuernde Instanz, ohne daß sie es reflektiert hätte.« (Massing).

Zu all dem sei zu berücksichtigen, daß der Student »... ja heute bei uns... in eine kulturlose Umwelt kommt, und die Universität ist eine kulturell entforstete, nicht aufgeforstete, abgeforstete, abgewirtschaftete kulturelle – kann man schon nicht mehr sagen – Umwelt: kalte Räume, schlechte Gebäude, Verfügungsgebäude heißt das z.T., verklebt usw., jedenfalls ... es ist kein schöner Raum, kein warmer Raum, es ist keine Nähe, keine soziale Wärme eigentlich da.« (Massing).

Angesichts dieser Situation verhalten sich die Studierenden so, wie sie sich verhalten »... sozusagen dem Umfeld oder der Umwelt Universität (gegenüber) eigentlich adäquat und angepaßt. Ich halte das für relativ rational.« (Massing).

Insoweit die Experten aus ihrer Erfahrung heraus Studierende verschiedener Fachrichtungen vergleichen, machen sie Unterschiede deutlich: »Man kann also schon was anbieten, um die Studenten zu motivieren, statt ihre Klausur vorzubereiten, mal abends zu einem Diskussionsabend zu gehen. Das ist sicher ein großes Hindernis. Das ist ja unterschiedlich auch in den einzelnen Fachgebieten. Also Untersuchungen, ... bei den Bereichen Wirtschaftswissenschaften, Informatik, Ingenieurwesen haben gezeigt, daß dort ja primär studiert wird, um einen bestimmten Beruf zu erlangen, und das Studium ist halt die notwendige Voraussetzung für diesen Beruf, nicht, weil ein Fach wissenschaftlich interessiert... . Das ist also bei Geistes- und Sozialwissenschaften sehr oft anders. Da ist viel stärker das Interesse, ein Fach zu studieren, weil sie das irgendwie interessiert, im Vordergrund und die Frage, was sie dann nachher beruflich machen wollen, ist sehr oft ungeklärt.« (Sturm).

Diese Differenzierungen bezüglich der Interessen finden ihre Begründung auch aus den jeweiligen Perspektiven der Studierenden heraus. So erläutert Jasper, daß die Studierenden an der Philosophischen Fakultät z.B. »spielerischer«, freischwebender studieren – weniger im Blick auf eine Lebens- und Berufsperspektive. Demgegenüber entwickelten Techniker klarere Perspektiven auch hinsichtlich ihres späteren Berufs, was auch klarere Fragestellungen für das Studium mit sich bringe. Diese Differenzierung hänge natürlich mit den unterschiedlichen beruflichen Perspektiven zusammen: Geisteswissenschaftler wissen oft nicht, ob und wie sie später in einem Beruf unterkommen, während das für Techniker sehr viel deutlicher sei. Auf diesen Unterschied verweist auch Fischer-Appelt, zugleich aber auch darauf, daß hierzu nur wenig gesicherte Kenntnisse vorliegen: »Mit sehr, sehr unterschiedlichen weit streuenden und insofern gar nicht so bestimmten Erwartungen in den Geisteswissenschaften und gerade an diesem Punkte, in diesem Feld, haben wir wohl am meisten unkonventionelle Wege in der Verbindung zwischen Leben, Arbeit und Studium festzustellen, wenn wir nur Chance, Zeit und Geld hätten, so etwas einmal in breiterer Form zu erfassen«.

An diesem Punkt deckt das folgende Resumée die Aussagen der Experten gut ab: »(Man) kann man wohl sagen, daß die Hochschulen in dem Maße, wie ihr Anteil an der Ausbildung der Altersjahrgänge gewachsen ist, eine sehr viel stärkere heterogene – eben die gesellschaftliche Varianz widerspiegelnde Art von Zugang und Abgang, von Verbindung unterschiedlicher Lebens-, Arbeits- und Studienweisen und letzten Endes auch Motivationen aufweisen, die zum Studium führen. Das ändert sicher nichts daran, daß es so etwas wie einen Mainstream gibt, in dem noch immer gesellschaftliche Erwartung und akademische Pflichten das allzu große Streuen einer solchen unterschiedlichen Verhaltensweise begrenzen.«

Was den Kontakt zwischen Lehrenden und Lernenden anbelangt, überwiege jedoch die Anzahl der Studierenden, »... die keinen direkten Kontakt zum Lehrer (haben); sie können keine Privatbeziehung aufbauen, also keine Vertrauensbeziehungen aufbauen; alles ist versachlicht, die Universität wird zum Betrieb, wird zu einem Ausbildungsbetrieb, der in dieser Weise nicht mehr ›zu steuern‹ ist, daß man über ein Privatissimum beispielsweise interessierte Studenten fördert und ihnen eine wissenschaftliche Orientierung vermittelt. Wenn ein Student beispielsweise zum Professor geht und sagt: ›Ich möchte darüber promovieren‹, dann ist das vielleicht ein Aha-Erlebnis für den Professor, der jetzt sagt, Mensch, habe ich gar nicht dran gedacht. Früher hat er sich die Leute ausgesucht, weil sie ihm im Seminar aufgefallen sind, weil das Seminar klein war; man hat Gespräche geführt; man hat diskutiert, hart entschieden ggf. auch – kommt heute kaum vor.« (Massing).

Übereinstimmend berichten die Experten über die relative Distanz der Studierenden gegenüber der Wissenschaft und ihnen selbst als relevante Vertreter von Wissenschaft: »Und die Universität, die selbst hier nicht gegenhalten kann, die selbst keine Bildungsveranstaltungen macht, und wenn sie gemacht werden, gähnen die jungen Leute. Ich habe vor ein paar Tagen eine Stunde lang eine Reflexion eingelegt, Methodenreflexion, dann schreiben die systematisch kein Wort, keine Bemerkung mit. Aber wenn es dann heißt, das ist das Gesetz numero sowieso und der und der war beteiligt, dann notieren sie wieder. Aber Reflexionsformen dieser Art, selbst wenn man sie einschiebt und außergewöhnlich das empfunden wird von den Studenten, werden ganz anders wahrgenommen. Sie stören vielleicht auch ... ja, das wird dann als Gesülze bezeichnet, aber man hält es sich auch vom Leib. Man will damit nicht konfrontiert werden. Und das ist auch verständlich, das erfordert ja auch eine Art Selbstdistanzierung, eine Selbstreflexion und Begründung der eigenen methodischen Positionen. Und das machen die Studenten selten. Sie übernehmen. Das meine ich mit Politisierung im Sinne von Entpolitisierung, das ist der konservative Touch. Sie lassen sich das als herrschende Lehre, und das interessiert sie primär, aufschwatzen. Es gibt also keinen Widerstand mehr in diesem Sinne.« (Massing).

Rezeptive, unkritische und entpolitisierte Lernhaltungen der Studierenden erfahren nach Meinung der Experten aber auch Stützung durch die Lehrenden, die als Fachvertreter weitergehende Themen und Fragen der Studierenden »... nicht beantworten können oder auch gar nicht in der Lage und bereit sind, darauf überhaupt einzugehen« (Sturm). »Die Frage, wo bricht das auf, würde ich eher resignativ beantworten, es bricht so gut wie gar nicht auf, weil es nicht Gegenstand des Prüfungsstoffes ist einerseits, andererseits, weil auch viele Hochschullehrer, Kollegen, muß ich sagen, daran nicht interessiert sind ... Fragen der Wissenschaftsethik, der Verantwortung für die Entwicklung der Gesellschaft (haben) in den üblichen Veranstaltungen relativ wenig Bedeutung, weil sich dort die Studenten wie auch die Lehrenden auf das konzentrieren, was prüfungsrelevant ist.« (Zilleßen).

Dabei ist, nach Meinung der Experten ein Gesichtspunkt sicher auch der, »daß heute auf einen Hochschullehrer unverhältnismäßig viel an Aufgaben, sprich Aufgaben der Selbstverwaltung und Aufgaben aufgrund mangelnder materieller Unterstützung, mangelnder Infrastruktur in den Universitäten zukommt, so daß man in der Tat schon darunter leiden kann, daß man sich mit Dingen beschäftigen muß, die normalerweise und früher selbstverständlich eine Sekretärin erledigt hat und die heute als Belastung empfunden wird, weil einerseits der Druck aus der Lehre zugenommen hat und andererseits auch der Druck aus der Forschung zugenommen hat und viele nur dann forschen können, wenn sie Drittmittel anwerben. Und sozusagen hier gibt es einen Circulus vitiosus, der tatsächlich dann zu Depressionen führen kann, weil man sieht, wie man seine Zeit verschleudert für Dinge, die man tun muß, weil sonst niemand da ist, der sie tun könnte.« (Zilleßen).

»Heute kann man sogar sagen, daß auch unter den Professoren ein ähnlicher Prozeß stattfindet, wie er bei den Studenten zu beobachten ist. Es gibt nicht wenige unter ihnen, die mehreren Tätigkeiten nachgehen. Obwohl das alles durch das Beamtenrecht und die entsprechenden Gesetze und Verordnungen hinreichend geregelt ist. Aber es besteht zum Beispiel in der heutigen Gesellschaft eine gewisse Präferenz auf der praktischen Erfahrung von Professoren, ihrer Hinwendung zur Lösung von praktischen, auch wirtschaftlichen Problemen, und ihre Chance zur Betätigung in dieser Richtung ist zweifellos größer als sie früher objektiv war, vor allem aber ist sie subjektiv größer. Es machen dies mehr...« (Fischer-Appelt).

Der von den Experten beobachtete Wandel im Verhalten vieler Studierender wird z.T. auch aus der sich im Zuge der Bildungsexpansion entwickelnden Öffnung der Hochschulen für sogenannte »bildungsferne« soziale Schichten erklärt. Generell wird die Tendenz als Teil eines demokratischen Selbstverständnisses der Hochschule begrüßt.

»Die Universität hat eigentlich nicht diese Aufgabe, einen bestimmten Schliff, einen bestimmten Drill, einen bestimmten Menschentyp zu produzieren, der sozusagen dann die Elite bildet, alle mit derselben Krawatte, mit demselben Emblem ausgestattet oder mit derselben Denkweise. Das ist ja gerade auch das Problematische dieser sogenannten Elite, daß eine standardisierte Denkweise zustande gebracht worden ist mit Arroganz vermischt usw.« (Massing).

Zugleich sehen die Experten in dieser Situation einerseits ein Problem des »... gesellschaftlichen Zusammenlebens generell, möglicherweise auch ein Problem der Sozialisation vom Elternhaus beginnend, ein Resultat eines gewissen Privatismus« (Zilleßen) bzw. einer Sozialisation, »... die calvinistisch geprägt ist, und die sehr stark von dem Typus des sehr nüchternen Menschen mit kleinbürgerlichem Gepräge bestimmt ist...« (Sturm). Damit würden auch, worauf besonders Massing aufmerksam macht, die kommunikativen Bedingungen und Selektionsmechanismen an der Hochschule zunehmend von informellen Faktoren mitbestimmt, die nicht aus systematischen Lernprozessen an der Hochschule hervorgehen, sondern aus Sozialisationsprozessen, die aus der Zeit vor der Studienaufnahme resultieren: »... sozial-kommunikatives Wissen ... das ist an der Universität ... entweder hat man es, man kann es jedenfalls nicht systematisch sich aneignen oder entwickeln, dafür gibt es keine Strukturen. Früher gab es mal die Studentenverbindungen, die es ja heute auch noch gibt, das waren solche Versuche, Paternosterwerke für eigene Aufstiegsmöglichkeiten innerhalb derselben Bezugsgruppe zu schaffen. Zur gleichen Zeit haben sie aber auch das besorgt den Leuten, was abgeprüft wird im sogenannten dritten Staatsexamen. Nennen wir es mal sozial-kommunikative Fähigkeiten, also einen Wein richtig trinken und das Glas richtig halten und mit den kulturellen Techniken gleichsam demonstrativ nach außen umgehen zu können, so daß man nicht aus der Rolle fällt.« (Massing).

Von größerem Interesse am interdisziplinären Gespräch, gerade auch von seiten der Techniker, berichten Jasper und Sturm im Rahmen eines in Siegen durchgeführten »Graduierten-Kollegs«[134]. »Sie laden also Günter Altner ein, um über ökologische Fragen zu diskutieren, sie laden führende Soziologen ein, sie laden gelegentlich auch Theologen ein. Die machen also diese interdisziplinäre Kommunikation, und daran nehmen auch andere Studenten teil. Das ist ein Beispiel dafür, daß es – wenn so was angeboten wird – angenommen wird und sehr engagiert angenommen wird. Nun ist das natürlich, so wie das hier

---

134) Die Erfahrungen beider Experten scheinen aber nicht die Regel zu sein und sind vielleicht auch auf besondere Bedingungen zurückführbar.

konstruiert ist, eine sehr elitäre Gruppe ... also sie sind in einer gewissen Weise nicht typisch für die Studenten, aber was sich da an Interesse und Bedürfnis artikuliert, denke ich, ist schon ein Signal für die gesamte Situation und für Defizite...« (Sturm).
U.E. zeigen diese Erfahrungen dreierlei:
- es ist aktives Engagement im Zugehen auf die Studierenden erforderlich;
- Fragestellungen werden gerade durch Interdisziplinarität farbiger und motivierender;
- man kann nicht davon ausgehen, daß sich passiv verhaltende Studierende keinen Bedarf haben, sondern auch Hilfen notwendig sind, um überhaupt Bedürfnisse genauer artikulieren zu können.

Einen weiteren fundamentalen Mangel der derzeitigen Situation an den Hochschulen sehen die Experten im Fehlen an perspektivischen Zielvorstellungen zum Bildungsselbstverständnis, andererseits mangele es aber auch an perspektivischen Leitvorstellungen zum Bildungsselbstverständnis: »Die Universität ist orientierungslos, sage ich mal. Als Universität, als System. Ich kenne wenig Ansätze, wo Unversitäts-Verantwortliche, Universitäts-Spitzen, sagen wir mal, perspektivisch etwas zur kulturpolitischen Wertorientierung dieses Bildungssystems, des quartiären, tertiären Systems gesagt hätten.« (Massing). Fischer-Appelt expliziert nicht nur ein Selbstverständnis universitärer (Bildungs-)Aufgaben, das sich auch in den Aussagen der anderen Experten wiederfinden läßt, sondern verweist auch darauf, daß die zum großen Teil als defizitär beschriebene interaktive Stille zwischen Lehrenden und Lernenden an den ›Lebensnerv‹ der Hochschule selbst geht:

»Die Universität ist zuerst ein Zentrum der Bildung, darin liegt ihre originäre Funktion und diese Funktion ist heute die gefragteste oder sagen wir die, die in allen anderen Rollen immer neu zu erfragen ist. In dieser Funktion liegen auch Forschung und Lehre vereinigt, und sie ist die Funktion des Studiums im strengen Sinne, weil Studium als eine Tätigkeit, in der Lehrende und Lernende verbunden sind, so etwas wie die Existenzbedingung der Universität überhaupt ausmacht, seit es eine platonische Akademie gegeben hat. Daß man die Frage nach der Wahrheit zu stellen hat, ist heute rezessiv, aber sie ist eine Frage, die letzten Endes in jeder Erkenntnisbemühung enthalten ist, oft mehr unausdrücklich und unbewußt, als daß sie gestellt würde, insbesondere gestellt würde hinsichtlich des Zusammenhanges der Wissenschaften. Erkenntnis aber läßt sich nicht allein gewinnen, so sehr sie durch individuelle Bemühungen nur vorangebracht werden kann. Sie bedarf auch der Prüfung, Anregung, Vergewisserung, des Gesprächs, insofern einer sozial begründeten Gemeinschaft und das macht halt Universitäten aus, daß sie das eigentlich sind oder sein sollen.« (Fischer-Appelt).

Gemeinsamer Ausgangspunkt der Experten für die Formulierung ihrer Empfehlungen ist die Annahme der Existenz eines latenten Bedürfnisses der Studierenden, sich mit Reflexions- und Sinndeutungsangeboten auseinanderzusetzen: »Ich beobachte auch, daß es ein sehr starkes Bedürfnis bei vielen Studenten gibt, Symbole zu finden als Ausdruck ihres Lebensgefühls, Symbole für Gemeinschaft, also ich versuche das mal, ziemlich neutral als religiöse Bedürfnisse zu umschreiben. Es passiert mir immer wieder, daß, wenn es mal gelingt, mit jemandem ins Gespräch zu kommen, sie so ihre geheimen religiösen Erfahrungen schildern, die immer auch alle nichts mit dem Sonntagsgottesdienst in der Kirche oder mit irgendwelchen Veranstaltungen der Kirche zu tun haben, die in der Regel – das ist auch meine Beobachtung – verbunden sind mit Aversionen gegen Kirche, so wie sie sie erlebt haben, z.T. mit Enttäuschungen, die dann so eine aggressive Haltung zur Folge haben, die aber dann so ganz lebendig und begeistert werden, wenn sie den Eindruck haben, da ist jemand, mit dem kann man offen darüber reden, und man hat natürlich als Hochschullehrer immer die günstige Position, daß man von vornherein nicht mit Kirche identifiziert wird, mit irgendeinem Amt oder der Institution. Ich weiß das nicht genau einzuschätzen. Es wird in solchen Zusammenhängen immer wieder gesagt, sie würden ja gerne Gottesdienste feiern, Gesprächskreise haben, in denen kirchliche Gemeinschaft realisiert wird. Ich kann nicht genau einschätzen, wie weit das auch einfach an Bequemlichkeit liegt, daß man sich nicht engagiert, ich pfleg' dann immer zu sagen: ›Ja, es gibt so viele Möglichkeiten, ihr müßt da auch mal was tun.‹« (Sturm).

In diesem Zusammenhang stellt Jasper deutliche Unterschiede zwischen der ESG und der katholischen Hochschulgemeinde fest: letztere sei viel besser in das Universitätsleben integriert als die ESG. Die evangelisch-theologische Fakultät, die ja für die evangelische Studierendenarbeit ein großes Reservoir an Personen und Kompetenzen enthalte, sei kaum mit der Studierendenarbeit verzahnt. Offenbar gehe man von beiden Seiten nicht sehr aufeinander zu. Ähnlich auch die Erfahrung von Fischer-Appelt: »Mir ist bekannt, daß es in der heutigen Studentenschaft – selbstverständlich unter 43.000 Studenten – auch junge Leute gibt, die die Frage nach der Bedeutung des Evangeliums als Frage der Bedeutung für ihr eigenes Leben stellen und sich ihre eigenen Wege suchen. ... Ich kann auch nicht sagen, wie viele das sind und ob diese auch andere Wege gehen könnten, ich kann das nur feststellen. Es scheint mir aber so zu sein, als ob sich dieses Bedürfnis nicht so ohne weiteres durch eine evangelische Studentengemeinde befriedigen läßt, ich kann es nicht so genau sagen von der katholischen Studentengemeinde, die eine sehr viel stabilere Entwicklung gehabt hat und in der ich auch zuweilen gewesen bin, die ja hier auch in einer anderen Situation ist, eher in einer Diaspora-Situation, konfessionell gesprochen und die eigentlich immer eine ganz gute Linie gehabt hat auch in der wilden Zeit.«.

»Ja, die Studentengemeinden stellen für aktive Studenten ein wichtiges Forum dar, ihre Aktivität zu praktizieren, z.T. in der Wahrnehmung von Sozialverantwortung in irgendeinem Obdachlosenviertel in Erlangen oder in einer Ausländerbetreuung, Dritte-Welt-Laden und dergleichen. Da spielt sich Erhebliches ab, aber ich kann eigentlich nicht sehen, daß das unmittelbar in die Studentenschaft insgesamt hineinstrahlt.« (Jasper).

Generell stehen die Experten dem Ausbau kirchlicher Aktivitäten an den Hochschulen positiv gegenüber: »Mehr als früher ist heute wieder so etwas wie die Mission des Anfangs relevant. In den hochdiversifizierten Zirkeln dieser Gesellschaft, deren Abgrenzung weniger stark ist als je zuvor, obwohl es sie in gewissen Städten noch immer gibt, vor allem aber in der jüngeren Generation, wo diese Dinge eigentlich alle ineinander übergehen, kann man nicht mehr alles an einem Ort betreiben. Das ist eine grundlegende Einsicht. Und selbst, wenn es möglich wäre, daß ein Gott-gelehrter Prediger unter uns aufstünde und solche bräuchten wir, der es vermöchte, in der heutigen Fernsehgesellschaft Attraktivität eines Ortes als nicht seines Ortes zu schaffen. So wäre doch dies Zirkulation des Evangeliums im wörtlichsten Sinne, durch die sich je neu bildenden Zirkel, die letztlich alle auf den Spuren auch persönlichen Engagements daherkommen, unerläßlich. Das läßt sich so schwer organisieren, Elemente der Organisiertheit sind Raum und Zeit, Räume spielen eine große Rolle, Zeiten auch, ...« (Fischer-Appelt).

Die Experten äußerten sich über die Möglichkeiten, Probleme und Chancen der Realisierung – wenn auch gerade diese Passagen unter dem oben erwähnten Generalvorbehalt eingeleitet werden. »... Solche Initiativen, die ich für sehr wichtig halte, (müssen) so offen sein, daß nicht durch die kirchliche Angebundenheit und das Eingebundensein viele Studenten und auch Hochschullehrer abgeschreckt werden. Insbesondere in studentischen Kreisen hat, wenn ich es recht sehe, Kirche doch etwas Überständiges an sich, weil das offizielle Erscheinungsbild vielen Studierenden nahelegt, sie mit den gesellschaftlich etablierten Kräften und Gruppen der Gesellschaft zu identifizieren, und das sind bekanntermaßen genau die Kräfte und Gruppen, an denen sich die Studenten oft reiben. Und von daher ist Kirche für sie kein Raum, in den sie unbedingt gerne hineingehen. Hinzu kommt, daß generell die Ausdrucksform des Kirchlichen vielen Studenten eher etwas – abstoßend ist zuviel gesagt –, aber etwas wenig Attraktives hat, weil sie in den Formen kirchlicher Äußerung, wie sie üblicherweise von ihnen wahrgenommen werden in Gottesdiensten oder anderen Formen kirchlicher Präsentation, etwas sehen, das sie für veraltet halten.« (Zilleßen).

Einschlägig bewerten die Experten, gleichsam jenseits der Imageproblematik, mit der kirchliche Aktivitäten konfrontiert wären, die inhaltlichen Anknüpfungspunkte solcher Bemühungen aus verschiedenen Gründen wesentlich positiver: »Sie läuft letztlich auf die in den 70er Jahren intensiv diskutierte, möglicherweise nun wieder auflebende Diskussion nach Lebensqualität, Lebensstilen, neuen Lebensweisen hinaus. Denn die Situation wird von mir so eingeschätzt, daß dies in den 70er Jahren eben bewußt geworden ist, auch diskutiert worden ist, auch in Ansätzen ja zu alternativen Bewegungen sowohl in der Kirche als auch außerhalb geführt hat, daß dann aber die Diskussion in den 80er Jahren durch die Thematik Arbeitslosigkeit und durch die Friedensbewegung und auch die von mir sehr unterstützten ökologischen Bewegungen in der Weise weggedrückt worden ist, daß diese Fragen mit ihrer jeweiligen Sachproblematik so in den Vordergrund gerückt worden sind, daß die vielen dieser Probleme zugrundeliegende Frage unseres Lebensstils, unserer Lebensweisen zurückgedrängt worden ist, und ich habe die Hoffnung, daß diese Fragen nun in den 90er Jahren neu aufgegriffen, wieder aufgegriffen werden, und da, denke ich schon, könnte ein Ansatz kirchlicher Aktivität liegen, daß man versucht, in der Gesellschaft das Bewußtsein dafür zu stärken, daß zwischen ihrer Art zu leben und dem Ausmaß sozialpathologischer Erscheinungen, wie sie genannt werden: Drogensucht, Alkoholismus, psychische Störungen etc. ein unmittelbarer Zusammenhang besteht und daß einfach die Problematik dieses Zusammenhangs stärker diskutiert wird.« (Zilleßen).

Konkreter auf die Studiensituation der Studierenden bezogen, knüpfen die Empfehlungen im Kern an die Kritik von Sturm an: »Das weitet sich jetzt aus zu einer kirchenpolitischen Fragestellung oder zu jedenfalls einer grundsätzlichen Fragestellung. Ich habe den Eindruck, daß die Kirche das gesamte Bildungssystem gar nicht als relevantes Problem im Blick hat. Das trifft die Hochschulen, aber auch die Schulen ... Aber da habe ich den Eindruck, das ist also völlig außerhalb des Blicks, der Kirchenleitungen zumindest, und das Hochschulsystem, obwohl ich denke, daß es ein ganz wichtiger Bereich politischer Verantwortung ist, wenn man sich klarmacht, wie wichtig für die Gestaltung einer Gesellschaft das Bildungssystem ist, auch das System der wissenschaftlichen Ausbildung. Ich sehe das auch so. Das wäre dann in diesem Bereich, den wir jetzt angesprochen haben, nicht primär eine Seelsorge oder Betreuung, sondern es müßte stärker die Hochschule als wesentliches Moment des Bildungssystems in den Blick kommen und die Hochschule im ganzen als Aufgabe der Kirche auch gesehen werden. Und es müßten auch die Professoren und Mitarbeiter mit in den Blick kommen.« (Sturm).

Die Empfehlungen der Experten hinsichtlich institutioneller Wege der Anbindung kirchlichen Engagements in der Hochschule konzentrieren sich deutlich auf zwei Möglichkeiten:

a) Ausbau und Unterstützung der psychosozialen Beratung und Betreuung der Studierenden: »Also hier denke ich, ist es kirchliche Aufgabe, darauf aufmerksam zu machen, daß die übliche Hochschulpolitik in der Bundesrepublik sich genau dieser Frage viel zu wenig annimmt und darüber allzu leicht zu der normalen hochschulpolitischen Tagesordnung übergeht.« (Zilleßen).
Mit praktischer Hilfe gelte es aber auch die veränderten sozialen Bedingungen der Studierenden zu berücksichtigen: »Bis hin noch zu der praktischen Frage, wie gehen wir mit den zunehmenden Problemen um, die sich darin stellt, daß immer mehr Studenten heiraten und Kinder bekommen, weil sie sozusagen nicht mehr so lange mit der Gründung einer Familie warten wollen, wie das Studium heute dauert, und dann vor völlig neuen Problemen stehen: Problemen der familiären Situation, Problemen der Partnerschaftsbeziehung bis hin zu dem Problem, wohin mit dem Kind, wenn beide studieren. Also hier gibt es eine Fülle auch von konkreten praktischen Problemen, wo Kirche Hilfestellung leisten könnte, die über das normale kirchliche Engagement hinausgehen.« (Zilleßen).

b) »Nachdenkstellen, nachdenkende Stellen, nachdenkende Gruppierungen« (Massing) im näher von Sturm spezifizierten Sinne:

»Aber da sehe ich wirklich ein Problem und einen Bedarf, wo Kirche – denke ich – auch etwas helfen könnte, und zwar in zweifacher Hinsicht. Es geht einmal darum, institutionell einen Rahmen zu schaffen, in dem solche Kommunikation stattfinden kann, weil es das nicht gibt. Die Hochschule bietet das eigentlich nicht. Nur ausnahmsweise in solchen Veranstaltungen mal, und zweitens ist das auch eine Frage der Kommunikationskultur, die auch wieder in den Fächern nicht entwickelt wird – die mal gelingt in so einem Graduierten-Kolleg, das sich speziell Kommunikation zum Thema macht, aber i.d.R. gar nicht entwickelt ist. Das hängt, denke ich, mit der Frage der Institutionalisierung zusammen, solche Kommunikationsmöglichkeiten zu schaffen, in der dann auch neue Kommunikationsstrukturen und Techniken – und ja auch eine Sprachfindung – stattfinden könnte, die solche Kommunikation trägt. Das würde vielleicht darauf hinauslaufen, ... in der Universität und in der Nähe der Universität Akademiearbeit zu machen.«

Um dieses Akademiemodell in der Hochschule realisieren zu können, besteht nach Meinung der Experten die vordringlichste Aufgabe darin, Theologie zu didaktisieren, kommunikabel zu machen, da es oftmals »... auch dem Theologen nicht (gelingt), diese eigentlich theologischen Anfragen einigermaßen befriedigend zu beantworten, weil ich denke, wir sind in unserer theologischen Diskussion so weit weg von dieser Elementartheologie, wie sie die normalen Menschen im Kopf haben, daß wir gar nicht mehr hinkommen, oder daß wir gar nicht mehr verstehen, welche Fragen eigentlich dahinterstecken, wenn diese nicht oder nur sehr, sehr umrißhaft artikuliert werden können.« (Sturm).

In diesem Zusammenhang macht Sturm darauf aufmerksam, daß es nicht nur ein Problem theologischer Kompetenz oder mangelnder Didaktisierung allein ist, sondern auch ein wissenschaftsimmanentes: »Man kann ja nicht so einfach darauf verweisen, die theologischen Fakultäten stärker einzubeziehen, weil wir inzwischen ja auch so spezialisiert sind, daß wir ja schon innerhalb der Theologie kaum noch kommunikationsfähig sind, geschweige denn darüber hinaus, bis auf wenige Leute, die sich dieser Aufgabe besonders verschrieben haben.«

Parallel zu diesem Aufgabenfeld sei es zudem wichtig, den Zugang zu den Studierenden über Themen zu erreichen, »... die die Studenten betroffen sein lassen und in der Tat auch betroffen machen. An solche Themen muß man, weil danach ein Nachfragebedarf ist, sage ich jetzt, ›andocken‹. Das setzt aber voraus, daß man von den Kirchen oder jetzt von den Gemeinden her, an der Universität, an den Hochschulen, daß man dafür ein Gespür entwickelt, was den Studenten auf den Nägeln brennt. Das könnte durchaus, ich weiß nicht, Nicaragua vielleicht nicht so, aber es könnte die Rassenproblematik in Südafrika sein. Modellartig. Aber wichtig ist, daß das nicht gleichsam ausgelagert wird, sondern verknüpft wird mit Interessen an der Rassenfrage, Lösen des rassistischen Problems hier bei uns, der konkrete ›Rassismus um die Ecke‹ oder ›der Rassismus bei uns‹. Das sind so Fragen.« (Massing).

D. Theologische Grundsatzüberlegungen

1. Einleitung

Bei der Arbeit der Kirchen an den Hochschulen geht es nicht um eine Absicherung von Ansprüchen einer Institution bzw. um den Erhalt oder die Erweiterung von Einflußsphären. Es geht um die Tradierung des christlichen Glaubens bzw. um die »Kommunikation des Evangeliums«[135].

Auch die Glaubensbotschaft wird nicht um ihrer selbst willen weitergegeben. Das Evangelium, das nach dem Willen Jesu Christi aller Welt bezeugt werden soll, will Glauben wecken. Der Glaube kann Menschen dazu helfen, daß sie ihr Leben vertrauensvoll in einer ihnen angemessenen Form führen können. Er zielt auf den Aufbau eines dem Gelingen des Lebens dienenden realistischen Selbst- und Weltverständnisses.

Alle Bemühungen um die Weitergabe des Glaubens müssen sich an dieser Eigenart des Glaubens, seinem Inhalt und seiner spezifischen Verfassung orientieren.

Für diesen Glauben gilt nach evangelischem Verständnis:

Die entscheidende Dimension des Glaubens, der Aufbau einer vertrauensvollen Lebensgewißheit, ist menschlichem Handeln unverfügbar. Diese Dimension ist nicht Besitz des Menschen, den er wie eine handhabbare Sache weitergeben könnte. Zwar ist das menschliche Handeln mit hineingenommen in den Prozeß des Tradierens des Glaubens durch Verkündigung und Tatzeugnis. Aber wahren Glauben schafft allein Gott selbst als Heiliger Geist.

Im Lichte dieser Einsicht sieht sich die Gemeinschaft der Christen einerseits aufgefordert zu einem gewissenhaften Nachdenken über die Wege und Methoden der Tradierung, andererseits ist damit aber eine Grenze für alle menschlichen Verfügungsansprüche formuliert.

---

135) Lange (1975), S. 189; insbesondere S. 217f.

Aufgrund dieser geistlichen Dimension des Glaubens bildet im vorliegenden Entwurf der Begriff »Spiritualität« den Orientierungsrahmen für die Darstellung und Argumentation. Die Weitergabe des Glaubens als die Eröffnung eines geistvollen Umgangs mit dem Leben vollzieht sich in unserer Welt. Zu allem menschlichen Bemühen um die Tradierung gehört deshalb eine geschärfte Wahrnehmung des Lebens, in dem der Glaube seine orientierende Kraft entfalten soll.
Die Fähigkeit zu einer präzisen, möglichst offenen Wahrnehmung ist keineswegs selbstverständlich. Sie läßt sich verstehen als eine Gestalt, in der christliche Spiritualität konkret wird. Solche Wahrnehmung ist in der Lage, sich auf die Wirklichkeit angstfrei einzulassen.
Deshalb nimmt die vorliegende Studie ihren Ausgangspunkt bei empirischen Befunden. In den Interviews begegnet geronnene Wirkungsgeschichte christlicher Verkündigung und werden jene Kommunikationsbarrieren und Schwierigkeiten sichtbar, die bei Überlegungen zur Konzeption der weiteren Arbeit mit berücksichtigt werden müssen. Das Bild, das sich auf dieser Grundlage ergibt, stellt implizit kritische Anfragen an Kirche und Theologie, inwieweit Formen der Tradierung des Glaubens lebensfremd geworden sind bzw. Wahrnehmungsmuster erzeugen, die eine wirklichkeitsgerechte Erfassung der Lebenswelt verhindern. Die Frage nach Möglichkeiten kirchlicher Arbeit an den Hochschulen fordert deshalb zu einem Prozeß des Lernens und der Schärfung der Wahrnehmungsfähigkeit heraus.
Wenn der Glaube dem Leben dienen soll, dieses Leben selbst aber in hohem Maße differenziert und kompliziert ist, dann muß sich der Glaube um seines Zieles willen auf die Differenziertheit und Kompliziertheit der menschlichen Lebenswelt einlassen. In diesem Sinne gehört es zur »geistlichen« Dimension des Glaubens, sich um eine sachgerechte Analyse zu bemühen, eigene Wahrnehmungsdefizite abzubauen und offen zu sein für neue Erscheinungs- und Ausdrucksformen des Glaubens.
Eine im Zeichen der Spiritualität stehende Wahrnehmungsfähigkeit bleibt nicht am Vordergründigen, ins Auge Springenden, den schon

bekannten Orientierungsmustern hängen. In einem zweiten Schritt wird deshalb versucht, die spezifischen Kommunikationsbedingungen an den Hochschulen, unter denen sich auch alle kirchliche Arbeit vollzieht, genauer zu erfassen. Auf zwei Aspekte ist die Darstellung dabei zentriert. Der Blick auf die Geschichte der Entwicklung der modernen Universität soll helfen, den langfristigen Strukturwandel zu verstehen, der zur heutigen Situation geführt hat und Möglichkeiten und Grenzen kirchlicher Arbeit bestimmt. Dabei ist die Überzeugung leitend, daß die Hochschule als Gesamtgefüge sehr viel stärker in den Blick genommen werden muß als bisher. Die Frage nach den Kommunikationsbedingungen wird zweitens aufgenommen aus der Perspektive des Individuums. Die Wahrnehmung der spezifischen Identitätsprobleme der Studierenden und die Frage nach dem Wandel von Identitätsmustern stellen unverzichtbare Bezugspunkte für die Frage nach Chancen und Grenzen der »Kommunikation des Evangeliums« dar. Die Identitätsthematik und die damit eng verknüpfte Frage nach der Bildung des Menschen stehen dabei keineswegs nur aus »äußeren«, pragmatischen Gründen im Mittelpunkt der Überlegungen.

Eine zentrale Implikation des christlichen Glaubens ist das Gelingen des Lebens eines jeden Menschen. Deshalb bleiben auch alle Prozesse der Weitergabe des Glaubens am Individuum orientiert. Lebensgewißheit kann nur individuell, im Horizont der je eigenen Erfahrungen gewonnen werden. Spiritualität kann deshalb beschrieben werden als ein solches Gewißwerden christlicher Aussagen, in dem erfahren wird, daß christlicher Glaube im Plausibilitätshorizont des eigenen Lebens eine Hilfe zum Verstehen und zur Annahme – die kritische Auseinandersetzung impliziert – der eigenen Lebensgeschichte darstellt.

Aufgrund dieses Zusammenhanges wird das Verständnis von Spiritualität konkretisiert über die Identitätsproblematik und schließlich den Bildungsbegriff.

2. Theologische Probleme im empirischen Befund

2.0.1. Die folgende Interpretation bezieht sich auf 24 narrative Interviews, über deren Zweck und Funktion weiter oben die nötigen Erläuterungen gegeben wurden.

Die Konzentration auf diese biographischen Einblicke muß deutlich herausgestellt werden, damit über die Reichweite der Ergebnisse keine Mißverständnisse aufkommen. Es werden keine Feststellungen über d i e Religiosität d e r Studierenden getroffen. Zutage tritt nur, was diese Befragten zu Protokoll gegeben haben. Die ermittelten theologischen Aspekte beziehen sich auf diesen Befund und nichts weiter. Ihre Reichweite bleibt dahingestellt.

2.0.2. In den Interviews handelt es sich um sehr situations- und zeitgebundene individuelle Meinungskundgaben. Sie sollten möglichst authentisch dokumentiert werden. Wegen der gebotenen Anonymität wurde vom Zitieren nur sparsam Gebrauch gemacht, obwohl der Zugang in die innere religiöse Welt am besten über die Umgangssprache, ja möglichst sogar über den persönlichen Dialekt des Befragten erfolgt. Nicht immer läßt sich dies im Schriftdeutsch wiedergeben.

2.0.3. Bei vermeintlichen Feststellungen sollte der Leser während der Berichtsphasen nach Möglichkeit ein »so scheint es« oder »so sieht es der Befragte« in Klammern hinzudenken. Über die Berechtigung der referierten Meinungen oder gar über ihre Wahrheit wird im Rahmen der Beschreibung zunächst (noch) nicht befunden.

2.0.4. Die Interpretation der Interviews bringt m. E. Überraschendes zutage: beim Glauben der Befragten handelt es sich vom traditionellen Standpunkt aus um eine dogmatisch sehr defizitäre Gläubigkeit. Sie kann provozierend, unter Umständen sogar häretisch indiziert werden. Da aber die gestellte Aufgabe eine Interpretation theologischer Aspekte im empirischen Befund war, mußte erst einmal versucht werden, das religiöse S e l b s t verständnis der Befragten möglichst vorurteilsfrei zur Kenntnis zu nehmen.

2.1. »Kirche« als Reizphänomen

2.1.1. In den Interviewäußerungen taucht die Bezeichnung »Kirche« nicht in begrifflicher Klarheit, sondern als Reizwort auf. Es ist aus dem Zusammenhang nicht immer eindeutig zu erschließen, ob an den Kirchenraum, eine bestimmte kirchliche Atmosphäre, ein moralisch-ästhetisches Fluidum, einen Umgangsstil, eine Organisation mit hierarchischen Strukturen oder pluralistischer Unverbindlichkeit oder den Gottesdienst gedacht ist. So vage die begriffliche Bedeutung ist, so selbstverständlich gelingt die Verständigung mit dem Reizwort »Kirche«. Es braucht nur genannt zu werden, und jeder meint genau zu wissen, was gemeint ist. Es stiftet Konsens in einem Antigefühl mit gelegentlich aggressiven Untertönen.

2.1.2. Die affektive Aufladung des Reizwortes führt geradezu zum Realitätsverlust. Die reale Wirklichkeit von Kirche verblaßt; umso wirklicher, fast übermächtig, wird ihre psychische Repräsentanz. »Kirche« als Reizphänomen ist nicht nur ein Vorurteil oder Ressentiment. Dafür hat es zu viel wuthafte Energie und läßt es sich zu leicht vermitteln. Eher ist es ein hochaktiver kollektiver Komplex.

2.1.3. So selbständig sich der Komplex gegenüber der außerpsychischen Wirklichkeit macht, so deutlich sind einzelne Rückbezüge dorthin. Kreuzzüge und Hexenverbrennungen standen mit Pate bei der Geburt des Syndroms. Von Karlheinz Deschners Kriminalgeschichte des Christentums[136] bis hin zum Antikatholizismus reicht das Spektrum seiner Traumen. Sodann gilt der Papst als Inbegriff von »Kirche«. In ihm konzentriert sich die Verabscheuungswürdigkeit der Kirche. In diesem Bild zerfließen die konfessionellen Abgrenzungen. Auch die Evangelische Kirche ist »Kirche«, vielleicht nicht ganz so schlimm, etwas liberaler und unverbindlicher. Auch wenn »Kirche« begrifflich vage gebraucht wird, stehen Assoziationen der Starrheit der Liturgie,

---

136) Deschner (1980).

leere und langweilige Gottesdienste und ellenlange Predigten im Vordergrund. Nicht in »die Kirche« gehen heißt weithin, den Sonntagsgottesdienst meiden. Er würde zum Stillsitzen zwingen und bietet keine »action«. Das »Gelabere« und »Gesülze« der Predigten gilt als Zumutung. Die Kirche des Wortes kommt gar nicht zu Wort, sie bewirkt Abwehrhaltung bei den Befragten.

Im Komplex »Kirche« spielt auch die Wahrnehmung ihrer Mitglieder bzw. Teilnehmer eine Rolle. In die Gottesdienste gehen nur ältere Menschen, weil die Trost suchen oder der Langeweile entgehen wollen, und Konfirmanden, weil sie »müssen«. Zwischen den Genannten fehlt die mittlere Generation. Weil sie ausfällt, vermißt man seinesgleichen, was als Ausladung wirkt. Immerhin genießen Gottesdienstbesucher noch milde Toleranz. Wesentlich kritischer werden Teilnehmer an Bibelstunden gesehen. Mit der Bibel unter dem Arm herumlaufend und mit ihrem Gesichtsausdruck machen sie das Maß voll. Während ein Kirchenvorsteher sonntags früh noch einem religiösen Bedürfnis folgen darf, verwehrt ihm eine strenge Konvention den Besuch der Dienstagsbibelstunde. Apropos Bibel: Sie läßt Vieldeutigkeit und Lebensferne assoziieren. Sie wird wie der Gottesdienst am Kriterium »Was bringt es?« gemessen und aufgrund der behaupteten Unergiebigkeit für das hedonistisch-narzißtische Ego abgelehnt. Daß ein überaus skeptischer und kirchendistanzierter Student von sich aus die Evangelien durchliest und im Alten Testament »echte Reißergeschichten« findet, bestätigt als Ausnahme nur die Regel.

Ein weiterer Zulieferer von Antipathie ist die Wahrnehmung der »Kirche« als moralisierende Kontroll- und Strafinstanz. Ihr fehlt das Verständnis für abweichendes Verhalten. Mit ihrem Großgrundbesitz und schönen Pastoraten wirkt sie auf Wohnungssuchende heuchlerisch. Überhaupt scheint der gefundene Widerspruch zwischen dem kirchlichen Verkündigungs-Ethos und dem inkriminierten Verhalten der Kirche als Protestquelle verletzten Gerechtigkeitsgefühls.

Hinsichtlich kirchlicher Riten zeigt sich in den Interviews Uneinheitlichkeit. Taufe kann als Kindertaufe ebenso toleriert wie abgelehnt werden. Letzteres wird nicht sakramentstheologisch begründet, sondern damit, daß die Taufe nicht autoritär über Unmündige verfügen soll. Das Getauftwerden soll also eine Sache eigener und bewußter Selbstbestimmung sein. Wer für die Kindertaufe, aber gegen den kirchlichen Unterricht ist, verfolgt die gleiche Ambition auf andere Weise.

Dieselbe Uneinheitlichkeit begegnet bei der kirchlichen Trauung. Während für den einen allein schon der Gedanke seiner Freundin an »so etwas« zum Abbruch der Beziehung führen könnte, würde ein anderer sie tolerierend über sich ergehen lassen können. Falls einmal beide nichts gegen eine Trauung einzuwenden hätten, werden geschlechtsspezifische Wertungen handgreiflich. Frauen scheuen weniger als Männer das Symbol »in Weiß«. (Zur Konfirmation s.u. 2.2.2.)

So deutlich sich Einzelfaktoren im Gesamtbild des Reizphänomens »Kirche« herauskristallisieren lassen, so offenkundig ist, daß es das Insgesamt eines ganzheitlich Gestalthaften ist, welches seine Durchschlagskraft ausmacht. Auf dieser Aspektebene sind es Defizite an Lebendigkeit, Spontanität, Weiblichkeit, Mitwirkenkönnen und Beteiligtwerden. Ein antiinstitutioneller Grundtenor ist unübersehbar, aber selbst S y m p t o m , nicht Verursacher.

Im übrigen muß ein Perspektivenwechsel bloße Defizitzuschreibungen vermeiden, weil diese eher die Wahrnehmungsweise des Kritikers als das Selbstverständnis der Interviewten zum Ausdruck bringen. Kirchliche Manko-Wertungen müssen deshalb im Interesse dieses Selbstverständnisses der Befragten in eine Sichtweise übersetzt werden, die deren eigentlichen Interessen positiv gerecht wird. Gottesdienstliches Fernbleiben ist dann nur die eine Seite des Phänomens. Die Kehrseite ist die Unerfülltheit des Verlangens nach einem »richtigen« Gottesdienst mit Gleichaltrigen, mit emotionaler Wärme, mit Kurzweil und Witz usw.. Die Distanz zu Gottesdienstbesuchern und Bibelstundenteilnehmern ist dann weniger Indikator für geringe Solidarität, sondern (unerfülltes) Suchen nach vorbildlicher und nachahmlicher Christlichkeit in der Lebenswelt. Das gilt für andere Aspekte entsprechend. Die Defizitzuschreibungen p o s i t i v zu lesen,

ist kein unerlaubtes Münchhausen-Kunststück, sondern durch die ambivalente Bewußtseinslage selbst nahegelegt. Wie hypertroph der Komplex »Kirche« in seiner radikalen Abscheu sein mag, er ist und bleibt von Kontrasterfahrungen begleitet. Unter »Kontrasterfahrungen« ist beispielsweise zu verstehen, daß ein Hannoveraner Student in Berlin kirchengemeindlich vor allem deswegen nicht Fuß fassen kann u n d will, weil er am Studienort wochentags »nur arbeitet«, während er sich übers Wochenende in seiner niedersächsischen Heimat-Gemeinde »glücklich (sic!) beheimatet« fühlt.
Selbst Leute, die als Zivildienstleistende die Kirche in Sozialeinrichtungen als äußerst »miesen Arbeitgeber« mit »ausbeuterischen Allüren« erlebt haben, können später dessen ungeachtet einräumen: »Die Rolle der Kirche hat für mich irgendwie so eine Bedeutung inzwischen, daß ich halt' ganz klar sehe, da komme ich her, da bin ich geprägt worden« oder: »Inzwischen kann ich's schon mehr als eine gesellschaftliche Institution verstehen oder begreifen, die mir relativ wichtig ist«. Solche oder ähnliche Kontrasterfahrungen werden bewußt, wenn die Zahlung der Kirchensteuer oder die Aufrechterhaltung der Kirchenmitgliedschaft kritisch überprüft wird. Dann sind es nämlich häufig eben die kirchlichen Leistungen im sozialdiakonischen Sektor oder im Bildungsbereich, die die Mitgliedschaft samt ihren Beitragsverpflichtungen aufrecht erhalten lassen. Die Zugehörigkeit zur Kirche dient dann der Ermöglichung ihrer sozialen Arbeit, während gleichzeitig der Abstand zu ihren ideologischen, d.h. ihre glaubensmäßig-inhaltlichen Traditionen beibehalten wird. Die Abgehobenheit des Reizphänomens »Kirche« von der »wirklichen« kirchlichen Wirklichkeit dokumentiert eine Interviewphase, die den Kirchenkampf im Dritten Reich streift. Die Bekennende Kirche, die Barmer Erklärung sowie Märtyrer (vermutlich Paul Schneider, Bonhoeffer etc.) werden angesprochen. Die Studentin bereinigt die Unausgeglichenheit ihrer konkreten Bewußtseinsinhalte auf folgende Weise: die »Amtskirche« bleibt weiterhin dem »Reizphänomen« zugeordnet. Das historische Kontrastwissen (Bonhoeffer etc.) hingegen »steht nicht für Kirche«, sondern »für die Menschen« (sic!).

In diesem Zusammenhang kann auch die Wende in der DDR vom Herbst 1989 ein Gegengewicht gegen das Reizphänomen »Kirche« erzeugen. Offensichtlich konnten die Massenmedien den DDR-kirchlichen Anteil an der friedlichen Oktober-Revolution und die maßgebliche Beteiligung von Berliner, Leipziger Pastoren etc. in die Wahrnehmung einzelner Interviewter übermitteln. Leider fand aber die Mehrzahl der narrativen Interviews vor dem Oktober 1989 und nur ein ganz geringer Teil danach statt, so daß über die Repräsentanz dieses Aspekts, insbesondere seine Nachhaltigkeit, nur mit äußerster Behutsamkeit befunden werden darf.

Wie dem immer auch sei, neben der übermächtigen Dominanz des Reizphänomens »Kirche« gibt es eindeutige Kontrasterfahrungen. Sie sind von Individuum zu Individuum unterschiedlich ausgeprägt und können sich im einzelnen konkret folgendermaßen konstituieren:

2.1.4. So schlecht die Gottesdienste einerseits wegkommen, so begeistert kann auf der anderen Seite von einer Osterfeier auf Sumatra, einer Gospelmesse oder einem Gottesdienst des Vikars in Stockholm berichtet werden. Allgemein bekannt ist das Schwärmen von Kirchentagserlebnissen und Taizé-Treffen und ähnlichem. Aber auch Kirchendistanzierte räumen ein, von einem geistlichen Konzert in der »Marktkirche«, dem Raumerleben der gotischen Kathedrale oder der Vertiefung in ein Kunstwerk religiös bewegt oder gar erschüttert werden zu können. Neben langen Passagen der Kirchenkritik finden sich durchgängig immer einzelne Hinweise auf einen »tollen Pastor«, bejahte diakonische Arbeit, förderungswürdige Dritte-Welt-Projekte u. ä.. Auch wer noch so sehr über die Kirche schimpft, weiß, daß sie für Obdachlose, Schwache, Zukurzgekommene dazusein hat, allenfalls, daß es zu wenig ist.

Bei aller Übergewichtigkeit und Verselbständigung des Komplexes »Kirche« bleiben Bruchstücke anders erlebter Wirklichkeit assoziierbar. Am verblüffendsten äußert sich dies in der geradezu freudigen Bereitschaft der Befragten, sich auf die Interviews überhaupt einzulassen angesichts der ansonsten dominierenden Abschottung ihres eigenen verletzlichen Inneren. Quantitativ mögen die Kontrasterfahrungen geringfügig und spärlich nebem dem ›Reizphänomen‹ stehen. Ihr Vorhandensein mag mehr oder weniger latent sein, kann aber jederzeit umschlagen in Virulenz. Schon ein leichtes Antippen kann genügen.

2.2. Religiöse Sozialisation

2.2.1. Die familiäre Erziehung, einschließlich der religiösen, wird von den Interviewten zwar nicht als permissiv, aber erstaunlich liberal bewertet. Wo Großmütter als streng und indoktrinierend erfahren wurden, wirkt dies lange nach. Dann kann das bekannte Kindergebet umformuliert werden zu: »Lieber Gott, mach mich frech ...«. Doch dies ist die Ausnahme. Von »Gottesvergiftung« à la Tilmann Moser ist nicht die Rede.

2.2.2. Im Gegenteil: Der Kindergottesdienst wird recht angenehm assoziiert. Die Kinderblätter sind in guter Erinnerung. Diese positive Grundstimmung reicht bis ins Konfirmandenalter. Hier tauchen erste Irritationen auf: Entweder will man sich vier Wochen vor der Konfirmation nicht konfirmieren lassen und tut es dann doch den Eltern zuliebe; oder man behauptet, man akzeptiere zwar die Konfirmation mit ihren Geschenken und dem »vielen Geld«, aber nicht den dazugehörigen Unterricht. Die noch überwiegend angenehme Erinnerung an den Konfirmandenunterricht kommt auch der Pastoreneinschätzung zugute. Diese gelten dann als »toll«, wenn sie die Bedürfnisse der Jugend berücksichtigen, Spiel und Spaß vertragen und keine Pauker sind. Die verhaltene Begeisterung über die Konfirmandenzeit speist sich aus der Geselligkeit des Miteinanders der Altersgruppe, die später fehlen wird. Das positive Gefühl scheint nicht getrübt, wenn mit entwaffnender Offenheit eingestanden wird, gelernt haben wir wenig oder nichts, aber Spaß hatten wir. Das hier zugrunde gelegte Lernverständnis bezieht sich auf abfragbares theologisch-religiös-kirchliches Sachwissen und dessen Bedeutsamkeit für die gegenwärtige Lebenswelt.

Warum der kirchliche Kindergarten nicht und der schulische Religionsunterricht wenig erwähnt wird, läßt sich aufgrund der Interviews nur mutmaßen, aber nicht bündig erschließen.

Die Erinnerungen an den Religionsunterricht der Grundschule (einschließlich der Orientierungsstufe) sind insgesamt noch recht positiv getönt. Das Erzählen von Biblischen Geschichten und das gemeinsame Singen von Liedern wird gern und dankbar vermerkt. Der Religionsunterricht nach der Konfirmation scheint weniger mit den behandelten Themen als mit der Lehrerpersönlichkeit zu stehen oder zu fallen. Wo der Religionsunterricht eine Klassenfahrt nach Taizé unternommen oder die Lehrerin auch einmal privat zu Hause über religiöse Themen »geklönt« hat, scheint die »religiöse Welt« noch ziemlich in Ordnung. Ungerecht empfundene Religionszensuren ebenso wie der Dogmatismus intoleranter Lehrkräfte vermögen aber angenehme Remiszenzen flugs ins Gegenteil zu verkehren.

2.2.3. Im biographischen Rückblick auf die religiöse Situation wird dem nachpubertären Umbruch beredt Ausdruck gegeben. Als Traditionsbruch ist er zu einseitig beschrieben. Er verläuft in unterschiedlichen Formen und Graden. Nun kann sich ein kritisches Bild von Kirche ausbilden, das leicht in das skizzierte Reizbild umkippen kann. Nun wird man wahrnehmungsfähig für andere Weltanschauungen und Ideologien. Einige bekennen, in diesen Jahren in ihre »radikale Phase« eingetreten zu sein. Eine marxistische Gruppe oder eine »linke« Bewegung kann nun faszinierend wirken.

Ideologien, durch die Schule inhaltlich erschlossen oder durch Lehrer und Lehrerinnen persönlich vertreten, vermögen auf gierige Aufnahme zu stoßen. Umgekehrt gibt es vereinzelt auch ein Aufflammen religiösen Fragens und Suchens, mehr intellektuell bei einzelnen, mehr emotional-kommunikativ ausgerichtet bei der Mehrzahl.

In einer unübersehbaren Anzahl von Fällen erfolgt die religiöse Sozialisation in gemischt konfessionellen Familien. Die Prägung hängt wesentlich dann vom dominierenden Elternteil oder dem Milieu ab. Bei indifferenten Eltern kann es zu einem Taufaufschub bis kurz vor der Konfirmation kommen. Solchen Interviewten ist die religiöse Reserviertheit ihrer Eltern deutlich bewußt. Dementsprechend überrascht die relativ enthusiastische Einschätzung von Kindergottesdienst, Jungschar oder Religions- und Konfirmandenunterricht. Das Angerührtsein scheint aber wie ein Strohfeuer nach der Konfirmation alsbald wieder abzuglimmen. Die Aufgeschlossenheit kann rasch in Interesselosigkeit und Gleichgültigkeit umschlagen. Eine Medizinstudentin kann diese Lebenswende kalendarisch während eines Weihnachtsgottesdienstes festmachen. Es sei ihr dabei plötzlich die »Äußerlichkeit« der zur Schau gestellten bürgerlichen Kirchlichkeit im Vergleich zu der ihr eigentlich gebotenen Ernsthaftigkeit der Glaubenszugehörigkeit als »Verlogenheit« bewußt und von da an unerträglich geworden – und dies, obwohl sie über Jahre hinweg als Organistin regelmäßig an den Gottesdiensten teilgenommen hatte.

2.2.4. Wohin die Entwicklung tendiert, hängt überwiegend von den Peer-groups ab, zu denen man findet. Sie können betont antikirchlich sein und entsprechend prägen. Bei christlichen Pfadfinder- oder kirchlichen Jugendgruppen verhält es sich entsprechend.

2.2.5. Im Rückblick auf die religiöse Biographie wird natürlich auch die Familie erwähnt. Dabei gelten Väter eher indifferent, während Mütter religiöser erlebt werden. Bei kirchlich hochverbundenen Eltern kann die Kirchlichkeit nicht verborgen bleiben. Aber in nicht wenigen, wahrscheinlich in den meisten Familien scheint Glaube und Religion kein Thema mehr zu sein. Ein Befragter berichtet von der Fassungslosigkeit, die ihn überfiel, als er im Nachttisch der Mutter eines Tages eine Bibel entdeckte, nachdem sie ihn bis dahin im Unklaren gelassen hatte, ob sie wie der Vater atheistisch wäre oder vielleicht doch an Gott glaubte. Trotz eines insgesamt uneinheitlichen Bildes der religiösen Sozialisation in der Kindheit scheint die Familie noch bereit, zwar zum Besuch des Gottesdienstes anzuhalten, aber nicht mehr selbst mitzugehen. Diese Differenz zwischen Vorgeben und Verhalten wird in der Nachpubertät durchschaut und durch Anpassung weithin bereinigt.

2.2.6. Der nachpubertäre Umbruch, bei dem es müßig ist, zwischen Selbstwerdung und Außeneinflüssen zu unterscheiden, weil beides Hand in Hand erfolgt, führt insgesamt zunächst zur Individualisierung und Privatisierung der eigenen Gläubigkeit bzw. Religiosität. Dies ergibt sich aus der Selbstwerdung im Gegenüber zu den bisherigen Autoritäten und maßgeblichen Instanzen. Die Selbstfindung geschieht ja in Abgrenzung von Gegenhorizonten. Die Religiosität der jungen Erwachsenen hebt sich je länger je mehr von Jugendreligiosität ab. Erwachsene können deutlicher zwischen Indifferenz und Areligiosität der Gesellschaft und der eigenen Gläubigkeit unterscheiden. Deshalb erleben sie ihren Glauben eher in der Defensive. Die Diesseitsorientierung der Umwelt drängt die subjektive Religiosität quasi ins Ghetto. Religion – nach Ernst Troeltsch – »als subjektive, das Zarteste, Feinste, Beweglichste und Unaussprechlichste«[137] schützt sich durch Überwinterung in der Intimität. Die protestantische Kultivierung des »stillen Kämmerleins« weist hierfür den Weg, wie sie bereits ein Reflex dieser Tendenz ist.

2.2.7. Im Kontrast und Gegenüber zu der besagten Individualisierung und Privatisierung der Religiosität verselbständigt sich das so verabscheute Reizphänomen »Kirche«. Welch bittere eigene Erfahrungen in dieses immer auch eingeflossen sein mögen, es ist nichts sehr Subjektives und Eigenes, sondern eher ein kollektiver Komplex, ein intern-gesellschaftliches Kommunikationsmittel.

2.2.8. Wenn nicht alles trügt, erlaubt es die Verarbeitung der religiösen Biograpie unseren Interviewten viel eher als nachpubertären Jugendlichen, sich ihrer spezifischen Religiosität bewußt zu werden.

---

137) Troeltsch (1895), S. 427f.

Unsere Befragten wissen, daß sie ihre »radikale Phase« längst hinter sich haben. Beim Innewerden ihres Älterwerdens gewahren sie die Veränderung ihrer Wahrnehmungsstruktur. Sie sind imstande, ihr »Reizbild«, wenn schon nicht mit Bruchstücken kirchlicher Wirklichkeit, wenigstens mit eingestandenem Nichtwissen zu relativieren. Sie ahnen die disparate Gemengelage unterschiedlicher Qualitäten in ihrem Bewußtsein. Sie spüren die Notwendigkeit einer Balance konkurrierender Bewußtseinsinhalte und Lebenserfahrungen. Sie merken auch, daß die Interviews in dieses Gleichgewicht hineinwirken. Deshalb reagieren sie je nach Entwicklungsstand unterschiedlich. Bei einigen läßt die Labilität der Balance Angst mit Vermeidungsstrategien aufkommen. Andere verhalten sich umgekehrt: Sie wollen sich durch das Aussprechen im Interview selbst Klarheit verschaffen und sind geradezu dankbar, daß ihnen dazu Gelegenheit geboten wird. In dem Maße, wie es gelingt, auf die eigene religiöse Sozialisation zurückzublicken, in dem Maße kann sich dieser Beobachter seiner eigenen Gläubigkeit bewußt werden.

2.3. Glaube(n)

2.3.1. Erstaunlich viele der Interviewten bekennen sich zu ihrem Glauben. Sie erleben ihn ja auch als ihr Eigenes im Gegenüber zur gesellschaftlichen Umwelt. Gerichtet ist dieser Glaube zumeist auf Gott.

2.3.2. Er versteht sich nicht christologisch, wie es der Choral »Christus, der ist mein Leben« tut oder wie amerikanische Gospelsongs ihren »Lord Jesus« besingen. Jesus kommt zwar vor, aber primär als Mensch, dem es nachzuleben gilt.

2.3.3. Von Gott weiß dieser Glaube, daß er »irgendwie« über das Materielle hinausreicht. Er ist nicht so personal, wie das »DU«, das der biblische Psalmist lobt und anruft. Gott erscheint verborgen in einem »Irgendwas« oder »Irgendwie«. Weil er in der Gesamtheit der Schöpfung steckt, gilt er als »überall gegenwärtig«. Er ist in allem »drin«, auch in »Gut und Böse«, »nicht nur in heiligen Dingen oder so«. Gott ist für einen die »schlicht als Ganzes erlebte Natur.« Er wird zwar nicht mit der Evolution identifiziert, aber sehr eng damit zusammengesehen, so daß für den Betreffenden die Erde gleichsam zum »lieben Gott« wird.

2.3.4. Es scheint, daß insgesamt nicht so sehr **an** Gott geglaubt wird im Sinne eines sich auf ihn gründenden Vertrauens, als **daß es** Gott **gibt** in eigenartiger Unverfügbarkeit. Diese Erfahrung färbt ab auf den Charakter des Glaubens. Er ist begleitet von Unaussprechlichkeit und nebulöser Vagheit. Daß er sich sprachlich schwer fassen läßt, hat mehrere Gründe. Erstens reicht die traditionelle Sprache für das Gemeinte nicht zu. Zweitens muß ihn jeder selbst zur Sprache bringen. Der Hauptgrund ist aber die Entzogenheit Gottes. Über weite Strecken bleibt er verborgen, nur gelegentlich blitzt er auf. Außerdem scheint der Glaube mehr eine Sache des Gefühls und Intuierens als des definierenden Intellektes zu sein.

2.3.5. Der dargelegte Glaube hebt sich deutlich ab von der Religiosität der Jugendreligionen. Dies kommt zum Ausdruck, wenn die Interviewten diesen »Esoterikkram« weit von sich fernrücken oder gar davon als »diese fernöstlichen Sachen« reden. Er ist nüchterner und blasser. Er macht seine Erfahrungen in Verbindung mit dem Bewußtsein des »Älterwerdens«, und er scheut insgesamt die missionarische Offensive in der Öffentlichkeit. Er ist sich seiner Individualität bewußt. Er schützt sich im Privaten und Intimen, denn man fühlt, daß der »Glaube zurückgedrängt wird und kein gesellschaftliches Thema mehr ist«.
Die Interviewten wissen von ihrem Glauben, daß er von dem der Bibel merklich abweicht. Oft befürchten sie, daß er für ihre Kirche kaum noch tolerabel sei. Deshalb heißt es einerseits: die (scil. kirchliche) »Institution macht den Leuten den Glauben kaputt«. Andererseits

besteht aber die zaghaft gehegte Hoffnung, daß die Toleranz der evangelischen Kirche »liberal genug sei«, ihren so andersgearteten Glauben zu tolerieren, anstatt ihn inquisitorisch zu inkriminieren. Die Befragten haben den Eindruck, sich auf einem »schmalen Grat zwischen Heidentum« und Kirche zu bewegen.

2.3.6. Das über »Gott« und »Glaube« Gesagte deckt sich nahtlos mit der vorzufindenden Beschreibung der »Religion«: Sie betrifft etwas dem einzelnen »Übergeordnetes«, sozusagen einen »Gesamtkontext« des Lebens oder ein »Allumfassendes« insgesamt. Als »etwas Eigenes« ist solche Religion für den einen »total wichtig« oder ein »wirklich persönliches Thema«. Im Gegensatz zu dem »ganzen Zirkus«, den die Kirche um Gott und Christus macht, ist die eigene Religion eine Sache des »gesunden Menschenverstandes«. Der Religionsphilologin auf dem Gymnasium wird es deshalb verübelt, wenn sie arrogant von »ihrem« Luther auf diese »Naturreligion« herunterblickt.

2.3.7. Nachdem die Divergenz vom biblischen Glauben und die eventuelle Unverträglichkeit mit traditioneller Kirchenlehre selbst mit Bestandteil der Gläubigkeit der Interviewten ist, stellt sich die Frage nach dem christlichen Selbstverständnis der Befragten. Dabei gilt es sich zu vergegenwärtigen, daß sie, selbst wenn sie sich persönlich als ungläubig oder atheistisch einschätzen, ihre kirchliche Mitgliedschaft aufrechterhalten, Kirchensteuer zu zahlen bereit sind und überwiegend einem Kirchenaustritt ablehnend gegenüberstehen. Die Antwort auf das Selbstverständnis ist sehr kompliziert und vielschichtig. Um einen unmittelbaren Eindruck von der diffizilen Reflektiertheit zu vermitteln, sei ausnahmsweise einmal ausführlicher zitiert:

– »Also, ich würde mich nicht als – , na ja, vielleicht doch als Christ bezeichnen, nein.. nein, eigentlich kann ich mich nicht als Christ bezeichnen. Ich glaube bestimmt an Jesus, ne, aber bestimmt auch an Mohammed oder an Buddha«.

Diese Aussage sei noch durch folgende ergänzt:

– »Ich fang ja schon an zu überlegen, ob ich selbst überhaupt richtig religiös bin, oder ob ich so ganz anders an Gott glaube als die andern... Also, ich könnte von mir nicht sagen, ich bin ein gläubiger Christ.«

So schwer es fällt, sich frank und frei als Christ wie ein Erweckungspietist oder ein Neubekehrter zu bekennen, so deutlich ist eine Sehnsucht über die gegenwärtige Bewußtseinslage hinaus. Eine Medizinstudentin verleiht ihr folgenden Ausdruck:

»Ich würde mir vielleicht sogar wünschen, daß mir die Religion mehr geben würde, weil es ist was Schönes. Ich sehe z.B. im Krankenhaus die Leute, die einfach glücklich sind, wenn der Pfarrer da war«.

Der Wunsch, religiös »weiterzukommen«, bewegt nicht nur Adoleszenten aus christlichen Familien. Ein in seiner religiösen Sozialisation von indifferenten Eltern wenig geförderter Informatikstudent betrachtet sich kirchlich-religiös sehr distanziert, so daß er sich »bestenfalls einmal vor Klausuren zu einem Stoßgebet hinreißen« läßt. Aber nichtsdestoweniger scheint ihm eine Bekehrung »als 180° Grad-Schwenk« durchaus möglich, wenngleich »sehr unwahrscheinlich«.
Von der um Objektivität bemühten Beschreibung zur positionellen Interpretation zurücktretend, ist u.E. die Ambivalenz dieser vielschichtigen Glaubensstrukturen als Ansatzpunkt kirchlichen Handelns von kaum zu unterschätzender Bedeutung. Erwartungsgemäß erhält diese These ein geteiltes Echo, so wie das zu 50 Prozent gefüllte Wasserglas für die einen halbleer und für die anderen halbvoll erscheint. Tatsache ist, daß es verschiedene Zugänge zu solch verwickelter Gläubigkeit gibt. Sie eröffnen sich von biblischen Glaubensaussagen, wie beispielsweise dem Heilung begehrenden Vater: »Ich glaube, Herr, hilf meinem Unglauben!« oder dem paulinischen »Ich schätze mich selbst noch nicht so ein, daß ich's schon ergriffen habe...Ich vergesse, was dahinten ist, und strecke mich nach dem, das da vorn ist« (Philipper 3,12-14). Wir werden biblische Aussagen über Glaubensfortschritte (vgl. 1. Kor 3,1ff; 2 Kor 10,15; Kol 1,10 und 2. Thess 1,3) ebenso wie alte Anliegen des Pietismus nach Glaubensprüfung

neu überdenken und mit Fowlers Glaubensstufen-Theorie[138] oder Osers Stufen der religiösen Entwicklung[139] im Zusammenhang mit Eriksons Identitätsstufen[140] sowie Lebenslauf-Konzepten neu überdenken und auf ihre poimenische Bedeutung hin nicht nur überlegen müssen, sondern aufgrund der Glaubenssituation der Interviewten – mit gewichtigen Argumenten – auch k ö n n e n (vgl. Kapitel 3.2.).

2.4. Theologische Themen

Wie sich dieser Glaube in der Kontingenzbewältigung rekrutiert, so formuliert er auch sein Credo: Not lehrt beten, Wohlstand eben nicht!
Einen Assoziationspool bilden Leid, Kreuz und Opfertod. Bei ersterem entsteht bei Skeptischen die altbekannte Frage nach seiner Vereinbarkeit mit Gott. Für die Mehrzahl der Befragten hat offensichtlich die Theodizeeproblematik keine aktuelle Bedeutung. Vom Kreuz und Versöhnungstod Jesu ist nur einmal die Rede. Der Traditionsabbruch zur theologia crucis ist nirgends auffälliger als hier, wird dazu doch bemerkt: »Was das eigentlich für eine deprimierende Vorstellung ... ist, was die Kirche da vertritt, ... das finde ich schon reichlich merkwürdig.« Es ist keine lästerliche Kritik, die sich vorsätzlich zu Wort meldet. Es ist pure Verständnislosigkeit, weil für jene Wahrnehmung Christi Kreuzestod »völlig 'rausfällt ... von Spaß und Lust«, wie es wörtlich heißt. Die anthropomorphen Altertumsgötter erscheinen gegenüber dem Kreuz als Zentralsymbol des Christenglaubens menschlicher, während die Kreuzestheologie »einfach inhuman« erlebt wird.
Von dieser Beobachtung führt ein Weg zum Verständnis des Unbe-

---

138) Vgl. Fowler (1981).
139) Vgl. Oser (1988); Nipkow (1990).
140) Vgl. Erikson (1966)

hagens an der traditionellen Sündenlehre. Faktisch wird sie keineswegs bestritten. Es regen sich aber aggressive Gefühle, wenn sie von anderen an einen persönlich adressiert wird. Dann fühlt man sich im Selbstwert beleidigt. Diese Konnotation bringt das Wort Sünde fast zum Verschwinden, keineswegs aber das damit Gemeinte.

Hinsichtlich der Bibel bieten die Interviews ein zwiespältiges Bild. Ein kirchlich ziemlich distanzierter Skeptiker erwähnt, daß er alle vier Evangelien durchgelesen habe und im Alten Testament »wahre Reißergeschichten« gefunden habe. Ansonsten aber ist das protestantische »Allein die Schrift!« wie zerronnen. Mit Bibel wird ihre Vieldeutigkeit assoziiert, die der willkürlichen Auslegung der Sekten Vorschub leistet. Sie erscheint als Buch aus ferner Zeit, aus dem sich Patentrezepte für brennende Gegenwartsprobleme nicht leicht entnehmen lassen.

Eines kritischen Seitenhiebs wird eine verbreitete Vertröstungstheologie gewürdigt. Die Meinung »Gott wird's schon machen« verletzt die autonome Selbsteinschätzung und die spezifische Gotteserfahrung dieser mündigen Generation.

Die Amtshandlungen Taufe, Konfirmation und Trauung etc. bewertet man an dem Maßstab »Was bringst's?«. Fällt das Urteil entmündigend aus, stoßen sie auf Ablehnung. Andernfalls können sie toleriert oder in Kauf genommen werden.

Die Tatsache öffentlicher kirchlicher Stellungnahmen ist deutlich bewußt. Nur Einzelheiten sind kaum bekannt. Es herrscht das Vorurteil, ihre differenzierte Ausgewogenheit gehe zu Lasten klarer und eindeutiger Stellungnahmen und Positionen. Äußerungen zum § 218 verprellen, ohne daß sie näher bekannt sind. Die Anti-AKW-, Umwelt-, Friedens- und Frauenbewegung wird, wenn nicht als antikirchlich, zumindest als außerkirchlich gesehen. Darin spiegelt sich das unentschiedene Verhältnis zwischen Glauben und Politik. Der erstere konstituiert sich im Individuellen und Privaten im Gegenüber zur Gesellschaft, mit der es die Politik zu tun hat. Möglicherweise wirkt hierbei ein Mißverständnis der Zwei-Reiche-Lehre nach.

2.5. Implizite theologische Befunde

Die vorgenannten Aspekte begegnen, wie gesagt, selten und spärlich. Viel gewichtiger scheint die im empirischen Befund nicht eigens thematisierte, aber implizite theologische Problematik. Der im narzißtischen Sozialisationstyp[141] analysierte Hedonismus und Narzißmus läßt sich fragmentarisch auch an Äußerungen unserer Interviews festmachen. Wie verhalten sie anklingen mögen, im Zusammenhang mit der Individualisierung und Privatisierung des Glaubens gesehen führen sie gefährlich nahe an Luthers Bild vom Menschen als einem in sich gekrümmten Wesen (homo incurvatus in se) heran. Luthers Urteil über dieses Incurvatus in se wird allerdings durch die Transzendenzerfahrung unserer Bekenner relativiert. Offensichtlich konkurrieren beide Anthropologien im Bewußtsein. Allerdings scheint die Transzendenzerfahrung bei unseren Interviewten eher neuplatonisch-mystischen Kategorien als Luthers personalen Relationen (coram deo) zu folgen. Was Augustin in seinen Selbstgesprächen formulierte, könnte ein Großteil unserer Befragten höchstwahrscheinlich mitvollziehen: »Plötzlich redete mich jemand an, ob ich selbst oder ein anderer es war, ob von draußen oder in meinem Inneren, ich weiß es nicht«. Die Alternative, ob intrinsisch oder extrinsisch, ist für das religiöse Erlebnis des Mystikers und Neuplatonikers unwichtig. Anders ist es im Menschenbild Luthers. Ob ich mich zu mir selber verhalte oder ob ich mich im Gegenüber zu Gott erfahre, unterscheidet Himmel und Hölle. Eine wie auch immer narzißtisch-hedonistisch getönte Religiosität bewegt sich eher in Richtung des Augustinischen Nescio als des lutherischen Coram deo. Letztere ermöglicht ein Verständnis des Menschen von jenseits seiner selbst (extra se) sehr viel leichter als die mystische Unklarheit über Innerlich und Äußerlich. Vom reformatorischen »Ubi et quando visum es deo« bleibt dann nur noch die Erinnerung des Plötzlich-Unvermittelten (subito). Wenn die extrinsische Transzendenzerfahrung nicht an einem

---

141) Vgl. Ziehe (1975).

eindeutigen göttlichen Du als Gegenüber festhält, kippt das Coram deo um in Außenbestimmung, wie es David Riesman und unsere Befragten gleichsinnig beschrieben.

Wenn es sich tatsächlich so verhielte, daß sich in der Gläubigkeit unserer Interviewten eine Verlagerung von der relationalen personalen Gotteserfahrung hin zum mehr neuplatonisch-mystischen Transzendenzerleben abzeichnet, dann wäre dieser Paradigmenwechsel natürlich höchst bedeutsam.

Um die Charakteristika dieser Religiosität junger Erwachsener noch etwas schärfer begrifflich zu fassen, seien sie noch mit neueren theologischen Perspektiven korreliert.

Troeltsch bezeichnete 1895 subjektive Religion als »das Zarteste, Feinste, Beweglichste und Unaussprechlichste«[142] . Mit den gleichen Worten könnten unsere Befragten ihren Glauben beschreiben. Aber Troeltsch trägt noch mehr bei. Seine Definition mündet nämlich in die Fortsetzung: Religion als objektive, »d.h. als Sammlung aller Formen ... (wird) das Starrste, Zäheste ..., was wir kennen«[143]. Damit ist aufs knappste das Dilemma postadoleszenter Religiosität berührt. Was Troeltsch als subjektive der objektiven Religion gegenüberstellt, präsentiert sich in unseren empirischen Befunden in der Konfrontation des Reizphänomens »Kirche« mit der gesellschaftlich ins Private abgedrängten, individuellen Gläubigkeit.

Während Troeltsch an der zitierten Stelle religionspsychologisch und –soziologisch argumentiert, bewegt sich Dietrich Bonhoeffer mit seinem Diktum, wir müßten »vor und mit Gott ... ohne Gott leben«[144] mehr in den Geleisen biblisch-reformatorischer Kreuzestheologie. In seinem »vor und mit« wirkt deutlich die reformatorische Coram-Relation nach. In der Abbreviatur »ohne Gott« überlagern sich die Erfahrung der Gottverlassenheit Jesu am Kreuz mit dem Bewußtsein, in einer verweltlichten Gesellschaft auf private Religiosität zurückgeworfen zu sein.

142) Troeltsch, a.a.O. (1895).
143) Ders. S. 428.
144) Bonhoeffer (1974), S. 241.

Von Bonhoeffer weg wollen wir unsere Sondierungen auf Ludwig Wittgenstein richten: Für ihn heißt an einen Gott glauben, »sehen, daß es mit den Tatsachen der Welt noch nicht abgetan ist«[145]. Damit ist der Glaube unserer Befragten auf seinen Begriff gebracht. Tagaus, tagein erleben sie sich in gesellschaftliche Zwänge verstrickt. Einige begehren dagegen auf und wollen sie abschütteln, wohl wissend, daß der einzelne damit überfordert ist. Andere emigrieren in die Intimität ihres Glaubens, gleichsam eine Partisanenexistenz in einer abweisenden Welt führend.

Was Wittgenstein via negationis formuliert, wendet Horkheimer positiv: Für ihn ist Religion »Die Sehnsucht nach dem ganz anderen«[146]. In gesellschaftsreformerischen Bürgerinitiativen und Umweltbewegungen organisiert sich das Nichtabfindenwollen mit verbesserungsbedürftigen Lebensumständen mit dem Protest gegen das Reizphänomen »Kirche«, welche »das ganz andere« zu wenig oder scheinbar gar nicht verwirklicht.

Der Sinn dieser Ausblicke auf Neuplatonismus (extrinsece vs. intrinsece nescio), Luther (coram deo), Troeltsch, Bonhoeffer, Wittgenstein und Horkheimer kann selbstverständlich nicht sein, die Religiosität unserer Interviews von dorther wirkungsgeschichtlich abzuleiten. Mit den bruchstückhaften Streifblicken kann möglicherweise aber deutlich werden, daß die angetroffene Religiosität trotz ihres Ineffabile begrifflich präzisierbare Züge hat. Des weiteren stellt sie alles andere als eine defizitäre Manko-Religion dar. Von orthodoxer Theologie aus mag sie zwar geradezu häretisch erscheinen. Andererseits bewegt sie sich in mancher Hinsicht in Nähe zu klassischen theologiegeschichtlichen Grundströmungen. Aufgrund dieses Befunds kann man die vorgefundene Gläubigkeit auch als etwas Eigenes, als kohortenmäßige Ausprägung des Glaubens von jungen studierenden Erwachsenen verstehen. Bevor sie kritisch analysiert wird, sollte sie erst einmal gemäß ihres eigenen Selbstverständnisses zur Kenntnis genommen werden.

---

145) Wittgenstein, zit. nach Kaufmann (1989), S. 54.
146) Horkheimer (1970), S. 23; 44ff.

2.6. Biblische Horizonte

2.6.1. Wie Streifblicke zu fundamentaltheologischen Knotenpunkten möglich werden, so sollten sie auch zu biblischen Theologumena erfolgen. Schon ein oberflächlicher Ausblick scheint folgende Ansatzpunkte bedenkenswert zu machen:

2.6.2. Der Verstockungsgedanke spielt sowohl im Alten wie im Neuen Testament eine alles andere als marginale Rolle. Ohne Ähnlichkeit oder Analogien unterstellen zu wollen, könnte einmal versucht werden, einen Teilaspekt des Reizphänomens »Kirche« von da aus zu verstehen. Als fruchtbar könnte sich in diesem Zusammenhang möglicherweise auch der Gedanke Jesu vom Balken im eigenen Auge und dem Splitter im Auge des anderen und den Folgen für unsere gegenseitige Wahrnehmung erweisen. So könnten beispielsweise erkenntniskritische, vor allem selbstkritische Überlegungen angestoßen werden.

2.6.3. Die in unseren Interviews angetroffene, von der gesellschaftlichen Umwelt geradezu eingeschüchtert erscheinende und zum Rückzug in die Privatheit genötigte Gläubigkeit ließe sich einmal im Kontext dessen bedenken, was der Evangelist Matthäus als »Kleinglaube« bei seinen Zeitgenossen angetroffen hatte. Von da aus legt sich des weiteren ein Blick auf die Charakteristik des »wandernden Gottesvolkes« im Hebräerbrief nahe. Seine Sorge um Stärkung des Glaubens weiß um dessen Angefochtenheit, Schwachheit, ja Auflösungstendenzen.

2.6.4. Als Glaubenskonsens durchzieht unsere Interviews das Credo, daß Not ebenso beten lehrt, wie Wohlergehen dem Glauben hinderlich ist. Was immer gegen solche Vereinfachungen einer vielschichtigen Realität eingewendet werden mag, das verführerische Phänomen des Baalismus im Alten und des Mammonismus im Neuen Testament sollte zu einem ernstlicheren Bedenken anleiten können.

2.6.5. Zur Grundstruktur der biblischen Glaubensverkündigung gehört von Jeremia über Deuterojesaja bis hin zu Paulus ihre Anstößigkeit. Sie empfiehlt sich weder durch überwältigende Ästhetik noch durch imponierende Kraft. Jeremia erschrickt vor der Unzeitgemäßheit seiner Botschaft. Jesaja fragt im Hinblick auf den leidenden Gottesknecht: Wer glaubt unserer Predigt? Und Paulus weiß um die Torheit des Wortes vom Kreuz. Luther überträgt diese inhaltlichen und situativen Erfahrungen mit der Vermittelbarkeit des »Wortes« an die jeweiligen Zeitgenossen auf epochale Prozesse. Der »fahrende Platzregen« hat seinen Kairos, seine Zeit. Wo er darüberfährt, stürzen die Wasser, nach denen in langen Dürreperioden vergeblich gedürstet wird. Ohne die Vergleichbarkeit solcher Aspekte überzustrapazieren, scheinen damit doch Zugänge zu der Erlebniswelt der nachadoleszenten Religiosität absehbar zu werden.

2.7. Die Hochschule als Glaubenshindernis?

2.7.1. Alle bisherigen Befunde über die Situation der Studierenden verlangen ein Höchstmaß an Differenzierung
- sowohl der Hochschulformen (alte klassische Universität in der überschaubaren Kleinstadt; Massenuniversität in der Großstadt; Neugründungen mit alternativen Konzepten; Technische und Medizinische Universitäten; Fernuniversität Hagen; Anthroposophische Hochschule Herdecke; Katholische Universität Eichstädt; Evangelische Stiftungsfachschulen etc.)
- als auch der Studierenden (»Normalstudent«, Teilzeitstudent, Parkstudium, Zweit- oder Drittstudium, Studienabbrecher, Familienstudent, Single, Pendler usw.)
- und nicht zuletzt nach Fakultäten und Studiengängen (MNT-Bereich mit stärkerer »Verschulung« einerseits, sogenannte »Laberfächer« andererseits, Exotenfächer, NC-Studiengänge und Massenfächer mit minimalen Aussichten auf eine spätere Anstellung).

2.7.2. Das Ideal der Alma mater verschwindet in einer idealisierten Vergangenheit. Die Vermassung läßt die Hochschule weniger als **Universitas**, denn als **Diversitas** erscheinen, sowohl im Hinblick auf ihre Desintegration als Bildungsstätte wie innerhalb des einzelnen Studiengangs aufgrund fragmentarischer Spezialisierung. Weil es also nicht **die** Universität für jede(n) gleich gibt, finden sich sehr verschiedene Erlebnisweisen von ihr. Ihr Spektrum reicht von angenehm bis schrecklich; von interessant bis unmenschlich.

2.7.3. Dementsprechend wird die Affinität von Hochschule und Glaube, Religion und Kirche uneinheitlich beurteilt. Das überwiegende Urteil über die Vereinbarkeit und Vermittelbarkeit ist – gelinde gesagt – überaus skeptisch. Das Leben an der Universität ist nur eine Teil-Welt, möglicherweise momentan die am meisten anstrengende. Ihr wird allenfalls ein befristetes Durchgangsstudium zugebilligt. Das Studium wird instrumentell nach der Grunddevise »Was bringt's?« beurteilt. Einige wollen daraus etwas für sich selbst gewinnen, andere nehmen die Strapazen für ein späteres Ziel in Kauf. Nicht wenige schließen Kompromisse zwischen den Grundabsichten.
In radikal-kritischen Äußerungen, die sich in geringer Zahl finden, heißt es im Hinblick auf Mitstudenten: »Das sind eigentlich alles kleine Antichristen«. Unterschwellig steht dahinter der Vorwurf, die Hochschule verhalte sich zum wirklichen Leben »schizophren«. Man verübelt es der Wissenschaftsinstitution, daß sie den Menschen von seiner Humanitas und damit von seinem Glauben entfremdet. Man empfindet sich im Studium nicht als »Mensch« ernstgenommern, sondern scheint nur »am Parameter Leistung« gemessen zu werden. Die Universität gilt als Welt des enormen, oft auch toten Wissensballastes. Die Fachterminologien verursachen eine babylonische Sprachverwirrung. Das Quantifizieren erstickt die Lebensqualität. Im gleichen Maße, wie die Notwendigkeit der Spezialisierung zur eigenen Kompetenzsteigerung wächst, geht die Ganzheitlichkeit des Lebens, auf die es letztlich ankommt, verloren. Ein Sinndefizit entsteht. Dieses kann geradezu bedrückend werden, wenn an die künftigen

akademischen Berufsaussichten gedacht wird. Dies ist eine Grundstimmung, die von nicht vielen artikuliert, aber von sehr vielen mitvollzogen werden kann. Nur eine vergleichsweise Minderheit gelangt zu einer differenzierten Wahrnehmung. Darunter befindet sich auch eine Studienstiftlerin, die als Pastorentochter das Studienfach Biochemie gewählt hat. Sie erlebt ihr Studium mehr als zufriedenstellend, ja sehr interessant. Gleichzeitig vertritt sie offensiv ihren Schöpfungsglauben bis hin zu der Konsequenz, auf einen Arbeitsplatz zu verzichten, der ihr Keimbahnmutationen bei Säugetieren zumuten würde. Während ihr die Notwendigkeit einer Wissenschaftsethik deutlich bewußt ist, wissen viele vom Existieren derselben fast nichts, können sie kaum als Desiderat formulieren. Ein Parkstudent im BWL-Studiengang, der aber gerne Mediziner werden möchte, dringt zu der Einsicht vor, durch die Wahl seines Studienfaches signalisiere man, sich aus Wertfragen heraushalten zu wollen: »Wir sind ja nur Technokraten, und wir machen was und rechnen was aus. Die politischen Entscheidungen treffen ja andere«.

2.7.4. Das Meinungsbild, das sich in diesen bruchstückhaften Äußerungen über die Universität darbietet, beinhaltet in nuce Anklänge an klassische Kritik. Leicht ließen sich Reminiszenzen an die Studienaufklärung des Mephistoteles für Wagner aus Goethes Faust anführen. Bezüge zur Durchdringung der Wissenschaftsproblematik bei Theodor Litt sind offenkundig. Der Positivismusstreit der Soziologie findet, wie gebrochen auch immer, ein Echo. Sowohl Popper wie Habermas sind angekommen, wie verkürzt auch immer.
Auch der kürzliche Aufruf, den Kultur- und Geisteswissenschaften bildungspolitisch mehr Gewicht zu verschaffen, zeigt Resonanz. Es würde zu weit führen, die bildungstheoretischen und bildungspolitischen Querverweise hier im einzelnen aufzuweisen. Dafür ist hier einfach nicht der Raum. So viel aber läßt sich resümieren: Sowohl die wissenschaftstheoretisch-bildungspolitische Diskussion als auch die Interviews unserer Studierenden konvergieren in mancherlei Hinsicht in der Auffassung, daß Glaube, Religion und Kirche

einerseits und der heutige Wissenschaftsbetrieb andererseits in ein problematisches Verhältnis geraten sind. Es gibt ernstzunehmende Argumente, die sich zumindest zu der Frage bündeln lassen, ob die Hochschule nicht mittlerweile zu einem Glaubenshindernis geworden ist.

2.7.5. Wieder ist es aber das ambivalente und vielschichtige Bewußtsein der Interviewten, das die Möglichkeit dieser Frage nicht in die Feststellung einer Tatsache verkehren läßt. Möglicherweise hängt dies damit zusammen, daß das Thema Glaube und Wissen eine ehrwürdige Tradition in der Universität hat, und zwar über die Grenzen der theologischen Fakultät hinaus. Darüber hinaus sind es aber deutliche, wenn auch wenige Gegenerfahrungen, die das Schisma zwischen Szientismus und Religiosität relativieren oder überbrücken. Die bereits erwähnte Studienstiftlerin läßt erkennen, daß in ihrem Studium Mitstudenten wie Dozenten sowohl die ethische wie auch die theologische Dimension genetischer Manipulationen diskutieren. Andere berichten davon, daß sie von sich aus die Gretchenfrage: »Wie hältst Du es mit Gott?«, an Kommilitonen herantragen. Selbst wer sich nicht so forsch hervorwagt, kann erleben, daß Leute, auch Professoren, von denen man es gar nicht erwartet hätte, sich punktuell als religiös interessiert oder gar als gläubig zu erkennen geben. Man weiß auch von Bekanntmachungen und Einladungen religiöser, christlicher oder kirchlicher Gruppen an Anschlagbrettern oder per Handzettel. Am bekanntesten scheinen Büchertische vor der Mensa, »wo es auch eine Bibel zu kaufen gibt« und wo zu unverbindlichen Treffs oder einem gemeinsamen Frühstück eingeladen wird. Der Bekanntheitsgrad von Hochschulgemeinden ist abhängig von der Hochschulgröße. Wer aus Passau noch vom Besuchsdienst der Hochschulgemeinde während eines Krankenlagers berichten kann, weiß nach einem Hochschulwechsel nach Hamburg nicht einmal mehr, ob »es da sowas ähnliches« gibt. Ehrenamtliche Mitarbeiter religiöser oder christlicher Gruppen werden im Gesichtsfeld der Interviewten noch registriert, aber eher auf der Grenze zum Wohnbereich oder beim Übergang in die Freizeitwelt, weniger inmitten des Studiums.

In der Wahrnehmung des Wissenschaftsbetriebes und seiner Nähe zu Glauben und Religion spiegelt sich also die Selbsterfahrung der Gläubigkeit der Interviewten wider: Die Umwelt erscheint indifferent bis ablehnend. Ab und an leuchten Transzendenzerfahrungen auf. Der zarte Glaube, der sich aus ihnen nährt, zieht sich vor der Übermacht der Konvention in den Schonraum der Individualität zurück. Dort hegt er weniger eine heiße Sehnsucht als ein angefochtenes vages Wissen um das »ganz andere«. Wie verschüttet es virulent sein mag, es läßt sich kaum leugnen. In der Latenz seiner Vorhandenheit weiß es um eine komplementär alternative Wissenschaft. »Mit den Tatsachen der Welt (ist) es eben noch nicht abgetan«[147]. In der Universität macht man die ambivalente Erfahrung Bonhoeffers: »Wie soll man diesen Menschen solche Dinge predigen ... . Die Unsichtbarkeit (= Gottes) macht uns kaputt ... dieses wahnwitzige dauernde Zurückgeworfenwerden auf den unsichtbaren Gott selbst, das kann doch kein Mensch mehr aushalten«[148]. Ein Dutzend Jahre später hatte der Angefochtene seinen Universitätsschock mit seinem Glauben versöhnt: »Vor und mit Gott leben wir ohne Gott«[149].

2.7.6. Wie gesagt, hängt die Wahrnehmung der ESG offensichtlich unter anderem auch von der Größe des Hochschulortes ab. Nun erlaubt die Zahl unserer Interviews gewiß kein repräsentatives Meinungsbild. Aber bezogen auf die Aussagen, die sich in ihnen auf die ESG finden, begegnet man doch etlichen Überraschungen. Die Wahrnehmung der ESG ist minimal bis spärlich, und das, obwohl sie in fast allen Vorlesungsverzeichnissen vermerkt ist. Ihre Diskrimination gegenüber SMD und CfC fällt derart vage aus, daß sie möglicherweise sogar mit deren Büchertischen vor den Mensen verwechselt wird. Weder ist die Ausrichtung auf die Dritte Welt bekannt, noch

---

147) Wittgenstein, a.a.O.
148) Bonhoeffer (1965), S. 61.
149) Ders. (1974), S. 178.

dringt das Spannungsverhältnis zwischen »Amtskirche« und Hochschulgemeinden in das Bewußtsein der Befragten. Die ESG wird schlankweg unter das Reizphänomen »Kirche« subsumiert. Von da aus kann es nicht wundern, wenn im Krisenfall eine Beratung vom Studentenpastor »für mich überhaupt nicht in Frage« käme. Möglicherweise sind es sogar ihre Bibelstundenteilnehmer, die aggressive Regungen provozieren. Der überwiegende Gesamteindruck scheint zu sein: Wenn es eine ESG gibt, dann tritt sie kaum in Erscheinung, zumindest bietet sie keinen spürbaren Anreiz, »dorthin« zu gehen.

2.8. Folgerungen aus dem Theologischen im empirischen Befund

2.8.1. Auch wenn die soziale, studienmäßige und innerpsychische Situation der heutigen Studierenden analytisch angegangen wurde, so ist das daraus sich ergebende Gesamtbild doch mehr als die Summe von Teilen. Trotz aller Ergänzungsbedürftigkeit erhält die Kirche mit der Studie ein wirklichkeitsnahes Bild ihres studentischen Adressaten. Gewiß ist es ein sozialwissenschaftliches Konstrukt, aber ebenso zweifelsfrei mehr als ein Phantombild. Der Ansprechpartner in der Welt des Szientismus hat sich vorgestellt. Er ist nun einigermaßen bekannt.

2.8.2. Die Einblicke in seine Biographie und derzeitige Bewußtseinslage reichen weit über eine flüchtige Bekanntschaft hinaus. Es gibt sicher innerkirchliche Gruppen, die durch Einzelzüge des »Steckbriefes« provoziert, wenn nicht schockiert werden. Bei manchen Traditionsabbrüchen, beispielsweise in der Christologie, ist dies auch aus konservativer Sicht kaum zu verdenken. Andererseits gibt es nichts, was von einem genauen Hinsehen und vom Zurkenntnisnehmen entpflichten könnte. Dies geht insbesondere schon deshalb nicht, weil ja in dem Psychogramm respektable Anhaltspunkte für einen Dialog deutlich wurden. Die wohl wichtigste Entdeckung ist, daß die Gläubigkeit der Interviewten kein Unglaube, sondern ein anderer

Glaube als der anderer Generationen ist. Man darf ihn in erster Linie nicht von seinen Defiziten aus verstehen, sondern muß sich auf sein Selbstbild einlassen. Erst dann hat man ihn überhaupt wahrgenommen. Wer dazu nicht bereit wäre, würde seinen Gesprächspartner verfehlen. Er mutet ihm ein »Wort« zu, das dieser als solches gar nicht wahrzunehmen in der Lage ist.

2.8.3. Eine weitere Folgerung für einen kirchlichen Dienst an den Studierenden besteht in doppelter Hinsicht:

a) Einmal ist die vielschichtige Bewußtseinslage der Interviewten ein Ergebnis früherer Stadien der Ich-Entwicklung in Verbindung mit Sozialisationsergebnissen. Versäumnisse in dieser Vorgeschichte setzen sich bis ins spätere Lebensalter fort. Indes ist nicht nur das Menschwerden mehr als eine Aufrechnung seiner Vergangenheit. Auch der Glaube reduziert sich nicht auf seine Genese. Nach Paulus wie auch nach Luther gibt es ein Wachsen, Fortschreiten und Reifen im Glauben; Apostasie leider auch.

b) Vor allem hat der Glaube eine Zukunft. Die radikale Phase der Nachpubertät verlagert sich beim jungen Erwachsenen zu einer labilen Balance. In ihr erzeugt die Vielschichtigkeit genug Dynamik für eine Neu- und Weiterkonstitution. Jede Entwicklung zielt auf ein Telos, wie C. G. Jung gegenüber S. Freud betonte. Von da aus läßt sich mit der Gläubigkeit und Religiosität studierender junger Erwachsener gelassen umgehen. Sie ist nicht das letzte Wort. Sie hat ihre Zukunft.

3. Kommunikationsbedingungen

3.1. Universität

3.1.1. Die Universität als Spiegel gesellschaftlicher Entwicklungen

Die Frage nach Möglichkeiten und Grenzen einer von der Kirche getragenen Arbeit an den Hochschulen hat exemplarischen Charakter für eine Einschätzung von Schwierigkeiten und Chancen christlich-religiöser Kommunikation in einer modernen Gesellschaft. Diese Kommunikation wird beeinflußt von Rahmenbedingungen, die sich verdichtet ablesen lassen an den Hochschulen. In den Hochschulen kristallisieren sich nur jene Prozesse, die für die Entwicklung der modernen Gesellschaft insgesamt von hoher Bedeutung sind. Strukturmerkmale der modernen Gesellschaft wie Differenzierung und Spezialisierung bilden sich in ihnen genauso ab wie der Charakter einer säkularisierten Bildungsgesellschaft, die zu ihrem Bestand und zu ihrer Weiterentwicklung eine gegenüber allen kirchlichen und theologischen Sinnstiftungsansprüchen autonome Wissensproduktion institutionalisiert hat.

Eine Skizze historischer Entwicklungen soll nicht nur solche Strukturmerkmale präzisieren, sondern zugleich auch das Gewicht der Wandlungen verdeutlichen, die sich in der Universität im engen Wechselverhältnis mit der gesellschaftlichen Entwicklung vollzogen haben. Nur ein realistisches Urteil über das Gewicht dieser Wandlungsprozesse vermag das Fundament für Urteile darüber sein, was kirchliche Angebote unter diesen veränderten Bedingungen de facto leisten können.

3.1.2. Die Universität als staatliche Institution

Die moderne Universität entsteht in Deutschland im frühen 19. Jahrhundert. Die Reform des alten Hochschulwesens, die Auflösung

zahlreicher kleiner Universitäten sowie die Gründung von neuen Reformuniversitäten (Berlin, Bonn und München) hat einen doppelten soziopolitischen Kontext: die Durchsetzung des modernen Staates sowie die damit eng verbundene Notwendigkeit, neue funktionale Eliten für die diversen neuen Aufgaben des Staates heranzubilden.
Schon mit Blick auf die Anfänge der modernen Universität ist deshalb festzustellen: die deutsche Universität ist in besonderem Maße eine staatsnahe Institution. Die in ihr hauptamtlich Lehrenden werden vom Staat besoldet und haben den Beamtenstatus, die in ihr Studierenden gehen zu einem großen Teil in den Staats- bzw. öffentlichen Dienst. Nicht innerhalb der Universität, sondern in der Kulturbürokratie fallen die relevanten Entscheidungen über Stellenbesetzungen und finanzielle Ausstattung der Universität. Dies bedeutet auch: die Universität ist kein politikfreier Raum. Entscheidungen über die finanzielle Privilegierung bestimmter Disziplinen, den Ausbau bestimmter Studiengänge und die Berufung bzw. Nicht-Berufung einzelner Professoren haben immer auch eine politische Dimension.

3.1.3. Die protestantische Legitimität der Autonomie der Wissenschaft

Zu dieser engen Anbindung an das politische System bildet es einen Kontrast, daß die Gründung der modernen Reformuniversitäten des frühen 19. Jahrhunderts entscheidend durch ein neuhumanistisches Bildungsideal beeinflußt worden ist. Autonomie der Universität und die Freiheit wissenschaftlicher Forschung sind wichtige Leitideale gewesen.
Prominente Theoretiker dieses Neuhumanismus wie die preußischen Reformer Stein und Hardenberg sowie Wilhelm von Humboldt und Friedrich D. E. Schleiermacher haben dieses Bildungsideal ausdrücklich als Konkretisierung spezifisch protestantischer Traditionen verstanden.
Zwar hatte die Idee der Autonomie der Wissenschaft von vornherein ein stark kirchenkritisches Element: Freiheit der Wissenschaft bedeutet

auch die Ablehnung jeder kirchlichen Fremdbestimmung und die Zurückdrängung der Kiche als der traditionell führenden Bildungsinstitution aus dem Bereich der Universität. Aber gerade diese institutionelle Distanz zur Kirche wird als etwas genuin Protestantisches gedeutet, habe die Reformation doch den römischen Absolutismus bzw. die Vorstellung einer kulturellen Hegemonie der Kirche verworfen und eine relative Autonomie der weltlichen Kultursphären anerkannt.

3.1.4. Leitideal des Bürgertums:
   protestantischer Persönlichkeitsglauben

Sieht man von der Gründung der Universität München ab, so sind alle hochschulpolitischen Reformprogramme und Bildungskonzepte im frühen 19. Jahrhundert eng mit einem protestantischen Persönlichkeitsglauben verbunden gewesen. Der akademische Lehrer wie auch der studentische Absolvent der Universität dürften nicht nur Spezialisten ihres Faches, sondern müßten umfassend gebildete Persönlichkeiten sein, die die verschiedenen Anlagen des Menschen in einem harmonischen Gleichklang entwickelten und nicht nach irgendwelchen äußeren Zwängen, sondern allein nach freier Gewissensentscheidung, rein aus Pflicht, handelten.

Den engen ideenpolitischen Zusammenhängen zwischen Protestantismus und neuhumanistischer Reformuniversität entspricht auch das bemerkenswerte sozialgeschichtliche Phänomen, daß die in der Universität gebildeten bzw. dann auch die hier lehrenden akademischen Eliten in Deutschland dominant protestantisch gewesen sind und weithin noch sind. Im Deutschland des 19. Jahrhunderts sind die Katholiken ungleich weniger in der Welt der Universität vertreten gewesen, als es ihrem prozentualen Anteil an der Bevölkerung an sich entsprochen hätte.

Das Bildungsbürgertum ist in Deutschland vor allem protestantisch gewesen, und dieses besondere konfessionelle Profil der akademischen

Eliten prägt insbesondere die deutsche Hochschullehrerschaft. Noch 1910 lehnt es ein prominenter Repräsentant der deutschen Volkswirtschaft gegenüber einem jüngeren Katholiken ab, seine Habilitation an der Berliner Universität zu unterstützen. Sein Argument: Die Universität sei nun einmal eine preußisch-protestantische Institution. Die Prägung durch protestantischen Geist beinhaltet im deutschen Bildungsmilieu aber gerade eine starke Distanz zur Institution Kirche.

3.1.5. Der Verlust der Prägekraft prostestantischer Theologie

Die enge Verbindung von protestantischer Tradition und neuhumanistischer Universität ist insbesondere durch die protestantische Hochschultheologie gefördert worden. Die Evangelisch-theologischen Fakultäten haben in der Universität des frühen 19. Jahrhunderts eine starke Stellung. In den zwanziger Jahren des letzten Jahrhunderts sind ein Drittel aller an deutschen Universitäten Studierenden evangelische Theologen gewesen. In den Jahren vor der Revolution sind es immerhin noch ein Viertel aller Studierenden. Dies läßt erkennen: Schon quantitativ, sowohl von der Zahl der Lehrenden als auch der Studierenden her, haben die Evangelisch-theologischen Fakultäten eine große Prägekraft für die Universität des frühen 19. Jahrhunderts insgesamt entfaltet.

Die protestantisch geprägte Universität unterliegt seit der Mitte des 19. Jahrhunderts sowohl ihrer sozialen Realität als auch ihrer wissenschaftlichen Verfassung nach einem tiefgreifenden und schnellen Wandel. Einerseits nimmt die Zahl der Studierenden kontinuierlich zu, so daß schon in den Jahren vor dem ersten Weltkrieg aus der alten Eliteinstitution eine Ausbildungsstätte für die sog. »Masse« geworden ist. Andererseits werden Forschung und Lehre zunehmend durch Differenzierung des Wissenschaftskosmos und die damit verbundenen Tendenzen zur Spezialisierung und Segmentierung des Wissens bestimmt. Soziale wie institutionelle Wirklichkeit der Universität und die alte Leitidee freier Persönlichkeitsbildung fallen zunehmend auseinander.

Der Charakter der Universität ändert sich dadurch, daß der prozentuale Anteil von protestantischen Theologiestudenten an der Gesamtzahl der Studierenden kontinuierlich zurückgeht. 1830/31 sind von den 15.870 Studierenden in Deutschland 4267 evangelische Theologen, d.h. 24%. 1860 sind es 2520 von 11.933, also immerhin noch 21%. 1892 sind nur noch 13% evangelische Theologen. Seit 1890 bis 1914 geht der Anteil protestantischer Theologen an der Gesamtzahl der an deutschen Universitäten Studierenden nochmals stark zurück: im WS 1902/03 studieren nur noch 2085 bei nun insgesamt 35.857 und im WS 1907/08 nur 2228 Studenten von 44.614 Studierenden evangelische Theologie. Dieser Wandel trägt erheblich zum Rückgang der sozialen Bedeutung des Theologiestudiums nicht nur in der Universität, sondern in der Öffentlichkeit insgesamt bei.

Der Marginalisierung des Faches in der Universität entspricht eine Verschiebung in der sozialen Herkunft von Theologiestudenten: diese kommen zunehmend weniger aus akademischen Elternhäusern oder dem höheren Bürgertum. Sie stammen vermehrt aus kleinbürgerlichen und bäuerlichen Verhältnissen.

Mit Blick auf das Kommunikationssystem insgesamt bedeutet dies: die institutionelle Entflechtung zwischen Kirche, religiöser Tradition und Universität nimmt zu.

Auf der Ebene der studentischen Geselligkeit läßt sich zugleich beobachen, daß seit den späten 70er Jahren die Theologiestudenten ihre einstmals führenden Positionen im allgemeinen studentischen Vereins- und Verbindungswesen aufgeben. Sie schließen sich nun in eigenen theologenspezifischen Korporationen und Vereinen (Wingolf etc.) zusammen. Auch dadurch wird die Kommunikationsbarriere zwischen der Theologie und der sonstigen universitären Öffentlichkeit zunehmend höher.

3.1.6. Geist und Geld

Zum Strukturwandel der modernen Universität gehört es, daß sie nicht mehr der ausschließliche Ort von Forschung ist. Einst die staatlich geförderte Forschungsinstitution, erlebt die Universität schon seit dem frühen 20. Jahrhundert eine zunehmende Emigration der Forschung. Je mehr aus inneren Gründen der Wissensproduktion »Wissenschaft als Großbetrieb«[150] organisiert sein muß, desto mehr muß Forschung in eigenen Einrichtungen betrieben werden. Sowohl die Geschichte der Max-Planck-Gesellschaft als auch die rapide Entwicklung der in der Industrie betriebenen Forschung lassen erkennen, daß gerade in den Disziplinen, die innovativ sind, in der Mikroelektronik oder der Gentechnologie, hohe Finanzmittel eingesetzt werden müssen, die freilich auch hohe Erträge versprechen.

Gegenüber dem alten Bildungsbegriff, in dem Geld und Geist, Interessen und wahres Wissen einen Gegensatz darstellen, ist Wissen heute selbst zu einer ökonomischen Produktivkraft ersten Ranges geworden. Der Entflechtung von religiöser Tradition und Wissen korrespondiert die zunehmende Verflechtung von ökonomischen Interessen und Wissensproduktion. Für die Universität bedeutet dies: Forschung kann sie sich nur dann noch leisten, wenn sie sich über staatliche Finanzzuweisungen hinaus Drittmittel verschafft. Mit Blick auf diese Drittmittel ist die Kommunikationssituation in der Universität heute auch durch permanenten Konkurrenz- und Interessenkampf geprägt.

3.1.7. Kommunikation unter hierarchischem Vorzeichen

Es gehört zu den Selbstverständlichkeiten der innerkirchlichen Kommunikation, daß die Ökonomisierung des Wissens als ethisch fragwürdig zu beurteilen sei. In einer bestimmten Perspektive bedeu-

---

150) Harnack (1911).

tet die wachsende Abhängigkeit universitärer Forschung von Drittmitteln aber auch einen Gewinn. Zumindest in einigen Teilbereichen der Universität fördert sie die Enthierarchisierung. Selbst im Verhältnis zu so stark traditionalistisch organisierten Institutionen wie den Kirchen sind die deutschen Universitäten extrem hierarchisch, also vormodern verfaßte Institutionen. Alte Privilegien und standesspezifische Vorrechte, die ohne relevante öffentliche Kontrolle in Anspruch genommen werden können, spielen in ihnen eine entscheidende Rolle. Spezifisch moderne Charakteristika einer Institution sind gleiche Privilegierung bzw. Aufstiegschancen nach dem Kriterium der Leistung. In der Universität bildet die Erbschaft der alten Ordinarienuniversität, die hierarchische Verfassung, eine hohe Barriere, um diesen modernen Funktionsmechanismen praktische Geltung zu verschaffen.

Für die Mehrheit der innerhalb der Universität Tätigen hat diese hierarchische Struktur nicht nur einen hohen Anpassungsdruck zur Folge, sondern auch Karriereunsicherheit. Diese Tendenz hat sich dadurch noch verschärft, daß seit dem Ende des 19. Jahrhunderts der mühevolle Anmarschweg zur Spitze des akademischen Karrieregipfels, dem Ordinariat, zunehmend länger geworden ist. Ein akademischer Mittelbau bildet sich erst im späten 19. Jahrhundert; er hat hier die Funktion, dem akademischen Nachwuchs unmittelbar nach der Promotion eine Anstellung zu weiterer Forschung zu ermöglichen. In diesem Jahrhundert ist der Mittelbau zunehmend expandiert und hat innerhalb der Universität vielfältige neue Funktionen zugewiesen bekommen. Der angesichts befristeter Verträge sowieso schon schwierige soziale Status des Mittelbaus ist dadurch noch schwieriger geworden, daß heute nicht mehr nur Leute Ende Zwanzig, Anfang Dreißig, sondern Wissenschaftler Ende Dreißig, Anfang Vierzig, auf Zeitstellen mit hohem Arbeitsdruck, aber äußerst schlechter sozialer Absicherung tätig sind.

Die hierarchische Struktur und die Verschlechterung der Lage des Mittelbaus tragen erheblich zur Verschärfung der Kommunikationsprobleme in der Universität bei. Im Mittelbau Tätige müssen der

Logik der Institution zufolge primär an akademischer Qualifikation, Forschung und Karriereabsicherung orientiert sein. Insofern dürfen sie sich nur begrenzt Zeit dafür nehmen, sich mit Studenten und deren Belangen auseinanderzusetzen.

3.1.8. Der Wandel der Professorenrolle

Aber auch jene, die ihr Karriereziel bereits erreicht haben, sind nicht mehr jene »Väter der Studenten«, als die sie in der Universitätsliteratur des 19. Jahrhunderts häufig stilisiert werden. Dies ist nicht nur eine Folge der dramatisch gestiegenen Studentenzahlen. Dies ist auch bedingt durch einen Wandel in der gesellschaftlichen Rolle des Professors. Professoren werden zunehmend durch außeruniversitäre Institutionen in Anspruch genommen. Dabei hat sich in vielen Disziplinen die Situation ergeben, daß außerhalb der Universität Wissen ökonomisch ungleich höher prämiert wird als innerhalb der Universität selbst. Sowohl das Sozialprestige eines Professors als auch sein Einkommen sind stark bedingt durch seine Präsenz in außeruniversitären Institutionen.

Auf diesem Hintergrund ist das Ideal des akademischen Lehrers, der sich wie ein Vater seiner Schüler annimmt, in einem gesellig-offenen Haus sich auch deren biographischen Krisen in Verbindung mit dem Studium widmet, weithin nur noch ein illusionäres Leitbild, das der harten sozialen Realität sowohl der Studierenden als auch der Lehrenden nicht mehr entspricht.

3.1.9. Der Wandel im Kosmos des Wissens

Die Kommunikation in der Universität ist weiter bestimmt durch eine wachsende Differenzierung des Fächerkanons und zunehmende Spezialisierung in den Einzelwissenschaften. »Die Universität« gibt es nur aus einer Außenperspektive. Von innen betrachtet stellt sie eine

Institution dar, die vielfältig fragmentiert und segmentiert ist. Kommunikationsprobleme gibt es heute nicht nur zwischen den einzelnen Fächern, sondern zunehmend schon innerhalb der einzelnen Fächer selbst. In der Perspektive anderer Disziplinen gibt es etwa »die evangelische Theologie«. De facto aber zerfällt dieses Fach wieder selbst in heterogene Teildisziplinen, die untereinander schon deshalb wenig Kommunikation miteinander pflegen, weil sie mit ihren eigenen internen Kommunikationsproblemen hinreichend beschäftigt sind.

Studierende jener Fächer, die als die spezifisch modernen Disziplinen gelten, also insbesondere der Natur- und der Sozialwissenschaften, verstärken das Selbstverständnis führender Fachvertreter, daß die moderne Wissenschaft als solche immer eine Kritik des überkommenen Kirchenglaubens impliziere.

Die Kommunikationsprobleme verstärken sich durch innertheologische Entwicklungen. Je stärker Theologen auf die Beschränkung von Geltungsansprüchen christlicher Aussagen mittels einer Redogmatisierung ihrer Sprache reagieren, desto größer wird die Gefahr, daß eine interdisziplinäre Verständigung über das eigene Sprachsystem hinaus nicht mehr möglich ist. De facto führt dies zu einem enormen Relevanzverlust christlich-religiösen Redens. Für das Verhältnis von Kirche und Theologie zu den außertheologischen Wissenschaften ist eine wachsende kognitive Dissonanz kennzeichnend. Institutionelle Entflechtung und kognitive Dissonanz verstärken sich wechselseitig. Zu Kommunikationsritualen in der Universität gehört deshalb seit dem 19. Jahrhundert der Ruf nach interdisziplinärer Forschung. Faktisch ist Interdisziplinarität weithin nur eine Forderung auf dem Papier bzw. eine Anstrengung, die inzwischen selbst schon ein Geschäft für Spezialisten geworden ist.

Auch auf dem Wege relativ erfolgreicher interdisziplinärer Bemühungen läßt sich kein ganzheitliches bzw. holistisches Wissen mehr aggregieren. Diese Defiziterfahrung gegenüber dem alten integrativen Bildungsideal wird heute vor allem artikuliert in Gestalt des Rufes nach »Ethik«. Aber Ethik ist selbst wieder zu einer Aufgabe von

Fachleuten geworden, die nur noch Bereichsethiken formulieren. Darüber hinaus stellt der »Ruf nach Ethik« auch eine Gefahr dar. Antworten Kirche und Theologie hier allzu bereitwillig normativ und präskriptiv, dann präsentieren sie sich als moralische Leitinstanzen und provozieren Ablehnung, etwa aus Angst vor Moralisierung und Bevormundung.

Für die Kommunikationsfähigkeit religiöser Gehalte in der universitären Öffentlichkeit hat diese Veränderung der innerwissenschaftlichen Kommunikation durch zunehmende Differenzierung eine prekäre Konsequenz. Denn religiöses Wissen ist kein spezifisches Wissen auf derselben Ebene wie anderes Fachwissen. Es intendiert eine Gesamtanschauung der Welt in identitätsstiftender und lebenspraktischer Abzweckung. Dieser Anspruch aufs Ganze kann in der Pespektive wissenschaftlicher Wissensproduktion immer nur als außerwissenschaftlich, dem Wissenstypus der Wissenschaften nicht vermittelbar erscheinen.

Insoweit stellt sich innerhalb der Universität nur besonders klar konturiert das Grundproblem religiöser Kommunikation in einer pluralistischen Gesellschaft, die gerade durch das, was in Kirchenkreisen häufig als defizitär bewertet wird, enorm effektiv ist: durch hochgradig ausdifferenziertes Wissen.

Mit Blick auf diese komplexen Wandlungsprozesse im Verhältnis von Religion, Kirche, Universität und Gesellschaft gilt: Die Vorstellung, es gebe die Möglichkeit eines neuen direkten Zugriffs der Kirche auf »die Universität«, bleibt der tatsächlichen sozialen Komplexität des Verlustes an Relevanz und gesamtgesellschaftlicher Prägkraft äußerlich. Strukturreformen in der Arbeit der ESG oder die Ausweitung bisheriger Arbeitsfelder können diesen Wandel der Universität nicht auffangen. Wenn es »die Universität« als ein relativ homogenes Kommunikationsfeld nicht mehr gibt, dann gibt es auch nicht mehr »die« Arbeit der Kirche an der Universität.

3.2. Identität

3.2.1. Studienzeit als spezifische Phase der Biographie

Die Studienzeit wird von den Studierenden einerseits als Moratorium verstanden, als »Phase der Ideale und Zukunftsträume«, die traditionellerweise im Dienst des Aufbaus einer endgültigen Erwachsenenidentität steht – ein Moratorium, das angesichts der Ausbildungszeiten und der nachfolgenden eingeschränkten Berufschancen nach vorn hin offen ist. Andererseits praktiziert ein Großteil von Studierenden partiell bereits eine bzw. mehrere Erwachsenenrollen: 48% befinden sich in einer festen Partnerschaft, 17% leben mit dem Partner in einer eigenen Wohnung; 31% gehen einer festen Erwerbstätigkeit neben dem Studium nach, 70% jobben.
Schon von diesem Zwiespalt her wird verständlich, daß »das Studium von vielen nicht als identitätsstiftende Lebensphase gesehen wird«. (Vgl. Teil A, Kapitel 3.2.1.2.).

3.2.2. Gewinnung von Identität als Lebensaufgabe

Der Identitätsbegriff ist in den Sozialwissenschaften wie in Philosophie und Theologie gleichermaßen heimisch; er hat in gewissem Sinn den idealistisch geprägten Begriff der in sich ruhenden Persönlichkeit abgelöst und zielt stärker darauf, daß im Fadenkreuz der aufeinander folgenden Lebensphasen (vertikale Identität) und der nebeneinander bestehenden sozialen Beziehungen (horizontale Identität) die Kontinuität der Person sich entfalten und bewähren muß. Dies wird heute weitgehend als ein offener Prozeß unter der Aufgabe ständigen Ausbalancierens[151] verstanden. Wiewohl die Rezeption des Identitätsbegriffs durch die Theologie nicht unkritisiert geblieben ist[152], vermag

---

151) Krappmann (1971).
152) Pannenberg (1977), S. 259ff.

der Glaube zur Identitätsbildung einen spezifischen Beitrag zu leisten, bzw. erweist sich die abendländische Identitätsproblematik selbst als ein im Kern religiöses Thema. Die traditionellen abendländischen Identitätsgewinnungsstrategien gründen in einer Wechselbeziehung zwischen Individuum (Bildung), Gesellschaft (Sozialisation) und Religiosität (Wirkungsgeschichte des christlichen Glaubens). Vom Glauben her wird Identität als Realisierung des Personseins im Sinn der Bestimmung des Menschen zur Ebenbildlichkeit Gottes verstanden[153]. Auch im sozialwissenschaftlichen Sinn erfaßt sich der Mensch im anderen seiner selbst (extra se), er realisiert seine Bestimmung in der Auseinandersetzung mit der sozialen und gegenständlichen Umwelt. Zugleich sieht der Gläubige in, mit und unter der Begegnung mit der Umwelt die Begegnung mit dem Schöpfer; der Mensch als Geschöpf innerhalb der geschaffenen Welt und Gott als Schöpfer sind im soteriologischen Denkansatz so aufeinander bezogen, daß die Identität des Menschen in der Identität Gottes gründet (Ex 3,14; 1. Kor 15,10; 2. Kor 5,17; Gal 2,20). Von daher kann Paulus seine »Rollen« wechseln, ohne seine Identität zu verlieren (1. Kor 9,20). Als in Gott gründende, im Glauben im Vorgriff auf das Eschaton zu Realisierende bleibt die gläubige Identität unter dem Zeichen des »simul« eine vorläufige, geglaubte (1. Jo 3,2; 1. Kor 13,10; Phil 3,12), als Geschenk zu empfangende, während die innerweltliche, sozialwissenschaftlich aufweisbare Identität als Aufgabe des Menschen in der Sicht des Glaubens »unter dem Gesetz« steht[154].

3.2.3. Der Übergang von der kollektiven zur monistischen Identität

In Stammes- bzw. Ständegesellschaften ist die Ich-Identität in die Gruppen- oder Kollektividentität eingebettet. Sie bildet sich im Sozialisationsprozeß innerhalb bekenntnishomogener Strukturen: So-

---

153) Ebd.
154) Zur theologischen Fundierung der Person bzw. der Subjektivität vgl. Dalfert/Jüngel (1981); Pannenberg (1984), S. 305ff.; zur Frage der Identität in theologischer Sicht vgl. u.a. Luther (1985), S. 317ff.; Gestrich (1989).

zialisation besteht hier im wesentlichen in der Partizipation und Internalisation vorgegebener Lebensordnungen, Gruppennormen und in Symbolwelten manifestierter Sinnsysteme. In der mittelalterlichen Koinzidenz von Christentum und abendländischer Kultur waren die einzelnen identitätsbildenden Sozialisationsinstanzen prinzipiell bekenntnishomogen ausgerichtet. Das zeigt sich z.B. noch darin, daß Luthers Katechismen gleichermaßen als Haus-, Kirchen- und Schulbuch verstanden und gebraucht werden konnten. Hierbei übte die Religion eine identitätsstiftende Funktion aus, und zwar auf dem selbstverständlichen Weg ihrer alle Lebensbereiche umfassenden Heilsbezogenheit (eine funktionale Betrachtungsweise unter Absehung der Wahrheitsproblematik ist historisch unangemessen).

Mit der Konfessionalisierung (und der damit verbundenen Privatisierung) des christlichen Glaubens, mit der Ausdifferenzierung der Gesellschaft in Subsysteme, mit der Selbstexplikation unterschiedlicher Wert- und Sinnordnungen und der darin gründenden Erfahrung von Widersprüchen und Alternativen entsteht auf der einen Seite der Pluralismus gesellschaftlicher Gruppierungen, auf der anderen Seite die Individualisierung des Subjekts (Descartes) als Notwendigkeit einer je eigenen Orientierung im pluralistischen System. Die Individualisierung der Identität bringt das neuhumanistische Ideal der harmonischen (monistischen) Persönlichkeit hervor.

Wenn auf diesem Hintergrund die universitas literarum als Einheit der Wissenschaften das übergreifende Bildungswissen verkörpert bzw. vermittelt, so ist damit auf exemplarische Weise gekennzeichnet, daß die Einheit der Identität auf dem Weg der Bildung herzustellen ist. Während diese universitas im Mittelalter noch durch eine inhaltliche Verklammerung gegeben war (studium generale/Ringvorlesungen als Reminiszenzen), stellt sich die zunehmende Dezentralisierung in der Emanzipation der Naturwissenschaften bzw. der einzelnen Humanwissenschaften von der Theologie/Philosophie dar. Nunmehr bildet die Wissenschaftlichkeit als methodisches Element die Einheitsstruktur. Bildung wird zur formalen, individualistischen Bildung. Die monistische Identität besteht in der formalen Einheit des Subjekts in der Vielfalt seiner Wahrnehmungswelt (in der Nachwirkung dieses Elements werden wissenschaftliche Weltentwürfe zur »Ersatzreligion«, d.h. zum subsidiären Integrationsprinzip).

3.2.4. Das Zerbrechen der harmonistischen Persönlichkeitsstruktur

Das Zerbrechen der Idee der formalen Bildung geht einher mit der Krise des idealistischen Persönlichkeitsbegriffs. Der Wegfall vorgegebener Integrationsfaktoren bringt es mit sich, daß die Anforderungen, Identität auszubilden, steigen.
Identität wird zu einer schöpferischen Aufgabe des Ich. Es ist eine »hochkomplexe kognitive Leistung erforderlich, um die Kontingenz der Welt bewußt zu ergreifen und um den Gesamtzusammenhang des eigenen Lebens als sinnvoll zu erfahren«[155]. Diese Leistung setzt Kompetenz für »Distanz, Negation, Reflexion, Offenhalten von Möglichkeitshorizonten« voraus[156]. Die reflexive Aufgabe der Identitätsfindung wiederum führt, dem alten Bildungsideal gemäß, zu hohen Erwartungen an das Universitätsstudium. »Das Studium wird zum Teil als Chance gesehen, sich mit Lebensfragen zu beschäftigen«, bzw. »für andere bildet die intellektuelle und umfassende Herausforderung das Studienmotiv« (vgl. Teil A, Kapitel 3.2.1.2.). Hier gründet die Motivation einer bestimmten Gruppe von Studierenden für ein Theologie- bzw. Psychologiestudium. Diese Erwartungen müssen zwangsläufig ins Leere laufen: die Einheit der Wissenschaften – Spiegelbild der Gesellschaft – verfällt nicht nur inhaltlich, sondern auch methodisch in Spezialunternehmen. Die Methodenvielfalt, die Ausdifferenzierung der Studiengänge, die unterschiedliche Studienorganisation, die weitgehende Lebensferne des Studienstoffes führen häufig zur Frustration der nach Identität Suchenden. Für viele Akademiker kommen rationale Formen ausdifferenzierten Fachwissens unver-

---

155) Döbert (1978), S. 53; vgl. den Prozeßcharakter der auszubalancierenden Identität bei Krappmann (1971).
156) Ebd.

mittelt neben eine Existenzhaltung zu stehen, die sich durchaus mit esoterischen bzw. holistischen Ideen zu verbinden vermag. So ist zu unterscheiden zwischen dem, was das Studium zu leisten vermag (Vermittlung von Fachkompetenz), und worin es zwangsläufig versagen muß (Integration). Der Glaube bietet hier keine Hilfe, sofern er (im Maß seiner Individualisierung) sich selbst als Subsystem neben anderen darstellt und in (voneinander mehr oder weniger unabhängiger) kirchlicher, gesellschaftlicher und/oder privater Gestalt begegnet (vgl. Kapitel 5.).

3.2.5. Die unangemessene Erneuerung der monistischen Identität

In dem Maß, in dem die früheren Strukturierungsmechanismen ihre fortwirkende Bedeutung einbüßen, die konsequente Individualisierung (reflexive Konstitution der Identitätsbalance) aber scheitern muß (als Überforderung erfahren wird und zu Reflexionsverweigerung führt), legt sich ein Rückgriff auf frühere Formen der Kollektividentität nahe. Ein solcher Rückgriff geschieht dort, wo an die Stelle der reflexiv vermittelten Integration eine Integration durch zwanghafte Absicherung des Selbst tritt, sei es im Mitläufertum einer Pseudokollektivität (vorbehaltlose Gruppenzugehörigkeit) oder in Gestalt von Ideologisierungen (Formen von Fundamentalismus) bzw. durch Augenblicksaktionen oder positivistische Zukunftsplanung (stabilisierende Ersatzfunktion einer bürgerlichen Schein-Identität).
Die diskursive Vernunft, einerseits in technisch-wissenschaftlichen Spezialgebieten hochgradig rational, ist als Integrationsprinzip durch den weitgehenden Zusammenbruch der Wissenschaftsgläubigkeit in Mißkredit geraten, durch die Abkehr nicht nur vom aufklärerischen Rationalismus, sondern zum Teil auch von der Rationalität als solcher, wie das im New-Age-Denken teilweise zum Ausdruck kommt; die Absage an die argumentative Vernunft bedeutet zugleich eine Absage an die reflexive Integration. Eine verbreitete wissenschaftsfeindliche (ratio-feindliche) Lebenshaltung steht gleichermaßen in

Spannung zum Angebot der rational strukturierten Universitäten wie der argumentativ sich vermittelnden Theologie.

Das holistische Paradigma des New Age scheint dieser Selbsterfahrung des überforderten Subjekts auf eine zukunftweisende Art gerecht zu werden, wenn es das Ideal der Personalität (zusammen mit der Personalität Gottes) aufgibt (vgl. die »Transpersonale Psychologie«), den Unterschied zwischen den Wissenschaften bzw. zwischen Wissenschaft und Mystik aufhebt und die Individualität im kosmischen Bewußtsein aufgehen läßt[157]. Theologische Leitbegriffe wären dann nicht mehr Rechtfertigung, Soteriologie, Eschatologie (im Sinn der Frage nach der Konstitution und der Vollendung der Persönlichkeit), sondern unio mystica, Pneumatologie und Ekklesiologie (im Sinn des »Feld«-Gedankens bzw. der Vernetzung). Gegen eine solche Ausdifferenzierung des christlichen Glaubens bestehen aber grundsätzliche Bedenken, sofern und soweit im holistischen Paradigma für die personale Struktur des christlichen Glaubens kein Platz ist und das Denkmodell der sich selbstregulierenden Systeme dem Gedanken der Erlösungsbedürftigkeit des Menschen widerspricht. Prinzipiell ist bedenklich, daß das New-Age-Denken in seiner Extremform sich gegen jegliche rationale Argumentation immunisiert und sich dem in den Themen »Schöpfer und Schöpfung«, »Sünde«, »eschatologischer Vorbehalt« enthaltenen, kritisch-distanzierenden, das Gegebene infragestellenden und die Strukturen offenhaltenden Gedankenpotential entzieht.

Der Paradigmenwechsel des New-Age-Denkens verweist auf zwei im Austausch befindliche Grundmodelle der Wirklichkeitsauffassung, einmal die genetisch frühere Wirklichkeitsauffassung nach dem Prinzip der Identifikation (symbiotische Lebensform/magisches Denken), zum anderen die Wirklichkeitsauffassung nach dem Prinzip der Identität (Subjekt-Objekt-Polarität)[158]. Das erstere entspricht dem transpersonalen bzw. holistischen Denken, das letztere dem personalen

---

157) Capra (1984), S. 330f.; S. 414.
158) Spranger (1934; 1947).

bzw. polarisierenden Denken. Die mystische Auflösung vorhandener Identität dürfte im Sinn der genetischen Abfolge beider Denkformen als regressiver Verzicht auf Identität bzw. Unfähigkeit zur Ich-Identität zu sehen und durch eine starke frühkindlich-symbiotische Bindung an die Mutter bedingt sein[159]. Demgegenüber ist zu fragen, wie die Defiziterfahrung an Integration in ein sinnvolles Aushalten der positiven Funktion der angedeuteten Offenheit bzw. Dialektik umgestaltet werden kann. Das hieße, die frühere Kollektividentität nicht als Schutzmechanismus zu mißbrauchen, sondern zu einem Beziehungsgeflecht von Individuen auszugestalten.

3.2.6. »Patchwork-Identität« als gestaltete Beziehungsstruktur

Um die reflexive Identitätsbildung leisten zu können, ist eine stabile Ich-Struktur schon vorauszusetzen. In der Familie als primärer Bezugsgruppe ist auch in der pluralistischen Gesellschaft im Regelfall eine Bekenntnishomogenität gegeben (ein wie auch immer geartetes Sinn- und Normensystem, das sich im täglichen Lebensvollzug einpendelt und vom Kind zunächst als selbstverständlich gegeben erfahren wird). In dieser Gruppenerfahrung gründet der durch Partizipation aufgebaute Identitätskern, der die Auseinandersetzung mit weitergehenden Spannungen (in der Gestalt von Reflexion) prinzipiell ermöglicht. Dieser Identitätskern bildet den Hintergrund für die Rollentheorie, d.h. die Annahme, daß das Individuum einen Schnittpunkt unterschiedlicher Gruppenzugehörigkeiten und damit unterschiedlicher Rollenorientierungen darstellt und zu realisieren vermag. Nun besteht der abendländische Personbegriff nicht erst seit Descartes oder seit dem Neuhumanismus, sondern wurzelt im Dialog-Charakter des jüdisch-christlichen Glaubens. Insofern ist zu fragen, ob zwischen der Kollektividentität bzw. dem daraus entstandenen monistisch-harmonischen Identitätsverständnis und seiner transpersonal-kosmischen Auflösung bzw. Verweigerung nicht das Leitbild

---

159) Vgl. dazu u.a. Chodorow (1985).

der kommunikativen Identität sich als tragfähig erweisen könnte. Das entspräche einem neuen Zusammenwachsen der universitären Elemente unter dem Motiv der Anthropologie bzw. wissenschaftsethischer Fragestellung in dialogischer Struktur.

Der Verzicht auf harmonische Identität, der Versuch der »Patchwork-Identität«[160] könnte im Angebot des christlichen Glaubensverständnisses eine Stütze finden, sofern dieses in seiner Gebrochenheit, Vorläufigkeit und Fundierung »extra se« in Kontrast zum idealistischen Persönlichkeitsideal zu verstehen ist und sich von der monistisch-idealistischen Fixierung freizumachen vermag.

Bei einem Festhalten an der kognitiv-diskursiven Struktur der Welt (einschließlich des christlichen Glaubens) angesichts der Überforderung oder Unfähigkeit zur reflexiven Integration sind Hilfen dafür gefragt, die identitätsstiftende reflexive Integrationsleistung zu erbringen. Es müßte nach Ermutigungsmöglichkeiten gesucht werden, zunächst den Identitätskern (eine stabile Ich-Struktur) zu entwickeln in bekenntnishomogenen Basisgruppen, die das die diskursive Auseinandersetzung erst ermöglichende Mindestmaß an psychischer Stabilität zu vermitteln vermögen.

Hier wäre die Gemeinde nicht bereits als Forum der geistigen Auseinandersetzung gefragt, sondern zunächst als Kommunikationsraum, der im Angebot von Identifizierungsmöglichkeiten und Reibungsflächen eine Primärstabilisierung erst ermöglicht. Die Chance, die die Universität zur Reflexion bietet, müßte zuerst als über die Studentengemeinde hinausgehende Gemeinschaft der Lehrenden und Lernenden bzw. im Raum der Universität Arbeitenden wahrgenommen werden, als generationenübergreifende (Glaubens- und) Lebensgemeinschaft (auch im Sinn von Modell-Lernen), in der die nicht mehr unmittelbar erlebte Universalität der Universität durch Kommunikation eigens

---

160) Keupp (1988), S. 425ff. Ein gefestigtes Ich fordert auch Keupp: »Wir haben es nicht mit ›Zerfall‹ oder ›Verlust der Mitte‹ zu tun, sondern eher mit einem Zugewinn kreativer Lebensmöglichkeiten, denn eine innere Kohärenz ist der Patchworkidentität keineswegs abhanden gekommen«, S. 433; vgl. auch S. 435.

hergestellt wird (vgl. die Mangelerfahrung an interdisziplinärer Kommunikation in Verbindung mit dem Mangel an Kontakt zu den Hochschullehrern).

Die Notwendigkeit des Ineinander von Partizipation in Erlebnisgemeinschaften als Basisgruppen und Reflexion in darauf aufbauenden Reflexionsgemeinschaften wird durch die »Verlagerung des Lebensschwerpunktes auf Bereiche außerhalb der Uni« bestätigt (vgl. Teil A, Kapitel 3.2.1.2.); diese kann als Verweis darauf gedeutet werden, daß von Studierenden in erster Linie solche ganzheitlichen Erlebniseinheiten gesucht werden, ohne daß es allerdings zu gelingen scheint, die außeruniversitären Basiserfahrungen oder Basiselemente in die übergreifende Reflexionsgemeinschaft des studentischen Lebens einbringen zu können.

Die Frage ist, was Studentengemeinden in dieser Situation zu leisten vermögen. Zumindest kann daraus geschlossen werden, daß die einzige Orientierung im Aufgabenfeld von politisch bzw. sozial engagierten Aktions- und theologischen bzw. am Wissenschaftsbetrieb orientierten Reflexionsgemeinschaften nicht ausreicht oder von vielen nicht als hilfreich empfunden wird, wenn die als Ausgangspunkt der weiteren Entwicklung notwendige generationenübergreifende Gruppenidentität stiftende Erlebnisgemeinschaft nicht in ausreichendem Maß vorhanden ist bzw. nicht gleichzeitig oder vorausgehend angeboten wird. Es könnte sein, daß in erster Linie soziale Räume geschaffen werden müssen, in denen diese Kommunikationsstruktur möglich wird[161]. Das hieße, daß angesichts der differenzierten biographischen Situation der an der Universität Lebenden die Kirche eine entsprechend differenzierte Vielfalt von Angeboten (freies Angebot personaler Gemeinschaft/Freizeitgestaltung/Geselligkeit; politisches/soziales Engagement; politische/wissenschaftliche/kulturbezogene/religiös orientierte Diskussionsforen; Gottesdienst/Liturgische Formen/Meditation; konkrete Hilfe in praktischen Schwierigkeiten usw.) offenhalten, Begegnungsräume schaffen, Begegnungsgelegenheiten arrangieren müßte.

161) Vgl. Peukert (1977), S. 66ff.

4. Theologischer Bildungsbegriff

4.1. Das christliche Interesse an humaner Bildung

Überlegungen zum Dienst der Kirche an den Studierenden der Hochschulen erfordern in der gegenwärtigen Situation neue und bestimmte Vorstellungen über Ziel, Mittel und Voraussetzungen nicht nur einer verbesserten Ausbildung, sondern überhaupt der Bildung der Studierenden zu entwickeln. Dieses theologische Interesse an Bildung resultiert daraus, daß die religiöse Praxis im Sinne des Christentums nicht nur, aber unverzichtbar auch als Bildung des Menschen zum Christen aufgefaßt werden muß. Christlich religiöse Praxis kann und muß daher aus sich selbst heraus am Gelingen der »Bildung zum Menschen« (J. G. Herder) Anteil nehmen. Wofern christliche Spiritualität sich nicht in substantialistischer Selbstbewahrung erschöpfen kann, sondern sich in gelebter, mit der umgebenden Lebenswelt in kritisch-solidarischer Wechselbeziehung stehender Frömmigkeit realisieren will, schließt sie die Möglichkeit und die Verpflichtung ein, die kulturelle Bildungsaufgabe ihrer Zeit mitzutragen.

4.1.1. Die »Bildung zum Menschen«

Theologisch gesehen kann es nicht für beliebig genommen werden, daß das Bildungsideal der »Persönlichkeit« auch christliche Wurzeln hat. Nicht nur, daß das Wort »Bildung« der Reflexion auf das Werden des Christen in der Nachbildung Jesu Christi, des die gelungene Gottebenbildlichkeit des Menschen verkörpernden Zweiten Adam, entstammt. Auch das seit J. G. Herder entwickelte Bildungskonzept setzt eine theologische Anthropologie voraus, derzufolge die Gottebenbildlichkeit des Menschen, ihm von Gott ursprünglich zugedacht, eine »Bestimmung des Menschen« darstellt, die als »Bildung zum Menschen« zu verwirklichen ist.

Dieser theologische Bildungsbegriff, der nicht zuletzt den alten

Grundsatz »Christani non nascuntur sed fiunt« artikuliert, liegt diesseits der Trennung von innerlicher »Bildung« und äußerlich vermitteltem »Wissen« oder von autonomer Selbstverwirklichung und heteronomer Sozialisierung, aber auch diesseits der Auflösung der Differenz von Subjekt und Objekt im transpersonalen Holismus. Er verbindet vielmehr gerade bleibend innere und bleibend äußere Faktoren der Bildung des Individuums; er muß daher auch nicht dem Verdikt auf modernistische Autarkie-Anmaßung verfallen.

4.1.2. Bildung als lebenslanges »Lernen des Glaubens«

Die neuere systematisch-theologische Anthropologie und die Praktische Theologie thematisieren daher zurecht die Aufgabe religiöser Bildung im Zusammenhang lebensgeschichtlicher Entwicklung. Den christlichen Glauben als ein Entwicklungs- und Bildungsphänomen zu betrachten, stellt keineswegs den kontingenten, diskontinuierlichen Charakter der religiösen Erfahrung in Abrede. Wohl aber wird derjenigen Kontinuität angemessene Aufmerksamkeit gewidmet, die im Widerfahrnis des Glaubens sowohl beendet als auch erneuert wird: der langfristig stabilen, institutionell abgestützten Tradition des Christentums in seinen kognitiven, rituellen und affektiven Dimensionen.

Das lebenslange »Lernen des Glaubens« des Individuums stellt einen Bildungsprozeß dar, der ohne das kulturelle Substrat »Christentum« weder in Gang kommt noch auch, wegen seiner Unabschließbarkeit, in Gang gehalten werden kann.

4.1.3. Bildung von Traditionsfähigkeit

Von diesem Bildungsprozeß hängt wiederum die Traditionsfähigkeit des Christentums ab, und zwar nicht obwohl, sondern weil das glaubende Individuum sich zum Tatbestand seiner bleibenden Abhängigkeit von historischer und sozialer Äußerlichkeit zunehmend selbständig verhält, nämlich in seiner religiösen Praxis traditionelle und institutionelle Vorgaben zugleich verändert. Denn nur die individuelle Aneignung der christlichen Überlieferung im jeweiligen lebensweltlichen Kontext befähigt zur Weitergabe dieser Überlieferung an andere, ihrerseits geschichtlichen Veränderungen ausgesetzte und sie mitbewirkende Individuen, befähigt mithin den einzelnen zur Teilnahme an der historischen Tradition und der sozialen Institution des Christentums in Gestalt der Kirche.

Die individualisierende Bildung zum Christen und die traditionsfähige Fortbildung der christlichen Kirche bedingen sich wechselseitig.

4.2. Das gegenwärtige bildungstheoretische Defizit

Das theologische Interesse am Begriff und an der Praxis religiöser Bildung begründet ein theologisches Interesse an einem allgemeinen, kulturtheoretisch begründbaren und in der pädagogischen Praxis realisierbaren Bildungsbegriff. Auf den ersten Blick mag es freilich unzweckmäßig erscheinen, die Überlegungen zum Dienst der Kirche an Studierenden der Hochschule auf den Begriff der Bildung zu beziehen. Denn nicht nur einzelne humanwissenschaftliche Disziplinen, sondern die pädagogische Institution »Hochschule« als ganze leidet unter einem allgemeinen Mangel an Einverständnis über Sinn, Ziele und Voraussetzungen der durch sie vermittelten Bildung.

4.2.1. Restvorstellungen

Zwar wird das Wort »Bildung« in der öffentlichen Sprache neuerdings eher häufiger verwandt als früher (von »Bildungsaufgaben« und »Bildungsausgaben« bis »Bildungswege« und »Bildungswesen«), aber es gibt keinen hinlänglich klaren und allgemein zustimmungsfähigen Begriff vom sachlichen Zusammenhang aller dieser politischen und administrativen Vorgänge. Auch die öffentliche und wissenschaftliche Diskussion der »Bildungsreform« hat einen solchen Begriff nicht hervorgebracht.

Eine gewisse Übereinkunft hat sich bei denjenigen, die das Problem nicht bloß auf eine ökonomische Kosten-Nutzen-Rechnung reduzieren wollten, allenfalls im Blick auf negative Kriterien eingestellt: daß Bildung nicht länger oder wieder ein Standesmerkmal oder Klassenprivileg darstellen dürfe; daß Bildung nicht bloß auf die quantitative Vergrößerung von Wissensbeständen abzielen solle, sondern die ganze Person formen müsse; daß Bildung sich aber auch nicht mehr an dem idealistischen Persönlichkeitsideal orientieren könne, das die Humboldt'sche Universität im Blick gehabt haben mochte.

4.2.2. Trennung von Wissen und Gesellschaft

Diese Situation ist deshalb so ernst, weil die Auflösung des neuhumanistischen, der Zielvorstellung der harmonischen, in sich stabilen »Persönlichkeit« verpflichteten Bildungsbegriffs keineswegs bloß ein theoriehistorisches Datum darstellt. Sie ist vielmehr der Niederschlag eines noch andauernden, mit den sozialen, ökonomischen und politischen Veränderungen der Zeit in Wechselwirkung befindlichen historischen Prozesses: der Transformation des Zusammenhangs von Wissen und Gesellschaft überhaupt. Dieser Prozeß ist im Blick auf die Methoden und Institutionen von Wissenschaft bislang so verlaufen, daß ein Äquivalent des neuhumanistischen Bildungsbegriffes und seines Anspruchs auf die Integration von Wissen und Gesellschaft durch »Persönlichkeit« einstweilen unerschwinglich scheint. Denn ein solcher Anspruch hätte zur Zeit eine hinreichende Grundlage weder auf seiten der Wissenschaft noch auf seiten der Gesellschaft; die »Wissenschaftsgesellschaft« ist wegen eben dieses Mangels an Integration daher eine »Risikogesellschaft«. So erscheint es unvermeidlich, daß der Zusammenhang zwischen Wissen und Gesellschaft nur unter pragmatisch-zweckrationalen Gesichtspunkten definiert und realisiert wird.

4.2.3. Theologisches Mißtrauen gegenüber Bildung

Für die Frage nach dem Dienst der Kirche an den Studierenden der Hochschulen ist die Situation insofern noch schwieriger, als es gerade die evangelische Theologie des 20. Jahrhunderts war, die in ihrem antiidealistischen Affekt (und die existentialistisch orientierte Pädagogik noch überbietend) den Begriff der Bildung überhaupt abgelehnt und aus dem Bereich der religiösen Erziehung auch erfolgreich ausgeschieden hat.

Die dabei leitende Annahme war, daß das neuhumanistische Bildungsideal einer theologisch inakzeptablen Anthropologie, nämlich den Postulaten der Autonomie und der Autarkie, verpflichtet sei; »Persönlichkeit« definiere darum falsch vorweg, was als Christentum gelten dürfe. Diese anthropologische Unterstellung disqualifizierte dann den Bildungsbegriff als solchen: als Exponenten eines hypertrophen Modernismus, dessen Krise ja mit Händen zu greifen war.

4.3. Die Bildungsaufgabe der Hochschule

Nichtsdestoweniger hat die neuere Entwicklung der Wissenschaften und ihrer Institutionen ein dringendes bildungstheoretisches Desiderat zutage treten lassen. Am deutlichsten zeigt es sich dort, wo die Fähigkeit der Hochschulen zur Verständigung mit sich selbst und mit anderen gesellschaftlichen Systemen fraglich wird, wo also auch bezweifelt werden muß, ob die Hochschule ihrer Aufgabe der Erzeugung und Vermittlung von Wissen noch nachzukommen vermag.

4.3.1. Überwindung von Kommunikationsbarrieren

Insbesondere an drei Kommunikationsbarrieren hat sich die bestehende Pragmatik des Wissenschaftsbetriebes als unzureichend, ja unerträglich erwiesen. Ihre Überwindung erfordert, die Hochschulen als Institutionen nicht bloß der Ausbildung, sondern der Bildung der Studierenden zu begreifen und zu betreiben.

Das ist zum einen die längst festgestellte, aber jetzt, in Zeiten veränderter Bildungsvorgaben, offensichtliche und durchgreifende thematische und methodische Regionalisierung der Wissenschaft in »zwei Kulturen«. Sie erzeugt nicht nur die (vordem unsinnige) Frage nach Sinn und Zweck der Geistes- oder Kulturwissenschaften, sondern führt überdies zur bedenklichen Reproduktion von Geisteswissenschaft innerhalb der an ihrer gesellschaftlichen Akzeptanz interessierten Naturwissenschaften (etwa in Gestalt einer »Naturwissenschaftsethik«).

Zum andern besteht eine solche Barriere zwischen der Hochschule im ganzen und der Arbeits- und Berufswelt. Sie führt nicht nur zu »Nachbesserungen« der akademischen Ausbildung seitens der letzteren, sondern bekanntlich auch zum Entzug von Forschung und Ausbildung durch die ökonomisch potente Industrie; und dieser Graben wird durch die individuelle Vorwegnahme der professionellen Attitüde nicht dementiert, sondern bestätigt.

Zum dritten existiert eine besonders hohe Kommunikationsbarriere zwischen der Universität und der Öffentlichkeit. Sie verhindert, daß die Bedeutung der Hochschulen für die gesellschaftliche Wohlfahrt plausibel popularisiert und daß umgekehrt die Ängste oder Hoffnungen der Zeitgenossen ins System der Wissenschaften und für sie traktierbar transformiert werden.

4.3.2. Individuelle Orientierungsfähigkeit

Es gibt eine Reihe von Versuchen, das in der Hochschule zu vermittelnde Wissen so zu ergänzen oder zu modifizieren, daß jene Kommunikationsbarrieren ermäßigt und vom Studierenden überwunden werden können. Bekannte Formeln dafür sind »Allgemeinwissen«, »exemplarisches Wissen«, »kategoriales Wissen«, »Strukturwissen«, »Orientierungswissen«, »studium generale«, »studium fundamentale«

usw.. Ohne daß die mögliche Zweckmäßigkeit des jeweils Gemeinten für den Aufbau von wissenschaftsethischer, wissenschaftspragmatischer und wissenschaftstheoretischer Kompetenz bezweifelt werden braucht, dürfte doch die Frage noch offen bleiben, wie beschaffen der Träger und Anwender dieser Kompetenz sein muß. Denn mit einem materialen Wissen ist es hier ja keineswegs schon getan, so wenig es mit der einstigen formalen Bildung getan war; auch besser strukturiertes und situationsvariant disponibles Wissen ist immer noch eine möglicher Entfremdung ausgesetzte ökonomische Produktivkraft.

Es bedarf vielmehr eines wahrnehmungs- und urteilsfähigen Subjekts, das sinnvoll mit diesem Wissen umgehen kann – sinnvoll am Maß nicht nur seines näheren, produktionsrationalen Verwertungszusammenhangs, sondern zugleich am Maß seines weiteren, selbstzwecklich humanen Kontextes. Ohne derart Wissende und Könnende ist eine humane, d.h. überhaupt an moralischen Ansprüchen und kulturellen Werten orientierte Selbstreproduktion einer Gesellschaft nicht möglich.

4.3.3. Bildung zu moralischer Kompetenz

Ob man dieses Subjekt von Wissen und Können wiederum mit dem Wort »Persönlichkeit« benennen soll, ist eine Frage möglichen Mißverständnisses; von Personalität oder Individualität kann man auch sprechen. Unabweislich ist jedenfalls, daß eine solche, im gesamtgesellschaftlichen, kulturellen Lebenszusammenhang wahrnehmungs- und urteilsfähige Individualität nicht immer schon gegeben ist, sondern aufgebaut werden muß. Sie bedarf der Bildung.
Die Bedeutung der Wörter »Bildung«, »eruditio«, »formation« usw. läßt sich konkretisieren im Blick auf die Aufgabe der Hochschule, den Studierenden zu ermöglichen, ihre szientifische Kompetenz an solchen Inhalten, auf solche Weise und unter solchen Umständen zu erwerben, die diese Kompetenz als Funktion von gesellschaftlichem,

d.h. moralisch-politischem und überhaupt kulturellem Verhalten individuell anzueignen erlauben. Die wissenschaftliche Ausbildung wird dann in den Prozeß individueller Verselbständigung und in den Aufbau sozialer bzw. historischer Verantwortung integriert. »Bildung« meint die unabschließbare Arbeit am Subjekt kulturell verantworteter Zwecksetzungen, am Habitus von (wie leicht verkürzt, aber zurecht noch immer gesagt wird) »moralischer Autorität«.

4.4. Der Zusammenhang von religiöser und allgemeiner Bildung

Das theologische Interesse an einem allgemeinen Bildungsbegriff resultiert aus Analogie zwischen religiöser und humaner Bildung, d.h. aus dem gegenseitig produktiven Verhältnis zwischen Religion und Kultur. Im geschichtlichen Raum des Christentums beruht diese Analogie in der Fähigkeit, aber auch Nötigung zur Bildung der Reflexivität sowohl der religiösen als auch der kulturellen Praxis.

4.4.1. Der humane Kontext religiöser Bildung

Selbstverständlich läßt sich diese Analogie nicht nur theologisch, sondern allgemein kulturwissenschaftlich darstellen, wenn auch in dieser Perspektive die Authentizität der religiösen Erfahrung im Sinne des Christentums nicht hinreichend berücksichtigt wird. Umgekehrt aber ist ein theologischer Religionsbegriff auch für sich nicht zureichend, wenn er keinen Zusammenhang zwischen der christlich-religiösen Praxis und den Symbolisierungsleistungen der mit dem Christentum koexistierenden ästhetischen und moralischen Kultur zu formulieren vermag. Wie jede Theologie der Kultur zu anderen Anthropologien, so muß auch ein theologischer Bildungsbegriff sich korrelativ zu einer allgemeinen Theorie der Bildung explizieren können; beide begreifen auf ihre Weise eine Zeit und Kultur in ihrer Veränderlichkeit.

In einer solchen Explikation bringt der theologische Bildungsbegriff das praktische Interesse des Christentums zur Geltung, daß die religiöse Bildung in einem ihr analogen Kontext humaner Bildung stattfindet. Denn dadurch wird die Traditionsfähigkeit des Christentums von der Selbstrealisierung der Kultur qua Bildung von reflexer Individualität unterstützt oder provoziert, und umgekehrt erfüllt die christlich religiöse Praxis als Bildung reflexiver Individualität ihrerseits produktive kulturelle Funktion. Das schließt die immer erneute Differenzierung von Religion und Kultur nicht aus, sondern vielmehr ein.

4.4.2. Identität und Kommunikation

Das theologische Interesse an der Bildung zum Menschen überhaupt pointiert sich noch angesichts der Erfahrung der modernen Hochschulen, daß die Vermittlung von Tatsachenwissen und die Einübung bestimmter Verhaltensmuster einerseits, die Unmittelbarkeit von Identität andererseits weit auseinandertreten können. Nicht erst, wenn die Erziehung direkt für gesetzte gesellschaftliche Zwecke instrumentalisiert wird, sondern auch schon, wenn der Erwerb kognitiver Kompetenz nicht in die Bildung von kulturell vernetzter Individualität integriert wird, kompensiert das Erziehungsobjekt die ausfallende Integration entweder durch abstrakte Spontaneität oder durch weltanschauliche und gesinnungsgemeinschaftliche Positionalität. Angesichts dieser Folge defizitärer Bildung konvergiert das theologische Interesse an der Bildung zum Christen mit dem Interesse einer aufklärerischen Moderne an der fortwährenden Erneuerung der kulturellen Bedingungen einer freiheitlichen Gesellschaft.
Eine der wichtigsten dieser Bedingungen ist die Realisierung von selbständig-austauschfähiger, von kommunikativer Individualität. Die Personalität des christlichen Glaubens ist aber strukturell von der Art, daß sie jede lebensgeschichtlich und lebensweltlich realisierte und substantialisierte Identität sogleich auch kritisch relativiert. Insofern religiöse Bildung jederzeit Substanz in Relation verflüssigt, ist sie eine exemplarische Praxis konkreter Freiheit.

4.5. Kirchliche Bildungsarbeit in den Hochschulen

Auf der Grundlage eines derartigen Bildungsbegriffes läßt sich der wünschbare Dienst der Kirche an Studierenden auf das Globalziel hin ordnen, akademische Milieus aufzubauen und zu pflegen, in denen Bildung von Individualität im beschriebenen Sinne möglich ist. Das spezifisch kirchliche Ziel religiöser Bildung ist darin als mögliches Folgeziel eingeschlossen; seine positivistische Isolierung würde jedoch die mangelnde Bildung zum Menschen im Bereich der Hochschulen und ihrer gegenwärtigen Bildungsbedingungen bloß übertünchen und die religiöse Praxis zur Ersatz-Innerlichkeit verfälschen.

4.5.1. Möglichkeiten der Theologie

Der an den Hochschulen betriebenen fachwissenschaftlichen Theologie kann hierbei die Rolle einer Vermittlungs-, gar Leitwissenschaft nicht mehr zukommen, in der sie vorneuzeitlich die kulturelle und religiöse Integration der Wissenschaften verbürgt hat; auch ihr Wissen stellt nicht mehr »Weisheit« dar, d.h. keine substantielle Ganzheit von Wissen und Leben (wie das zuletzt die als »normative Weltanschauungswissenschaft« auftretende Theologie vorgab). Als Fachwissenschaft hat die Theologie allerdings die Aufgabe, eine Theologie der gegenwärtigen, die systemische Segmentierung von Religion, Politik, Ökonomie, Kunst usw. sowie den Pluralismus religiöser Praxis ausbildenden Kultur und auf ihrer Grundlage eine Ethik der Bildung zu entwickeln.

Wegen der produktiven Analogie von religiöser und humaner Bildung sind die an der Hochschule lebenden und arbeitenden Theologen in besonderem Maße verpflichtet, sich der Pflege von Bildungsmilieus zu widmen und auch »von unten« die Praxis der »universitas« der älteren Lehrenden und der jüngeren Studierenden zu fördern. Auf beiden Ebenen gehört zur theologischen Arbeit nicht zuletzt der regionale und lokale Transfer der ökumenischen Erfahrungen und

Einsichten hinsichtlich der ambivalenten Globalität von Wissenschaft und Wissenschaftsfolgen. Die gemeinsame Verantwortung für »Gerechtigkeit, Frieden und Bewahrung der Schöpfung« muß, da sie nicht auf technokratischen Dirigismus zurückfallen darf, ein wesentliches Ziel humaner und religiöser Bildung werden.

4.5.2. Aufbau kommunikativer Räume

Akademische Milieus der kulturellen Bildung, wie sie von der Kirche an den Hochschulen gepflegt werden sollten, könnten vor Ort und im lebensweltlichen Nahbereich der Studierenden fördernde und schützende Räume sein, in denen die ganzheitliche, sowohl kognitiv-diskursive als auch affektiv-partizipatorische Kommunikation zwischen den sonst auf sozial und emotional abstrakte Träger von Spezialwissen reduzierten einzelnen möglich und selbstverständlich werden kann. In solchen proto-institutionellen Räumen könnte das Leben der einzelnen in seinen lebensgeschichtlichen Zusammenhängen und gesellschaftlichen Wechselbeziehungen versprachlicht, mitgeteilt, ausgetauscht und so vermittelt, allererst angeeignet werden.

An Gegenständen des Wissens orientierte Kommunikation kann dabei durchaus eine Form der konkreten Integration von Individualität sein, beispielsweise die wissenschaftsethische, die anthropologische oder die kosmologische Diskussion. Aber auch solche Diskussionen greifen, wenn sie nicht theoretisch verkürzt werden, in die gegenseitige Bildung von Individualität ein. Sie wiederum geht möglicherweise in den Prozeß religiöser Bildung über, so daß das kommunikative Milieu ein spirituelles wird.

4.5.3. Humane Bildung und spirituelle Praxis

Das theologische Interesse nicht nur an einem Begriff religiöser Bildung, sondern zugleich an einem kulturell plausiblen Bildungsbegriff widerspricht nicht, sondern entspricht der kirchlichen Aufgabe der Förderung religiöser Praxis unter den Studierenden der Hochschule. Weil christliche Spiritualität ein produktives Phänomen ist und aus sich selbst im Aufbau eines ihr angemessenen kulturellen Rahmens mitwirkt, muß ein theologischer Bildungsbegriff auch der praktischen Korrelation von religiöser und humaner Bildung dienen. Die gegenseitige Herausforderung und Befruchtung von religiöser und von humaner Bildung hinsichtlich des Aufbaus und der beständigen Erneuerung von reflexiver, kommunikativer Individualität erzeugt allerdings keine plane Konvergenz von Christentum und Kultur, sondern treibt im Gegenteil gerade den Unterschied zwischen weltlicher Kultur und christlicher Spiritualität immer neu hervor.

5. Der Dienst der Kirche an der Hochschule – Zusammenfassende theologische Grundsätze

5.1. Kirche

5.1.1. Kommunikation des Evangeliums und Anwaltschaft für das Humanum

Der Dienst der Kirche an der Hochschule ist ein Dienst am Wort und an den Menschen. Er vollzieht sich in einer Institution des öffentlichen Bildungssystems. Die doppelte Blickrichtung ist für die evangelische Kirche seit der Reformation verpflichtend. Die Reformatoren haben im Sinne Luthers ihr theologisches Interesse an Bildung in der Sprache der damaligen Zeit gleichermaßen auf das geistliche und weltliche Regiment bezogen, auf die Kommunikation des Evangeliums und die Anwaltschaft für das Humanum (vgl. in Kapitel 4. die Ausführungen zur religiösen und humanen Bildung). Durch Studentengemeinden und noch deutlicher durch Hochschulgemeinden drückt die Kirche auch heute die Doppelseitigkeit dieses Auftrages aus. Mit dem Akzent auf die Hochschule als ganze bekundet sie ihre Mitverantwortung auch für die institutionellen Rahmenbedingungen und Strukturen.

5.1.2. Zwischen Evangelium und Politik

Der Dienst am Wort hat in den Hochschul- und Universitätsgottesdiensten seine Mitte. Daneben werden andere Wege beschritten wie offene Bibelabende, Bibelfreizeiten, Veranstaltungen der Evangelisation, Vorträge und seminarartige Veranstaltungen, um das Evangelium nahezubringen. Der Dienst an den Menschen ist Gottesdienst im Alltag der Welt, an der Hochschule Gottesdienst im Alltag von Studium und Ausbildung, Forschung und Lehre. Er reicht von der zwischenmenschlichen Beratung über Orientierungshilfen im Studienbetrieb bis zur Mitverantwortung bei der hochschulpolitischen Meinungs- und Willensbildung. Der Dienst der Kirche an der Hochschule ist somit insgesamt zwischen Evangelium und Politik ausgespannt.

5.1.3. Notwendige Vielfalt der Angebote

Die Vielfalt der Angebote und Aktivitäten ist in der evangelischen Studierendenarbeit der sachgemäße Ausdruck der ebenso aspektreichen wie spannungsvollen Gesamtaufgabe. Beide Seiten haben ihren legitimen Platz: Gottesdienst, Verkündigung, Seelsorge auf der einen und alle Ausdrucksformen der Mitverantwortung in Wissenschaft, Kultur und Politik auf der anderen Seite. Diese aus dem Auftrag der Kirche selbst sich ergebenden Formen ihres Dienstes korrelieren im übrigen mit den Erwartungen zumindest jeweils bestimmter Gruppen von Studierenden. Es wäre daher von der Sache wie von den Betroffenen her gesehen nicht zu rechtfertigen, die eine Form des Dienstes gegenüber einer anderen ungebührlich zu vernachlässigen oder gar die verschiedenen Aspekte mit destruktiven Auswirkungen gegeneinander auszuspielen.

5.1.4. Gemeinsames Problem- und Aufgabenbewußtsein

Alle an der Hochschule tätigen christlichen Gruppen einschließlich der Evangelischen Studentengemeinden sollten vielmehr in der gegenwärtigen Lage ein gemeinsames Problem- und Aufgabenbewußtsein entwickeln. Jede besondere Profilierung, etwa ein evangelistisch-missionarisches Engagement hier oder ein sozialpolitisches Engagement in der Ausländerarbeit dort, sollte aus der Einsicht in den Gesamtumfang und den verbindenden Grundcharakter des Auftrags der Kirche hervorgehen. Die Erneuerung des Dienstes der Kirche an der Hochschule hätte somit bei sich selbst zu beginnen, bei der selbstkritischen Prüfung und Korrektur von Einseitigkeiten, beim gemeinsamen Erfahrungsaustausch über Schwierigkeiten, Herausforderungen und Chancen und bei dem Willen zu gegenseitiger theologischer Hilfe.

5.1.5. Innerkirchliche und zwischenkirchlich-ökumenische Gemeinschaft

Für eine Kirche, die das Bild der Zersplitterung bietet, haben die Studierenden immer weniger Verständnis. Dies gilt auf allen Ebenen und für alle Kontakte. Wenn anstelle der Gemeinsamkeit innerhalb einer christlichen Konfession und der ökumenischen Gemeinschaft zwischen den Konfessionen ein durch Konkurrenz oder gar Intoleranz geprägtes Gegeneinander herrscht, wird sich die schon jetzt massiv zeigende Privatisierung von Religion und Glauben weiter verstärken. Man wird noch mehr zwischen Religion und Institution, Glaube und Kirche, innen und außen trennen. Es zählt die eigene innere, persönlich gewonnene Weltanschauung. In ihr allein sieht man den Zugang vielleicht auch zur Religion, deren historische Erscheinungsformen gleichgültig werden. Für viele ist Religion im Grunde überall dieselbe. In einer funktionalen Sicht wird sie auf das hin reduziert, was sie psychisch und moralisch leistet: sie gibt Halt und vermittelt Werte. Die sich wechselseitig diskreditierenden besonderen Erscheinungsformen werden darüber zur Nebensache und schließlich belanglos. In dieser Situation ist als theologische Antwort das Streben nach einem Höchstmaß innerkirchlicher und zwischenkirchlich-ökumenischer Gemeinschaft geboten. Die christliche Kirche ist in ihr ökumenisches Zeitalter eingetreten. Der Weg zu einer ökumenischen Kirche integriert das konfessionelle Erbe, indem er es zugleich voraussetzt. Eine relativistische Vergleichgültigung ist mit diesem Weg ebenso unvereinbar wie eine fundamentalistische Vereindeutigung.

5.1.6. Die Wahrheitsfrage in einer ökumenischen und interreligiösen Dialogkultur

Es ist nicht leicht, den genannten Weg in der gegenwärtigen Lage zu verfolgen. In den Ergebnissen der vorliegenden Untersuchung wie auch in davon unabhängigen anderen Untersuchungen deutet sich nämlich ein zweistufiger Prozeß an: es schwindet nicht nur das konfessionelle Identitätsbewußtsein als innere Voraussetzung für den ökumenischen Dialog, sondern auch das gesamtchristliche Identitätsbewußtsein als innere Voraussetzung für den interreligiösen Dialog. Die relativierende Sichtweise erfaßt alle Religionen überhaupt. Die verständliche Reaktion hierauf zeigt sich im Christentum wie im Judentum und Islam in Gegenbewegungen, die betont Rechtgläubigkeit beanspruchen.

In dieser Situation ist als erstes der Gleichgültigkeit als solcher gegenüber Glaubensfragen entgegenzuwirken, indem die Frage nach der das Leben bestimmenden Wahrheit aufgeworfen und zum Streit um die Wahrheit provoziert wird. Bemerkenswerterweise lehnen drei Viertel der befragten Studierenden auch ihrerseits die Unterstellung ab, daß für sie in Studium und Leben Glaubensfragen überhaupt keine Rolle mehr spielten. Man will sich keineswegs definitiv von Gott und Religion verabschieden, beläßt aber vielfach alles in einem unverbindlichen Schwebezustand.

Zweitens ist das Wahrheitsmoment in allem Subjektivismus ernstzunehmen. Religiöse Verständigung kann nicht an der Respektierung des Subjekts vorbei erwartet werden.

Damit persönliche Subjektivität, verstanden als unvertretbare freie Selbstverantwortung, nicht zu einer Gleichgültigkeit verkommt, für die alles ineinander übergeht, die Grenzen verschwimmen und die Unterscheidungskriterien unkenntlich werden, haben die Mitarbeiter in den christlichen Gruppen an der Hochschule drittens die Frage nach der Wahrheit des christlichen Glaubens wachzuhalten. Wie sich eine ökumenische Dialogkultur nicht aus einer Vergleichgültigung der konfessionellen Unterschiede ergibt, sondern nur im Durchgang durch sie, so kann auch eine interreligiöse Dialogkultur nicht aus einer von vornherein eingenommenen Indifferenz gegenüber allen Religionen und weltanschaulichen Positionen hervorgehen, sondern nur aus der Kraft zu gleichzeitiger Unterscheidung und Verbindung.

5.1.7. Der einzelne als Subjekt vor Gott

Der Dienst der Kirche an der Hochschule gründet damit, zusammengefaßt, im reformatorischen Selbstverständnis der Kirche unter den Bedingungen von Moderne und Postmoderne. Er vollzieht sich einerseits in traditionell beschreibbaren Grundaufgaben wie Verkündigung, Seelsorge, Unterricht (Bildungsarbeit) und Gesellschaftsdiakonie; er geschieht andererseits im Bewußtsein der geschichtlichen Folgen, die der Protestantismus zum Teil selbst mit dadurch hervorgebracht hat, daß sich die evangelische Sicht des einzelnen vor Gott und der neuzeitliche Gedanke des selbständigen Subjekts miteinander verbinden konnten. Dies Subjektsein ist heute auch im tertiären Ausbildungssystem der Hochschulen gefährdet. Darum muß der Dienst an den Studierenden als Hilfe zur Identitätsfindung beschrieben werden (vgl. Kapitel 3.2.).

5.1.8. Kirchlicher Dienst in einer pluralen Gesellschaft

Ebensowenig wie an dem selbstverantwortlichen einzelnen kann der Dienst der Kirche in der modernen Gesellschaft einschließlich des Bildungssystems an dem Tatbestand einer pluralen Gesellschaft vorbei versehen werden; gefordert ist ein Handeln in Offenheit und Liberalität (vgl. Kapitel 3.1.). Christliche Gemeinden und Gruppen dürfen hierbei ihren Absichten nicht selbst im Wege stehen. Dies ist dann der Fall, wenn sie ihrem Selbstverständnis nach möglichst viele ansprechen wollen, ihrer Frömmigkeitspraxis und Sprache nach aber tatsächlich nur auf wenige anziehend wirken, während sie andere durch die angebotenen Strukturen strukturell ausgrenzen, so daß von einer strukturellen Selbstverhinderung des Dienstes gesprochen werden muß. Auf der anderen Seite ist es berechtigt, wenn christliche Studierende ihren eigenen Lebensstil frei wählen und Kirche als Lebens- und Glaubensgemeinschaft in besonderer Prägung verdichtet zu verwirklichen suchen. In dem Maße, wie eine plurale Gesellschaft einerseits zur Pluralität frei gibt, macht sie jedoch andererseits Anstrengungen notwendig, das Gemeinsame und Verbindende zu suchen.

5.2. Glaube

5.2.1. Zeugnis und Rechenschaftsabgabe

Wie keine andere gesellschaftliche Lebensprovinz ist die Hochschule durch die Herrschaft wissenschaftlicher Betrachtungsweisen und Kriterien bestimmt. Jede Rede über den christlichen Glauben ist der schonungslosen Prüfung und Diskussion ausgesetzt. In dieser Lage über den Glauben zu sprechen, stellt an jeden, der in der evangelischen Studierendenarbeit tätig ist, erhebliche Ansprüche. Es genügt nicht, den persönlichen Glauben nur kompakt zu bezeugen, sondern man muß auch über ihn verständlich und differenziert Rechenschaft abgeben können.

5.2.2. Erfahrungen von Person zu Person

Insgesamt wächst die Bedeutung persönlicher Begegnungen. Die Menschen, die nicht religiös interessiert oder gebunden sind, sind hierbei von dem Eindruck, den ihre christlichen Gesprächspartner als Personen hinterlassen, stärker abhängig als die, die sich selbst als religiös einstufen. In dem Maße, wie die öffentliche Geltung von Religion schwächer wird, werden daher überzeugende Erfahrungen von Person zu Person wichtiger. Durch sie wird die vertrauende Öffnung für die Religion gleichsam von unten neu aufgebaut. Theologisch formuliert steht die alte missionarische Funktion der Kirche neu auf der Tagesordnung, allerdings unter den Bedingungen eines aufgeklärten Weltbildes, eines historischen Perspektivismus und der im Langzeitgedächtnis erinnerten Erfahrungen mit dem Christentum der Vergangenheit. Die genannten Bedingungen müssen bei dem Zeugnisdienst berücksichtigt werden.

5.2.3. Glaube als öffentliches Thema und Gesprächskultur des Vertrauens

Ob jemand religiös ansprechbar und seinerseits bereit wird, über religiöse Fragen zu sprechen, ist auch davon abhängig, ob er sich in einer Minderheit oder Mehrheit befindet, ferner davon, ob der Kreis derer, die seine Überzeugungen teilen, kleiner oder größer wird. Ist das erste der Fall, ist die eigene Exponierbereitschaft gering, und man verstummt schließlich. Um diesem unter dem Begriff der »Schweigespirale« bekannten Sachverhalt entgegenzuwirken, sind Wege aufzuspüren, auf denen es gelingt, den Glauben öffentlich auf Gesprächsforen ins Gespräch zu bringen. Oft erscheint einem der Kreis derjenigen, die an Glaubensfragen interessiert sind, kleiner, als er tatsächlich ist. In einer Gesprächskultur des Vertrauens fühlt sich dagegen jeder freier, mitzureden.

5.2.4. Tradierungskrise und Krise des Tradierten

Die Tradierungskrise des Glaubens ist auch eine Krise des Tradierten selbst. Zum Problem werden nicht nur die Wege der Tradierung, sondern auch die Inhalte, die tradiert werden sollen. Wie die Interpretation der »theologischen Probleme im empirischen Befund« zeigt (vgl. Kapitel 2.) und wie andere Untersuchungen zum Verhältnis von Jugend und Religion bestätigen, hängen die Schwierigkeiten mit den Widersprüchen zusammen, die, traditionell gesprochen, die Glaubenslehre betreffen. Sie beziehen sich auf das Verhältnis von Glauben und Leben und auf das Verhältnis von Glauben und Denken. Der christliche Glaube scheint immer wieder durch beides widerlegt zu werden; er wird durch gegenläufige Lebenserfahrungen und widerstrebende Gedanken angefochten.

5.2.5. Gottesfrage und theo-logische Konzentration

Die zentralen Zweifel kreisen um die Gottesfrage. Sie betreffen Gott als Schöpfer, d.h. das Verhältnis von Schöpfung und Evolution, Gott und das Leid, d.h. die Theodizee-Frage, Gott und das Leben, d.h. die Frage nach dem Weiterleben nach dem Tod und schließlich Gottes Existenz selbst. Die Frage nach Gott bleibt noch virulent, auch wenn die christlichen Antworten nicht mehr einfallen oder wegen ihrer angeblichen Absurdität zurückgewiesen werden. Die Aufgaben der Kirche an der Hochschule müssen sich daher im wörtlichen Sinne theo-logisch konzentrieren, ohne daß damit andere Aufgaben zurücktreten sollten.

5.2.6. Auslegung und Sprache

Der christliche Glaube an Gott als Glaube an Gottes Offenbarung im gekreuzigten und auferstandenen Christus stützt sich weder auf eine Gnosis, die eindeutige Gewißheit sichert, noch meint Glaube eine schlichte Aufopferung des Verstandes. Notwendig ist vielmehr die verständliche Auslegung der Erfahrungen, die der Glaube gemacht hat und noch heute macht. Eine Schlüsselstellung nimmt hierbei die Sprache ein. Eine unverbrauchte Sprache, in der Schriftsteller heute in ihrer Weise um religiöse Themen ringen, spricht oft stärker an als die professionell gewordene Sprache von Theologie und Kirche. Durch eine systematische theologische Zusammenarbeit mit den theologischen Fakultäten und Fachbereichen kann die gedankliche und sprachliche Kompetenz aller in der Studierendenarbeit Verantwortlichen erhöht werden.

5.2.7. Interdisziplinäres Gespräch und kulturelle Öffnung

Die Voraussetzung hierfür ist allerdings, daß sich der Dienst der Kirche an der Hochschule einschließlich der Arbeit der theologischen Fakultäten auf ein interdisziplinäres Gespräch mit den Denkweisen in Recht und Medizin, Naturwissenschaften und Technologien, Geisteswissenschaften und Sozialwissenschaften einläßt und sich für die Ausdrucksformen unserer Zeit in Literatur und Kunst öffnet.

5.2.8. Orientierungswissen zwischen Laien- und Expertenwissen

Die Arbeit mit den Studierenden zielt hierbei auf ein Orientierungswissen, das zwischen dem Wissen des Laien und dem des wissenschaftlichen Experten angesiedelt ist. Es bricht die Borniertheiten des Alltagswissens auf und wird gleichzeitig durch Alltagserfahrungen motiviert. Es will nicht mit wissenschaftlichen Spezialkenntnissen konkurrieren und macht sich gleichwohl die Fachkenntnisse von wissenschaftlichen Gesprächspartnern zunutze. Veranstaltungen mit christlichen Gruppen und Studentengemeinden mit diesen Zielsetzungen tragen – und wenn auch noch so bescheiden – dazu bei, daß lebensweltliche Probleme, Sachverhalte aus der Welt der

Wissenschaften und Glaubenserfahrungen aufeinander bezogen werden. Daß hierbei Orientierungswissen zu existentiellen, etwa religiös und ethisch relevanten Einsichten führt, ist methodisch nicht verfügbar.

5.3. Leben

5.3.1. Ethische Glaubwürdigkeit – der empfindlichste Maßstab

Der christliche Glaube ist nicht eine lebensabgehobene Größe. Von den Kirchen wird erwartet, daß sie aus dem Glauben heraus Konsequenzen für das bedrängte Leben ziehen. Selbst wenn Identifikationen mit den Kirchen in dogmatischer Hinsicht nicht mehr möglich sind, bleibt die Kirche in ethischer Perspektive im Blick. Man achtet auf ihre Beiträge zu einem menschenwürdigen Leben. Wenn die Kirchen hier enttäuschen, ist dies für viele noch schmerzlicher, als wenn die Glaubensverkündigung nicht mehr verstanden wird, denn die ethische Glaubwürdigkeit ist zum empfindlichsten Maßstab der Beurteilung geworden.

5.3.2. Anwaltschaft für das Leben

Evangelische Studentengemeinden und andere spezielle christliche Initiativgruppen verstehen sich sehr häufig als Anwalt für die, die keine Stimme haben und benachteiligt sind. Sie verknüpfen lokale Probleme mit globalen. Sie verstehen die ökumenische Verantwortung nicht nur als Frage zwischenkirchlicher Gemeinschaft, sondern als Verantwortung für die »oikumene«, für eine bewohnbare Erde. Ein Wissenschaftsbetrieb, der sich gegenüber ethischen und insbesondere ökologischen Rückfragen resistent zeigt, muß mit kritischem Protest rechnen. Die Anwaltschaft für das Leben unter Gottes Geboten umfaßt im Sinne des konziliaren Prozesses Gerechtigkeit, Frieden und die Bewahrung der Schöpfung, damit die menschlichen und die nichtmenschlichen Lebensbedingungen.

5.3.3. Persönliche Beratung

Die allgemeinen Lebensbedingungen wirken sich auf das Leben des einzelnen selbst aus. Die psychischen Kosten von Arbeitsteilung, Konkurrenz und Anonymität haben in unserer Gesellschaft auch an den Hochschulen einen ständig wachsenden Bedarf an persönlicher Beratung hervorgerufen. Die Aufgaben im Blick auf die Studierendenarbeit haben darum neben der zuvor genannten universalen eine individuelle Seite, neben der gesellschaftspolitischen eine seelsorgerliche mit therapeutischen Zügen.

5.3.4. Einladung zu Einkehr und Stille

Der christliche Glaube geht seit seinen Anfängen mit christlicher Lebensgemeinschaft einher. Sein Lebensbezug erschöpft sich nicht im ethischen und politischen Handeln; Christen und Nichtchristen entdecken neu den Wert erfüllten Lebens in den Kategorien des Seins, ein Leben, das in Kontemplation bei sich selbst ist und zugleich über sich selbst hinausweist. Der Dienst der Kirche an der Hochschule umschließt daher auch die Einladung zu Einkehr und Stille, Besinnung und Andacht, Fest und Feier.

5.3.5. Reflexion – Aktion – Meditation

Aus dem bisher Gesagten ergeben sich drei typische Formen der Arbeit unter den Studierenden: aus der Auseinandersetzung über Glaubensprobleme: diskursives Gespräch und Reflexion; aus der Nötigung zum Handeln: Projekt und Aktion; aus der zweckfreien Besinnung: Wege der inneren Anschauung und Meditation. Lernwege spiegeln Lebensdimensionen. Eine ganzheitliche Sicht des Lebens verlangt ein zusammenhängendes Gefüge von Ausdrucksformen.

5.3.6. Partizipatorische Gemeinden und Gruppen

Die verschiedenen Seiten des Dienstes der Kirche an der Hochschule bilden eine innere Einheit. Glaube und Leben gehören zusammen. Der Umfang der Aufgaben kann entmutigen; Schwerpunktsetzungen sind daher unvermeidlich und berechtigt. Sie sollten aber aus einem möglichst breiten Prozeß der Mitverantwortung und Mitbestimmung ALLER Beteiligten in der Studierendenarbeit hervorgehen und immer wieder überprüft werden.

5.3.7. Perspektivenwechsel

Wenn man die schwierigen Arbeitsbedingungen des Dienstes an der Hochschule bedenkt, ist ein Perspektivenwechsel angemessen. Erst die Frage »Was dürfen die Studentengemeinden und christlichen Gruppen von der Gesamtkirche an Vertrauen und Unterstützung erwarten?« ist die innere Voraussetzung für die Frage: »Was darf die Gesamtkirche von den Studentengemeinden und christlichen Gruppen erhoffen?« Es darf nicht zu unangemessenen Erwartungen und Überforderungen kommen. Stattdessen ist über neue Wege der Zurüstung besonders der hauptamtlichen Träger der Studierendenarbeit nachzudenken.

5.3.8. Erfahrungsfeld für die Kirche und wissenschaftliche Selbstaufklärung

Im tertiären Bildungssystem der modernen Hochschulen ist die Kirche wie nur an wenigen Stellen sonst, etwa dem Religionsunterricht, rücksichtslos einer kritischen gesellschaftlichen Öffentlichkeit ausgesetzt. Damit aber ist die Studierendenarbeit für die Kirche ein Erfahrungsfeld erster Ordnung. Eine systematische Rückmeldung von Erfahrungen ist bisher nicht üblich. Die mit dieser Erhebung einschließlich der Konsultationen erstmals versuchte Analyse ist als Auftakt für zu wiederholende Untersuchungen und Bestandsaufnahmen anzusehen, damit durch eine kontinuierliche wissenschaftliche Begleitung und Selbstaufklärung die sich wandelnden Verhältnisse immer wieder realistisch ins Licht rücken.

E. Empfehlungen

1. Einleitung

Ein entscheidendes Ergebnis dieser Studie ist die Einsicht in den dramatischen Wandel der strukturellen Gegebenheiten an der Hochschule und der Zusammensetzung der Studierenden. Dementsprechend haben sich auch die Orientierungen der Studierenden entscheidend verändert. Dies betrifft einerseits die Haltung zum Studium im Lebenszusammenhang und zu den Studieninhalten, andererseits auch die grundlegenden Lebensorientierungen hinsichtlich Sinn- und Wertfragen. Den Herausforderungen, die sich aus diesen strukturellen Veränderungen und ihren Bewußtseinsfolgen ergeben, muß man sich stellen, auch wenn sie schwer mit den Bildern übereinkommen, die wir uns von der Hochschule und christlicher Studierendenarbeit machen.

Wir fassen deshalb zunächst noch einmal die Wahrnehmungen zusammen, die wir mit dieser Studie gewonnen haben, um die sich daraus ergebenden Herausforderungen zu verdeutlichen. Anschließend blicken wir auf die bereits bestehenden Präsenzformen der Kirche an der Hochschule und setzen sie in Beziehung zu den erkannten Herausforderungen.

Danach geben wir konkrete Empfehlungen zur Weiterentwicklung bestehender und zur Neuentwicklung kirchlicher Präsenzformen an den Hochschulen.

1.1. Unser Wahrnehmungsgewinn

1.1.1. Differenzierung der Hochschullandschaft

- Die Hochschultypen haben sich in den vergangenen Jahren und Jahrzehnten enorm ausgefächert. Die Studiensituation an sogenannten klassischen Universitäten und an sogenannten Reform-

universitäten unterscheidet sich erheblich. Ähnliches gilt im Vergleich zwischen technischen Universitäten, medizinischen Universitäten, tierärztlichen oder landwirtschaftlichen Hochschulen, pädagogischen Hochschulen usw.
- Die Universität hat aufgrund des Bildungsbooms in der Gesellschaft eine andere Stellung eingenommen als in der Zeit vor dem Zweiten Weltkrieg und nach diesem, in der sich die Arbeit der Studentengemeinden entwickelt hat.
- Auch die Stellung der Hochschullehrer hat sich verändert. Zum einen hat sich ein breiter sogenannter akademischer Mittelbau ausgebildet, zum anderen entwickeln Hochschullehrer heute in ungleich größerem Maß als früher außeruniversitäre Aktivitäten. Die große Studentenzahl und die damit einhergehenden Lehrverpflichtungen, Korrekturaufgaben, die durch die Demokratisierung der Hochschule enorm gewachsene Gremienarbeit u.a. lassen kaum noch Spielraum dafür, daß Hochschullehrer auch Gesprächspartner ihrer Studenten sind.
- In vielen Bereichen ist die Autarkie der Hochschulen erheblich eingeschränkt worden. Hohe Anteile der Kosten werden über Drittmittel finanziert, was Abhängigkeiten mit sich bringt.

1.1.2. Differenzierung der Studierenden

- Es hat sich eine Vielfalt subjektiver Formen der Einbettung des Studiums in den Lebensplan und in übergreifendere Sinnzusammenhänge entwickelt. Das Studium ist nicht mehr, wie das früher weithin der Fall war, Lebensmittelpunkt der Studierenden. Die Verwertbarkeit eines Studienabschlusses für einen künftigen Beruf steht nicht mehr nur im Hintergrund.
- Zentrifugale Kräfte wirken auf die Studierenden ein. Ein Großteil von ihnen verdient neben dem Studium her Geld. Hochschulort und Wohnort sind häufig getrennt. Die Freizeitgesellschaft zieht auch die Studierenden in ihren Bann, Studienzeit wird weithin an

den Maßstäben geregelter Berufsarbeitszeit (35-Stunden-Woche) gemessen.

1.1.3. Differenzierung der theologischen Fakultäten

- An den theologischen Fakultäten kann abgelesen werden, was auch in anderen Disziplinen gilt: sie haben sich intern außerordentlich ausdifferenziert, bei den Hochschullehrern ist eine starke Spezialisierung zu beobachten. Sie decken nicht nur kaum mehr das Ganze der Theologie in einem integrativen Sinn ab, sondern sind auch in ihren Teildisziplinen häufig noch stark spezialisiert.
- Im Konzert der universitas literarum kann Theologie nicht mehr wie früher als Leitwissenschaft betrachtet werden. Die Verbindung zu anderen Wissenschaftsdisziplinen ist in der Regel schwach ausgebildet. Dies bringt einen Verlust an gegenseitiger Rückkopplung mit sich. Somit fehlt es der Theologie an Wirklichkeitsbezug (die Erfahrungswelt z.B. von Technikern oder Wirtschaftswissenschaftlern wird wenig integriert), und in anderen Wissenschaften kommt der Bezug auf religiöse Perspektiven, die Frage nach dem Sinnzusammenhang, die Grenzerfahrung, die Frage nach Verantwortung, Schuld und Versagen, Normen und Werten, also die Ethik der Wissenschaft, nicht zur Sprache.

1.1.4. Differenzierung der Studentengemeinden/Studentenpfarrer und -pfarrerinnen

- Auch die Studentengemeinden und Studentenpfarrer und -pfarrerinnen dürfen nicht als geschlossene, undifferenzierte Einheit betrachtet werden. Es gibt ganz unterschiedliche Selbstverständnisse und Zielorientierungen in der Arbeit. Die Spannungen, die gelegentlich zwischen Studentenpfarrern und -pfarrerinnen und Studentengemeinden einerseits und Kirchenleitungen andererseits entstehen, haben dafür oft den Blick getrübt.

- In der Arbeit der Studentengemeinden ist eine große Vielfalt an Angeboten zu erkennen, die tendenziell der hohen Komplexität und dem Differenzierungsgrad der gesellschaftlichen Fragestellungen, der universitären Situation und der studentischen Belange nachzukommen suchen. Diese Angebote werden aber nur von einem kleinen Kreis genutzt, was einerseits auf die veränderte Lebenssituation der Studierenden, z.B. das Auseinanderfallen von Studien- und Wohnort und die Vielfalt von Freizeitangeboten überhaupt, zurückzuführen ist, zum anderen aber auch mit dem Image der Studentengemeinden zusammenhängt.

1.1.5. Auswanderung kirchlicher Funktionen in andere gesellschaftliche Subsysteme

- Eine ganze Reihe klassischer religiöser Funktionen wird heute durch andere gesellschaftliche Subsysteme konkurrierend erfüllt. Es hat sich eine Vielfalt von Gesellungsformen, auch kommerziellen, entwickelt. Persönliche Beratung wird nicht nur in der Seelsorge wahrgenommen, sondern auch und in erster Linie in psychologischen Beratungsstellen unterschiedlicher Trägerschaft. Lebensdeutung und Weltverständnis werden durch (populär-)wissenschaftliche Instanzen vermittelt. Hier ist insbesondere an die Tiefenpsychologie und mancherlei Therapieformen zu denken, aber auch an das breite Spektrum teils wissenschaftlicher, teils weltanschaulicher Sinngebungs- und Weltdeutungssysteme bis hin zu dem Bereich der Esoterik.
- Über gesellschaftliche Notzustände, Fragen der sozialen Ordnung, der Friedenserhaltung, der ökologischen Verantwortlichkeit wird öffentlich diskutiert, teils im Bereich der Politik, teils im Bereich der Sozialwissenschaften – und beides wird publizistisch vermittelt. Auch die Frage der Sozialverträglichkeit der Wissenschaft wird mehr im öffentlichen Diskurs erörtert als in spezifischer Weise im Raum von Theologie und Kirche.

1.1.6. Herausforderungen angesichts der erhobenen Wirklichkeit

Die an der Erarbeitung der Studie Beteiligten sind sich darüber einig, daß sie durch die Arbeit einen Lernprozeß von Wahrnehmungsdefiziten zum Wahrnehmungsgewinn erlebt haben. Dieser ist folgendermaßen zusammenzufassen:
- Wenn Hochschule als System in unserer Gesellschaft gesehen wird, heißt das, daß sich der Dienst der Kirche auf das Ganze beziehen muß. Er muß die ernste Situation für die Kirche in der Gesellschaft respektieren, er muß die Veränderungen im System religiöser »Versorgung« und die Übernahme von früheren Funktionen von Kirche durch andere gesellschaftliche Institutionen (z.B. Zeiteinteilung: Tagesschau statt Abendglocken) berücksichtigen. Genauso muß eine Beziehung zur kirchlichen Arbeit in der Gesellschaft sonst bestehen, der Transfer zu den Gemeinden bedacht, das Verhältnis zu vorhandenen Angeboten wie z.B. Stadtakademien geklärt und das grundsätzliche Verhältnis von parochial ausgerichteter Arbeit und der Lebenswelt der Menschen heute befragt werden.
- Gegenüber der Partikularisierung von Wissen hat die Kirche ein Grundinteresse an Interdisziplinarität und Selbstreflexion der Wissenschaft, auch hinsichtlich der Wissenschaftsethik. Themen, die außerhalb des unmittelbaren Verwertungsinteresses der Studenten und Studentinnen stehen, stoßen auf ein begrenztes Interesse. In diesem Zusammenhang ist der ›time-lag‹ des allgemeinen Bewußtseins hinter dem wissenschaftlichen Weltbild zu berücksichtigen. Im Engagement für Reflexionswissen stellt sich für die Kirche die Frage, inwieweit sie sich hochschulpolitisch engagieren und für Veränderungen der Studieninhalte und schließlich auch der Prüfungsanforderungen in diesem Sinne plädieren sollte. Dabei muß deutlich bleiben, daß dies nicht als Eingriff der Kirche in Angelegenheiten der Hochschule mißverstanden werden darf, sondern in Wahrnehmung einer spezifischen gesellschaftlichen Verantwortung der Kirche geschieht.

- Die psychosoziale Situation an den Hochschulen motiviert zu Überlegungen über Abhilfe der Kommunikationsschwierigkeiten im Hochschulbereich, die vor Beratung und Seelsorge liegen. Der Wert von Erfahrungen am ›dritten Ort‹, von Nischen und Kommunikationsräumen, in denen man miteinander sprechen kann, ist erkannt und ruft nach Handlungsfolgen.
- Der enorme Wert des Wissenschaftssystems für die Gesellschaft darf nicht unterschätzt werden: die moderne Gesellschaft ist ohne Wissenschaft nicht vorstellbar. Auch hieraus ergeben sich Herausforderungen für die Kirche, die ihre »wissenschaftsförmige Präsenz« im Hinblick auf Interdisziplinarität verstärken muß. Dies gilt generell für Natur- und Kulturwissenschaften, speziell für die Wissenschaftsethik und auch für die Barrieren zwischen Universität und Öffentlichkeit.
- Der Wandel der Situation an den Hochschulen zeigt: Alte Rezepte helfen nicht mehr. Die Kirche war früher nicht stärker an der Universität vertreten, weil sie Bibellesung, Verkündigung und Seelsorge betrieb – sondern weil der gesamte historische und gesellschaftliche Kontext ein anderer war. Auf diese Veränderung des Kontexts, auf die veränderte Rolle der Kirche in der Gesellschaft, hat die Kirche z.T. mit »Emigration aus der Gesellschaft«[162] reagiert. Die bewußte Selbstreduzierung erweist sich heute als großes Problem für die Teilnahme am interdisziplinären Diskurs in Wissenschaft und Gesellschaft. Wenn Kirche im wissenschaftlichen Kontext mitdiskutieren will, in der Universität die Rolle eines wenigstens kleinen »Diskurs-Motors« einnehmen will, kann sie das nur, wenn sie die Bedingungen und Strukturen der Situation heute anerkennt – und z.B. nicht Spezialisierung und Atomisierung als Faktoren für den Relevanzverlust der Kirche negativ bewertet und ablehnt.
- Die Ergebnisse der Studie zur religiösen Orientierung von Studierenden sollten als Herausforderung für eine selbstkritische Wahr-

162) Vgl. Matthes (1964).

nehmung der Kirche und ihrer Funktion in Hochschule und Gesellschaft angesehen werden. Die Vagheit und Unbestimmtheit religiöser Orientierung einerseits und andererseits die heftige, affektive Kritik an der Kirche als religiöser Institution und ihrer tatsächlichen oder vermeintlich ungenügenden Fähigkeit, sich auf Welt- und Lebensfragen, die die Menschen bedrängen, einzulassen, sollten als Lernmöglichkeit für die Kirche wahrgenommen werden.

1.2. Die bisherige Praxis – die tatsächliche Präsenz der Kirche an der Hochschule und ihre Grenzen

Zunächst ist daraufhinzuweisen, daß die Kirche für die Studierenden, Lehrenden und anderen Mitarbeiter an den Hochschulen in der gleichen Weise wie für alle Kirchenmitglieder da ist: in den Gemeinden mit ihren Pfarrern und Pfarrerinnen und anderen Mitarbeitern, in den Gottesdiensten und anderen Veranstaltungsangeboten, in ihrer öffentlichen, publizistischen Präsenz.

In besonderer Weise ist die Arbeit der Studentengemeinden, Studentenmission und von Campus für Christus den Studierenden an den Hochschulorten zugewandt. In diesem Spektrum spiegelt sich eine große Pluralität wider, deren Notwendigkeit durch die Untersuchung bestätigt ist. Andererseits ist durch die Marginalität der christlichen Studentengruppen aber auch deutlich, daß sich die Kirche Gedanken darüber machen muß, welche (möglicherweise ganz anderen) Formen eines Engagements an der Hochschule entwickelt werden müssen.

1.2.1. ESG

- Die evangelischen Studentengemeinden erfüllen eine wichtige Funktion für die Integration bestimmter Gruppen, z.B. Ausländer; Initiativgruppen für Dritte-Welt, Schöpfungsverantwortung,

Gleichstellung der Frauen etc. Sie erfüllen zugleich eine Seismographenfunktion für die Wahrnehmung der sich an der Hochschule, insbesondere bei den Studierenden darstellenden gesellschaftlichen Wirklichkeit.
- Deutlich wurde, daß die Studentengemeinden nur einen begrenzten Bekanntheits- und Beteiligungsgrad aufweisen. Aus internen und externen Gründen können sie die Aufgabe und Zielsetzung christlicher Präsenz an der Hochschule nur in begrenztem Rahmen erfüllen. Dies besagt in keiner Hinsicht, daß ihre Arbeit verfehlt wäre. Sie ist notwendig, geschieht engagiert und kann vermutlich in dieser Form nur in dem Maße verbessert werden, in dem sich alle daran Beteiligten um solche Verbesserungen ständig bemühen. Eine wichtige und mögliche Voraussetzung dafür läge in einer entsprechenden Vorbereitung der Studentenpfarrer und -pfarrerinnen auf ihre besondere Aufgabe. Das wird auch von ihnen selbst nachdrücklich betont. Der Übergang von einem Gemeindepfarramt ins Studentenpfarramt kann nicht ohne eine gründliche Vorbereitungsphase erfolgen.
- Die Rückkopplung der Wahrnehmungen, die in der Arbeit der Studentenpfarrer und -pfarrerinnen und der Studentengemeinden an den Hochschulen gemacht werden zu dem übrigen kirchlichen Bereich, insbesondere zu den Kirchenleitungen, gelingt nur unbefriedigend. Die Hochschule stellt jedoch einen Bereich dar, in dem sich zukünftige Entwicklungen der ganzen Gesellschaft in mancher Hinsicht verdichten und früher anmelden: Probleme, Bedarfslagen, Bewußtseinszustände, auf die sich die kirchliche Arbeit einstellen muß. Insofern wäre ein intensiverer Dialog zwischen Kirchenleitungen und Hochschulbereich (Studierenden und Hochschullehrern), vermittelt durch die Studentenpfarrer und -pfarrerinnen, von größter Bedeutung.
- Die Studentengemeinden wären aber völlig überlastet mit der Zumutung, die nötige größere Präsenz der Kirche an der Hochschule zu leisten. Das entspricht weder ihrer Struktur noch ihrem Profil. Eine solche Zumutung würde sie auch ihres spezifischen

Profils, dessen wichtige und positive Funktion an der Hochschule unbestritten ist, berauben. Deshalb ist die Kommunikation und Kooperation seitens der Studentengemeinden und mit ihnen erforderlich, wenn Überlegungen angestellt werden, andere Präsenzformen der Kirche an der Hochschule zu entwickeln.

1.2.2. Theologische Fakultäten

Die theologischen Fakultäten erfüllen für das Ganze der Hochschule in keiner Weise mehr jene Funktion, die sie an der klassischen Universität hatten. Dies ist, wie in der Studie am Rückblick auf die universitäre Situation und ihre Bildungsfunktion deutlich wurde, auf viele Faktoren zurückzuführen. Im Ergebnis ist zu konstatieren, daß der Zwang zur Spezialisierung in den theologischen Fakultäten zunächst eine mangelnde interne Kommunikation und darüber hinaus eine mangelnde Kommunikation mit anderen Disziplinen ergeben hat. Interdisziplinarität ist gewissermaßen zu einer eigenen Spezialität von Experten geworden. Darunter leiden der Austausch der Wissenschaften und die gegenseitige Befruchtung sowohl zum Schaden der Theologie als auch zum Schaden der anderen Wissenschaften.

- Insbesondere ist in den Konsultationen im Verlauf der Studie mehrfach beklagt worden, daß die theologischen Fakultäten sich wenig daran interessiert zeigen, mit den Studentengemeinden zusammenzuarbeiten. Auch die Beratungsfunktion und die persönliche Zuwendung von theologischen Lehrern zu ihren Studenten und ihre Kooperation mit Hochschullehrern anderer Disziplinen erscheint wenig ausgebildet. Es wird vermißt, daß für Jugendliche bzw. Studierende aktuelle Themen von den Experten für Theologie in einer Weise aufgegriffen und bearbeitet werden, daß die Studierenden sich davon angezogen fühlen und Gewinn haben. Ein besonderes Problem ist darüber hinaus die zunehmende kulturelle Durchmischung der Gesellschaft als ganzer und auch der Hochschule, angesichts derer von der Theologie Hilfe und Kompetenz für den interreligiösen Dialog erwartet wird, die sie nicht gewährt.

2. Empfehlungen

Die Empfehlungen, die sich aus diesen Wahrnehmungen und Erkenntnissen ergeben, richten sich zum einen an die Kirche als wissenschaftsexterne Institution. Zum anderen richten sie sich im Blick auf mögliche Weiterentwicklungen des Dienstes der Kirche an die bestehenden Präsenzformen, nämlich die Studentengemeinden, die Studentenpfarrer und -pfarrerinnen, die theologischen Fakultäten. Zum dritten folgen Empfehlungen aus der Erkenntnis der Notwendigkeit, neue Präsenzformen an den Hochschulen zu entwickeln.

2.1. Kirche als wissenschaftsexterne Institution

- Die evangelische Kirche hat die Hochschule als einen Bereich, für den sie gesellschaftliche Verantwortung wahrzunehmen hat, vernachlässigt. Die Entwicklungen im Hochschulbereich sind von ihr wenig beobachtet und gedeutet und auf sie ist kaum Einfluß genommen worden. Deshalb ist die erste Empfehlung darauf gerichtet, daß die EKD künftig die Hochschulpolitik nicht weniger intensiv begleiten möge, als sie dies im Blick auf andere gesellschaftliche Problemfelder tut. Die Kontakte zur Rektorenkonferenz, Kultusministerkonferenz, zum Bundesministerium für Bildung und Wissenschaft, die ja bestehen, müssen weiter gepflegt und intensiviert werden, damit die Kirche auf hochschulpolitische Entwicklungen deutlicher als bisher Einfluß nehmen kann.
- In diesem Sinne ist die zweite Empfehlung darauf gerichtet, daß die EKD angesichts der veränderten Situation der Hochschule und deren Auswirkungen auf die Lebenssituation und das Be-

wußtsein der Studierenden eine Denkschrift zum Thema »Hochschule und Wissenschaft« in Auftrag geben möge. Eine solche Denkschrift müßte sich mit dem Wissenschaftsbegriff, der Wissenschafts- und Forschungsorganisation, den Fragen der Drittmittelförderung, der Situation der Studierenden, der Forschungs- und Wissenschaftsethik, der Mitbestimmung an der Universität befassen. Insbesondere die Bedeutung und Funktion von Wissenschaft und Hochschule für die Gesellschaft und das Selbst- und Weltverständnis ihrer Glieder müßte in diesem Zusammenhang erörtert werden.

- Die vorgelegte Studie und diese Empfehlungen können nicht mehr als eine initiative Funktion haben. Eine Weiterarbeit ist unverzichtbar. Hierfür sollte ein hochschulpolitisches Gremium auf EKD-Ebene beauftragt oder eingerichtet werden, das in geeigneter Weise kirchliche Stellungnahmen zur Hochschulpolitik erarbeitet, wobei insbesondere darauf zu achten ist, daß eine solche Weiterarbeit im Zusammenwirken mit Betroffenen, Studenten, Hochschullehrern und anderen Mitarbeitern der Hochschule, aber auch mit Studentenpfarrern geschieht.

- Die Kirche unterhält selbst Bildungs- und Forschungseinrichtungen, Fachhochschulen und Akademien. Gerade an diesen wird vielfach intensiv an Fragen gearbeitet, die auch für den allgemeinen Hochschulbereich wichtig und weiterführend sind. Aber es besteht eine erhebliche Kommunikationsbarriere zwischen Universitäten, Fachhochschulen und Akademien – bei aller personalen Verknüpfung, insbesondere durch die Referententätigkeit von Hochschullehrern an Akademien. Der Austausch und die Kommunikation zwischen diesen Einrichtungen kann verbessert werden. Die Initiative dafür muß von der Kirche ausgehen. Möglichkeiten dazu müßten durch eine Beratungsgruppe konkretisiert werden.

- Angesichts der Belastung der Studierenden durch die Mängel in der Infrastruktur der Hochschulorte ist auch die diakonische Präsenz der Kirche in besonderer Weise erforderlich. Die Wohn-

situation der Studierenden und die Versorgung mit Kindergärten bedürfen dringend der Verbesserung.
- Es ist notwendig, gerade auch im Blick auf die Ergebnisse der Tagung der Synode der Evangelischen Kirche in Deutschland zum Schwerpunktthema »Gemeinschaft von Frauen und Männern in der Kirche«, daß besonders den Frauen an der Hochschule von seiten der Kirche geeignete Hilfe geboten und Förderung zuteil wird. Es ist zu empfehlen, die Frauenbeauftragten bzw. Referentinnen der Kirchen zu bitten, hierfür Vorschläge zu entwickeln.
- Es wird empfohlen, die Maßnahmen, die aufgrund der vorliegenden Empfehlungen getroffen werden, systematisch zu begleiten und auszuwerten. Gegebenenfalls müssen zu Einzelfragen und Projekten detaillierte Ausarbeitungen erfolgen. Es erscheint als empfehlenswert, daß die Synode der EKD nach angemessener Frist berichten läßt, welche Maßnahmen ergriffen wurden und welchen Erfolg sie hatten.

2.2. ESG und andere christliche Hochschulgruppen

Die empirische Untersuchung hat mit großer Deutlichkeit ergeben, welchen Schwierigkeiten die Arbeit der evangelischen Studentengemeinden und anderer christlicher Hochschulgruppen an der heutigen Universität begegnet. Es ist auch deutlich geworden, daß diese Arbeit mit großem Engagement und intensivem Bemühen um Nähe zu der Situation und den Problemlagen der Studierenden geschieht. Es muß deshalb nachdrücklich hervorgehoben werden, daß diese Arbeit im Ganzen außerordentlich verdienstvoll und schätzenswert ist. Sie darf nicht diskreditiert werden. Deutlich wurde aber auch die begrenzte Reichweite dieser Arbeit. Damit erhebt sich die Frage, ob diese Reichweite verbessert werden kann. Die Untersuchung hat die Notwendigkeit einer großen Weite und Pluralität gezeigt, damit der Pluralität auf seiten der Studierenden angemessen entsprochen werden kann. Die Studentengemeinden könnten sich dementsprechend als fairer Ort für Auseinandersetzung, an dem der echte, offene Dialog möglich ist, anbieten. Wenn und sofern sich Studentengemeinden dieser Pluralität programmatisch oder faktisch versagen, geraten sie unausweichlich in eine Nische. Daß dies nicht selten der Fall ist, spiegelt sich im Image der Studentengemeinden wider.

- Es ist deshalb zu empfehlen, daß in den Studentengemeinden und anderen christlichen Hochschulgruppen intensiv darüber nachgedacht wird, wie sie mehr als bisher offen sein können für jene Bedürfnisse und Erwartungen von Studierenden, denen sie bisher nicht oder nur wenig entgegenkommen. Dies gilt im Blick sowohl auf die Sensibilität und Kompetenz für missionarische Arbeit als auch für eine dem Stand der Wissenschaften und der Situation der Hochschule gemäße Vertretung des christlichen Glaubens. Es muß auch von den Studentengemeinden und anderen christlichen Hochschulgruppen erwartet werden, daß sie angesichts ihrer eigenen begrenzten Reichweite sich offen dafür zeigen, daß andere Formen kirchlicher Präsenz an der Hochschule gesucht, entwickelt und ausprobiert werden.
- Die Stärke der evangelischen Studentengemeinden und anderer christlicher Hochschulgruppen liegt auf der Ebene der Ausbildung von Gruppenmilieus und personaler Seelsorge. Gerade diese Stärke ist aber der Ausbildung interner Pluralität hinderlich. Im Wissen darum, daß diese Frage im Rahmen der evangelischen Studentengemeinden schon früher intensiv diskutiert wurde, wird empfohlen, erneut darüber nachzudenken, ob nicht angesichts der Tatsache, daß der Hochschulbereich als komplexes und hochverzahntes Ganzes gesehen werden muß, eine Weiterentwicklung der evangelischen Studentengemeinden zu Hochschulgemeinden vorteilhaft und ratsam wäre. In diesem Zusammenhang sollte grundlegend über Gemeinde an der Hochschule, ihre Lebens- und Arbeitsformen, die Zusammenarbeit christlicher Hochschulgruppen untereinander, mit den Ortsgemeinden und mit

christlichen Hochschullehrern sowie über den Dienst der Gemeinde an den Menschen nachgedacht werden.
- Dringend zu empfehlen ist eine Zusatzausbildung für Pastoren im Hochschulbereich (vergleichbar z.B. der Ausbildung für Klinikseelsorge). Sie würde diese für die gegenwärtigen und neuen Aufgaben qualifizieren können und sollte sich an den Erfordernissen einer wissenschaftsförmigen Präsenz der Kirche an der Hochschule orientieren.

2.3. Theologische Fakultäten

Es wird empfohlen, daß der Rat der EKD seinen Kontaktausschuß mit dem Evangelisch-theologischen Fakultätentag darum bittet, zu erörtern:

- wie die Kooperation der theologischen Fakultäten mit den Studentengemeinden und anderen christlichen Hochschulgruppen verbessert werden kann;
- wie das Eingehen auf die veränderte Studiensituation und Bewußtseinslage der Studierenden in den theologischen Fakultäten verbessert werden kann;
- wie die Auseinandersetzung mit den neueren Ergebnissen der Grundlagenforschung inbesondere in Physik und Biologie und den daraus folgenden neuen wissenschaftlichen Paradigmen (z.B. im Zeitverständnis, im Relativitätsbegriff und Komplementaritätsmodell, im Evolutionsverständis) intensiviert werden kann;
- was, eventuell mit Hilfe der Landeskirchen, für die bessere persönliche Beratung von Theologiestudierenden geschehen kann;
- was die evangelische Theologie zum verstärkt notwendigen interreligiösen Dialog beitragen kann;
- wie theologischer Arbeit aus Frauensicht mehr Raum gegeben wird.

2.4. Entwicklung neuer Präsenzformen

Hier geht es darum, neue Wege einer wissenschaftsförmigen Präsenz der Kirche an der Hochschule zu suchen. Den Mitgliedern der Universitäten sollen neue Möglichkeiten eröffnet werden, durch konkrete Zusammenarbeit in örtlicher Gebundenheit einander zu begegnen und von einander zu lernen.

- Es wird empfohlen, zunächst an ein bis drei Hochschulorten Einrichtungen zu schaffen, die die Funktion von evangelischen Hochschulakademien erfüllen könnten. Studienleiter mit Doppelqualifikation in Theologie und einer anderen Wissenschaftsdisziplin sollten dort das interdisziplinäre Gespräch fördern, Kontakt zu den Hochschullehrern suchen, um mit ihnen zusammen gemeinsame Veranstaltungsformen zu entwickeln, die in enger Verbindung zu den jeweiligen Lehrinhalten eine Verknüpfung mit religiösen und theologischen Fragestellungen herstellen. Solche akademieartige Einrichtungen könnten gleichzeitig Gelegenheit zur informellen Begegnung in Clubatmosphäre bieten. Möglicherweise könnten auch psychosoziale Beratungsdienste und Seelsorgeangebote dort geschaffen werden.
- Es wird empfohlen, zeitlich begrenzte, auf exemplarische Standorte bezogene Projekte einzurichten, die interdisziplinär (Natur-, Geistes- und Sozial- und Wirtschaftswissenschaften sowie Theologie) organisiert sind. Hierbei ließe sich auch an eine Drittmittelförderung durch Stiftungen etc. denken. Als Themen bieten sich beispielsweise an: die Überwindung der Kluft zwischen den Wissenschaften (z.B. Natur- vs. Kulturwissenschaften); Wissenschaftsethik; Wissenschaft und Öffentlichkeit o.a.). Konkret könnte dies etwa bedeuten, für einen begrenzten Zeitraum ein Projekt personell, räumlich und mit Sachmitteln auszustatten, das als Impulsgeber in die Wissenschaft hineinwirken würde.

Quellennachweis

Arnold, R.: Deutungsmuster. Zu den Bedeutungselementen sowie den theoretischen und methodologischen Bezügen eines Begriffs. In: Zeitschrift für Pädagogik 6/1983.
Arnold, R./ Kaltschmid, J. (Hg.): Erwachsenensozialisation und Erwachsenenbildung. Frankfurt 1986.
Becker, E.: Hochschule und Gesellschaft. Funktion der Hochschule und Reproduktionsprobleme der Gesellschaft. In: Lenzen, D. (Hg.): Enzyklopädie Erziehungswissenschaften, Bd. 10; Stuttgart 1983, S. 29 - 58.
Berger, P./ Luckmann, T.: Die gesellschaftliche Konstruktion der Wirklichkeit. Eine Theorie der Wissenssoziologie. Stuttgart 1970.
Bochow, M./ Joas, H.: Der Lehrkörper der deutschen Hochschule. In: Goldschmidt u.a. (Hg.): Forschungsgegenstand Hochschule. Frankfurt 1984.
Bonhoeffer, D.: Gesammelte Schriften (GS). Bd. I, München 1965.
Ders.: Widerstand und Ergebung. München 1974.
Bonß, W.: Die Einübung des Tatsachenblicks. Zur Struktur und Veränderung empirischer Sozialforschung. Frankfurt 1982.
Brim, O.G./ Wheeler, S.: Erwachsenensozialisation. Stuttgart 1974.
Bronfenbrenner, U.: Die Ökologie der menschlichen Entwicklung. Stuttgart 1981.
Bublitz, H.: Ich gehörte irgendwie so nirgends hin... Arbeitertöchter an der Hochschule. Gießen 1980.
Bude, H.: Text und soziale Realität. Zu der von Oevermann formulierten Konzeption einer »objektiven Hermeneutik«. In: Zeitschrift für Sozialisationsforschung und Erziehungssoziologie, H. 2/1982, S. 134 - 143.
Bundesministerium für Bildung und Wissenschaft (BMBW) (Hg.): Grund- und Strukturdaten 1989/90. Bad Honnef 1989.
Bundesanstalt für Arbeit (Hg.): Amtliche Nachrichten; 3/88. Nürnberg 1988.
Capra, F.: Wendezeit. Bausteine für ein neues Weltbild. 2. Auflage, München 1984.
Chodorow, N.: Das Erbe der Mütter. Psychoanalyse und Soziologie der Geschlechter. München 1985.
Dahrendorf, R.: Arbeiterkinder an deutschen Universitäten. Tübingen 1965.
Dalferth, I. U./ Jüngel, E.: Person und Gottebenbildlichkeit. In: Christlicher Glaube in moderner Gesellschaft. Bd. 24, 1981.
Deschner, K.-H.: Abermals krähte der Hahn. Düsseldorf/Wien 1980.
Döbert, R.: Sinnstiftung ohne Sinnsystem? In: Fischer, W./ Marhold, W. (Hg.): Religionssoziologie als Wissenssoziologie. Stuttgart 1978.
Dreitzel, H. P.: Das gesellschaftliche Leiden und das Leiden an der Gesellschaft. Stuttgart 1968.
Erikson, E.H.: Identität und Lebenszyklus. Frankfurt a.M. 1966.
Evangelische Kirche in Deutschland (Studien- und Planungsgruppe): Situation der Studierenden an den Hochschulen und theologische Grundsatzüberlegungen

als Ausgangspunkt einer Studie über den Dienst der Evangelischen Kirche an den Studierenden der Hochschulen. Hannover 1988a (unveröff. Bericht).

Diess.: Konsultation »Dienst der Evangelischen Kirche an den Studierenden der Hochschulen« der Kammer der EKD für Bildung und Erziehung. Hannover 1988b (unveröff. Protokoll).

Feige, A./ Lukatis, J./ Lukatis, W.: Kirchentag zwischen Kirche und Welt. Berlin 1987.

Fowler, J. W.: Stages of Faith. San Francisco; Harper and Row 1981.

Framheim, G.: Alte und neue Universitäten. (BMBW (Hg.): Schriftenreihe Hochschule; 44.) Bonn 1983.

Funke, A. (Hg.): Hochschulzugang und Probleme beim Zugang von Arbeiterkindern. Düsseldorf: Hans-Böckler-Stiftung, o.J. (1986).

Gestrich, Chr.: Die Wiederkehr des Glanzes in der Welt. Tübingen 1989.

Geulen, D.: Thesen zur Metatheorie der Sozialisation. In: Götz/Kaltschmid (Hg.): Sozialisation und Erziehung. Darmstadt 1978.

Habermas, J.: Moralentwicklung und Ich-Identität. In: Ders.: Zur Rekonstruktion des historischen Materialismus. Frankfurt, 1976, S. 63 - 92.

Hanselmann, J./ Hild, H./Lohse, E. (Hg.): Was wird aus der Kirche?. 3. Auflage, Gütersloh 1985.

Harnack, A.: Aus Wissenschaft und Leben. Bd. 1; Gießen 1911.

Heckhausen, H.: Das Überaltern der akademischen »Jugend« in deutschen Universitäten und was zur Verjüngung zu tun wäre. Manuskript, München, Januar 1987.

Heinze, T.: Qualitative Sozialforschung. Opladen 1987.

Hild, H. (Hg.): Wie stabil ist die Kirche ?. 2. Auflage, Gelnhausen/ Berlin 1974.

Hochschul-Informations-System GmbH (HIS) (Hg.): His Ergebnisspiegel. Hannover 1987.

Hoffmann-Riem, C.: Die Sozialforschung einer interpretativen Soziologie. In: KZfSS, Jahrgang 32, 1980, S. 339 - 372

Ders.: Das adoptierte Kind. München, 1984, S. 11 - 21.

Holtkamp, R./ Fischer-Bluhm, K.: Lage und Förderung des wissenschaftlichen Nachwuchses. Manuskript, Bonn 1986.

Horkheimer, F.: Die Sehnsucht nach dem ganz anderen. Hamburg 1970.

Huber, L.: Studiensituation heute und Wandel der Studentenrolle. Hochschuldidaktische Stichworte. Hamburg 1985.

Ders.: Verändertes Bildungsverhalten – Wandel der Studentenrolle und Studienzeit. In: HIS-Hochschulplanung 70: Studienzeiten auf dem Prüfstand. HIS GmbH, Hannover 1988.

Huber, L./ Wulf, M. (Hg.): Studium nur noch Nebensache?. Freiburg 1989.

Hurrelmann, K.: Das Modell des produktiv realitätsverarbeitenden Subjekts in der Sozialisationsforschung. In: Zeitschrift für Sozialisationsforschung und Erziehungssoziologie, Heft 3, 1983, S. 91 - 103.

Inglehart, R.: Wertewandel in den westlichen Gesellschaften. In: Klages, H./ Kmieciak, P. (Hg.); Wertwandel und gesellschaftlicher Wandel. Frankfurt a.M./ New York 1981.

Jaspers, K.: Einführung in die Philosophie. München 1957.
Jüngel, E.: Gott als Geheimnis der Welt. 2. Auflage, Tübingen 1977.
Kaufmann, F.-X.: Das Verhältnis von Glaube, Kirche und Gesellschaft aus soziologischer Sicht. In: Härle, W.: Kirche und Gesellschaft. Stuttgart 1989.
Keupp, H.: Auf dem Weg zur Patchwork-Identität. In: Verhaltenstherapie und psychosoziale Praxis. 4/1988.
König, R. (Hg.): Handbuch der empirischen Sozialforschung. Bd. 1-4; 3. Auflage, Stuttgart 1974.
Kohli, M./ Robert, G. (Hg.): Biographie und soziale Wirklichkeit. Neue Beiträge und Forschungsperspektiven. Stuttgart 1984.
Krappmann, L.: Soziologische Dimensionen der Identität. Stuttgart 1969; 1971.
Krause, Chr./ Lehnert, D./ Scherer, K.-J.: Zwischen Revolution und Resignation?. Bonn 1981.
Kreutz, H.: Die dreigeteilte Welt des Studenten. Forschungsprojekt sozioökonomische Lage von Studenten in Niedersachsen, Projektinformation Nr. 13. Hannover 1979.
Krüger, H. J.: Studierende und Universität. In: Huber, L./ Wulf, M.: Studium nur noch Nebensache?, Freiburg 1989
Krüger, H. J. u.a.: Studium und Krise. Frankfurt 1986.
Lange, E.: Bildung als Problem und als Funktion der Kirche. In: Matthes, J.: Erneuerung der Kirche – Stabilität als Chance. Gelnhausen/ Berlin 1975.
Luther, H.: Identität und Fragment. Praktisch-theologische Überlegungen zur Unabschließbarkeit von Bildungsprozessen. In: ThPr 1985.
Matthes, J.: Die Emigration der Kirche aus der Gesellschaft. Hamburg 1964.
Matthes, J., u.a. (Hg.): Biographie in handlungswissenschaftlicher Perspektive. Nürnberg 1981.
Nembach, U.; 10 qm – Student 1982. Frankfurt 1986.
Nipkow, K.-E.: Erwachsenwerden ohne Gott?. München 1987.
Ders.: Bildung als Lebensbegleitung und Erneuerung. Gütersloh 1990.
Oevermann, U.: Programmatische Überlegungen zu einer Theorie der Bildungsprozesse und zur Strategie der Sozialisationsforschung. In: Hurrelmann, K. (Hg.): Sozialisation und Lebenslauf. Reinbek bei Hamburg 1976.
Ders.: Sozialisationstheorie, Ansätze zu einer soziologischen Sozialisationstheorie und ihre Konsequenzen für die allgemeine soziologische Analyse. In: Lüschen, G. (Hg.): Deutsche Soziologie seit 1945, Sonderheft 21/1979 der KZfSS, Opladen 1979.
Oevermann, U., u.a.: Die Methodologie einer »objektiven Hermeneutik« und ihre allgemeine forschungslogische Bedeutung in den Sozialwissenschaften. In: Soeffner, H. G. (Hg.): Interpretative Verfahren in den Sozialwissenschaften. Stuttgart 1979.
Offe, C.: Bildungssystem, Beschäftigungssystem und Bildungspolitik. In: Roth, H. / Friedrich, D.: Bildungsforschung Bd. 1, Deutscher Bildungsrat. Stuttgart 1975.
Oser, F.: Wieviel Religion braucht der Mensch?. Gütersloh 1988.
Pannenberg, W.: Gottebenbildlichkeit und Bildung des Menschen. In: ThPr 1977.

Ders.: Die Theologie und die neue Frage nach der Subjektivität. In: Stimmen der Zeit 1984.

Parsons, T. / Platt, G. M.: The american university. Cambridge, Mass., 1973.

Peisert, H. u.a.: Studiensituation und studentische Orientierungen. (BMBW (Hg.): Schriftenreihe Studien zu Bildung und Wissenschaft; 5.) Bonn 1984.

Peisert, H. u.a.: Studiensituation und studentische Orientierungen an Universitäten und Fachhochschulen. (BMBW (Hg.): Schriftenreihe Studien zu Bildung und Wissenschaft; 59.) Bonn 1988.

Peukert, H.: Sprache und Freiheit. Zur Pragmatik ethischer Rede. In: Kamphaus, F./ Zerfaß, R. (Hg.): Ethische Predigt und Alltagsverhalten. München/Mainz 1977.

Porst, R.: Praxis der Umfrageforschung. Stuttgart 1985.

Portele, G.: Sozialisation in der Hochschule – Vorschläge für ein Forschungsprogramm und einige fachspezifische Ergebnisse. In: Bargel, T., u.a.: Sozialisation in der Hochschule. Blickpunkt Hochschuldidaktik 37, Hamburg 1975.

Portele, G. / Huber, L.: Hochschule und Persönlichkeitsentwicklung. In: Huber, L. (Hg.): Enzyklopädie Erziehungswissenschaften, Bd. 10, Weinheim 1983.

Prahl, H. W.: Sozialgeschichte des Hochschulwesens. München 1978.

Raehlmann, I.: Arbeitertöchter im Fernstudium: Studieren neben dem Beruf. In: Zeitschrift für Hochschuldidaktik und Hochschulforschung; Heft 1/1988, S. 29-40.

Reissert, R./Marciszewski, B.; Studienverlauf und Berufseintritt. Hannover 1987.

Rusteberg, E.: Hochschule als Herausforderung der Kirche. Ein Beitrag der Evangelischen Studentengemeinden der Evangelischen Kirche im Rheinland. Hg. von der Studentenpfarrkonferenz der Evangelischen Kirche im Rheinland. Untersuchter Zeitraum: SS 1983 bis SS 1988. O.J.

Schmidt, H.: Religiosität der Schüler und Religionsunterricht. Bad Heilbronn 1989.

Schneider, H.: Studentenbefragungen in der BRD. Pfaffenweiler 1985.

Schnitzer, K. u.a.: Das soziale Bild der Studentenschaft in der Bundesrepublik Deutschland. Ergebnisse der 10. Sozialerhebung des Deutschen Studentenwerkes. (BMBW (Hg.): Schriftenreihe Hochschule; 46.) Bad Honnef 1983.

Ders.: Das soziale Bild der Studentenschaft in der Bundesrepublik Deutschland. 11. Sozialerhebung des Deutschen Studentenwerkes. (BMBW (Hg.): Schriftenreihe Studien zu Bildung und Wissenschaft; 42.) Bonn 1986.

Ders.: Das soziale Bild der Studentenschaft in der Bundesrepublik Deutschland. 12. Sozialerhebung des Deutschen Studentenwerkes. (BMBW (Hg.): Schriftenreihe Studien zu Bildung und Wissenschaft; 84.) Bonn 1989.

Schöffthaler, T. / Gorzka, G.: Bibliographie zur Hochschulforschung. In: Goldschmidt, D. (Hg.): Forschungsgegenstand Hochschule. Frankfurt a.M. 1984.

Schülein, J. A.: Selbstbetroffenheit. Über Aneignung und Vermittlung sozialwissenschaftlicher Kompetenz. Frankfurt 1977.

Ders.: Monster oder Freiraum. Texte zum Problemfeld Universität. Gießen 1979.

Ders.: Mündlicher Beitrag. Dokumentiert in: Huber/ Wulf, a.a.O.

Schuster, R.: Was sie glauben. Texte von Jugendlichen. Stuttgart 1984.
Schütz, A./ Luckmann, T.: Strukturen der Lebenswelt. Bd. 1, Frankfurt 1979.
Schütze, F.: Die Technik des narrativen Interviews. Manuskript, Bielefeld 1977.
Ders.: Prozeßstrukturen des Lebenslaufs. In: Matthes (1981).
Sommerkorn, I. N. (Hg.): Identität und Hochschule. Blickpunkt Hochschuldidaktik 64; Hamburg 1981.
Spranger, E.: Die Urschichten des Wirklichkeitsbewußtseins. Berlin 1934.
Ders.: Die Magie der Seele. Tübingen 1947.
Statistisches Bundesamt (Hg.): Studenten an Hochschulen. Wintersemester 1979/80; Wiesbaden 1979
Dass.: Studenten an Hochschulen. Wintersemester 1987/88; Wiesbaden 1989
Steinkamp, G.: Klassen- und schichtanalytische Ansätze in der Sozialisationsforschung. In: Hurrelmann, K./ Uhlich, D. (Hg.): Handbuch der Sozialisationsforschung. Weinheim 1980.
Teichler, U. u.a.: Hochschule – Studium und Berufsvorstellung. (BMBW (Hg.) Schriftenreihe Studien zu Bildung und Wissenschaft; 50.) Bad Honnef 1987.
Troeltsch, E.: Die Selbständigkeit der Religion. ZThK 1895.
Vogel, U.: Studienstrategien von Studenten. Frankfurt 1986.
Wagner, W.: Uni-Angst und Uni-Bluff. Berlin 1977.
Waldenfels, W.: Verstehen und Verständigung. Zur Sozialphilosophie von A. Schütz. In: Sprondel/Gradhoff (Hg.): A. Schütz und die Idee des Alltags in den Sozialwissenschaften. Stuttgart 1979.
Wilson, Th. P.: Theorien der Interaktion und Modelle soziologischer Erklärung. In: Arbeitsgruppe Bielefelder Soziologen (Hg.): Alltagswissen, Interaktion und gesellschaftliche Wirklichkeit 1 und 2. Opladen 1980, S. 54 - 80.
Wurzbacher, G.: Beruf und Schule als Faktoren sozio-kultureller und personaler Strukturierung und Veränderung. In: Scharmann, Th. (Hg.): Schule und Beruf als Sozialisationsfaktoren. Stuttgart 1974.
Zedler, P.: Empirische Hermeneutik. Eine Problemskizze. In: Zedler, P., Moser, H. (Hg.): Aspekte qualitativer Sozialforschung. Opladen 1983.
Ziehe, Th.: Pubertät und Narzißmus. Frankfurt a.M./ Köln 1975.